CCLR PFCCL

LAW & BUSINESS

建设工程独立保函法律风险防范指引

常设中国建设工程法律论坛第十四工作组 著

法律出版社 | LAW PRESS
北京

图书在版编目(CIP)数据

建设工程独立保函法律风险防范指引 / 常设中国建设工程法律论坛第十四工作组著. -- 北京 : 法律出版社, 2024

ISBN 978 - 7 - 5197 - 8698 - 4

Ⅰ. ①建… Ⅱ. ①常… Ⅲ. ①建筑工程 - 担保法 - 研究 - 中国 Ⅳ. ①D923.24

中国国家版本馆 CIP 数据核字(2024)第 014476 号

建设工程独立保函法律风险防范指引
JIANSHE GONGCHENG DULI BAOHAN
FALÜ FENGXIAN FANGFAN ZHIYIN

常设中国建设工程法律论坛第十四工作组 著

责任编辑 慕雪丹 章 雯
装帧设计 汪奇峰 鲍龙卉

出版发行 法律出版社
编辑统筹 法商出版分社
责任校对 赵明霞
责任印制 胡晓雅
经 销 新华书店

开本 710 毫米×1000 毫米 1/16
印张 21.75 字数 360 千
版本 2024 年 5 月第 1 版
印次 2024 年 5 月第 1 次印刷
印刷 北京中科印刷有限公司

地址:北京市丰台区莲花池西里 7 号(100073)
网址:www.lawpress.com.cn
投稿邮箱:info@lawpress.com.cn
举报盗版邮箱:jbwq@lawpress.com.cn

销售电话:010 - 83938349
客服电话:010 - 83938350
咨询电话:010 - 63939796

书号:ISBN 978 - 7 - 5197 - 8698 - 4
定价:89.00 元

常设论坛第十四工作组成员

姓　名	工作单位	职　务
召集人		
冯　婧	北京己任律师事务所	合伙人
李志永	中建国际建设有限公司	总法律顾问兼首席合规官
成　员(以姓氏拼音为序)		
陈　璟	中国政法大学	比较法学研究院博士研究生
高　祥	中国政法大学	教授、博士生导师
郭　瑶	中国政法大学	比较法学研究院博士研究生
黄　力	北京浩天律师事务所	合伙人
庞　萌	泰和泰（武汉）律师事务所	诉讼与仲裁部主任、高级顾问
谢晨曦	北京市中伦律师事务所	合伙人
徐之和	上海国际经济贸易仲裁委员会（上海国际仲裁中心）	研究部部长
杨晓鹏	中国中铁股份有限公司	法律合规部高级经理
张瀚涛	中国电力国际产能合作企业联盟	专家
张　杰	Al Tamimi & Co	高级法律顾问
朱宏生	中国民生银行	交易银行部产品专家

常设论坛第六届主席会议成员

（按轮值顺序排序）

姓　名	主席会议任职	工作单位	职　务
陆春玮	轮值主席	上海仲裁委员会	副主任、秘书长
王唯骏	轮值主席	上海国际经济贸易仲裁委员会 上海国际仲裁中心	秘书长
张光宏	轮值主席	宁波仲裁委员会	副主任、秘书长
谷　岩	副主席	中国国际经济贸易仲裁委员会	仲裁院副院长
陈福勇	副主席	北京仲裁委员会/北京国际仲裁中心	副秘书长
安　欣	副主席	深圳国际仲裁院	副院长
于　涛	副主席	石家庄仲裁委员会 / 石家庄国际仲裁院	副秘书长
王天喜	副主席	广州仲裁委员会	副主任
徐文新	轮值副主席	西安仲裁委员会	副主任、秘书长
徐　芳	轮值副主席	合肥仲裁委员会	副主任、秘书长

常设论坛专家咨询委员会委员

（除特别注明外按姓名首字母排序）

姓　名	工作单位	职　务
Mohamed S. Abdel Wahab	ICC Governing Body for Dispute Resolution Services	Vice-Chair
（联席主席）	埃及Zulficar & Partners 律师事务所	创始合伙人
辛正郁（联席主席）	北京市天同律师事务所	合伙人
Alexis Mourre	Mourre Gutierrez Chessa Arbitration律师事务所	创始合伙人、独立仲裁员
Anthony Houghton SC	香港德辅大律师事务所	资深大律师
Michael David Kuper SC	南非仲裁基金会	主席
Michael E. Schneider	瑞士仲裁协会	荣誉主席
	瑞士 LALIVE 律师事务所	创始合伙人
Jakob Ragnwaldh	斯德哥尔摩商会仲裁院	副主席
	瑞典MannheimerSwartling律师事务所	合伙人
Jeremy Nicholson QC	英国 4 Pump Court 出庭律师事务所	御用大律师
John Bishop	仲裁事务所（Arbitration Chambers）	独立仲裁员
Nikolaus Pitkowitz	维也纳国际仲裁中心	主席
	Nikolaus & Partners 律师事务所	创始合伙人
Sarah Grimmer	Twenty Essex大律师事务所	独立仲裁员
Sir Vivian Ramsey	新加坡国际商事法庭	法官
Stavros Brekoulakis	英国伦敦玛丽女王大学	教授
Tony Dymond	美国德普律师事务所	合伙人
VK Rajah SC	新加坡Duxton Hill Chambers	资深大律师

常设论坛秘书长会议成员

姓　名	秘书长会议任职	工作单位	职　务
孙　巍	秘书长	北京市中伦律师事务所	合伙人
贾　珅	秘书长	中国国际经济贸易仲裁委上海分会	秘书长
张皓亮	副秘书长	北京仲裁委员会/北京国际仲裁中心	业务拓展（国际案件）处处长
黄郭勇	副秘书长	深圳国际仲裁院	国际合作与发展处处长 江门中心（江门仲裁委员会）主任
游奕清	副秘书长	石家庄仲裁委员会 / 石家庄国际仲裁院	业务一部副部长
江　岚	副秘书长	广州仲裁委员会	国际仲裁部部长
韦龙艳	副秘书长	上海仲裁委员会	上海建设工程仲裁院秘书长
徐之和	副秘书长	上海国际经济贸易仲裁委员会/ 上海国际仲裁中心	研究部部长
黄震宇	副秘书长	宁波仲裁委员会	秘书处副主任
刘　红	轮值副秘书长	西安仲裁委员会	仲裁研究中心主任
刘小成	轮值副秘书长	合肥仲裁委员会	副秘书长

序言 Preface

常设中国建设工程法律论坛第十四工作组(以下简称第十四工作组)成立于2020年11月,旨在调研建设工程领域独立保函/见索即付保函的法律风险并形成专业防范建议,为境内以及跨境建设工程领域保函的发展与应用提供法律支持。第十四工作组在广泛且深入调研的基础上,撰写了《建设工程独立保函法律风险防范指引》(以下简称《指引》),以期为独立保函的研究人员和实务工作者提供系统、全面和专业的独立保函理论知识和实践操作建议,并进一步推动建设工程领域独立保函制度的健康发展。

中国境外工程随着国家"走出去"战略的实施取得了迅猛发展,业务规模已经跻身全球市场第一梯队。独立保函作为集融资、担保、信用保障于一体的信用工具,为跨境相关业务的发展提供了强有力的支持,并受到业界的普遍关注。由于独立保函所据以产生的建设工程项目以及保函本身所关联的法律关系通常会涉及多个国家,不同国家的适用法律和国际规则差异明显,随之带来的则是保函开立与索兑风险常有发生。国际上关于独立保函的适用规则并不统一,各国对于保函的性质认定也各有不同,有关独立保函的司法判例、司法实践也因为国别法律与规则的差异而纷繁复杂。这无疑进一步加大了中国国际承包企业在承揽业务和国际化过程中的风险和成本。因此,研究国际上主要国家保函的适用法律,善用国际规则并依法合规操作,将有助于降低保函所面对的相关风险,助力中国承包企业国际竞争力的提升和高质量发展。

最高人民法院通过司法解释的形式于2017年开始施行有关独立保函的规定,创新性地确立了独立保函的法律地位,同时将独立保函扩大适用到国内主体之间,极大地推动了保函业务在国内建设工程领域的发展,也凸显了独立保函法律问题与实务风险应对研究的必要性。在纷繁复杂的受益人滥用索赔权场景下,独立保函各方当事人之间的法律平衡遭到破坏,如何实现各方权利的保护并能有效平衡,也是新的法律框架下一项重要挑战。

第十四工作组汇集了独立保函领域专业造诣深厚、实务经验丰富的学者、企业法务、境内外律师、银行业专家、仲裁机构代表,历时三年,从不同的角度审视独立保函制度给现有法律制度和实务带来的挑战。《指引》以独立保函理论为基石,系统梳理独立保函相关体系,汇集应用实务中最常见的热点难点问题,呈现应用经验。通过不同国别关于独立保函最具代表性、引领性的案例,为行业提供深邃而专业的研究成果。

《指引》共31万余字,分为六个章节及两个附录,不仅涵盖了独立保函基本制度、建设工程领域常见保函概述等重要内容,还沿着独立保函全生命周期与全业务流程主线,对保函开立前阶段、开立后阶段以及保函索赔阶段不同类型的风险进行系统分析并给出防范提示,随后还采用比较法的方法对世界上主要经济体中独立保函制度特别是独立性认定以及欺诈救济制度进行梳理和介绍。两个附录分别为保函索赔通知示例和近期全球法院25个重要保函案例摘要。

在第十四工作组全体成员的不懈努力下,《指引》成果填补了独立保函领域理论结合实务系统性研究的空白,为独立保函应有效用的发挥以及对独立保函的进一步研究及发展提供了重要支撑。在此,我们隆重介绍第十四工作组的全体成员,他们是:

召集人:

冯　婧　北京己任律师事务所合伙人

李志永　中建国际建设有限公司总法律顾问兼首席合规官

成　员(以姓氏拼音为序):

陈　璟　中国政法大学比较法学研究院博士研究生

高　祥　中国政法大学教授、博士生导师

郭　瑶　中国政法大学比较法学研究院博士研究生

黄　力　北京浩天律师事务所合伙人

庞　萌　泰和泰(武汉)律师事务所诉讼与仲裁部主任、高级顾问

谢晨曦　北京市中伦律师事务所合伙人

徐之和　上海国际经济贸易仲裁委员会(上海国际仲裁中心)研究部部长
杨晓鹏　中国中铁股份有限公司法律合规部高级经理
张瀚涛　中国电力国际产能合作企业联盟专家
张　杰　Al Tamimi & Co 高级法律顾问
朱宏生　中国民生银行交易银行部产品专家

第十四工作组全体成员为本次调研慷慨无私地付出了大量的时间和精力，在此对他们的付出致以崇高敬意和衷心感谢！

此外，还要感谢常设中国建设工程法律论坛的成员、观察员和业界同仁对第十四工作组给予的热情帮助和真诚鼓励。感谢北京己任律师事务所为召开工作组会议提供的有力支持和保障。中国电建集团国际工程有限公司财务资金部副处长郑钟扬博士为《指引》的调研提供了大量宝贵的意见和建议，北京己任律师事务所谭琴元律师亦对附录部分案例的收集和整理工作有诸多贡献。感谢法律出版社法商分社社长薛晗女士和责任编辑慕雪丹女士、章雯女士对本书的审校与出版工作提供的大力支持。第十四工作组成果凝聚着工作组成员和无数行业同仁的智慧、汗水与情怀。

法治之路漫漫，我们将始终心怀感激，踔厉奋发，笃行不怠！

孙　巍
常设中国建设工程法律论坛秘书长
《中国建设工程法律评论》主编
2024 年 3 月 17 日

目录 Contents

第一章

保函基本制度

第一节　保函的基本概念

一、保函的概念与术语厘清

保函根据其与基础交易之间的法律关系是否具有独立性,可以分为独立保函和非独立保函。本书将针对独立保函这一从国际交易中发展而来的担保工具进行制度分析,并着重于境内外建设工程领域使用的独立保函法律风险的防范。为简便起见,本书中除特别说明或论述外,所有保函均指独立保函。

保函作为国际交易中非常重要的一种担保工具,在世界范围内并不存在统一明确的术语。在国际商事往来中,不同国家的当事人所选择的称谓并不相同。例如,“独立担保”、“第一索偿担保”、“无条件担保”、“备用信用证”(Stand by Letter of Credit)或“履约保证金”等。① 因此,在探讨保函的有关问题之前,本书首先从国际规则中保函的定义角度对保函的概念进行梳理(见表1)。

(一)国际规则中的定义

表1　国际规则中的保函定义

规则	时间	规则制定机构	定义
《国际备用证惯例》(International Standby Practices 1998)	1998年	国际商会	备用信用证在开立后即是一个不可撤销的、独立的、跟单的及具有约束力的承诺,并且无须如此写明
《见索即付保函统一规则》(The Uniform Rules for Demand Guarantees ICC Publication No. 458. 1992 Edition)	1992年	国际商会	见索即付保函,无论其如何命名,是指由银行、保险公司或其他机构或个人以书面形式出具的凭提交与承诺条件相符的书面索款通知和保函可能规定的任何类似单据(如建筑师或工程师出具的证书、判决书或仲裁裁决书)即行付款的任何保函、付款保证书或无论如何命名或叙述的其他任何付款承诺

① 参见王卫国主编:《银行法学》,法律出版社2011年版,第256页。

续表

规则	时间	规则制定机构	定义
《见索即付保函统一规则》(The Uniform Rules for Demand Guarantees ICC Publication No. 758. 2010 Edition)	2010 年	国际商会	见索即付保函或者保函,系指任何已签署的承诺,无论其名称或者描述如何,该承诺保证根据相符索偿要求的交单提供付款
《联合国独立担保和备用信用证公约》(United Nations Convention on Independent Guarantees and Stand by Letters of Credit,又称《独立担保公约》)	1995 年	联合国大会	为了适用本公约,保证系指一项独立的义务,国际惯例上称为:独立保证或备用信用证中的承诺或义务。银行或其他机构或个人(亦可称保证人)签发此类保函或备用信用证并承诺:一经请求或一经附其他单据的请求即行以符合保函的条款和任何单据条件、指示或可推知的条件的方式向受益人支付确定的或有限期的款项

由此可以看出,国际组织对保函的界定并不拘泥于该术语的措辞,而是侧重对其基本性质与特征的描述。本章第三节将对保函的性质进行深入分析。

(二)我国保函的术语厘清

保函诞生于西方国家而后进入我国市场。2016 年 12 月 1 日起施行的《最高人民法院关于审理独立保函纠纷案件若干问题的规定》(2020 年修正,修正文号法释〔2020〕18 号,以下简称《独立保函司法解释》)出台前,我国银行对保函和备用信用证的选择并没有明确的倾向,大多数银行同时开展这两种担保业务。[①] 我国的担保实务界、理论界对保函的术语选择也并不一致。

"担保"是法律上的概念;而"独立担保"则是担保领域内的一种保证方式,属于人的担保。就目前而言,我国独立保函可以分为广义和狭义两种。有学者认为,狭义上的独立保函指的是独立保函(也称见索即付保函)和备用信用证。而广义上的独立保函涵盖的范围较为广泛。正如李国安教授所指出的,"一般而言,独立担保或独立保函包括见索即付保函、备用信用证及具有独立担保性质的其他担

---

① 参见刘斌:《独立担保:一个概念的界定》,载《清华法学》2016 年第 1 期。

保文书”。[①]

就保函与备用信用证之间的关系而言,实务中二者最显著的不同体现在单据方面。例如,备用信用证一般要求受益人在索赔时应提交即期汇票及表明申请人未能履约的书面声明。而保函中的担保人通常仅凭受益人提交的书面索赔及表明申请人违约的声明即须付款。事实上,随着保函业务在国际交易中的发展,二者之间的差异逐渐缩小。又如,《独立担保公约》并没有对二者作出区分和取舍,而是同时保留了这两种称谓。此外,保函与备用信用证除了使用地域的差异,在实践中的功能与意义基本呈现出同样的特点。[②] 基于二者的同质性,实务中无须也不应过分强调两者之间的区别。

总体来说,就广义上的保函概念而言,保函的不同称谓都是不同的当事人根据其强调的不同因素而叫出来的,在法律性质上没有区别。比如,“独立担保”强调的是其适用独立性原则的法律性质;“银行保函”强调的则是该保函是由银行开立的;而“见索即付保函”则强调的是请求即付款的交易特征。[③] 因此,本书所使用的“保函”一词涵盖了实务中“独立担保”、“银行保函”、“见索即付保函”和“履约保函”等称谓不同而实质相同的担保工具。

二、保函的历史渊源

在明确了保函的相关概念之后,本部分将对其起源进行介绍。保函作为近代国际贸易的产物,其起源可以追溯至20世纪中后期。[④] 大型跨国贸易往往涵盖了不同种类的交易,且每一个交易环节都存在诸多不确定性。同时,由于交易规模巨大且繁复,对风险进行全面的评估防范也较为困难。正所谓“无担保,不交易”[⑤],因此,担保在国际商事往来中发挥着无可替代的关键作用。

担保作为商事往来的一项基础,其传统的方式通常有两种:一种是基于财产

---

① 李国安:《我国独立担保的实践与立法完善》,载《厦门大学学报(哲学社会科学版)》2005年第1期。

② 参见高祥:《论国内独立保函与备用信用证在我国的法律地位——兼评最高人民法院独立保函司法解释征求意见稿》,载《比较法研究》2014年第6期。

③ 参见高祥:《论国内独立保函与备用信用证在我国的法律地位——兼评最高人民法院独立保函司法解释征求意见稿》,载《比较法研究》2014年第6期。

④ See Paul R. Verkuil, *Bank Solvency and Guaranty Letters of Credit*, 25 Standford Law Review 716 (1973).

⑤ 刘斌:《独立担保:一个概念的界定》,载《清华法学》2016年第1期。

或者权利证书转移的物上担保;另一种则是基于第三方个人信用的人的担保。在国内贸易中,贸易双方当事人通常青睐于以抵押、质押等为典型代表的物上担保,因为其更方便债权人实现担保物权。但在国际贸易活动中,担保物所在地常常与债权人所在地的国家不同,因此物上担保受制于其时间及空间局限性,担保权人在实现担保物权时存在诸多不便。人的担保同样无法满足国际商事迅速发展的需求。这种担保合同是主合同的从属合同,担保物权附随于主债权,因此,此种传统担保方式又被称为从属性保证(accessory or conditional guarantee)。在从属性保证中,受益人在要求担保人履行付款义务时必须首先证明基础合同的债务人违约。同时,在银行担任保证人的情况下,它不得不对基础合同的履行情况进行调查。这对于不具备专业技术知识的担保人来说必然是巨大的负担。所以担保人从自身的角度出发,并不乐意卷入债权人和债务人的纠纷当中。① 此外,在从属性保证的场合,一般保证的保证人享有先诉抗辩权,连带保证的保证人可以基于债权人与债务人之间的主合同进行抗辩,从而导致债权人无法尽快受偿。

可以看出,传统的物上担保与从属性保证在经济全球化和信息时代面前已显得十分落后和低效。随着世界经济的快速发展,国际经济交往中各方当事人除要求交易的公平以及安全之外,还希望能够提高违约救济手段的效率。但由于国际贸易中的贸易标的额通常较大,交易期限较长,且各国政治经济环境与法律规定相异,一方当事人更渴望另一方当事人能够"提供一种现成的(ready)、快速的(prompt)、保证能实现(assuredly realizable)的担保权益,以避免和减轻不履行的风险,保障交易的安全和各项义务的顺利进行"②。尽管信用证和汇票等工具使得国际商事往来中的"不按期付款"和"不予付款"风险大大降低,但这样的工具还远不足以防范"不予履行"的风险。

20 世纪中期,保函最早以备用信用证的方式出现在了美国的金融市场。③ 根据美国 1864 年国家银行法的规定,银行从事的业务范围必须由法律明确规定。保函只能由担保公司或保险公司开立,银行不具备从事担保业务的资质。为了满

---

① Peter Mülbert, Neueste Entwicklungen des materiellen Rechts der Garantie"auf erstes Anfordern", ZIP 18(1985), S. 1105.

② 黄文涛:《英国法上跟单信用证及见索即付保函制度下欺诈问题之研究》,载《国际商法论丛》1999 年第 1 期。

③ 参见高祥:《论国内独立保函与备用信用证在我国的法律地位——兼评最高人民法院独立保函司法解释征求意见稿》,载《比较法研究》2014 年第 6 期。

足市场对独立性担保的需求,银行利用签发承兑汇票和具有担保功能的商业信用证来为客户提供担保;如果债务人能够按照合同约定履行主合同项下的债务,该信用证自动失效。这种"处于备用状态的信用证被称为备用信用证"①。

如前所述,备用信用证在本质上与保函并无区别。在保函关系中,担保关系独立于基础交易的履行情况,担保人的责任独立于主债权债务关系。这种担保方式大大弥补了传统从属性保证的不足,不仅满足了交易主体在商事活动中的安全性需求,也满足了其效率需求,顺应且促进了国际贸易的发展。20 世纪 70 年代,西方国家在中东地区承包了大量的基础建设项目。许多美国的建筑公司与伊朗政府签订了建筑承包基础合同,这些公司要求伊朗政府提供伊朗银行开立的独立保函。因此,在这些建筑承包合同中,通常包含保函。相应地,美国公司也出具了美国银行提供的反担保。② 由此,保函在中东地区的工程承包项目中迅速发展。③

三、保函的功能

保函在世界范围内得到如此广泛的应用,主要基于其独特化、多样化的功能特征。具体而言,保函具有三个重要功能,即担保功能、利益风险分配功能以及流动性功能。

(一)担保功能

担保功能是保函的最重要功能之一。设计保函的主要目的就是在基础交易合同的债务人违约时,使担保人承担第一位的、不可撤销的、无条件的付款义务。在受益人作出符合保函约定的索赔要求时,担保人立即履行付款义务,从而使受益人的合法权益得到及时的实现与保护。

在保函尚未被普遍使用时,国际商事活动中的招投标项目往往要求参与方提供押金。这种押金主要用以防止当事人对先合同义务的违反或未按照合同履行约定时损害的产生。押金的数额通常按照合同总金额的一定比例计算,如 10%。

---

① 高祥:《论国内独立保函与备用信用证在我国的法律地位——兼评最高人民法院独立保函司法解释征求意见稿》,载《比较法研究》2014 年第 6 期。

② 参见高祥:《论国内独立保函与备用信用证在我国的法律地位——兼评最高人民法院独立保函司法解释征求意见稿》,载《比较法研究》2014 年第 6 期。

③ 参见王利明:《独立保证的相关问题探讨》,载《当代法学》2020 年第 2 期。

在大型工程项目中，巨额的工程款对应着数目不菲的押金，因此，交付这笔巨额押金在实务中存在诸多不便。此外，传统保证项下的权利依赖于主合同的状态，难以适应国际贸易的发展。而保函使得债权人在债务人违约时迅速获得资金补偿，可以很大程度上代替保证与押金的担保功能。

（二）利益风险分配功能

事实上，担保制度本身蕴含着利益风险分配的效果，利益风险分配的规则与程度对当事人的影响甚大。保函的风险重新分配与平衡方式，体现了其独特的"先付款，后争议"的运作机制。

实务中，保函的担保人通常为银行。银行在开立保函时，会向保函申请人收取一定比例的费用，同时要求申请人提供抵押或保证金等担保。此外，由于保函的独立性与单据性特征，银行在判定是否需要向债权人偿付时无须对基础交易关系进行实质性审查，且确定偿付金额。因此，对于银行而言，保函是一项可以实现较好盈利的金融产品。

对于债权人而言，保函的独立性改变了传统担保项下债权人的不利地位。一方面，传统保证的债权人在主张担保权利时常常面临诸多基于主合同关系的抗辩；另一方面，传统保证的债权人对主债权的存在及保证事件的发生负有举证责任。而在保函中，债权人既不受基础交易关系项下的抗辩权约束，也不需要对担保债权进行举证。因此，保函较好地维护了债权人在商事活动中的担保利益。

相应地，保函中蕴含的风险最终由保函申请人即基础交易关系的债务人承担。从表面上看，由于债权人存在滥用担保权利的可能性，保函的申请人面临着较大的风险。但事实上这种滥用风险在保函的制度设计中已经被赋予了填补途径。一方面，债权人在要求偿付时必须满足保函约定的条件，并不是纯粹"随意"地就可以实现担保权利；另一方面，保函申请人在偿付后的追偿阶段可以对基础交易的实质性履行提出异议。因此，相比传统担保方式，保函申请人面临着更大的风险，但这个风险仍然是可控的。同时，保函申请人享受着独立保函带来的诸多益处。例如，由于保函的担保人不需要对基础交易情况进行调查，因此收取的业务费用较为低廉，保函申请人可以降低贸易成本从而提升竞争力，也可以更好地开拓海外市场。因此，保函申请人所承担的风险是处于合理范围的市场风险。

可以看出，保函的运作机制在实现效率的同时，有效地平衡了各方当事人之间的利益与风险，同时体现了对公平的追求与对正义的实现。

（三）流动性功能

在国际商事活动中，保函还具有流动性功能。一方面，担保人在承担担保责任时，承接了本应由债务人承担的付款义务，并在受益人要求付款时对该款项进行支付，使得基础交易合同项下的债权债务得以清偿。另一方面，在以现金为担保工具的模式下，担保人必须接受流动资金的立即流出。而在经济全球化与电子化发展的背景下，债权人往往要求对方提供一种现成的、快速的、保证能够实现的担保权益。[①] 通过保函，受益人在担保事件发生时，无须对基础交易中的实质性履行情况甚至担保的债权状态作进一步的证明，即可立即要求得到担保金额作为流动补偿。因此，保函的运作机制不仅使基础债权债务关系得到完整履行而终结，还促进了受益人的资金融通及国际商事活动的顺利运作。

总体来看，保函具有许多传统担保方式难以超越的优势，有利于在实现经济效益的同时平衡各方当事人的利益冲突，建立合理安全的交易秩序，促进国际贸易的发展。

四、保函的分类

由于实务中使用的独立保函种类繁多，本书从不同的角度对其进行分类：

（一）根据支付前提的不同分类

1. 付款类保函

付款类保函指的是担保某种必定会发生的支付行为而向受益人提供的担保。如付款保函、延期付款保函等。

2. 信用类保函

信用类保函指的是担保人在基础交易合同项下的一方当事人出现违约需承担赔偿责任时进行支付的保函，如投标保函、履约保函等。

---

① 参见黄文涛：《英国法上跟单信用证及见索即付保函制度下欺诈问题之研究》，载《国际商法论丛》1999 年第 1 期。

（二）根据保函的用途分类

根据保函的不同用途，独立保函主要可以分为履约保函、投标保函、预付款保函和质保保函等。本书第二章第一节将对此种分类方式下的保函类型进行详细介绍。

（三）根据保函是否具有涉外因素分类

根据保函是否具有涉外因素，可以将独立保函分为国内保函与涉外保函。

1. 国内保函

国内保函指的是由本国银行或其他非银行金融机构出具的，以本国当事人为受益人的保函。基于国内独立保函所产生的法律关系不涉及任何的涉外因素，只涉及纯粹的国内关系。

2. 涉外保函

根据《最高人民法院关于适用〈中华人民共和国涉外民事关系法律适用法〉若干问题的解释（一）》第1条的规定，只要某一民事关系中的主体、客体、法律事实中的任何一个方面具有涉外因素，该民事关系可以被认定为涉外民事关系。因此，涉外保函既包括担保人和受益人涉外的保函，也包括基础合同、委托合同等涉外的保函。

（四）根据付款条件分类

根据付款条件之不同，可以将保函分为不同的类型，包括见索即付的独立保函、凭第三方文件付款的独立保函以及凭仲裁裁决或法院判决付款的独立保函。

（五）根据保函的运作机制分类

根据保函运作机制的不同，可以将保函分为直接保函与间接保函。本章第二节将对直接保函与间接保函的法律关系与交易流程进行详细说明。

以上为保函在学理上的分类方式，本书第二章将对商业实践中独立保函的分类情况予以详细阐述。

第二节　保函的法律关系与交易流程

在本章第一节的最后，我们根据运作机制的不同将保函分为直接保函（实务中又称直开保函）与间接保函（实务中又称转开保函）。这两种不同的运行机制导致了直接保函与间接保函中的交易流程及当事人法律关系的不同。本节将分别探讨这两种保函的交易流程及法律关系。

一、直接保函

直接保函指的是担保人在接受申请人的委托后，直接向受益人开立的保函。与间接保函相比，直接保函是由申请人所在国的担保人直接开立的，并不涉及受益人所在国的担保人。直接保函业务中涉及的主要当事人通常有三方：申请人、受益人和担保人。保函的申请人和受益人通常是基础交易合同的双方。申请人也被称为主债务人，相应地，受益人也被称为债权人。而保函本身体现的则是担保人与受益人之间的约定。

（一）当事人之间的法律关系

在一个典型的保函中，一般涉及前述三方当事人，因此通常也包含三个法律关系：其一，申请人与受益人之间的基础合同关系；其二，申请人与担保人之间的委托担保关系；其三，受益人与担保人之间的保函关系。

1. 申请人与受益人

保函为申请人能够履行合同义务提供了保证，这保障了申请人与受益人之间基础合同关系的正常履行。而申请人与受益人根据彼此的基础交易合同产生的相应权利义务关系本身并不在保函的范围之内，但是它的存在却间接地影响着未来成立的保函。

通常情况下，申请人即基础合同的主债务人，受益人即基础合同的债权人。申请人与受益人在基础合同中约定，申请人需要通过担保人向受益人提供保函，并在担保事件发生时使受益人通过该保函获得救济。尽管该约定是基础合同交易双方协商一致的结果，但通常情况下该条款很大程度上体现了受益人的意愿，担保人根据该条款的内容开立保函。因此，申请人与受益人之间的基础交易关系虽然不受限于保函，但其在保函的关系中不容忽视。

2. 申请人与担保人

担保人在保函的交易中处于核心地位。根据我国《独立保函司法解释》第1条第1款的规定，保函系“银行或非银行金融机构作为开立人，以书面形式向受益人出具的，同意在受益人请求付款并提交符合保函要求的单据时，向其支付特定款项或在保函最高金额内付款的承诺”。基础合同的债务人即保函的申请人，向可以开立保函的担保人提交开立独立保函的书面申请，委托担保人开立保函并付给其一定的手续费。在实务中，申请人通常是银行的客户，在银行开立一般结算账户，从而进行相应的结算支付。

我国法院认为，申请人与担保人之间的这种关系属于合同关系。申请人与担保人签订的保函协议也就是委托代理协议，通常包含银行按规定条件履行规定义务及其拥有的补偿权利等内容，二者基于该委托代理协议产生相应的委托合同关系。山东省高级人民法院〔1998〕鲁经终字第633号民事判决书指出：“青岛农行营业部接受申请书并与凯利公司签订《开立进口信用证协议》且在该协议中明确承诺按照凯利公司开证申请书的要求开立信用证，即构成合同上的承诺。因此，开证申请书和《开立进口信用证协议》构成本案的主合同，双方由此确立开立信用证合同关系。”

在这种委托合同关系下，担保人在决定接受申请人的申请后需要确定保函的具体内容并及时向受益人开立保函。但事实上，保函的许多内容已经由申请人一方所拟定，并不完全由担保人来决定。总体来看，担保人是根据申请人的委托，对受益人开立保函并承担相应的担保义务。

3. 受益人与担保人

受益人与担保人基于保函产生相应的保函关系。担保人在接受保函开立的申请后，应当及时向受益人开立保函，该保函一经开出即生效。同时，担保人有义务在受益人按照约定索偿时履行付款义务，该义务即担保人在保函项下最主要的义务。担保人通常只对受益人提交的单据进行严格的形式审查，对于受益人的陈述是否真实等情况无须审核。只要受益人提供的单据符合保函的付款要求，担保人就应当立即付款。但这一原则也存在例外情况，如受益人的索款要求显然属于欺诈或滥用权利。

(二)直接保函的典型交易流程

直接保函的法律关系如图1所示。由申请人向担保人提出开立保函的申请，并向担保人支付相应的手续费，然后担保人向受益人开出保函。当申请人未按照合同约定履行义务时，受益人根据保函要求向担保人索偿。担保人在赔付后向申请人进行索偿。

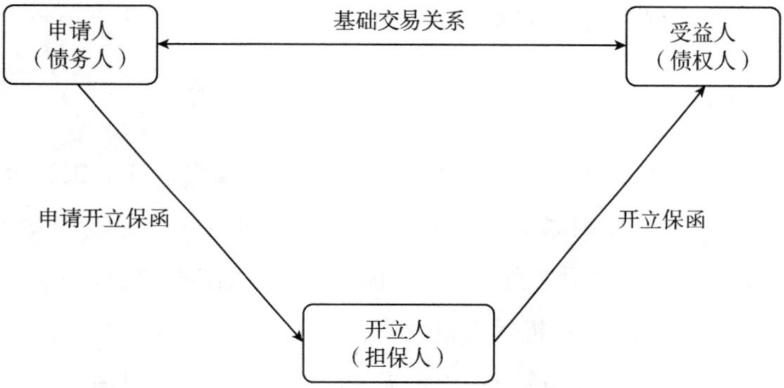

图1　直接保函法律关系

一个典型的直接保函交易流程如图2所示。例如，身处北京的申请人A向北京某银行B提出了开立保函的申请，同时申请人A向担保银行B支付相应的手续费，然后担保人(银行B)向身处巴黎的受益人C开立相关保函。当由于种种原因申请人A最终未按照合同约定履行义务时，受益人C可以根据保函要求直接向担保银行B索赔。担保人(银行B)按照赔付条款向受益人C赔付后，再向申请人A进行索偿。

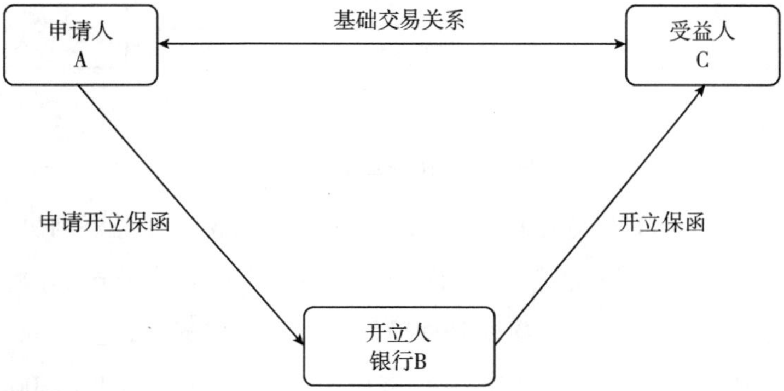

图2　典型直接保函交易流程

二、间接保函

在国际商事往来中，实际情况往往更为复杂。由于受益人较难对外国担保人进行资信调查，且在保函纠纷发生时往往牵涉案件的管辖权、法律适用及执行问题，处理纠纷的难度比本国更大。为了减少不必要的麻烦及商业风险，受益人并不总是愿意接受外国担保人开立的保函，而是要求保函须由其认可的本国银行开立。因此，间接保函就在这种背景下诞生了。

（一）间接保函的交易流程

在间接保函中，申请人通常委托其所在国家的一家银行或非银行金融机构作为指示人，向受益人所在国家的银行或非银行金融机构作出开立保函的指示，再由该银行或机构向受益人开立保函。在间接保函的运作机制中，基本当事人包括申请人、指示人（反担保人）、担保人以及受益人。如图 3 所示，在间接保函的担保关系中，保函申请人要求反担保人（指示人）指示开证方根据申请人指定的条款和条件向受益人开立保函。

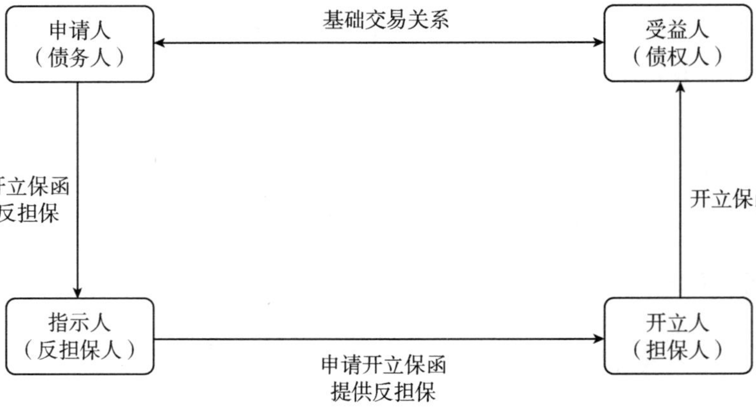

图 3　间接保函法律关系

例如，在北京市高级人民法院〔2006〕高民终字第 363 号民事判决书中，埃及达特姆公司是深圳市曙光信息技术有限公司（以下简称曙光公司）在埃及成立的合资公司，其在埃及承包了埃及投资总局的某项目。根据项目主合同的约定，曙光公司向中国进出口银行申请以埃及投资局为受益人、金额为 497,500 埃及镑的不可撤销、不可转让的履约保函和金额为 3,980,000 埃及镑的不可撤销、不可转让的预付款保函,深圳市点通数据有限公司(以下简称点通公司)为上述保函提供反担保。中国进出口银行根据曙光公司的申请,请埃及国民银行为该项目开立以埃及投资局为受益人的银行预付款保函,并提供了相应的反担保。埃及国民银行则向受益人埃及投资局承诺在埃及投资局首次要求之时,无息地向受益人埃及投资局支付不超过担保金额的任何金额。该案中的保函为典型的间接保函,如图4所示。

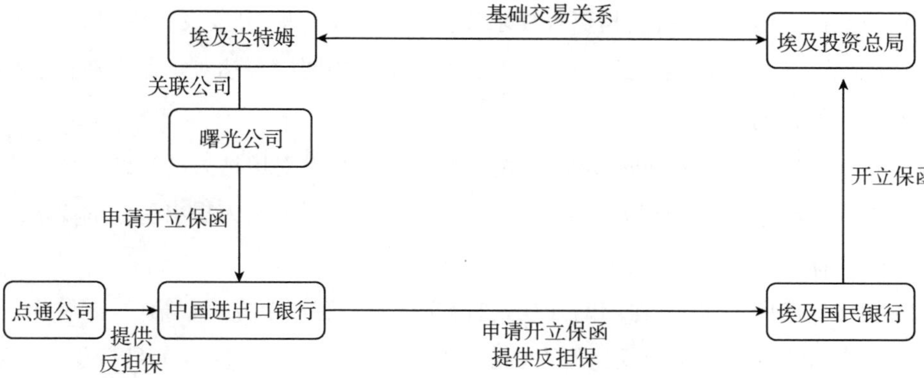

图4　典型间接保函交易流程

(二)间接保函的当事人法律关系

间接保函与直接保函的运作方式存在重合之处。与直接保函类似的是,间接保函中申请人和受益人的关系是基础合同关系,担保人和受益人的关系是保函关系。但在间接保函中存在两种不同的委托关系:其一,是申请人与反担保人(指示人)之间的委托合同。该委托合同关系类似于直接保函中申请人与担保人之间的委托合同关系。其二,与直接保函不同的是,间接保函中还存在反担保人(指示人)与担保人之间的委托关系。这种委托关系不一定产生于双方之间的委托合同。若反担保人(指示人)和担保人是彼此驻当地的分行或者两者之间存在业务往来,担保人可以仅凭反担保人(指示人)的指示即开立保函。若反担保人(指示人)与担保人之间的关系并不十分紧密,或担保人对反担保人(指示人)的责任能力不完全信任时,担保人往往要求反担保人(指示人)提供反担保,以确保自己在向受益人履行付款义务后能够顺利地获得反担保人(指示人)的赔付。总体来看,间接保函中反担保人(指示人)与担保人的权利义务如下：

1. 反担保人（指示人）

由于反担保人（指示人）同时是两个委托关系的当事人，因此，它要承担两份合同义务。一方面，基于其与申请人之间的委托合同关系，其必须承担类似于直接保函中担保人对申请人的义务，即向申请人提供建议、严格履行委托等义务。另一方面，基于反担保人（指示人）与担保人的关系，它还必须承担向担保人准确转递委托的义务。此外，在担保人要求反担保人（指示人）开立反担保时，反担保人（指示人）需要提供相应的反担保，并在委托文本中明确表达对担保人在遭受损失时进行偿付的意思。

在承担以上义务的同时，反担保人（指示人）还享有对申请人的追偿权利。在反担保人（指示人）对担保人的赔付进行补偿后，有权对申请人提出追偿的要求。

2. 担保人（开立人）

间接保函中担保人（保函的开立人）的义务主要有三个方面。第一，尽管担保人可以自行决定是否接受反担保人（指示人）开立的保函委托，但一旦接受，就负有严格执行该委托的义务。第二，担保人对受益人的付款要求具有进行形式审查的义务。与直接保函中担保人的审核义务相同，在受益人提交索款要求后，担保人必须对受益人提供的单据与保函规定的付款条件进行严格的形式相符审查。第三，担保人向反担保人（指示人）提出索款要求时，应当提交付款条件已经满足且付款义务已履行的相关单据。

担保人在按照保函约定向受益人履行付款义务后，享有向反担保人（指示人）索偿的权利。

（三）反担保函的独立性及交易流程

1. 反担保函的含义

在间接保函关系中，担保人常常要求反担保人（指示人）提供反担保函。我国《独立保函司法解释》及相关的国际惯例与公约均对反担保函作出了规定（见表2）。

表 2　相关司法解释和国际规则中的反担保函

规范名称	条文	内　　容
《独立保函司法解释》	第 1 条	保函可以依保函申请人的申请而开立，也可以依另一金融机构的指示而开立。开立人依指示开立保函的，可以要求指示人向其开立用以保障追偿权的保函。
《独立担保公约》	第 6 条	保证人的指示人向另一保证的保证人所作的保证，承诺：一经请求或一经附其他单据的请求，即行以符合保函的条款和任何单据条件、指示或可推知的条件的方式付款。其他保证项下的款项系由作出该其他保证的人支付或可向该人提出请求。
《见索即付保函统一规则》（2010 年版）	第 2 条	“反担保函”，系指任何已签署的承诺，无论其名称或者描述如何，该承诺由反担保人向需要获得其他人开出的保函或者另一反担保函一方做出的，并且保证根据反担保函规定的受益方相符索偿要求的交单提供付款。
	第 5 条	就其性质而言，反担保函与保函、基础关系、申请和其他任何相关的反担保函是独立的，反担保人绝不需要关心这些关系或者受它们的约束。即使在反担保函中为了识别而对基础关系有所援引，也不改变反担保函的独立性质。反担保函项下反担保人的支付承诺不受因为反担保人和担保人或者开立其他反担保函的反担保人关系之外的任何关系而产生的请求或者抗辩的影响。

2. 反担保函的独立性

反担保函的存在保障了担保人对反担保人（指示人）的追偿权，有利于维护担保人的合法权益。我国法律以及相关国际规则与公约均承认了反担保函的独立性，并将其性质界定为保函。具体而言，反担保函的独立性主要体现在三个方面：

第一，反担保函独立于基础保函。反担保人（指示人）在反担保函项下的付款义务，不受基础保函项下产生的请求或抗辩的影响。

第二，反担保函独立于基础合同关系。反担保人不受基础关系的影响或约束，即使在保函文本中为了指明对应的基础关系而予以引述，也不改变其独立性。

第三，反担保函独立于委托合同。尽管反担保函和委托合同有时存在于同一个法律文件中，但开证方与反担保人（指示人）之间的反担保关系和委托关系彼此相互独立。在委托关系中，开证方的主要义务是根据反担保人（指示人）的指示向受益人开立基础保函；而在反担保关系中，担保人的主要义务是提交符合保函约定的单据，并享有针对反担保人（指示人）的追偿权。

3. 反担保函的交易流程

在存在反担保函的情况下，基础保函的反担保人（指示人）通常为反担保函的担保人，基础保函的担保人则为反担保函的受益人。反担保人（指示人）与担保人之间的反担保函关系与前述直接保函中开立人与受益人的权利和义务类似。

反担保函的交易流程通常如下：申请人向反担保人（指示人）提出申请，由反担保人（指示人）开立反担保函，再将反担保函传递给担保人，担保人接受该反担保函后向受益人开立担保函。当申请人未按照合同约定履行有关义务时，担保人向受益人依据保函的约定进行赔付后向反担保银行索偿，最后反担保人（指示人）向申请人索偿。

第三节　保函的法律特征

一、独立性

保函是担保人和受益人之间形成的一项独立债务承诺，担保人仅受保函中所允诺内容的约束，可以说保函是一项独立的付款承诺。[①] 保函的独立性也被称为“抽象性”“无因性”，是保函制度最核心的特征，在相关国际公约、国际惯例等文件中也均有描述。如《见索即付保函统一规则》（The Uniform Rules for Demand Guarantees ICC Publication No. 758. 2010 Edition, URDG758）第5条a款明确规定：“保函就其性质而言，独立于基础关系和申请，担保人完全不受这些关系的影响或约束。保函中为了指明所对应的基础关系而予以引述，并不改变保函的独立性。担保人在保函项下的付款义务，不受任何关系项下产生的请求或抗辩的影响，但担保人与受益人之间的关系除外。”《独立担保公约》第3条规定：“就本公约而言，担保是独立的。担保人向受益人所负之义务：（a）并不依赖于任何基础交易的有效性或存在，亦不依赖于任何其他保证，包括备用信用证或独立保函以及与此相关的确认书或反保函；（b）并不受本担保中未列之条件的约束，亦不受任何未来

① 参见刘斌：《独立担保的独立性：法理内涵与制度效力——兼评最高人民法院独立保函司法解释》，载《比较法研究》2017年第5期。

的、不确定行为或事件的约束，但是在担保人经营范围内提出此类文件、作出此类行为或发生此类事件者，不在此限。”此外，《国际备用征惯例》(International Standby Practices 1998，ISP98)第1.06款(c)项[①]、第1.07款[②]，国际商会第600号出版的《跟单信用证统一惯例》(Uniform Customs and Practice for Documentary Credits，UCP600)第4条[③]以及我国《独立保函司法解释》第3条第1款第3项[④]均对独立性作出了明确规定。

从上述关于独立性的规定可知，URDG758和UCP600强调的是保函与基础交易之间的关系相独立；而ISP98和《独立担保公约》更为全面且细致地规定了保函的独立性特征，即保函不仅独立于基础交易关系和其他承诺，而且担保人的付款义务只取决于担保文本规定的条件，不受任何适用的协议、惯例和法律项下担保人对申请人的权利和义务的影响。我国《独立保函司法解释》着重规定了担保人付款义务方面的独立性。由此观之，独立性的内涵很丰富：保函既独立于基础交易关系，也独立于保函申请关系，基础交易关系和保函申请关系的效力不影响保函的效力，担保人的付款义务与基础交易关系是否成立及有效均无关。

---

① 《国际备用证惯例》第1.06款规定：“(a)备用证开立后即是一项不可撤销的、独立的、单据的及具有约束力的承诺，并且无须如此写明。(b)因为备用证是不可撤销的，除非在备用证中另有规定，或经对方当事人同意，开证人不得修改或撤销其在该备用证下之义务。(c)因为备用证是独立的，备用证下开证人义务的履行并不取决于：i. 开证人从申请人那里获得偿付的权利和能力；ii. 受益人从申请人那里获得付款的权利；iii. 在备用证中对任何偿付协议或基础交易的援引；iv. 开证人对任何偿付协议或基础交易的履行或违约的了解与否。(d)因为备用证是单据性的，开证人的义务取决于单据的提示，以及对所要求单据的表面审查。(e)因为备用证和修改在开立后即具有约束力，无论申请人是否授权开立，开证人是否收取了费用，或受益人是否收到或因信赖备用证或修订而采取了行动，它对开证人都具有强制性。”

② 《国际备用证惯例》第1.07款规定：“开证人对受益人的义务，不受任何适用的协议、惯例和法律下开证人对申请人的权利和义务的影响。”

③ 《跟单信用证统一惯例》第4条规定：“(a)就其性质而言，信用证与可能作为其开立基础的销售合同或其他合同是相互独立的交易，即使信用证中含有对此类合同的任何援引，银行也与该合同无关，且不受其约束。因此，银行关于承付、议付或履行信用证项下其他义务的承诺，不受申请人基于与开证行或与受益人之间的关系而产生的任何请求或抗辩的影响。受益人在任何情况下不得利用银行之间或申请人与开证行之间的合同关系。(b)开证行应劝阻申请人试图将基础合同、形式发票等文件作为信用证组成部分的做法。”

④ 《独立保函司法解释》第3条规定：“保函具有下列情形之一，当事人主张保函性质为独立保函的，人民法院应予支持，但保函未载明据以付款的单据和最高金额的除外：(一)保函载明见索即付；(二)保函载明适用国际商会《见索即付保函统一规则》等独立保函交易示范规则；(三)根据保函文本内容，开立人的付款义务独立于基础交易关系及保函申请法律关系，其仅承担相符交单的付款责任。当事人以独立保函记载了对应的基础交易为由，主张该保函性质为一般保证或连带保证的，人民法院不予支持。当事人主张独立保函适用民法典关于一般保证或连带保证规定的，人民法院不予支持。”

（一）独立性之基本内涵

1. 独立性即不具有从属性

传统担保制度的核心在于从属性。基于从属性这一特征，担保关系附从于主债权债务关系，担保债务以主债务为限，担保人也可援引主债务人对债权人享有的所有抗辩权。虽然传统担保制度可以保护担保人的利益，但其从属性却大大阻碍了担保责任承担的效率和便捷性，增加了债权人不能获偿的风险。因此，随着国际贸易和商业的发展，脱胎于传统从属性担保的保函应运而生。基于此渊源，学界和实务界在研究保函的独立性时，多以独立性即不具有从属性的视角进行讨论。如曹士兵教授认为："独立担保是因担保人的特别承诺而与被担保债权没有从属性的一种担保。"①郭德香教授指出："独立担保是一种担保人应申请人的申请向受益人开出的、独立于基础交易合同，但当其一旦开立后，便不再从属于基础交易合同，担保人的付款责任只是根据国际银行独立担保条款自身为准的承诺。"②德国坎莫合（Caemmerer）教授也强调："独立性指保函的存在和内容不依赖于另一交易，不具有从属性。"③因此，讨论独立性之内涵，有必要从探讨从属性之内涵开始，明确保函的从属性内涵，对独立性的理解大有裨益。

所谓从属性，是指数个有相同目的的债务，发生单方关联，即从属性债务在法律上依附于主债务。④ 这一关于从属性的定义仅指明了从属性的"依附性"，并未进一步说明如何依附，以及哪些方面具有依附性。史尚宽先生对从属性作了进一步解释，他指出从属性具体表现在发生，范围、强度，移转，变更、消灭四个方面：(1)所谓发生上的从属性，是指保证的成立需以合法成立的主债务为前提；(2)所谓范围、强度上的从属性，是指保证的范围、强度原则上应与主债务相同，不得大于或强于主债务；(3)所谓移转上的从属性，是指主债权移转时，保证债权原则上亦随同移转；(4)所谓变更、消灭上的从属性，是指主债务体态、标的有变更时保证债务亦随同变更，主债务消灭时保证债务亦随同消灭。⑤ 这四个方面的从属性体

---

① 曹士兵：《中国担保诸问题的解决与展望——基于担保法及其司法解释》，中国法制出版社 2001 年版，第 121 页。

② 郭德香：《国际银行独立担保法律问题研究》，法律出版社 2013 年版，第 107 页。

③ Vgl. Caemmerer, Bankgarantien im Aussenhandel, Festschrift für Otto Riese, Karlsruhe 1964, S. 305.

④ Vgl. Medicus, Die Akzessorietät im Zivilrecht, JuS 1971, S. 497.

⑤ 参见史尚宽：《债法各论》，中国政法大学出版社 2000 年版，第 880－882 页。

现了保证合同与主债务合同之间的本质特征,即在保证法律关系中,保证债务以主债务的存在或将来可能存在为前提,随主债务的消灭而消灭,随着主债务移转而移转。保函独立于基础合同关系,是对传统担保制度的突破和创新。相应地,保函也就不具有从属性的上述四大特征,但我们可以将从属性保证与保函的特殊性进行对比,进而总结出独立性的表现形式。具体如下:

其一,成立和效力上的独立性。保函的成立和有效性不以合法存在的主债务为前提,保函一经开出即生效,担保人与受益人之间不存在事先的直接合意。换言之,"保函本身是独立存在的,不依赖于任何其他法律关系或事实"①,这正是保函区别于从属性保证的基本特征。保函的效力不受申请人与受益人之间的基础关系及担保人与申请人之间的保函申请关系的影响,保函的有效性与基础交易关系是否有效无关。基于独立性机制,申请人和担保人之间基础关系的变更、消灭、效力瑕疵等因素对保函的成立与效力均不构成影响。②

其二,范围与强度上的独立性。保函的担保金额由保函当事人约定;虽然基础交易中对担保数额也有约定,但该约定对担保人开立保函来说只有参考价值,担保人不受基础交易合同的约束和限制。③ 与此同时,担保责任的范围或强度不以主债务的范围或强度为限,担保责任的范围也不必然随着主债务范围的改变而改变。

其三,责任承担上的独立性。在从属性保证中,一般保证的保证人享有先诉抗辩权,债权人需先向债务人追偿债务,在债务人不能履行时才能向保证人主张权利。而连带保证的保证人虽然不享有先诉抗辩权,但其可行使债务人的抗辩权以对抗债权人的权利主张。保函为受益人提供了快速且便捷的获得款项支付的通道,只要受益人提交符合保函要求的单据,担保人就应当付款。可见,担保人的付款义务不受基础交易关系和保函申请关系的影响,担保人不能享有主债务人的抗辩权,只能行使保函项下的抗辩权。对此,《独立保函司法解释》起草者也指出:"独立保函的抗辩权已经不是排他的问题,而是保函开立人的抗辩权具有单一性——仅能够根据保函本身提出单据不符的抗辩,而不能提出其他事

---

① 贺绍奇:《国际金融担保法律理论与实务》,人民法院出版社2001年版,第17页。

② 参见刘斌:《独立担保的独立性:法理内涵与制度效力——兼评最高人民法院独立保函司法解释》,载《比较法研究》2017年第5期。

③ 参见高祥主编:《独立担保法律问题研究》,中国政法大学出版社2015年版,第21页。

由的抗辩。”①

其四，消灭上的独立性。主债务消灭时，保函并不随之消灭。保函也不因任何基于基础交易关系的原因而终止，而仅依据保函本身所载明的事由而终止，如保函有效期届满或特定事件发生。保函的有效期由保函本身规定，与基础交易的履行期间具有一定联系；但保函一旦开立后，与基础交易的履行期间便不再存在联系。

总而言之，保函在成立、效力、范围、强度、责任承担以及消灭上均具有独立性，其是“一份独立的、自足的法律文件，其效力及保证人的付款责任完全取决于文件的文本规定”②。

在上述独立性的几大特征中，责任承担上的独立性是保函的核心，也是保函与从属性担保的根本区别。③ 一份保函，若缺乏责任承担上的独立性，即使具备独立性的其他几个方面，无论是否自称“保函”，也不能被认定为保函。保函制度的根本在于责任承担上的独立性，因为其他几个方面的独立性并非保函制度所独有。例如，最高额担保在担保责任的成立与解除上均具有独立性，但不属于保函。又如，从属性保证合同的当事人也可就担保范围进行约定，只要不超过主债务的范围即可，也就是说，保证合同在范围上也具有相对的独立性。④ 但与保函不同的是，这些担保形式都不具备责任承担上的独立性，责任承担上的独立性是专属于保函的特性。

2. 独立性与无因性

独立性也常被称为“抽象性”、“无因性”或“自主性”，那么独立性与无因性有何关系？具有独立性是否意味着具有无因性？这一问题的讨论也有助于更全面地认识独立性的内涵。

英国学者古德（Goode）教授在《国际商会见索即付保函统一规则指南》中指

---

① 张勇健、沈红雨：《〈关于审理独立保函纠纷案件若干问题的规定〉的理解和适用》，载《人民司法（应用）》2017 年第 1 期。

② 刘贵祥、沈红雨、黄西武：《涉外商事海事审判若干疑难问题研究》，载《法律适用》2013 年第 4 期。

③ 参见费安玲主编：《比较担保法——以德国、法国、瑞士、意大利、英国和中国担保法为研究对象》，中国政法大学出版社 2004 年版，第 93 页。

④ 参见高圣平：《保证合同重点疑点难点问题判解研究》，人民法院出版社 2005 年版，第 11 页。

出“独立性和抽象性(或无因性)都是保函的特征”[①]。他认为独立性与抽象性的含义是不同的,独立性主要包括两个方面,即保函与申请人和受益人之间的基础交易关系相独立,同时保函与申请人和担保人之间的保函申请关系相独立;而抽象性则是指保函属于一项抽象的付款承诺,在受益人不予拒绝的情况下,该承诺的效力仅基于担保人开立保函这一单独的行为。[②] 但是,古德教授并未详细阐释无因性的内涵。

理论界和实务界对无因性的探讨多集中于物权行为和票据行为,很少在保函制度中使用“无因性”一词。事实上,所有给予行为都存在有因或无因的问题。所谓给予行为,是指因法律行为的成立致使他人财产有所增益的行为。[③] 有因和无因的属性与给予法律关系相关联。一个法律行为是否有因,要从给予的目的去理解,给予目的一般由双方协议确定。在给予行为中,任何人之所以愿意减少自己的财产而增益他人的财产,是因为想要实现特定目的,这个目的就是给予的原因。[④] 若依法律规定,某项法律行为之原因被吸入法律行为之中,成为其一部分,则该法律行为为有因行为;若将该原因从特定法律行为中抽离,使原因独立于法律行为之外,法律行为不因原因之欠缺或不存在而受影响,则为无因行为。[⑤]

对于无因行为,既然原因不在该法律行为内容之中,那么法律行为之效力不受原因行为影响则是应有之义。故从逻辑上说,效力独立性是无因性的当然结果,又因效力具有外显性,较易辨识,故学者多从效力角度界定无因性。如物权行为的无因性是指物权行为的效力不为原因行为(债权行为)所左右,债权行为虽不成立、不生效、被撤销或无效,但物权行为不因此受影响,仍发生物权变动的法律效果。[⑥]

但我们应认识到,无因性之内容不局限于效力上的独立性,还包括内在无因性,如德国学者将无因性区分为外在无因性(äußere Abstraktheit)与内在无因性

---

① Roy Goode, *Guide to the ICC Uniform Rules for Demand Guarantees* 20(ICC publication No. 510, 1992).

② See Roy Goode, *Guide to the ICC Uniform Rules for Demand Guarantees* 20(ICC publication No. 510, 1992).

③ 参见王泽鉴:《民法学说与判例研究》,北京大学出版社 2015 年版,第 1385 页。

④ 参见王泽鉴:《民法学说与判例研究》,北京大学出版社 2015 年版,第 1385 页。

⑤ 参见王泽鉴:《民法学说与判例研究》,北京大学出版社 2015 年版,第 1386 - 1387 页。

⑥ 参见王泽鉴:《民法物权》,北京大学出版社 2015 年版,第 68 页。

(inhaltliche Abstraktheit):前者指的是给予行为之有效性独立于原因行为之有效性,其发生与存续均不受后者的影响;后者指的是给予行为不受原因上之目的决定。[①] 其中,外在无因性就是上文所讨论的效力独立性;内在无因性就是原因从法律行为中抽离,法律行为之内容不包括原因。后者是前者的逻辑起点,前者是后者的结论。以物权行为为例,获得物权的原因可能是买卖、互易等,但因该原因已被从物权行为中剥离出去,无法通过物权行为得知原因为何,只能借助买卖合同、互易合同等其他法律行为窥知原因,因此物权行为具有内在无因性。

就保函而言,保函之效力不受主债务合同效力的影响自不待言,问题在于,保函是否具有内在无因性。这一问题取决于原因是否作为保函的内容。[②] 实则,“保函”之用语本身,已表明了保函的原因。[③] 我们可以通过保函本身得知开立保函的原因是担保,即使担保的主债务合同实现,其原因仍在法律行为内容之中,故保函并不具有内在无因性。即使在备用信用证中,虽然贯彻严格的单单相符原则,债权人无须实质证明债务不履行之事由,但担保人仍需形式上审查主债务合同的履行状况,而非无条件支付。[④]

总而言之,保函具有外在无因性,不具有内在无因性。外在无因性意味着效力上具有独立性,体现了独立性的一个方面;而内在无因性的内容是独立性无法涵盖的。实践中,保函通常会载明“本保函是为了担保债务人履行合同约定”或“本保函是为了担保基础交易实现”等内容。由于保函不具有内在无因性,如果保函文本仅是为了确定担保的交易而提及基础交易,担保文本的独立性则不应受到损害。[⑤] 但是,在保函业务中存在一种非常普遍的现象,即很多保函在规定见索即付的同时,又规定只有在基础交易违约时或者主债务人未能履行基础交易的某些条款时,担保人才予以付款。[⑥] 对于这类保函,保函写明基础交易的目的显然不是明确担保交易的具体内容,而是将基础交易违约作为付款条件;此时对基础交易的记载可能会损及保函的独立性,需要裁判者作进一步的分析论证。

---

① Vgl. Kübler, Feststellung und Garantie, 1967, S. 211.

② 参见陈自强:《无因债权契约论》,中国政法大学出版社 2002 年版,第 48 页。

③ 参见陈自强:《无因债权契约论》,中国政法大学出版社 2002 年版,第 49 页。

④ Vgl. Canaris, Bankvertragsrecht, Berlin 2005, Rn. 1125.

⑤ 参见刘斌:《独立担保的司法判断:困难与路径》,载《法学杂志》2015 年第 10 期。

⑥ 参见刘斌:《独立担保的司法判断:困难与路径》,载《法学杂志》2015 年第 10 期。

（二）独立性之内在法理

保函作为一项“生于斯，长于斯”的典型商事交易工具，其独立性体现了商事效率、交易安全、公平交易、外观主义等商事法理。[①] 而民法注重实质公平，强调意思表示真实一致。如在担保法领域，担保合同应建立在双方当事人意思表示真实且一致的基础上，担保合同是基础合同的从合同，基础合同的瑕疵将影响担保关系，主债务的有效存在是担保合同存在的前提。由此可见，民法更强调保障交易的安全性。商法则以交易效率、安全以及秩序的统一为其核心价值取向，促进交易迅捷高效是商法的首要原则。

保函的迅捷性主要体现在两个方面：一方面是其“先付款，后争议”的交易机制；另一方面是付款行为或者拒付行为均非常迅捷。[②] 基于保函的独立性和单据性原则，“先付款，后争议”得以实现；而从属性担保则遵守“先争议，后付款”原则，不利于商业交易迅捷高效地实现。在保函项下，担保人不享有债务人的抗辩权，只能根据保函本身提出单据不符等抗辩；在受益人提出索赔的情况下，担保人应迅速付款或拒付，避免了担保人陷入债权人与债务人的争诉之中，保障了交易的迅捷。保函的单据性体现了强烈的商事外观法理。在保函中，担保人付款与否取决于受益人提交的单据是否与保函规定的付款条件相符，并不关注受益人的主观状态。

二、单据性

（一）单据性之内涵

保函的核心是独立性；独立性特征使保函不依赖于基础交易，成为一项独立的债务。可是只强调独立性是不全面的，正如博特瑞姆斯（Bertrams）教授所说，“独立保函和从属性保证是完全不同的，这一说法是正确的，但是只强调独立性和从属性的区别则是具有误导意义的，因为这样将会忽略独立保函这一特殊的付款

---

① 参见刘斌：《独立担保的独立性：法理内涵与制度效力——兼评最高人民法院独立保函司法解释》，载《比较法研究》2017 年第 5 期。

② See Peter Ellinger & Dora Neo, *The Law and Practice of Documentary Letters of Credit* 139, Hart Publishing, 2010.

机制”。[1] 这里特殊的付款机制指的就是单据交易。

所谓保函的单据性，是指担保人付款义务的履行与否，仅取决于受益人提交的单据是否符合保函条款的要求。[2] 担保人的审查范围仅限于单据表面所载内容；既不审查基础交易关系中所涉及的事实问题和法律问题，也不审查可能在单据中出现有关基础交易的描述是否准确、是否有证据支持。在单据与保函的条款相符时，担保人即承担相符交单的付款义务。我国《独立保函司法解释》第 3 条第 1 款第 3 项明确规定了担保人仅承担“相符交单”的付款责任。《独立保函司法解释》第 6 条进一步规定，担保人仅就单据与独立保函条款之间、单据与单据之间表面是否相符进行审查，不会对单据所记载的事项作出实质审查，即所谓的单单相符原则。国际商会也在 URDG758 的前身即《见索即付保函统一规则》的前言中指出“适用本规则的所有见索即付保函的一个特点是在提交了一份或多份单据后获得付款”。[3] URDG758 第 6 条对单据性作了更明确的规定，即“担保人处理的是单据，而不是单据可能涉及的货物、服务或履约行为”。URDG758 第 7 条进一步强化了单据性，即对于非单据化条件，担保人应视该条件未予要求并不予置理。

独立性和单据性相辅相成，独立性是单据相符的交易模式得以实现的基础。同时，单据性条款使保函具有付款责任的独立性，是保函独立性的实现途径，是独立性得以实现的重要保障，也是保函独立性的必然结果。[4] 具体来说，基于保函独立于基础交易这一特征，当受益人向担保人提出履行付款责任的请求时，担保人不能查看和审核基础交易的相关情况，那么担保人怎么确定自己是否需要承担付款义务呢？聪明的商人发明的单据交易这一付款机制，既明确了担保人履行担保义务的重要依据，又维护了保函的核心特征，使受益人能快速且迅捷地取得付款，使担保人可以免于介入纷繁复杂的基础合同诉讼中，更使保函这一商事工具得以发展和繁荣。

---

① Roeland Bertrams, *Bank Guarantees in International Trade*, Kluwer Law Press, 2004, p. 48.

② 参见徐捷：《独立保函交易的单据化刍论》，载《中国政法大学学报》2011 年第 3 期。

③ 国际商会《见索即付保函统一规则》(1992 年版)导言(Introduction)部分。

④ 参见李燕：《独立保函单据化的逻辑解释与我国立法之选择》，载《政法论坛》2013 年第 4 期；费安玲主编：《比较担保法——以德国、法国、瑞士、意大利、英国和中国担保法为研究对象》，中国政法大学出版社 2004 年版，第 91 页。

(二)单据的类型

根据《独立保函司法解释》第1条[①]的规定，单据是指表明发生付款到期事件的书面文件，如付款请求书、违约声明、第三方签发的文件、法院判决、仲裁裁决、汇票、发票等。受益人在请求付款时均需提交付款请求书（本书中亦称其为索赔或书面索赔），并根据保函约定的付款条件之不同，提交付款条件中所要求的对应单据。国际商会在URDG458的前言中指出："适用本规则的所有见索即付保函的一个特点是在提交了一份或多份单据后获得付款。见索即付保函规定的单据要求差别很大。有的见索即付保函在提交了简单的书面付款要求后即予以付款，不需要违约声明或者其他单据要求。有的见索即付保函则要求提交判决或者仲裁裁决。在这两类极端的见索即付保函中间存在各种中间形式的见索即付保函，如要求由受益人出具违约声明，指明或者不指明违约性质的保函，或者要求提交由工程师或者检验员出具的证明的保函。所有这些保函都属于本新规则调整的范围。"[②]

根据付款条件不同，可以将保函分为不同的类型，包括见索即付的保函（payment on first demand）、凭第三方文件付款的保函（payment upon submission of third-party documents）以及凭仲裁裁决或法院判决付款的保函（payment upon submission of an arbitral or court decision）。[③] 在见索即付的保函中，受益人只需要提交保函内容中规定的单据即可，这些单据通常是受益人可以自行出具的，包括索赔函、违约声明，很多时候仅一份索赔函便满足了付款条件；在凭第三方文件付款的保函中，受益人需要提交第三方签发的证明、说明，如鉴定报告、监理工程师出具的文件等；在凭仲裁裁决或法院判决付款的保函中，受益人需要提交支持其获得付款的法院判决或仲裁裁决。

---

① 《独立保函司法解释》第1条规定："本规定所称的独立保函，是指银行或非银行金融机构作为开立人，以书面形式向受益人出具的，同意在受益人请求付款并提交符合保函要求的单据时，向其支付特定款项或在保函最高金额内付款的承诺。前款所称的单据，是指独立保函载明的受益人应提交的付款请求书、违约声明、第三方签发的文件、法院判决、仲裁裁决、汇票、发票等表明发生付款到期事件的书面文件。独立保函可以依保函申请人的申请而开立，也可以依另一金融机构的指示而开立。开立人依指示开立独立保函的，可以要求指示人向其开立用以保障追偿权的独立保函。"

② 国际商会《见索即付保函统一规则》（1992年版）导言（Introduction）部分。

③ See Roeland Bertrams, *Bank Guarantees in International Trade*, Kluwer Law Press, 2004, p. 47 – 48.

(三)单据的审查

提到单据的审查,就不得不提及单据相符原则。《独立保函司法解释》第6条明确规定,担保人仅就单据与保函条款之间、单据与单据之间表面是否相符进行审查,不会对单据所记载的事项作出实质审查,即所谓的单单相符原则。在保函机制中,受益人提交的付款请求和付款条件都是单据形式。这是单据性标准的关键所在。单单相符原则减轻了担保人的审查义务,使得迅速付款成为可能。如果说单据性是独立性得以实现的重要保障,那么如何判断单据相符便成为一个关键问题。

单据相符原则历经镜像相符、实质相符以及严格相符等不同标准的演变过程;对于单据相符应采哪一标准,学者们持不同的态度。科佐尔奇科(Kozolchyk)教授将严格相符原则(principle of strict compliance)作为总括概念,其含义包括镜像标准、合理审单员标准,但是排除了实质相符合标准和双重标准。[①] 埃林杰(Ellinger)教授则认为严格相符原则与实质相符原则和镜像相符原则是平行的,不存在包含与被包含的关系。[②] 邓澜(Dolan)教授则认为严格相符原则与实质相符原则相并列。[③] 实践中,英美法判例中所确认及逐渐形成的审单标准是严格相符;之所以镜像相符和实质相符使用的频率越来越低,是因为这两种审单标准均有无法规避的弊端。镜像相符原则要求"完全一致,不差分毫"[④],这虽然能保障付款条件的确定性和安全性,但却给受益人带来了实质上的不公平;因为要使单据和保函文本规定的付款条件"完全一致,不差分毫"是极其困难的。实质相符原则的问题在于是否相符需要付款人去审查、核实,去考量不符点是否给付款人审查单据的关键部分带来不确定感,或者不符点是否会引起实质的单据不符。[⑤] 因此,实质相符原则加重了付款人的负担,同时赋予了付款人更大的付款决定权;这一原则

---

① See Boris Kozolchyk, *Strict Compliance and the Reasonable Document Checker*, 56 Brook. L. Rev. 45 (1990).

② See Peter Ellinger&Dora Neo, *The Law and Practice of Documentary Letters of Credit*, Hart Publishing, 2010, p. 227 – 229.

③ See John Dolan, *The Strict Compliance Rule in a Recession*, DC Insight(October – December 2009), p. 8.

④ Boris Kozolchyk, *Strict Compliance and the Reasonable Document Checker*, 56 Brook. L. Rev. 50 (1990).

⑤ 参见高晓力:《信用证审单标准问题研究》,载《人民司法》2002年第4期。

规定得过于宽松，不仅容易产生实质上的不公平，更容易使得付款人卷入基础合同纠纷当中。

对于严格相符的定义，美国信用证法权威哈菲尔德（Harfield）认为，“对该规则进行如下定义更准确适当：在信用证交易中，当事人处理的是书面单据而不是事实”①。温尼科（Wunnicke）指出：“严格相符原则是指只有受益人的交单与信用证的条款和条件在表面上严格相符的情况下开证人才有义务付款。”②可是，严格相符的定义也过于宽泛，要理解严格相符，还需进一步分析其具体内涵。

通常认为，严格相符原则包括以下几个方面：表面相符、单据与保函中付款条件相符以及单据与单据相符。

1. 表面相符

表面相符在相关国际条约和惯例中有所体现，如 URDG758 第 19 条规定：“a. 担保人应仅基于交单本身确定其是否表面上构成相符交单；b. 保函所要求的单据的内容应结合单据本身、保函和本规则进行审核。单据的内容无须与该单据的其他内容、其他要求的单据或保函中的内容等同一致，但不得矛盾。”《独立担保公约》第 16 条第 1 款规定：“担保人/开证人应按照第 14 条第 1 款所述的行为准则审查索款要求及任何所附单据。在确定所附单据是否表面上符合承保的条款和条件以及相互之间是否一致时，担保人/开证人应适当考虑到在独立担保或备用信用证方面适用的国际标准。”ISP98 第 2.01 款也规定：“a. 开证人承担向受益人承付按本规则及标准备用证惯例表面上符合备用证条款的提示的义务。”

根据表面相符规则，受益人应提交与保函文本规定的付款条件相符的单据，如保函规定受益人应提交表明申请人违约的声明，则受益人应提交声称申请人违约的书面声明。担保人只能从单据表面审查单据是否与保函规定的条件相符，如单据是否看起来为受益人所签发、受益人名称与保函上的受益人名称是否一致、声明中是否明确表达了申请人违约的意思以及声明中提及的基础合同与保函中援引的基础合同是否一致等。担保人不能对违约声明中表述事实的真实性进行审查。也就是说，担保人并不对申请人就单据本身的实质真实性和单据

---

① Henry Harfield, *Letters of Credit*, Ali – Aba, 1979, p. 37.

② See Brooke Wunnicke, Diane Wunnike & Paul Turner, *Standby and Commercial Letters of Credit*, Wiley, 1996, p. 482.

内容真实性的责任承担任何责任。正如古德教授所说,“担保人的单据审查义务只限于表面相符。担保人对单据的精确性和真实性不负责,仅仅审查单据与担保文件的要求在表面上是否相符。担保人并无义务对单据表面以外的内容进行实质审查”。[①]

然而在实务中,保函条款对单据的规定不规范而引发疑惑甚至争议的情况也不少见。当事人拟写的保函条款可能包含非单据化的事实条件,如“在承包商违反基础合同时……付款”“保函在承包商完成基础合同时失效”等。[②] 这些事实条件可能会对独立性产生消极影响;如果保函不将这些事实条件单据化,会使得担保人的审查义务不明确。如果担保人需要对事实条件进行实质审查,这类保函就不属于保函。

实践中,有的当事人还会在保函内容中约定“见索即付”字样,如“担保人接受申请人的请求,现向受益人开立本见索即付的独立保函”[③]。见索即付在保函中表现为,只要受益人请求付款时提交符合保函要求的单据,担保人就应履行付款义务。因此,在保函中见索即付的实现需要借助单据化条件。为了减少认定的争议,保函在规定见索即付的同时最好对单据化条件也作出规定;如果欠缺单据化条件,保函是否真的具有见索即付的效果就会出现争议。

2. 单据与付款条件相符

如何判断单据与保函中的付款条件相符,这是理论和实践中的难题,相关讨论也非常激烈。例如,在英国上诉法院 1990 年审理的一个案件[④]中,履约保函规定担保人在受益人提交表明“因申请人所导致的损害而索取款项”时应无条件付款。英国上诉法院认为,受益人仅以“申请人违反了基础交易”为由提出付款请求不符合付款条件,因为保函规定的付款条件还要求指明“因申请人导致的损害”,也就是说,受益人还需提交损害实际存在的证据。而斯托顿(Staughton)大法官并不认同上诉法院的观点,其认为,即使受益人没有明确指出,但索款的原因确实是基础交易违约造成了损失,因此银行必须无条件付款。

---

① Brooke Wunnicke, Diane Wunnike & Paul Turner, *Standby and Commercial Letters of Credit*, Wiley, 1996, p. 482.

② 参见朱宏生:《独立保函的非单据化条件剖析》,载《中国外汇》2010 年第 21 期。

③ 最高人民法院民事判决书,〔2018〕最高法民终 417 号。

④ IE Contractors v. Lloyd' s Bank Plc and Rafidain Bank, [1990] 2 Lloyd' s Rep. 496.

由此可见,判断单据和付款条件的相符程度存在解释的空间,需要结合保函文本的要求来具体判断。《独立保函司法解释》第7条规定:“人民法院在认定是否构成表面相符时,应当根据独立保函载明的审单标准进行审查;独立保函未载明的,可以参照适用国际商会确定的相关审单标准。单据与独立保函条款之间、单据与单据之间表面上不完全一致,但并不导致相互之间产生歧义的,人民法院应当认定构成表面相符。”我国采取的是严格相符的解释方法,即不必完全一致但不应产生歧义。这一规定较为抽象,还需要根据个案来判断单据与付款条件是否相符。

3. 单据与单据相符

根据《独立保函司法解释》第7条的规定,单据与单据之间也应当表面上相一致。如果各项单据之间存在冲突,则担保人可以此为由拒绝付款。对于单据与单据相符的问题,URDG458 第9条规定,“当单据表面上不符合保函条款,或者单据之间表面上互不一致,单据应被拒绝”。URDG758 第19条b款规定,“单据的内容无须与该单据的其他内容、其他要求的单据或保函中的内容等同一致,但不得矛盾”。

问题在于:如果单据A与单据B确实不符,但单据B并非保函文本所要求的单据,此时这种不符点是否会影响保函的付款呢?上述条文均未将单据与单据相符限定在付款条件中。有学者认为:“这种不予区分的态度值得商榷。如果付款条件之外的单据不符是微小的,如果以其作为拒绝付款的理由,将损害独立担保付款的确定性。当然,如果付款条件之外的单据不符是实质性的,即能够对当事人的索款权利构成重大影响,这种不符应当得到承认。”①

三、不可撤销性

保函的不可撤销性是指保函一旦开立后即生效,未经受益人同意,担保人不得撤销,除非保函中明确约定可以撤销。《独立保函司法解释》第4条第3款规定了保函的不可撤销性,即“独立保函未载明可撤销,当事人主张独立保函开立后不可撤销的,人民法院应予支持”。

国际条约和惯例也规定了保函的不可撤销性。如 URDG758 第4条规定:“保

① 刘斌:《独立担保的单据机制研究》,载《北方法学》2015年第5期。

函一旦开立即不可撤销,即使保函中并未声明其不可撤销。"《独立担保公约》第7条第4款也明确规定:"承保一经出具即不可撤销,除非承保规定可以撤销。"ISP98第1.06款也强调:"备用证是不可撤销的,除非在备用证中另有规定,或经对方当事人同意,开证人不得修改或撤销其在该备用信用证下之义务。"国际贸易实务中通行的做法是,非经保函文本事先明确约定其具有可撤销性,则该保函一经开出即不可撤销,可撤销的保函在国际商事交易中几乎不存在。① 之所以不再对可撤销的保函作规定,原因在于这种担保实际上对债权人起不到太强的担保作用,任何受益人都不愿意接受此种担保形式。②

第四节 保函的法律渊源

一、国际法渊源

(一)国际惯例对保函的规范和调整

1. 国际商会《合约担保统一规则》

早在20世纪60年代中期(1964年),国际商会(ICC)银行技术和管理委员会就已经开始关注保函和相关问题,并致力于创设国际担保统一规则。③ 经过十多年的努力,《合约担保统一规则》(Uniform Rules for Contract Guarantees,URCG)作为国际商会第325号出版物于1978年6月20日公布。

URCG是国际商会制定的第一部有关保函的统一规则。④ 但URCG的规定并不成功,表现在以下两个方面:

其一,URCG未能明确界定和区分保函和从属性保证,原因在于彼时多数国家对保函持怀疑和不认可的态度,导致制定该规则时过多地关注国际经济贸易的安全性,片面夸大了受益人滥用索赔权的危害,最终成文后的规则将基础交易合

① 参见李燕:《独立担保法律制度》,中国检察出版社2004年版,第48页。
② 参见李国安主编:《国际融资担保的创新与借鉴》,北京大学出版社2005年版,第20页。
③ 参见笪恺:《国际贸易中银行担保法律问题研究》,法律出版社2000年版,第235页。
④ 参见郭德香:《国际银行独立担保法律问题研究》,法律出版社2013年版,第83页。

同与保函联系起来,极大地损害了保函交易的独立性。例如,URCG 条文明确规定受益人的索款应有基础合同上的依据。[①]

其二,URCG 着重保护申请人的利益。例如,其规定申请人有权参与担保人和受益人之间争议的仲裁,这也造成担保交易与基础交易的交叉和混乱。此外,URCG 还规定银行承担实质性审单义务,这遭到了银行界的抵触。基于此,URCG 并未获得国际社会的广泛认同。

2. 国际商会《见索即付保函统一规则》

由于 URCG 未获得国际社会的统一认可,国际商会先后于 1992 年和 2010 年颁布两版《见索即付保函统一规则》;根据其出版物编号不同,分别被称作 URDG458 和 URDG758。URDG458 出版发行的同时,URCG 被国际商会废止,URDG758 是在 URDG458 的基础上修订完成的。

URDG458 的正文由 28 条构成,分别就适用范围、定义、各方当事人的权利义务、有效期、适用法、管辖权等内容作了规定。相较于 URCG,URDG458 确立了见索即付保函的独立性原则,即见索即付保函独立于基础交易关系;这一改变使得担保人能够从基础交易合同的诉争中脱离出来,是保函制度得以长足发展的基础。同时,URDG458 明确保函具有不可撤销性,规定单据与保函规定的内容仅应当表面相符,推翻了 URCG 规定的实质性审单义务,减轻了担保人和受益人的负担。

但 URDG458 也存在明显的缺陷,如未对见索即付保函的开立时间作出明确规定。又如,URDG458 第 3 条规定,开立保函及其修改书的所有指示以及保函和修改书本身都应清晰、准确,并避免过多的细节。这种规定过于模糊,在实务中容易引起争议。为使 URDG458 在体系和内容上能更加科学合理,从而为更多的国家和地区所接受,国际商会历时两年半,对 URDG458 进行修订后颁布了 URDG758,URDG758 最终于 2010 年 7 月 1 日起生效。

URDG758 包含 35 个条款以及 5 个附件。与 URDG458 相比,URDG758 主要在保函的开立和生效、非单据条件的处理、保函的修改、有关交单的规定、部分索

---

① 参见徐进亮、何鑫、陈兵等:《银行保函与备用信用证及案例分析》,对外经济贸易大学出版社 2014 年版,第 116 页。

赔及多次索赔、单据的审核、不可抗力等七个方面作出修订。[①] URDG758 是在 URDG458 的基础上展开的修订，同时借鉴了 ISP98、UCP600、《独立担保公约》等相关国际条约和惯例，因此 URDG758 的规定更为翔实，体系安排更为科学合理，更具实操性，促进了保函业务的进一步发展。

与 URDG458 一样，URDG758 将自己定义为一套经援引方可适用的规则，并允许保函当事人对其规则的内容进行修改和删除。如果保函当事人在保函中选择适用 URDG758，则 URDG758 作为保函条款的一部分对各方当事人具有约束力。如果保函中没有明确选择适用 URDG758，则 URDG758 对当事人没有约束力。URDG758 相对于保函，与另一个国际商会在跟单信用证领域中广泛适用的出版物 UCP600 是不同的，后者通常被认定为国际惯例而适用于所有跟单信用证。《独立保函司法解释》也将 URDG758 描述为"独立保函交易示范规则"。

国际商会于 2021 年出版了《关于 URDG758 下的见索即付保函国际标准实务》(International Standard Demand Guarantee Practice for URDG758，ISDGP)，其作为 URDG758 的配套文件，为 URDG758 的使用者运用相关规则提供了指导并展示了最佳实务。ISDGP 总结了近十年来全球适用 URDG758 的最佳见索即付保函国际标准实务，不仅包括保函审单方面的标准实务，更涵盖了见索即付保函(包括反担保函)全生命周期的各个阶段。ISDGP 共分为 17 个部分，共 215 个条文，其内容包括适用范围、定义、保函起草、保函开立、修改、交单、索赔、或延或付的索赔、审单、付款、不相符索赔及不符点的放弃和通知、保函的减额和有效期、不可抗力、转让、款项让渡和其他。

3.《跟单信用证统一惯例》

国际商会于 1983 年颁布国际商会第 400 号出版物《跟单信用证统一惯例》(Uniform Customs and Practice for Documentary Credit，UCP400)，目的是制定一套能约束信用证相关当事人并能为各方共同遵守的统一规则，同时为国际社会提供解决处理信用证业务的重要依据。UCP400 颁布后，又经过两次修改：第一次是 1993 年修订的国际商会第 500 号出版物《跟单信用证统一惯例》(Uniform Customs and Practice for Documentary Credit，UCP500)，第二次是 2006 年修订的

---

① 参见刘应民、张亮：《独立担保制度研究——以见索即付保函与备用信用证为视角》，中国社会科学出版社 2017 年版，第 230 页。

UCP600。

实务中经常遇到的问题是,保函能否适用 UCP400、UCP500 和 UCP600 的规定。《跟单信用证统一惯例》以跟单信用证为主要规范对象,备用信用证于 1983 年修订时才加入。UCP500 第 1 条包含:“本惯例适用范围内的备用信用证”的表述,也就是说,备用信用证只能适用 UCP500 中那些明确规定可以适用于备用信用证的条款,即 UCP500 中并非所有条款都适用于备用信用证。对此,UCP600 也作了相同的规定。至于备用信用证可以适用哪些条文、不可以适用哪些条文,国际商会在第 489 号文件中明确表示,不能对这一问题作统一规定,需要根据具体交易所适用的备用信用证而定。在国际商事实践中,备用信用证的当事人可以明确约定《跟单信用证统一惯例》哪些部分的规定对他们适用、哪些不适用,这样就不至于造成当事人之间不必要的误解和适用中的混乱。

4.《国际备用证惯例》

由于《跟单信用证统一惯例》的条文并不能完全适用于备用信用证,且未能考虑备用信用证的特殊要求,备用信用证在实践中产生的争议不断,因此,美国国务院决定自行制定适用于备用信用证的规则。1998 年 4 月 6 日,由国际银行法律和实务研究会、国际金融服务协会等单位发起,集合银行家、律师、监管者、评级机构、政府官员等各方主体的意见,并在参照国际商会 URDG458、UCP500 和《独立担保公约》的基础上,根据备用信用证的特点制定了 ISP98 这一专门规范备用信用证的规则。

ISP98 由前言和主体构成。前言主要介绍了规则制定的必要性,对信用证作了分类,并界定了 ISP98 与 UCP500 以及《独立担保公约》之间的关系。ISP98 的主体部分包括 10 条正文,共 89 款,这 10 条为:总则(该规则的范围、适用、定义和解释,一般原则,术语),义务,提示,审核,单据的通知、排除和处理,转让、让渡及法定转让(提款权利的转让、款项让渡的确认、法定转让),撤销,偿付义务,时间安排,联合开证/共享。可见,ISP98 在借鉴有关备用信用证的国际公约和国际惯例的基础上,对备用信用证作了更加详细具体的规定,并在国际商事交易中得到了广泛的认可和采用,大大促进了备用信用证业务的拓展。

(二)国际公约对保函的规范和调整

《独立担保公约》是唯一一部规范保函的国际公约。1995 年 12 月 11 日,在联合国国际贸易法委员会和国际商会等一些国际组织的共同努力下，该公约在联合国大会上以50/48号决议通过，并于2000年1月1日起施行。截至2023年4月，全球仅有9个国家加入或批准了《独立担保公约》，①分别是白俄罗斯、厄瓜多尔、萨尔瓦多、加蓬、科威特、利比里亚、巴拿马、突尼斯和美国。中国至今也没有加入或批准《独立担保公约》。《独立担保公约》适用于担保人出具该保函的营业地是位于一个缔约国之内或国际私法规则导致适用某一缔约国的法律的跨境担保，以及声明适用《独立担保公约》的国际信用证。而且《独立担保公约》允许当事各方约定排除《独立担保公约》的适用。

《独立担保公约》产生于特殊的历史背景。首先，由于URCG未对保函和从属性担保作明确的界定，还将基础交易合同与保函联系起来，损及保函的独立性，与保函之目的相悖。因此，URCG受到了大多数国家的排斥，并未发挥其应有的作用，也就失去了其价值和意义。其次，1992年颁布的URDG458虽然确立了独立性、单据性等原则，但其在起草过程中排除了备用信用证的适用，导致URDG458在适用范围上具有局限性。最后，1983年修订的UCP400和1993年修订的UCP500以跟单信用证为规范对象，很多规定均不适用于备用信用证，国际商事交易中缺乏专门规范备用信用证的法律规范。由此可见，以往的国际惯例都有着一定的缺陷，基于此，联合国国际贸易法委员会和国际商会在第十二届会议上作出决定，由国际合同惯例工作组对如何统一见索即付保函和备用信用证展开研究，最终于1995年通过《独立担保公约》。

《独立担保公约》一共有7章29条。第一章为适用范围，分别规定了适用范围、承保、独立性、国际性；第二章对解释规则和关键术语进行厘清和界定；第三章根据独立担保的操作流程，对承保的形式和内容等问题作了详细规定；第四章明确了各方当事人的权利义务的依据以及索款的审查、付款、抵销等问题；第五章就受益人不当索赔时的临时司法措施作出规定；第六章解决的是法律冲突问题；第七章就《独立担保公约》的保留、签署、批准、接受、声明的生效等技术性问题进行了规定。

相较于以往的国际惯例，该《独立担保公约》有以下突破和创新点。其一，从适用对象上看，《独立担保公约》明确规定适用于"承诺"，"承诺"一词泛指且包括

---

① https://uncitral.un.org/en/texts/payments/conventions/independent_guarantees/status.

保函和备用信用证,并且包含反担保,同时把传统的从属性保证、保险合同等排除在外。其二,《独立担保公约》第 3 条进一步明确了何为独立性,这一界定加强了国际商事参与主体对独立担保的认知。其三,其统一了受益人在欺诈情况下,担保人能够行使抗辩权的条件,为保函"欺诈例外"的认定提供了判断标准。以上只是一小部分的罗列,《独立担保公约》的创新不仅于此,其大大推动了保函制度的国际化统一进程,为保函和备用信用证这两种担保方式提供了具有可操作性的共同行为准则。

二、国内法渊源

我国尚无关于保函的专门立法。我国曾制定与保函相关的法律和部门规章包括《境内机构对外担保管理办法》以及《境内机构对外担保管理办法实施细则》。《境内机构对外担保管理办法》第 2 条第 1 款规定:"本办法所称对外担保,是指中国境内机构(境内外资金融机构除外,以下简称担保人)以保函、备用信用证、本票、汇票等形式出具对外保证,以《中华人民共和国担保法》中第三十四条规定的财产对外抵押或者以《中华人民共和国担保法》第四章第一节规定的动产对外质押和第二节第七十五条规定的权利对外质押,向中国境外机构或者境内的外资金融机构(债权人或者受益人,以下称债权人)承诺,当债务人(以下称被担保人)未按照合同约定偿付债务时,由担保人履行偿付义务。……"《境内机构对外担保管理办法实施细则》第 7 条第 2 款规定:"对外担保合同是主债务合同的从合同,主债务合同无效,对外担保合同无效,对外担保合同另有约定的,按照约定。"由此可见,我国承认保函和信用证等担保方式,在国际商事交易中也在一直使用这些担保工具。

我国目前对保函制度规定得较为全面的法律文件是《独立保函司法解释》。最高人民法院审判委员会第 1688 次会议审议通过了该司法解释,于 2016 年 12 月 1 日起实施,并于 2020 年 12 月 29 日进行修正。与其他大陆法系和英美法系的国内法相比,该司法解释内容翔实,完备务实,是一部走在世界前列的保函规范。[①] 同时,该司法解释颇具特色,与国际规则互为补充。司法解释属于裁判规则,关注

① 参见高祥:《一部走在世界前列的理性创新的司法解释——〈最高人民法院关于审理独立保函纠纷案件若干问题的规定〉评述》,载《中国审判》2017 年第 15 期。

的是法院在审理保函纠纷时如何公正裁判的问题，如如何处理欺诈问题。国际商事条约和惯例都属于交易规则，关注的是当事人尤其是银行在具体交易中如何有效地完成交易的问题，如如何审单；二者关注的焦点不同，互为补充。[①]

《独立保函司法解释》承认了国内保函的效力，这是司法解释中最大的亮点。该司法解释第23条规定："当事人约定在国内交易中适用独立保函，一方当事人以独立保函不具有涉外因素为由，主张保函独立性的约定无效的，人民法院不予支持。"对国内保函独立性的承认改变了我国司法实践过去20多年的做法。"近年来，即使最高人民法院否定国内保函的效力，但我国商业银行一直都在开立保函。这种商业实践与我国法院不承认国内保函效力的态度的矛盾导致的这些保函法律后果上的不确定性，一直困扰着我国实务界，尤其是银行界。《独立保函司法解释》使这一问题得到解决，解决了法律与实践脱节的问题，无疑是金融界的最大福音，将极大地促进我国乃至世界独立保函制度的健康发展；其三，在思想上，从强调民法上的公平，向商法上的不仅要重视公平而且重视效率的思维模式迈进了一步。"[②]《独立保函司法解释》未提到备用信用证，原因在于在我国司法实践中，备用信用证的案件不多，暂时不需要运用司法解释予以规范。但实际上，备用信用证与保函是完全一致的，区别在于叫法不同。"我国也应当像美国一样，把所有有关信用证与保函的规定整合起来，适用一套规则加以调整，从而使法律适用更为简明化、统一化。"[③]我国司法实践中，我们已经看到将备用信用证视为保函并适用《独立保函司法解释》的案例。

2019年最高人民法院发布的《全国法院民商事审判工作会议纪要》(以下简称《九民纪要》)进一步对独立担保进行了解释说明，对独立担保能够适用于国内商事交易再次予以了肯定，但是要求担保人只能是银行或者非银行金融机构，其立场与《独立保函司法解释》保持一致。

然而2021年1月1日起实施的《民法典》未将独立担保纳入担保法体系。《民法典》第682条第1款规定，"……主债权债务合同无效的，保证合同无效，但

---

① 参见高祥:《一部走在世界前列的理性创新的司法解释——〈最高人民法院关于审理独立保函纠纷案件若干问题的规定〉评述》，载《中国审判》2017年第15期。

② 高祥:《一部走在世界前列的理性创新的司法解释——〈最高人民法院关于审理独立保函纠纷案件若干问题的规定〉评述》，载《中国审判》2017年第15期。

③ 高祥:《一部走在世界前列的理性创新的司法解释——〈最高人民法院关于审理独立保函纠纷案件若干问题的规定〉评述》，载《中国审判》2017年第15期。

是法律另有规定的除外”,排除了当事人对从属性例外的约定情形。《民法典》出台后,一度引发了业界对于独立担保适法性的讨论。但是不论是否构成独立担保,保函作为一种不可撤销的承诺,其合法性均可依据现行法律法规包括且不限于《独立保函司法解释》以及相关司法实践得到保障。

第二章
建设工程保函概述

第一节　建设工程领域常见保函

大型建设工程项目往往具有参与主体众多、合同关系复杂、交易金额巨大、履约期限漫长以及争议问题复杂等特征，项目各方主体出于风险规避或交易增信的考虑而需要不同类型的担保或者保证，因此保函在建设工程项目的不同阶段得到广泛应用。保函在构建信用结构、促进交易达成、保证合同义务或债务履行、担保债权清偿和承诺兑现等方面发挥着不可替代的作用。建设工程保函根据其担保目的、担保功能及应用场景的不同，服务于建设工程不同阶段、不同需求，也呈现出多种形式。本章基于不同的视角和标准对建设工程保函进行类型划分，并就常见类型、保障功能及其运用场景进行系统介绍。鉴于本书的主要目的是向读者介绍独立保函，除特别说明外，本章只就建设工程中常见的独立保函进行讨论，不涉及非独立保函。此外，部分保函分类在第一章有所论及，本章不再重复，仅就各类保函在建设工程领域的适用作进一步讨论。

一、保函的涉外因素：国内保函与涉外保函

根据建设工程保函使用法域范围的不同，可以将建设工程保函分为国内保函与涉外保函（或称跨境保函）。

国内保函指保函的申请人、开立人、受益人等主体都为境内主体，保函所担保的基础交易关系也发生于该国境内，保函本身及其所担保的基础交易合同都适用该国法律解释的保函。与之相对，涉外保函的交易环节中存在一个或多个涉外因素，如保函的申请人、担保人、受益人等主体一方或多方位于不同国家，保函所担保的基础交易关系发生或变更于境外。

以往的境内建设工程实践中，保函的应用并不普遍，建设工程项目中更多见的是采取投标保证金和履约保证金等现金担保的形式。随着国内金融环境的不断发展成熟，越来越多的金融机构开展银行保函业务，为境内建设工程保函的适用提供了外部条件。中国建设工程企业近年来不断走出去，也将国际惯用的独立保函担保模式带回了国内。《独立保函司法解释》的出台，也给国内保函在境内交

易的适用提供了法律保障。

与涉外保函相比，国内保函通常为直接保函，担保结构相对简洁。但这并不一定意味着国内保函的风险更低，保函受益人需要高度关注国内保函担保主体风险，应优先挑选相关领域经验丰富特别是国际化金融业务开展较多的金融机构出具保函。实践中，在出具保函的金融机构在相关领域经验较少特别是其基层金融机构的业务人员对于银行保函先赔付后争议的性质缺乏深入系统认识的情况下，容易在保函操作各个环节产生风险，特别是拒付风险。如曾经发生银行以无法确认索赔函签章真伪为由，拒绝确认索赔函的有效性。

与国内保函相比，涉外保函的担保关系更为复杂。比如，申请人与受益人分处不同国家时，受益人常常要求申请人提供受益人所在国银行出具的保函，此时会出现间接保函，保函的开立、修改等操作流程更为复杂。但由于国际贸易中银行保函早已形成操作惯例，能够开展涉外保函业务的国内银行都与境外银行建立了银行间授信安排，一般建立有总行级的单证中心统一操作，因此保函的操作相比国内保函更为规范。涉外保函适用的法律可能与基础交易适用的法律不同，争议解决方式也可能与基础交易不同，甚至基于保函的独立性，保函争议的解决无法与基础交易的争议解决合并处理，也增加了涉外保函各方当事人在处理保函业务时的风险和不确定性。

二、保函的开立主体：银行保函、保险保函以及公司保函

根据开立主体的不同，可以将建设工程领域保函分为银行保函、保险保函以及公司保函。

（一）银行保函（bank guarantee）

建设工程保函实践中，由银行作为担保人出具保函的情况最为普遍，且多为独立保函。独立保函所具有的独立性、单据化性等特性使银行可以免予陷入申请人和受益人之间关于基础交易合同的争议中，仅需按照保函规定履行表面审核义务，核查索赔单据与保函规定表面的一致性和相符性来决定是否赔付。独立保函的这些特性极大地降低了银行出具保函的业务风险，使银行开立及管理保函的程序操作更加标准化，进而促使银行能够大规模开展独立保函业务。

银行出具保函最明显的优势就是受益人对保函的接受度比较高，尤其是拥有

雄厚资金实力和良好信誉的大型商业银行,受益人索赔时所面临的担保人资信方面风险会比较低。国际建设工程项目中,业主往往还可能会进一步要求保函由位于工程所在国的大型银行出具,这进一步降低了保函索兑的操作难度以及受益人可能面临的潜在跨境法律风险,使保函的担保功能可实现性显著增强。

银行出具保函的另一个显著优势是其申请的便利性。银行可以基于申请人的资信情况授予其一定的信用额度,无须申请人就保函全额进行资产或现金抵质押。资信良好的申请人凭借自身信用评价申请开立保函,避免了资金占用或资产抵押,对申请人而言节约了费用成本,对银行而言促进了其业务开展,对行业而言推动了保函的普遍应用。即便是采取跨境间接保函模式,申请人也可以通过由其所在地拥有授信额度的银行向境外银行出具反担保函的方式来实现保函的出具。大型建设工程保函的金额往往高达数百万、千万甚至数亿美元,以申请人在银行的授信额度为基础申请开立保函可以极大地减轻申请人的现金压力,还可以避免资产权益抵质押的烦琐程序和时间消耗。

国际建设工程实践中,项目业主可能出于跨境保函索兑成本、跨境法律风险和操作便利性等因素考虑,要求承包商提供由项目所在国银行所出具的保函。来自另一个国家的承包商未必事先在项目所在国银行拥有授信额度。这种情况下就可能需要通过承包商向其母国银行提出申请,由母国银行向项目所在国银行提供反担保函,再由项目所在国银行以业主为受益人出具保函。在这种间接保函模式下,至少存在两个保函,即担保人直接向受益人出具的主保函(实践中也称为“转开保函”,本书称为“间接保函”)和反担保人向担保人出具的反担保函。反担保函的受益人为主保函的出具人即担保人,反担保函用以担保主保函的出具人在主保函项下被受益人索赔后获得偿付。

(二)保险保函(insurance guarantee)

保险公司也是典型的保函出具主体,尤其是在美洲地区特别是美国。传统上这些国家法律限制银行从事担保业务,不允许银行出具保函,而保险公司则不受此限制;因此在这些国家和地区,建设工程实践中保险公司出具的保函应用极为广泛。由于银行和保险公司业务管理流程不同,因此保险保函与银行保函在开立的具体程序上略有差异,但二者在担保功能和格式方面并没有特别显著的区别。在美洲以外的其他地区,保险保函并未得到广泛应用,实践中银行保函仍为主流。

保险保函和银行保函相比有一些较为显著的区别。首先是申请人与保函开立人之间的基础关系不同：银行保函项下二者之间是保函开立申请法律关系，通常为委托合同关系；保险保函项下二者之间是保险产品的投保人与保险公司之间的保险合同关系。基于以上重要区别，保函开立人对于申请人申请开立保函的财务要求也是不同的。如银行通常依托于给予企业的授信额度开立银行保函；而保险公司不仅要求投保人（一般为保函里的申请人）缴纳保费，还往往要求投保人向保险公司提供母公司担保或银行担保。这主要是由于银行可借助于信用评估系统对企业的经营情况进行较为深入系统的了解，银行的风险管理更多关注企业本身的资信情况。而保险公司的主营业务为保险业务，一般只需要关注被保险物的风险，投保人风险并不是保险公司需要首先关注的问题。同时，一般的保险公司对于企业难以建立如银行一样的一整套授信评估体系。

对于企业用户来说，保险保函在操作模式上与银行保函也有所不同。银行保函通常是由企业向银行直接申请办理。而在大型工程保险业务中，企业通常是通过保险经纪公司来安排工程保险。保险经纪公司通常会居间安排保函申请人和受益人可接受的保险公司来出单。保险保函的费用一般包括保险经纪公司的代理费和保险公司收取的保函费。

保险保函由于有母公司担保或银行担保作财务支持，保险公司能够同意出具没有约定失效条件或有效期的保函，也比较容易接受保函转让条款。而通常情况下，银行对于此类有效期敞口的保函和可转让保函的接受度较低。

此外，保险保函同时要受保险公司所在国相关保险法律的制约，因此企业在申请保险保函时需要特别注意对当地保函法律以及保险法律的评估。而在一些国家，基于保险法律法规的制约，保险公司出具的保函不具有独立性，需要引起特别注意。

（三）公司保函（corporate guarantee）

除银行和保险公司等金融机构外，非金融机构的公司也可以出具保函。建设工程实践中，公司保函多作为银行保函或保险保函的补充，常以母公司保函的形式出现。项目业主对承包商的履约能力和责任承担能力存在顾虑时，通常会要求承包商在金融机构出具的保函之外额外由承包商的母公司或者其他有较强经济实力的关联公司提供担保；该担保有可能是补充性的，也可能是由担保人提供第一性的或者独立的担保责任。母公司保函的具体功能和运用场景将在本章第二节作详尽介绍。

公司保函常见的另一个应用场景是其作为支付担保出现。在工程实践中，一些供货采购合同金额较高，为避免采用信用证这一成本高昂的支付方式，一些资信良好的采购商会通过母公司或关联企业提供公司保函，作为对供货方的支付担保。

由于公司保函的出具主体不是金融机构，如果保函文本显示担保责任为独立的，那么其独立性是否为保函所适用的法律认可，这也是实务中需要关注的问题，详见本章第二节的讨论。

三、保函的开立方式：直接保函与间接保函、信开保函与电开保函

根据保函的开立方式，还可以将保函分为直接保函与间接保函、信开保函与电开保函。

（一）直接保函与间接保函

本书第一章对直接保函与间接保函有详细阐述。在跨境建设工程领域，出于显而易见的原因，业主所在国银行出具的保函更受业主欢迎，因此间接保函出现的频率大大升高。由于间接保函本身法律关系复杂，又夹杂着跨境法律适用、争议解决途径的不确定性，在发生索赔、延期以及拒付情况时，间接保函的法律风险以及救济措施的复杂性也远高于直接保函。

（二）信开保函与电开保函

信开保函是指以签章信函的方式出具的保函，保函的原件一旦脱离担保人的控制则视为开立。电开保函则是通过环球同业银行金融电讯协会（Society for Worldwide Interbank Financial Telecommunications，SWIFT）提供的数据传输系统以报文方式或其他电子传输方式出具的保函，较为常见的是以 SWIFT 电文方式出具的保函。电开保函以电子方式被传递给受益人或其代理包括通知方时，保函被视为开立。以电子方式出具的保函在保函通知即时性方面具有显著优势，尤其是对于保函出具时效要求较高的投标保函，能够较好地保证交易时限要求。同时，电开保函通过 SWIFT 出具，也能够有效避免伪造变造保函签章的风险，对于

保函受益人而言更容易确认保函真伪。

四、保函的融资属性:融资性保函与非融资性保函

根据保函是否具有融资功能属性,还可以将保函分为融资性保函与非融资性保函。

(一)融资性保函

融资性保函是具有资金融通属性的保函,具体可能呈现为借款保函、授信额度保函、延期付款保函、融资租赁保函等。传统上仅延期付款保函在采用延付模式的项目上有所应用,其他形式的融资性保函在建设工程中的应用并不普遍。但随着国内和国际上建设工程企业普遍开展"投融建营"一体化和"投资联动总包"双轮驱动的经营模式,传统建设工程企业纷纷涉足投资领域,部分项目上相应出现了股本金延付保函和商运前收入保证保函。这些保函均是为了满足特定的投资交易结构的需要而生,具有特定的融资效应或融资属性,因此可以归入融资性保函之列。股本金延付保函是担保投资人在项目贷款协议下投资人在融资关闭前向项目公司注入股本金的出资义务,通常金额为项目总投金额的20%左右,用以实现投资人与贷款银行在项目中利益绑定和风险共担的目的。商运前收入保证保函由投资人向融资方提供,用以担保投资人在项目商业运行前会以自有资金和商业运行前收入来履行其股本金出资义务,从而达到提高投资回报率和降低项目前期资金注入压力的目的。

(二)非融资性保函

非融资性保函与融资性保函相比,典型的差异在于其强调对建设工程承包合同的履约担保之特性和功能,具体可能呈现为:投标保函、预付款保函、履约保函、质保金保函等。非融资性保函在建设工程实践中的应用场景非常广泛,亦是这一行业的主流保函形式。

鉴于保函具有可转让性,有时业主为了满足建设工程项目融资需要,要求承包商提供的保函(特别是履约保函)在特定情形下可转让给提供项目融资的一方,作为业主偿还借款的担保。此保函在功能和目的上具有一定融资功能,但是此类保函仍然被用于工程项目履约担保,即保函被索赔的实质前提条件仍然应当是建

设工程合同项下承包商的违约,而不是业主作为融资协议项下还款人的违约,因此不宜将此类保函视为融资性保函。

五、保函的担保目的:投标保函、预付款保函、履约保函、质保保函等

根据保函的担保功能和使用目的来划分,可以将保函分为投标保函、预付款保函、履约保函、质保保函、支付保函、海关保函、消缺保函、有限开工保函、环境保函、农民工工资保证金保函等常见的类型,以及优先中标人保函、卖方丢失单据保函、诉讼保函、备付金保函、租赁保函、网上支付税费保函等比较特殊的类型。其中投标保函、预付款保函、履约保函、质保保函属于境内外大型建设工程项目中的必需品,几乎可以在每一个建设工程项目中见到这些保函的身影,本节将对其作重点介绍;其他类型的保函则会根据项目具体特点和需求而出现,本节也会就常见的几类作概要介绍。

(一)投标保函(bid tendering proposal guarantee)

大型建设工程项目招标周期漫长、文件种类繁多、成本投入不菲,因此招标方通常要求投标人提交投标保证金或者投标保函,用以确保投标人遵守其所提交的投标报价和投标条件,并按照招标文件要求按时签署工程施工合同并提供履约担保。我国国内建设工程项目常常采用现金作为投标保证,而国际建设工程则多采用投标保函作为保证。采用保函而不采用保证金,一方面是由于跨境现金保证的信用风险较高;另一方面则是因为投标保证通常金额极高,以现金方式提供既不便捷也不太现实。

投标保函的金额一般为招标文件统一规定的固定金额或是投标人投标价格的某一固定比例,有效期通常为投标报价的有效期后30天至3个月不等。

通常在以下情形下,业主会索兑投标保函:投标人在投标文件有效期内撤回报价;投标人拒绝按照招标书的规定纠正投标文件中的错误;投标人在被授标后拒绝在规定期限内与招标人正式签署合同并提交履约保函等。如果投标人存在上述情形,则招标人可以索兑投标保函用于弥补上述情形对招标人造成的损失。

(二)预付款保函(advance payment down payment guarantee)

在建设工程实践中,业主通常会在合同生效和项目开工之初向承包商支付预

付款,作为承包商启动项目前期工作的必要支出。为了避免承包商将预付款挪作他用,或者承包商发生破产等风险事件,业主通常会要求承包商提交与预付款同等金额的保函,用于担保预付款被用于合同履约之目的。

预付款保函金额一般为合同金额的一定比例并等同于承包商收取的预付款金额,10% ~25% 均较为常见,在南美洲某些国家,预付款保函金额还可能达到 30%。预付款保函的生效日期可以是保函开立日、合同生效日、工程开工日或承包商收到全额预付款之日等日期中的任何一个。失效日期一般为工程临时移交之日,或因保函金额随着预付款金额在进度付款中的扣减而减额至 0 之时,此时保函虽然有效,但已无金额可索赔。

有时业主会要求预付款保函在业主支付预付款之日生效。国际跨境交易不一定都能做到实时结算,特别是在需要中间行参与汇款的情况下。当业主已经完成预付款的汇出时,该笔预付款并不一定能即时到达承包商银行账户,因此款项在汇付过程中会存在一定风险,如业主遭受制裁或遭受司法保全,则会出现承包商开立了预付款保函并且生效,但是承包商实际上并未收到预付款而面临风险。因此从承包商角度来看,应避免将预付款保函的生效日期约定为业主支付预付款之日,而应约定为在承包商银行账户收到全额预付款之日。

业主索兑预付款保函的情形一般是承包商未按合同规定将预付款用于合同履约目的,或者合同提前终止,而预付款未减额至 0。实践中,也有一些项目业主利用其优势地位对预付款保函的索赔条件作模糊化处理,将其简单约定为承包商违反合同义务时业主有权索兑。这种情形下,虽然保函的名称仍为预付款保函,但所担保责任实为承包商的全部履约责任,其实质的担保功能等同于履约保函。那么根据保函的单据化属性,业主对该预付款保函的索兑只需要简单声明承包商违反合同义务即可,即便承包商可能并未违反预付款的使用目的。

(三)履约保函(performance guarantee)

建设工程因其实施的复杂性而在实践中常见业主和承包商之间在技术和商务方面出现争议,业主为了能够更好地控制承包商,通常会要求承包商提供一份履约保函,用来保证承包商的忠实履约。如果承包商违反合同义务,业主可以利用保函"先赔付,后争议"的优势,通过威胁索兑履约保函来对承包商施加压力,促使承包商纠正其违约行为。此外,对于承包商违约给业主所造成的损失,履约保函也能够起到确保损失得到赔偿的作用。当承包商处于资金困难乃至破产清算的情况下，业主通过索兑履约保函可以较容易地获得损失补偿。当承包商拒绝就违约行为向业主承担损失赔偿责任时，业主可以通过直接索兑履约保函而从担保人处获得赔付，从而避免通过诉讼或仲裁维权需要的冗长复杂的程序等待。

履约保函的金额一般为施工合同价格的一定比例，15% ~20% 均较为常见，在私人投资项目中这一比例可能更高。履约保函的生效日期一般与预付款保函一致，可以是保函开立日、合同生效日、工程开工日或承包商收到全额预付款之日等日期中的任何一个，失效日期一般为工程临时移交之日或工程的临时接收证书签发之日。

在采用无追索权纯项目融资模式的交易中，业主通常会为满足融资方需求而要求将保函权益作为融资担保措施转让给融资方。而融资方常常为了减小风险敞口而对保函的形式和内容提出更苛刻的要求，如前面提到的采用预付款保函之名而行履约保函之实，或者直接将预付款保函和履约保函合并为一份保函。

（四）质保保函（warranty guarantee retention money guarantee）

建设工程实务中，业主通常要求承包商在质保期间内提供一定合同金额比例的现金尾款，习惯上称为“保留金”或“质保金”，用来保证和督促承包商履行质保期的各项义务。以现金形式存在的保留金会影响承包商的现金流，因此承包商多选择以保函的方式替换保留金，从而实现资金的快速回收，所以质保保函也常被称为保留金保函。质保保函通常是在合同的质保期开始之时与履约保函相接续，用以保证承包商切实履行其在合同质保期间的消缺责任。

质保保函的金额一般低于履约保函，通常为合同金额的 5% 。质保保函的生效日期通常从工程临时移交日即质保期起算日开始，直至质保期结束即工程颁发最终移交证书。质保保函的索赔情形通常为承包商拒绝履行合同所约定的质保义务和消缺责任。

质保保函的一大财务功能是“保函换尾款”，即承包商通过提交质保保函以确保承包商在质保期开始之时即可获得合同约定的全部尾款。实务中，也有业主要求承包商提供尾款金额 50% 的保函，同时保留同等金额的质保金，共同作为承包商履行质保义务的担保。另外，也有处于强势地位的业主要求承包商保留全额的尾款作为质保金的同时提交同等金额的质保保函的情形。履约保函有效期直接覆盖质保期而无须另行提交质保保函的情形也时有发生。也有合同约定履约保函在质保期间持续有效,同时要求承包商提供单独质保保函的情形。实例中还有规定一份履约保函在质保期内自动转化为质保保函,只需要对履约保函按照质保保函金额进行减额的情形。

(五)支付保函(payment guarantee)

支付保函主要被作为合同支付义务方的付款担保措施。国际贸易中通常采用的付款方式是跟单信用证。国际贸易项下用于证明义务履行以及请款所需的重要单据通常为第三方所签发的提单,并且提单的内容和形式在全球范围内具有一定的统一性。因此银行对于信用证下提交的单据进行审核和认定相对容易,相比较而言,受益人对于信用证项下获得付款具有一定的可预期性。大型建设工程中(设备采购部分除外),如果同样采用跟单信用证的方式进行支付,那么受益人即承包商对获得款项的可预期性将大大下降。首先,证明承包商义务履行情况的文件相对复杂,如支付签证或工程量确认单,可能涉及大批量的证明文件,如果这些文件作为信用证项下单据提交,将大大增加银行审核单据的难度并降低效率。其次,也是更重要的,这些文件通常需要业主或业主委聘的监理工程师的签批确认方为有效,实践中很容易被业主控制或影响,如业主以及监理工程师延误签发或拒绝签发文件会拖延付款程序。也有的业主干脆利用单据不符等借口拒绝付款。基于以上原因,承包商更倾向于要求业主采用电汇方式来进行付款,同时要求业主提供一份银行出具的支付保函用来担保业主的支付义务,作为承包商的收款保证。实际上,采用支付保函相对于开立跟单信用证而言也可以节约大笔开证费用、缓解申请人的授信额度压力,也是国际工程实践中保函优于跟单信用证的一个方面。

支付保函一般用来担保业主按照合同约定条件履行其支付义务,承包商可在业主未按照合同约定向承包商付款时索赔。支付保函的有效期一般持续覆盖合同的执行期,直至业主付款义务履行完毕。

支付保函为承包商的收款安全提供了极大的保障,对业主而言则存在一定的保函成本和风险。实践中,在谈判中拥有一定优势和话语权的承包商才有可能获得业主提供的支付保函。

（六）海关保函（customs guarantee）

海关保函通常被用于保税区进口来料加工和进口施工设备的场景。在国际建设工程中，一些发达国家和地区对进口设备材料有比较严格的标准要求，因此承包商（特指设备或材料提供商）有时需要将进口材料在国内加工后再出口。实践中的做法通常是承包商从其他国家进口材料至加工地所在国保税区的加工厂，加工完成后再出口发运至项目所在国。在这一进口再出口的过程中，依据海关政策，境外进口的材料在进口环节是可以免予缴纳加工地所在国进口材料关税的。但为了避免材料进口加工后未再出口而是转入国内市场，海关通常要求进口方缴纳保证金或提交海关保函。在这种情形下，承包商通常会提交一份银行保函，用于担保进口材料在加工后将按照规定再出口，而非流入境内市场从而逃避加工地所在国的关税。

海关保函适用的另外一个场景是，承包商为执行土建和安装调试工作，通常需要将一些大型机具和安装设备运送到项目所在国用于项目实施，如大型水电站项目上常见的用来在山体内部挖掘隧道的盾构机等特种设备。在使用完毕或者项目竣工后，承包商需要将这些机具和设备运送离开项目所在国。通常情况下按照一般的海关政策，只要这些机具和设备确实会最终离境，即可免予缴纳项目所在国进口关税。为了避免承包商利用海关政策偷逃税费，海关通常要求承包商提交一份海关保函，一旦工程结束后承包商未安排这些临时进口的机具和设备离境，海关就可以直接索兑该海关保函。

（七）消缺保函（punch list guarantee）

在国际建设工程领域，业主在项目建设完工后签发移交证书，工程则进入质保期，这种情形属于较为理想的合同履行程序。实践中比较常见的情况是，工程主体部分已经竣工并已具备商业运行条件，但附属部分仍然存在部分有待完成的细项工作或者需要消除的非实质性缺陷工作，如现场绿化、照明、临时设备移除和附属道路修复等，这些内容并不影响业主占有工程的主体部分而将其投入商业运行并创造现金收入。此时如果业主等待全部缺陷修补完成再去接收项目，则会丧失相应颇为可观的商业运行利益。对于承包商而言，由于工程拖期罚款通常和工程移交挂钩，如果等待所有细项工作或细微缺陷全部完成再去办理移交证书，则需要更长的施工时间,承包商可能面临工程拖期罚款。为此,业主和承包商通常会达成一致,业主签发一份附条件的工程移交证书,同时双方共同形成一份消缺及维修清单,承包商承诺在一定期限内(如6个月)完成全部消缺及维修工作。为保证承包商按时完成消缺工作,业主通常要求承包商提交一份与消缺工作金额等额的银行保函,即消缺保函。消缺保函的功能本质上与履约保函相似,其所担保的为承包商在工程移交后应继续完成消缺清单工作的合同义务。

(八)有限开工保函(LNTP guarantee)

某些建设工程项目在合同签订生效后会约定若干开工条件,如项目融资关闭、各项许可的获得、承包商保函的提交和预付款的支付等,只有这些条件全部得到满足承包商才会全面开始施工,合同工期也会从开工条件全部得到满足后真正开始全面施工之日起算。实践中有些开工条件的实现可能需要很长时间,如项目融资关闭通常需要1年甚至更长的时间。因此,业主和承包商为了争取提前开工并尽早完工,会相互协商由承包商在全部条件得到满足之前先行开展部分工作。这种商业安排通常被称为有限开工通知(limited notice to proceed,LNTP)。在有限开工的情形下,业主通常会与承包商商定一定的工作范围,一般是现场平整或设计类的工作,并相应向承包商支付一定钱款。同时业主会要求承包商向业主提交一份有限开工保函,用以担保承包商能够妥善履行有限开工相关的工作义务。

(九)环境保函(environmental guarantee)

在一些对于环境保护要求较为严格的国家和地区,建设工程项目实践中业主往往还会要求承包商提交一份专门的环境保函,用于担保项目建设满足项目所在地有关环保的相关法律法规要求。这种情况下,通常建设工程总包合同中会专门对环保要求和承包商违反环境保护义务应承担的罚款责任进行详尽规定。在南美洲的一些国家,这种环境保函的使用较为普遍,而在东南亚和非洲地区较为鲜见。

(十)农民工工资保证金保函(garantee for wage payments of constructian workers)

农民工工资保障问题是我国建设工程领域的一个重要课题。近年来,银行保函的担保功能也被探索用于保障农民工工资的按时支付。

2021 年 8 月 17 日,我国人力资源社会保障部等七部委联合印发《工程建设领域农民工工资保证金规定》(人社部发〔2021〕65 号),要求施工总承包单位应通过工程保证金或银行保函方式,专项担保为所承包工程提供劳动的农民工被拖欠工资的支付。由于工程保证金质押的方式将占用施工企业大量现金,因此可以预见银行保函在未来更多地被应用于农民工工资保障。

六、项目模式:投资端保函与工程建设端保函

根据保函应用于建设工程的投资开发端或工程建设端,还可以将保函分为投资保函与工程建设保函。

随着国内建设工程企业普遍开展"投融建运"一体化和"投资联动总包"双轮驱动的经营模式,大量传统建设工程企业纷纷涉足工程投资,在部分建设工程投资实践中相应出现了大量投资类保函,用以担保投资协议下的各项义务。

项目开发保函通常用于担保项目开发人获得项目开发权后,在规定期限内完成项目前期开发工作的义务,功能作用类似于工程建设项目下的投标保函。国际工程项目投资开发权的取得一般采取申请制或投标制两种模式。申请制是项目开发人按照规定的条件提出开发权申请。投标制是项目开发人参与有关项目开发权的公开竞标。无论哪一种模式,开发权的授予一方通常要求项目开发人提交一份保函,用于担保其在规定的期限内完成项目开发工作,保证项目得以完成融资和启动工程建设。此类保函的金额在不同国家和不同类型项目下的差异巨大,通常与投资项目的投资规模相适应。对于大型投资项目而言,在规定时间内完成融资关闭面临着各种不确定性和多方面的挑战。因此,需要高度关注此类保函风险,在前期对保函金额和索付条件进行认真磋商,明确风险敞口。

发起人保函通常是项目发起人用以担保贷款协议下的特定义务而提交的保函。国际大型工程项目下,项目投资人通常会注册专门的项目公司,用于项目投资开发和运营。项目公司自身除发起人注入的股本金外,在项目商业运行前并无收益,在建设和运营期也可能由于不可预见的原因导致资金缺口。而国际大型项目通常采取项目融资模式,项目自身收益是融资银团的唯一还款保障。为了确保项目建设和运营过程中能够克服资金缺口带来的障碍,融资银团通常会要求发起人提供特定担保,较为常见的是成本超支保函和现金流缺额保函。

成本超支保函和现金流缺额保函，通常是在采取有限追索权项目融资模式的国际工程项目融资协议下，贷款银团对于项目开发人提出的担保要求。成本超支担保通常用于担保在项目 EPC 建设成本超支情况下，项目发起人在一定范围内提供追加项目建设资金，以确保项目能够顺利实现商业运行。现金流缺额保函通常用于在项目运营期出现短暂运营资金缺口的情况下，项目发起人在一定范围内向项目公司提供低息或无息的运营资金支持，以确保项目持续运营。

特许权协议下履约保函和电力购买协议（Power Purchase Agreement，PPA）下履约保函是建设工程投资项目中常见的投资保函类型。特许权协议和 PPA 是投资项目中最为核心的两个协议。特许权协议通常由投资项目所在国政府部门签署，代表所在国政府保证投资人的特定投资权益，并通常以主权担保函、次主权担保函或类主权担保函的方式担保特许权协议和 PPA 的履行。这些担保通常也是投资项目成功取得融资关闭的必要条件。项目公司在 PPA 下通常也需要提交一份履约担保，用于担保其履行在 PPA 下的合同义务，一般包括如期实现项目商业运行和达到项目性能要求。如发电项目的 PPA 通常要求项目机组在商业运行后能够具备 PPA 要求的发电能力。

股本金延付保函和商运前收入保证保函是为满足特定商业结构而产生的带有特定融资功能的保函。这些保函由于其具有的融资属性，也可以被归为融资性保函。股本金延付保函和商运前收入保证保函本质上都是担保投资人在项目贷款协议下的股本金出资义务。在项目贷款协议下，投资人一般需要在融资关闭前向项目公司注入相当于项目总投资金额 20% 左右的股本金，用以实现投资人与贷款银行在项目下的利益绑定和风险共担。投资人通过向融资方提供保函的方式，担保在项目商业运行前，以自有资金和商业运行前收入来履行股本金出资义务，从而达到提高投资回报率和降低项目前期资金注入压力的目的。

第二节　国际工程担保措施——母公司保函

母公司保函，通常是由承包商的母公司出具，用以担保承包商在工程项目施工合同下妥善履行合同约定责任和义务的保函。近年来，采用独立电站项目模式

（Independent Power Plant，IPP）开发的项目数量日渐增加，此类项目上投资人要求承包商的母公司提供保函的情形也愈发普遍。母公司保函与银行保函一道，构成了国际建设工程中重要的担保措施。虽然两者同为承包商在工程项目下的履约担保，但在担保功能作用、责任承担方式等方面又有着非常显著的差异。

一、母公司保函应用的背景与担保功能

母公司保函的效用主要体现在以下三个方面：

一是母公司保函可以解决承包商履约承担能力与项目规模不匹配的问题。很多大型电力、港口、能源、交通等基础设施项目的合同金额高达数亿、几十亿乃至百亿美元，但是施工承包合同通常并非由大型集团公司直接签署并作为执行主体，而是由集团公司所属的工程或海外业务平台子公司来签署并承担履约责任。这些签约子公司的注册资本和资金实力往往无法与项目的超大合同规模相匹配，对合同下违约责任亦缺乏与之匹配的承担能力。因此，业主往往要求承包商提交其终极母公司出具的母公司保函来增强承包商的履约能力和责任承担能力。

二是母公司保函可以满足大型建设工程项目的融资需求。在无追索或有限追索项目融资的模式下，工程投入商业运行前的完工风险是融资方最为关注的风险。这是由于在这类项目的融资结构下，融资方所依赖的还款保证主要来自项目商运后所产生的收益。如果在项目商运前发生承包商履约风险，可能导致项目无法实现完工目标，那么融资方就失去了以项目自身产生的现金流来获得偿付的保障。通过母公司保函，承包商承担完工责任的能力得到极大增强，可以有效缓释项目建设阶段的完工风险，使得项目信用结构更具有可融资性。

三是母公司保函可以增强对承包商项目履约的监管力度。尽管工程施工合同通常会约定严格的违约条款和高额的违约罚款，但从业主的角度而言，执行这些合同下的违约条款从来不是其根本目的，业主希望看到的是承包商严格按照合同约定完成项目建设。通过要求承包商提交母公司保函，承包商的合同执行与母公司的风险责任直接挂钩，母公司将会更加关注承包商的合同执行情况，并在必要时给予支持。对于承包商在项目执行过程中的违约行为，业主也可以通过母公司保函向承包商母公司施加压力，促使承包商的母公司敦促并在必要时协调资源支持承包商补救违约行为。这将在很大程度上避免业主与承包商之间争议的持久不决，并大大提高项目履约目标实现的可能性。

二、母公司保函与银行保函的区别

母公司保函与银行保函之间的区别主要体现在以下四个方面：

一是担保性质不同。银行保函通常为具有见索即付和单据化特征的保函。母公司保函则存在多种担保责任形式，既有从属性担保也有独立性担保。早期典型的母公司保函多以从属性保函的形式出现。近年的工程实践显示，业主和融资方越来越多地倾向于要求承包商出具严格责任的独立性母公司保函。

二是担保责任的范围不同。银行保函的担保金额通常相当于工程施工合同的一定比例，如履约保函通常为工程施工合同金额的15%左右。而母公司保函的担保金额，通常等同于承包商在工程施工合同项下的最大合同责任金额，即合同金额的100%。

三是担保责任的承担方式不同。银行保函仅以金钱赔付为保函担保责任的承担方式。除了承担独立责任的母公司保函，一般母公司保函的担保责任方式除了金额赔付外，还包括代为履行。

四是担保责任的效期不同。银行保函通常仅覆盖工程施工合同执行的特定阶段。如投标保函在投标阶段有效，履约保函在工程建设阶段有效，质保保函在工程质保期内有效。母公司保函的有效期通常覆盖工程建设和质保期的全过程，等同于工程施工合同的整个执行期。

三、母公司保函的责任类型

如前所述，母公司保函的责任类型可以划分为从属性母公司保函和独立性母公司保函。从属性母公司保函包括了一般保证责任母公司保函和连带保证责任母公司保函。在一般保证责任性质的母公司保函下，业主应首先就合同违约责任向承包商主张，只有在承包商无力承担的情况下，母公司才承担第二位的补充责任；而在连带保证责任性质的母公司保函下，承包商及其母公司对业主承担连带责任，业主有权直接向母公司主张承包商的违约责任。该等责任性质基本上属于比较典型的一般责任保证和连带责任保证所具备的特征。母公司履行保函责任也不仅以金钱赔付为限，常见的还可能包括采用代为履行的方式来代替承包商履行其合同义务。

国际工程实践中，越来越多的业主要求承包商提交独立担保性质的母公司保函。这类母公司保函从功能上而言和独立银行保函完全一致,以见索即付为显著特征,通常要求母公司作为保函出具人放弃所有承包商在基础合同下的抗辩权,同时承担第一位的担保责任。业主在此类母公司保函下可以直接要求母公司承担责任且不需要提交任何证据,仅凭借单据化的条件即可索赔,且此类保函一般仅限于金钱赔付而不包括母公司代履行。母公司独立保函一般在格式中都会采用“primary obligation”、“to unconditionally indemnify”及“on first demand”等字样,并会限制担保人援引基础合同下的抗辩权,担保人也不享有先诉抗辩权。一些母公司独立保函还会额外规定保函受益人在保函下实现权利的法律、税费等费用也由担保人全额承担,这项规定进一步推高了担保人的责任上限。

目前有些国家只认可或允许金融机构出具独立性质的保函,对于非金融机构出具保函的独立性不予认可。因此对于母公司保函所适用的法律,需要在出具保函前,结合母公司保函的争议解决方式进行风险评估,避免各方一致协商的约定因不符合保函适用法律的强制性规定而无效。

四、母公司保函的风险防范

母公司保函的担保责任上限较高、效期较长,这也就意味着母公司保函的出具人需要承担更大的风险责任。因此,从承包商角度,需要在实际的风险管控时关注以下几个方面。

一是尽量争取将母公司保函的性质设定为从属性担保。如上文所述,母公司保函的担保金额上限通常等同于工程施工合同的责任上限。如果母公司保函为独立保函,一旦业主索赔,母公司保函的出具人将面临巨大的风险责任。大型建设工程往往容易产生各种争议纠纷,从属性母公司保函将使保函出具人拥有更大的回旋余地和空间,保函出具人可以援引承包商的抵销权和抗辩权来适当缓解风险压力,业主索兑保函的时间成本和难度也更高,这些都将有利于避免承包商和其母公司迫于业主索赔压力而不得不在商业上妥协的被动局面。

二是争取在母公司保函里约定明确的生效日期和失效条件。母公司保函的生效日最好与合同开工日保持一致。母公司保函的失效应对应明确具体的条件或单据,并避免约定“工程施工合同义务履行完毕”之类过于宽泛的措辞。建议将母公司保函的失效条件与工程的临时接收证书或最终接受证书等单据化条件相挂钩。如能同时约定一个具体的最晚失效日会更好,这样可以避免项目因不可控的因素导致接收证书无法如期获得的情况下,保函不至于永远无法归于失效,进而导致母公司长期承担担保责任的不利情形。

三是尽力争取有利的风险缓释条件。项目融资模式下,融资方通常会要求母公司保函覆盖项目完工风险,一般在项目移交并实现商业运行时,融资方即不再强制母公司保函持续有效。因此,可以向业主方争取母公司保函仅担保项目完工风险并持续有效至工程移交时。业主方在质保期内通常保有质保保函和尾款,母公司保函不覆盖质保期也不会导致风险失衡。为降低母公司保函担保人的风险,也可争取将保函受益人索赔承包商提供的银行保函作为索赔母公司保函的前置条件。针对母公司保函下行使权利产生的法律和税费等费用,可以考虑争取设定最大责任金额上限,明确费用确认的程序,增加保函受益人提交相关费用必要证明文件的义务等,避免保函受益人单方面确定费用金额给母公司带来的风险。

五、母公司保函的实务问题

除上述母公司本身的风险问题外,在涉及境外工程的母公司保函实践中,还有若干实务问题需要加以关注。

(一)跨境母公司保函的外汇监管问题

2014 年 5 月,我国国家外汇管理局颁布了《跨境担保外汇管理规定》(汇发〔2014〕29 号),根据该规定,跨境母公司保函的外汇监管机制由事前审批改为事后备案,且外汇行政管理程序与保函效力脱钩,未向外汇管理部门申请登记并不影响保函对外效力。这一规定体现了近年来国家行政管理领域“放管服”的总体精神,极大地便利了跨境母公司保函的实践操作。但该规定也带来了新的实务问题,即跨境母公司保函对外赔付时的外汇监管问题。由于国内实行外汇管制政策,跨境保函的赔付仍需要履行外管监管审批程序。以往跨境母公司保函因外管部门事前审批而在实际赔付时具有较大确定性。《跨境担保外汇管理规定》规定不再开展事前审批给跨境赔付带来了一定的不确定性。实践中,母公司保函的跨境赔付审批时限可能对担保人的义务产生影响。比较突出的是保函中可能规定有延迟赔付的利息条款,如不能在保函约定或一定合理期间内赔付,担保人必须承担延迟赔付的利息。因此,母公司保函的出具人应在母公司保函格式中关注赔付期限和迟付利息条款,尽量避免约定不合理的赔付期间或导致过高的迟付利息。

（二）国内上市公司出具母公司保函的效力问题

随着《民法典》的颁行实施和《最高人民法院关于适用〈中华人民共和国民法典〉有关担保制度的解释》（以下简称《担保制度解释》）的施行，国内上市公司对外担保效力的审查标准得以明确，即担保权人是否对上市公司有关公告进行了审查。《担保制度解释》第9条规定："相对人根据上市公司公开披露的关于担保事项已经董事会或者股东大会决议通过的信息，与上市公司订立担保合同，相对人主张担保合同对上市公司发生效力，并由上市公司承担担保责任的，人民法院应予支持。相对人未根据上市公司公开披露的关于担保事项已经董事会或者股东大会决议通过的信息，与上市公司订立担保合同，上市公司主张担保合同对其不发生效力，且不承担担保责任或者赔偿责任的，人民法院应予支持。相对人与上市公司已公开披露的控股子公司订立的担保合同，或者相对人与股票在国务院批准的其他全国性证券交易场所交易的公司订立的担保合同，适用前两款规定。"

在一些规模较大的跨境工程项目实践中，业主方和融资方通常会要求承包商在提交母公司保函的同时，一并提交一份有关保函合法有效以及可执行性的法律意见。由于国内许多大型承包商的母公司都属于境内上市公司或境外上市公司，因此需要高度关注境内外上市公告的不同要求对于母公司保函合法有效性可能造成的影响。

（三）国内企业出具适用境外法的母公司保函效力问题

根据《独立保函司法解释》第1条的规定，只有银行或非银行金融机构才能出具独立保函。由此带来的思考是，当中国企业出具的母公司保函，根据其措辞，明确了出具人的义务是见索即付及独立于基础合同，而该母公司保函同时约定适用某外国法律时，出具人是否能够主张保函独立性约定因出具主体不是金融机构而无效。

比如，在国际工程项目实践中，业主方和融资方一般会要求承包商提交见索即付、独立性质的母公司保函。该母公司保函通常会约定适用英国法等外国法律，并普遍选择以国际仲裁方式解决争议。

首先应当考虑的是，母公司保函所适用的法律对于独立保函的出具人主体资格是否有特定要求，如保函出具人必须是金融机构。英国传统保函法律认为，由银行出具,这是独立保函的要件之一,但是有最新判例表明,担保人为金融机构还是一般商业主体,并不影响保函的性质。[①] 如果保函适用法律对于保函出具主体并没有特别要求,则中国企业关于其不具备出具独立保函资格从而保函不具有独立性的主张很难得到国际仲裁庭的支持。

(四)国有企业出具母公司保函的国资监管合规问题

近期,针对中央企业在担保管理中存在的风险,如担保规模过高、隐性担保等,国务院国有资产监督管理委员会先后出台一系列文件陆续提出风险控制管理要求,其中对于涉外工程项目母公司保函影响较大的,是对于中央企业担保规模的严格限制。比如,中央企业总担保规模不超过集团合并净资产的40%,单户子企业(含本部)担保额不能超过本企业净资产的50%。实践中,业主要求提交母公司保函的境外工程项目通常规模较大,对于一些境外项目经营规模较大的中央企业,上述担保规模限制可能会限制其向业主提供母公司保函的能力。

因此,在参与境外项目投标和合同磋商时,一方面,应关注业主与提交母公司保函有关的要求,提前评估自身的担保能力,避免由于母公司担保额度受限而无法按照招标要求和合同约定提供母公司保函,从而影响项目推进实施,甚至承担违约的不利后果。另一方面,在商业条件允许的情况下,应尽量明确母公司保函的担保限额和失效条件,避免由于保函担保金额和失效条件不明、担保额度得不到有效及时的释放而导致担保额度得不到充分利用。

① 见附录B案例3。

第三章

保函开立阶段的风险防范

虽然保函独立于基础合同，但也是为了基础交易的需要，以基础合同约定为依据而开立，且保函在实际操作过程中也会与基础交易不可避免地产生联系。因此，保函的风险控制起始于基础交易的谈判，贯穿基础交易的全过程。此外，依据保函的交易规则，将基础交易中有关保函的要求落实到保函文本之中，从保函文本起草和评审入手，在确保保函独立性及实现保函担保目的的同时，平衡保函交易利益相关方的利益和风险，仍是防范保函风险的重中之重。实践中常见两个误区：一是认为保函独立于基础合同，无法通过基础合同控制风险，并因此忽视基础合同中保函有关条款对控制保函风险的重要性；二是认为保函属于格式条款而疏于对保函文本本身的审查和谈判。本章主要从基础合同中对保函条款的约定及保函文本两个方面探讨开立阶段的保函风险防范。总体来看，保函有关的多数国际规则以“脱离担保人的控制”为开立时点，且规定保函开立即生效。[①] 实践中某些保函会约定生效条件，如果生效条件约定适当，生效前受益人难以进行索兑，开立后、生效前这段时间的风险相对较小。因此，本章的讨论也基于开立即生效这一基本立场。

第一节 基础合同磋商过程中保函风险的防范

基础合同中应明确承包商需要提供的担保种类、提交时间、额度、有效期、调整机制、索赔条件、返还时间等基本要求。这些基础的约定是承包商出具担保的依据，也是承包商评估并控制担保风险的基础。但是，目前通行的标准建设工程合同示范文本，如 NEC、AIA、JCT 等，[②]对担保要求的约定普遍较为简单，一般仅

① 参见 URDG758 第 4 条 a 款、c 款，《独立担保公约》第 7 条第 1 款、第 3 款。

② NEC 合同，是指由英国土木工程师学会(Institution of Civil Engineers)制定的系列标准工程合同条件，全称为 New Engineering Contract，最新版 NEC4 在英国、南非、我国香港特别行政区的公共工程中广泛采用。AIA 合同，是指由美国建筑师学会(American Institute of Architects)制定的系列标准工程合同条件，主要应用于美国本土。JCT 合同，是指由英国联合合同委员会(Joint Contract Tribunal)制定的系列标准工程合同条件，主要应用于英国本土。

约定担保的种类、提交时间、额度、有效期等基本信息，对于调整机制、索赔条件、返还时间等则很少涉及。相对来说，FIDIC 系列合同①是一个例外，其对各类担保约定得较为详细，具有很大的参考价值。

从建设工程项目执行周期来看，招投标阶段投标人要向招标人提交投标担保，中标后承包商要向业主提交预付款担保、履约担保、保留金担保等。有时，特别是在承包商垫资施工的情况下，业主需要向承包商提供支付担保。基础合同中要求提供的担保可以是母公司担保、保证金、备用信用证、银行保函等多种形式，但是基于本指引的目的和内容，本章节后续内容仅基于独立保函、备用信用证等独立于基础合同关系的担保形式。

严格来说，投标保函并不涉及具体的基础建设工程合同，但投标保函所对应的招投标活动也可以看作一项基础交易。事实上，英美法有相关判例认定招投标活动构成招标人与投标人之间互负义务的默示合同（tender contract）②，因此，也可以说投标保函也有其对应的基础合同。关于投标保函的约定主要体现在业主的招标文件之中。比如，世界银行、亚洲开发银行及我国政府有关部门公布的标准招标文件对投标保函都有非常详细的规定。招标文件通常对其他保函也有所涉及。此外，合同条款一般也是招标文件的组成部分，其中对预付款保函、履约保函及质保保函会有更详细的约定。因此，建设工程所涉及的保函风险防范，首先应从招标文件和合同条款入手。

一、保函提交时间

（一）投标保函的提交时间

招标文件通常会规定投标保函属于投标文件的一部分，应与投标文件一同提交，未按要求提交则属于非响应投标（non – responsive tender），招标人可以拒绝投标文件。

---

① FIDIC 合同，是指由国际咨询工程师联合会制定的系列标准工程合同条件。FIDIC 合同是全世界范围内应用最广泛的标准工程合同条件。

② See Blackpool and Fylde Aero Club Ltd. v. Blackpool Borough Council, [1990] 1 WLR 1195; [1990] 3 All ER 25; City Polytechnic of Hong Kong v. Blue Cross(Asia Pacific) Insurance HCA10750/1999.

（二）预付款保函的提交时间

基础合同通常会规定承包商获得预付款的前提是承包商提供预付款保函。比如，FIDIC 黄皮书[①] 2017 版第 14.2.1 项约定，承包商在递交预付款保函的同时提交预付款支付申请，工程师在收到上述文件后 14 天内签发预付款支付证书，默认情况下业主应在收到证书后 21 天内支付预付款。住房和城乡建设部、国家市场监督管理总局印发的《建设项目工程总承包合同（示范文本）》（2020 年版）第 14.2.2 项约定“承包人应在发包人支付预付款 7 天前提供预付款担保”。

（三）履约保函的提交时间

基础合同也应约定提交履约保函的时间点，并明确与其他权利的先后顺序。如根据 FIDIC 黄皮书 2017 版第 4.2.1 项，承包商需要在收到中标通知书后 28 天内向业主提交履约保函。此外，根据第 2.1 款、第 14.2.2 项、第 14.6 款，提交履约保函还是承包商占有场地以及获得预付款支付证书、中期付款证书的前提。《JCT 标准建筑合同示范文本》2016 版第 7.3 款约定履约保函需要在签署合同时一并提交。需要注意的是，在附生效条件的合同中，应当在特殊条款中将履约保函的提交时间修改为合同生效前，以便与合同效力相衔接。另外，履约保函一般与投标保函相衔接，通常应在投标保函失效前提交。

（四）保留金保函的提交时间

质保保函的主要目的是担保质保期内承包商的义务或替换并提前释放已扣留的质保金，基础合同应约定承包商提交质保保函的时间或以质保保函替换质保金的机制。理论上越早提交质保保函，以提早释放质保金对承包商现金流越有利。FIDIC 黄皮书 2017 版第 14.9 款、《JCT 标准建筑合同示范文本》2016 版第 4.19款、NEC4《工程及建造合同》第 X16.2 款均约定了质保金在竣工移交（JCT 称实际竣工）后减半，剩余一半通常在缺陷通知期届满后释放。但是，上述标准建设

① FIDIC 黄皮书是指 FIDIC 系列合同中的《生产设备和设计—施工合同条件》（Conditions of Contract for Plant & Design – Build）。

工程合同示范文本对以保函替换质保金的约定并不一致。

FIDIC 黄皮书 2017 版通用条款本身并未约定替换机制，但是其中的《专用条款编写指南》部分给出了选择性条款。根据该条款，当保留金达到合同数据表中约定的保留金上限的 60% 时，承包商可以提交保函以提前释放保留金的 50%，并明确保函替换并提前释放的是缺陷通知期内仍需保留的保留金的 50%，即竣工移交时未被替换的保留金剩余 50% 将按通用条款释放并支付给承包商，缺陷通知期内业主仅持有金额为保留金上限金额 50% 的保留金保函。

《JCT 标准建筑合同示范文本》2016 版采用了不同的机制，第 4.18.2 项约定，承包商应当在占有场地日之前向业主提交保留金保函，以免除保留金扣留条款的适用。如果承包商未能提供或持续维持保留金保函，则之后的期中付款证书中保留金扣留条款将恢复适用，直到承包商提供或恢复维持保留金保函，在此保留金扣留条款恢复适用期间扣留的保留金，将在承包商提供或恢复维持保留金保函后下一期支付证书中列计。

NEC4《工程及建造合同》第 X16.3 款约定，如果合同数据表已有说明或业主同意，承包商可以在任何时候提交保函以替换保留金，承包商提交保函前已扣留的保留金应当在下一期验工计价中支付给承包商。

住建部《建设项目工程总承包合同（示范文本）》（2020 年版）第 14.6.1 项约定，质量保证金原则上采用提交工程质量保证担保的方式，承包人应在工程竣工验收合格后 7 天内，向发包人提交工程质量保证担保。此外，该合同示范文本未约定竣工移交后保留金减半的机制。

（五）支付保函的提交时间

实践中，除承包商垫资施工情形外，很少有业主愿意提供支付保函。业主支付保函相当于业主在基础合同下提供的履约担保，因此业主提交支付保函与承包商提交履约保函的时间基本一致。另外，垫资施工时获得支付保函是承包商开始投入资源并开展工作的前提，因此业主应当在开工前向承包商提供支付保函。比如，FIDIC 黄皮书 2017 版中的《专用条款编写指南》提供的选择性条款约定，工程师在承包商收到支付保函后，才能发出开工通知。

二、保函额度

（一）投标保函的额度

投标保函的额度并无固定标准，按照具体项目招标文件的要求确定。我国《招标投标法实施条例》第26条第1款规定："……投标保证金不得超过招标项目估算价的2%……"我国相关部委出台的标准招标文件也是按照这个标准设置具体的额度。有些国家的公共工程相关法律也会规定投标保函的具体比例，比如阿尔及利亚2015年《公共合同法》第124条规定："投标人需递交超过报价金额1%的投标保函，具体要求应在招标细则中予以规定。"卡塔尔有关法律则规定投标保函金额不超过项目估算价的5%。国际建设工程实践中，投标保函的金额一般在项目估算价的2%～5%。招标文件要求的投标保函额度可能是投标报价的一定比例或具体金额。如果招标文件规定投标保函额度为投标报价的一定比例，则应避免完全按照要求的比例开具，应在高于招标文件要求比例的合理区间选择具体额度，一方面避免泄露投标报价，另一方面避免额度过高导致保函被索赔后损失过大。

（二）预付款保函的额度

预付款保函额度应与预付款金额保持一致，而预付款一般为签约合同额的10%～30%，具体以合同约定为准。同样地，有些国家的公共工程相关法律会对预付款额度有所规定，甚至有些情况下将预付款分为不同种类，如直接预付款、材料预付款等。预付款保函的币种也应与预付款保持一致，有些情况下预付款分为当地币和外币两部分，因此需要开具两份不同币种的保函。

（三）履约保函的额度

履约保函的额度通常在5%～15%，具体以合同约定为准，承包商应力争较低额度的履约保函。大部分标准建设工程合同示范文本并不直接约定履约保函额度，《ICC工业厂房供货交钥匙合同示范文本》2003版是一个例外，其第27.2款直接给出履约保函额度为合同价的10%。

（四）保留金保函的额度

保留金保函额度取决于基础合同约定的保留金最大限额。因此，基础合同应约定明确的保留金预留比例和最大限额。保留金最大限额大多数在最终合同价的3% ~10%。《JCT标准建筑合同示范文本》2016版采用的默认比例为3%，住建部《建设项目工程总承包合同(示范文本)》(2020年版)第14.6.1项约定质量保证金累计金额均不得高于工程价款结算总额的3%。

(五)支付保函的额度

在业主正常按工程进度支付工程款时，业主所提供的支付保函金额无须是全部合同价，仅需涵盖1 ~3期预估期中付款额度即可，业主违约时承包商可以随时依据合同停工止损。在延期付款安排下，还款期往往在工程竣工移交后，因此支付保函额度随工程进度增额。基础合同还应当约定支付保函的币种，币种一般应当与工程款支付币种保持一致。

三、保函有效期及释放

基础合同下对保函有效期的约定往往是着眼于受益人保护自身实体权利的需要，要求保函在某一特定事件完成之前保持有效，而这些特定事件的发生时间难以事先确定。因此，基础合同对保函有效期的要求往往并非一个固定期限，不同保函的有效期设定需要考虑的情形也大不相同。FIDIC系列合同中对于各类担保的释放使用的措辞是"返还保函"，在独立保函情境下，保函释放的通常实现途径有：在保函中规定有效期截止日或失效条件，或者是各方一致同意撤销保函，或者是受益人同意解除担保人在保函项下的全部义务。有些担保人会在保函里要求受益人在释放保函时必须返还保函原件，特别是信开保函的情形下。但是这种规定显而易见地对担保人不利，因为有时受益人会因各种原因不返还保函原件，此时保函是否失效就会存在不确定性。在电开保函通行的今天，大部分保函会明确规定保函原件是否返还担保人，并不影响保函的失效。

(一)投标保函的有效期及释放

投标保函的有效期必须涵盖投标有效期，如世界银行《工程采购标准招标文件》2020版投标人须知第19条规定，投标保函有效期截至投标有效期届满后28天。根据投标人须知第19.5款和第19.6款，未中标投标人和中标人的投标保函都应当在中标人签署合同并提交履约担保、环境与社会履约担保[①]后立即释放，以实现投标保函与履约保函的接续。在此之前如果发生中标人拒绝签署合同等情形，业主仍有可能选择其他未中标投标人进行谈判并替代拒绝签署合同的中标人。

（二）预付款保函的有效期及释放

预付款保函应当在预付款被全部扣减或返还之前保持有效，因此建议基础合同中约定预付款保函应在预付款全部扣减完毕时得以释放。目前通行的标准建设工程合同范本直接明确作出此类约定的还比较少，参照《ICC 工业厂房供货交钥匙合同示范文本》2003 版第 27.1 款，建议在基础合同中增加“当预付款被全部扣减时，预付款保函应当失效”。（英文为“The Advance Payment Guarantee shall be null and void when the total amount of advance payment has been repaid”）

（三）履约保函的有效期及释放

履约保函的有效期要求根据不同国家的具体实践有所不同。大体来说分两种情况：一种情况是以英美法系国家为主，其做法是履约保函要在缺陷通知期结束，在承包商取得履约证书或缺陷修复证书前一直保持有效；另一种情况是以大陆法系国家为主，履约保函仅需要涵盖到工程竣工移交，即承包商取得移交证书之时（大部分国家称为临时验收），进入缺陷通知期时，履约保函转换为保留金保函（或称质保保函），实现履约保函和保留金保函的接续。基础合同应约定履约保函的合理有效期截至期限和条件。

FIDIC 黄皮书 2017 版第 4.2.1 项约定承包商应确保履约保函在签发履约证书并按照第 11.11 款清理现场之前一直保持有效且可执行，第 4.2.3 项进一步约定了业主应当释放履约保函的情形：一种情形是工程正常履约，签发履约证书并按照第 11.11 款清理现场后 21 天内释放；另一种情形是合同因非承包商原因提前终止或解除的情况下，保函应立即释放，包括根据第 15.5 款由业主自便终止、根据第16.2款由承包商终止、根据第 18.5 款自主选择性终止以及根据第 18.6 款

---

① 由于世界银行《工程采购标准招标文件》并未明确具体担保的形式，因此原文采用担保而非保函。

的依据法律解除履约。

《JCT 标准建筑合同示范文本》2016 版的合同摘要表第 7.3.1 项给出了三种选择方案:一是工程实际竣工之日;二是工程缺陷修复期后 2 周;三是签发工程缺陷修复证书之日。承包人应保证其履约担保在发包人竣工验收前一直有效。默认情况下为工程实际竣工之日。该合同并未明确约定释放履约保函的具体时间。

《ICC 工业厂房供货交钥匙合同示范文本》2003 版第 27.2 款约定履约保函在工程移交后将失效并退还给开立行。

住建部《建设项目工程总承包合同(示范文本)》(2020 年版)第 4.2 款约定:"承包人应保证其履约担保在发包人竣工验收前一直有效,发包人应在竣工验收合格后 7 天内将履约担保款项退还给承包人或者解除履约担保。"此外,第 14.6 款还进一步约定,在工程项目竣工前,承包人已经提供履约担保的,发包人不得同时要求承包人提供质量保证金。可见,在该合同下履约保函和保留金保函在时间上属于接续关系,不同时适用。

(四)保留金保函的有效期及释放

保留金保函的目的是替代保留金,担保承包商履行其缺陷修复义务。通常来说,保留金保函有效期至少要涵盖缺陷通知期,基础合同应约定业主在缺陷通知期满后释放保留金保函。如前所述,根据适用法律、项目性质、采用的合同模板不同,保留金保函与履约保函在有效期上会有重叠,或者属于相互接续关系。如果履约保函、保留金保函在一段时间内同时存在,则最好约定索赔的先后顺序。比如,《JCT 标准建筑合同示范文本》2016 版第 4.18.5 项约定,当承包商的违约导致业主有权索赔履约保函和保留金保函时,应首先索兑保留金保函。

另一个需要注意的问题是,保留金保函所担保的期限主要是合同约定的缺陷通知期,而非法定的质量责任期。在缺陷通知期内,业主有权要求承包商自行修复工程缺陷,反之承包商也有权要求由承包商负责修复,业主不能拒绝承包商进入现场进行修复。从这个意义上讲,缺陷通知期这一称谓更为准确。缺陷通知期通常为 6 个月至 2 年。与之相反的是,法定质量责任期是指根据适用法律,承包商需要承担质量瑕疵担保责任的期限,如阿联酋等国家通行的 10 年责任期限(个别国家为 5 年、7 年、15 年等)。在此期限里,适用法律并不强制要求承包商自行返场修复缺陷。由于存在概念上的混淆,一些大陆法系国家的工程合同往往要求保留金保函涵盖长达 5 ~ 15 年的法定质量责任期。但是，个别国家的公共工程法律规定还是比较清楚的，比如，在同样存在 10 年责任制度的阿尔及利亚，其 2015 年《公共合同法》第 134 条规定，质量保证保函或保留金在合同最终验收结束后的 1 个月内全部返还，临时验收到最终验收之间的时间段即为缺陷通知期。在谈判时建议承包商与业主充分协商，争取在法定质量责任期限外单独约定缺陷通知期，并按照缺陷通知期的期限开立保留金保函。

（五）支付保函的有效期及释放

支付保函有效期应在业主支付最终结算款或业主偿还最后一笔延付款之前一直保持有效。FIDIC 黄皮书 2017 版中的《专用条款编写指南》提供的选择性条款约定了支付保函的释放时间，即下述 3 个日期中最早者：业主已支付签约合同价之日、保函项下的义务失效或解除之日、业主已履行基础合同下的全部义务之日。由于业主实际应当支付的合同价可能存在变更调整，此处如果仅仅将保函释放之日约定为支付签约合同价之日，对于双方来说都存在一定风险。建议双方在基础合同中对于签约合同价存在调整的情况下如何确定支付保函释放时间进行特别约定。

四、保函调整机制

（一）投标保函的调整机制

投标保函的调整主要是有效期的调整，其额度通常无须调整。大多数招标文件赋予招标人书面请求投标人延长投标有效期的权利，投标人同意延长的，投标保函有效期应相应延长。投标人也可以拒绝延长，拒绝延长后其投标失效，但招标人无权没收其投标保函。

（二）预付款保函的调整机制

1. 有效期的调整

基础合同一般约定预付款保函要在预付款被全部扣减或返还之前保持有效。但是，预付款全部扣减完成的日期一般是无法事先确定的，因此，保函中一般先约定一个预估的日期。基础合同一般要约定承包商的保函展期义务，同时赋予业主在承包商未按合同约定对保函进行展期情况下的索赔权，以避免保函过期但预付款还未全部扣减完成时业主作为保函受益人可能面临保障缺口的风险。如 FIDIC 黄皮书 2017 版第 14.2.1 项明确约定,如果在预付款保函到期前 28 天预付款仍未全部扣回,则承包商应当展期直到预付款全部扣回,并尽快向业主提交展期证明,同时抄送工程师。如果在预付款保函到期前 7 天业主仍未收到该证明,则业主有权在预付款保函下索赔仍未扣减的额度。

2. 额度的调整

通常认为,预付款是业主为承包商动员工程项目实施所支付的一笔无息贷款,[①]因而预付款需要从工程进度款中逐步扣减,预付款保函额度应随着预付款金额的扣减而同步减额。预付款扣减以及预付款保函减额机制应当在基础合同中予以明确规定,如 FIDIC 黄皮书 2017 版第 14.2.1 项明确约定预付款保函额度可以按照支付证书中所显示的扣减金额逐步减少。

某些基础合同下预付款支付安排与上述通常情形有所不同,即预付款不需要在后续进度款中逐步扣回,而是作为一笔提前支付的工程款。这种情况下,预付款保函的减额是随着每期验工计价的已完工程价值递减,预付款保函有效期只需截至累计已完工程价值等于预付款之时,而无须像通常一样涵盖几乎整个项目实施期。设备供货与安装为主的合同经常会采用这种模式。

如果合同约定预付款分期支付,则从承包商的角度来说,可以考虑约定预付款保函逐步增额机制。从业主角度来说,一般会将保函增额作为承包商获得下一期预付款的前提条件。

(三)履约保函的调整机制

1. 有效期的调整

无论基础合同要求的履约保函有效期是到实际竣工后,还是到缺陷通知期满后,都是一个不确定的日期。在实施阶段可能会因工期顺延导致实际竣工日期晚于合同竣工日期,在缺陷通知期可能因缺陷修复导致缺陷通知期的顺延。但是,

---

① 在国际工程领域中,FIDIC 所制定的通用标准合同条件在国际上得到了广泛应用和普遍认可。其中 1999 年第 1 版《生产设备和设计—施工合同条件》第 14.2 条载明:“当承包商按照本款提交保函后,雇主应支付一笔预付款(advance payment),作为用于动员的无息贷款(interest - free loan)。”2017 版FIDIC 沿用了此种表述。笔者认为,在有扣减机制的预付款安排中,将预付款的性质界定为无息贷款是合理的。

保函文本中需要先约定一个预先确定的日期。为保证履约保函有效涵盖合同约定时间段，基础合同需要约定展期机制。如 FIDIC 黄皮书 2017 版第 4.2.1 项约定，如果承包商在履约保函到期前 28 天时还无权获得履约证书，则承包商应对履约保函进行展期。否则，业主有权根据第 4.2.2 项索赔履约保函的全部或剩余额度。

对于因非承包商原因导致的工期顺延而引起的履约保函展期，基础合同可以约定增加的保函费用由业主承担。例如，住建部《建设项目工程总承包合同（示范文本）》（2020 年版）第 4.2 款就约定："因承包人原因导致工期延长的，继续提供履约担保所增加的费用由承包人承担；非因承包人原因导致工期延长的，继续提供履约担保所增加的费用由发包人承担。"当然，如果未明确约定的话，承包商也可以按照工期顺延导致的间接成本来主张索赔。

2. 额度的调整

实践中，履约保函的额度调整通常发生在以下四种情形：一是随着基础合同下合同价的变更而调整；二是随着工程竣工，在缺陷通知期内减少保函额度；三是缺陷设备需要场外维修时增加保函额度；四是多边开发银行项目中，如果中标人在投标过程中采用了不平衡报价（front – loading bid）①，招标人有权要求其提高履约保函的额度。前三种情形如果需要调整履约保函的额度，应当在基础合同中约定，第四种情形一般在招标文件中规定。

（1）因工程变更而调整

工程变更会导致合同价的增减，因此有些合同会规定履约保函额度应相应进行增减。以 FIDIC 黄皮书 2017 版为例，第 4.2.1 项明确约定因变更或调整导致合同价累计增减 20% 以上时，可以相应增减履约保函额度。当合同价增加时，承包商应在业主请求下立即办理保函增额，承包商因此增加的额外成本应按照变更处理；当合同价减少时，承包商可以在征得业主同意的情况下相应减少保函额度。相比之下，其他大多数常见的标准建设工程合同示范文本都没有规定因工程变更而调整保函额度。

---

① 不平衡报价，是指在保持总报价基本不变的前提下，通过适当调整不同报价项的价格，实现"早收款""多收款"的目的，优化项目现金流状况。一是可以适当调高先实施部分工程的报价，相应调低后实施部分工程的报价，从而实现"早收款"。"早收款"使承包商整体的收款时间相应提前，从而有效利用了资金的时间价值，同时也减少了实施后期各种因素导致的收款风险，实现资金的"落袋为安"。二是在采用单价合同时，可以根据对未来实际发生工程量的预测，适当调高未来可能增加的工程量的报价，相应调低未来可能减少的工程量的报价，从而实现"多收款"。

(2)竣工后的调整

如果基础合同要求履约保函有效期涵盖缺陷通知期,则通常应在工程实际竣工获得移交证书、进入缺陷通知期后将履约保函的金额减少50%。比如2016版《JCT标准建筑合同示范文本》合同摘要表(Contract Particulars)第7.3.1项中约定,如果合同双方约定的履约保函到期日在实际竣工之后,则双方可以选择实际竣工后履约保函额度减少的比例,默认情况下为50%。《ICC工业厂房供货交钥匙合同示范文本》2003版第27.2款也有类似约定。

(3)缺陷设备场外维修时的调整

在缺陷通知期内,当缺陷设备需要运出场外进行维修时,为担保设备顺利维修并重新安装、调试、运行,有些情况下业主可能要求增加履约保函的额度。例如,FIDIC黄皮书2017版第11.5款约定,如果业主同意设备运出场外维修,作为前提条件,业主可以要求承包商按照缺陷设备的全部重置成本,增加履约保函的额度。

(4)不平衡报价时的调整

不平衡报价策略是承包商常用的投标报价技巧之一,但是严重的不平衡报价会损害业主和融资银行的利益。为此,几大多边开发银行都建立了相应机制来保护自身及业主利益。以亚洲开发银行为例,其《标准工程招标文件》2017版投标人须知第34.5条规定:"如果业主认为获得最低评标价的投标人的报价严重不平衡,或严重增加业主的前期负担,则业主可以要求投标人对工程量清单的任何或所有项目编制详细的价格分析,以达到证明这些价格与建议的施工方法和进度表的内部一致性。在对价格分析进行评估之后,并考虑到预估的合同付款时间表,业主可以要求提高履约保证金,费用由投标人承担,以使其足以保护业主免受因中标人在合同项下的违约而遭受的损失。"例如,中国某公司参与亚洲开发银行资助的某公路项目投标时,采用了不平衡报价,该公司最终中标该项目,但是业主和亚洲开发银行的专家认定其报价严重不平衡。为平衡业主在不平衡报价中的风险,业主在中标通知书中明确要求该公司在原有合同额10%的履约保函基础上,额外增加约40万美元的履约保函额度。

(四)保留金保函的调整机制

1.有效期的调整

保留金保函有效期的调整机制与履约保函类似。比如,FIDIC黄皮书2017版

《专用条款编写指南》给出的保函替换保留金的选择性条款就规定了展期机制，即如果在保函到期前 28 天承包商仍无权获得履约证书，则承包商应对保留金保函进行展期。

2. 额度的调整

保留金保函的额度一般无须调整，这主要是因为合同一般都会规定保留金的最大限额，比如 FIDIC 黄皮书 2017 版中保留金保函的额度为签约合同价的一定比例，属于可以事先协商确定的额度。利用保函替换保留金时，也是以保留金最大限额为参照值来确定保函额度。有些合同约定保留金额度为最终结算合同价的一定比例，这种情况下保留金保函的额度可能会发生变化。但是，当合同规定的履约保函有效期并不涵盖缺陷通知期，缺陷设备场外维修需要额外担保时，业主可能会要求增加保留金保函的额度。比如，住建部《建设项目工程总承包合同（示范文本）》（2020 年版）第 11.3.5 项约定承包人可请求发包人同意把有缺陷或者损害的设备移出现场进行修复，发包人可要求承包人按移出设备的全部重置成本增加质量保证金的数额。

（五）支付保函的调整机制

1. 有效期的调整

与履约保函相同，业主提供的支付保函的实际有效期存在不确定性。支付保函文本应暂定一个固定的到期日，如预计的最终结算款到期日或还款期届满日。为确保支付保函在承包商实际获得全部工程款支付前一直保持有效，基础合同应当规定展期机制，并明确未能展期时承包商的索赔权等救济措施。

2. 额度的调整

在业主按进度支付工程款的情况下，业主提供的支付保函一般无须变更额度。如业主发生支付违约行为，承包商可以索兑保函作为救济措施。需要注意的是，基础合同中应明确规定，支付保函被索赔后，承包商有权暂停施工，直到业主重新提供保函。在承包商垫资施工的情形下，业主提供的支付保函应当随期中付款证书认定的应付金额办理增额，同时应在基础合同下规定，业主未能办理增额时，承包商可诉诸暂停施工、索兑保函等救济手段。

五、保函索赔条件

基础合同需载明业主或承包商有权索兑保函的情形，即保函的索赔条件。与保函文本相比,基础合同中规定的索赔条件往往是实体性条件。虽然基础合同中规定的索赔条件不影响保函的独立性,但是这种规定可以在一定程度上限制合同相对方不合理的索兑保函行为,尤其是非善意索赔的情况下,可以大大减轻保函申请人申请保函止付时的举证难度。这是在基础合同中载明索赔条件的重要意义所在。英国法院在判例中认可了基础合同中约定的保函索赔条件对保函恶意索兑的限制作用。

在 Simon Carves Ltd. v. Ensus UK Ltd. ①一案中,法官认为,原则上如果保函所关联的基础合同清楚明确地阻止受益人提出保函项下的索赔要求,法院可以限制其根据保函提出索赔要求。② 这一观点在澳大利亚的判例中也获得认可。在新加坡法律下,除欺诈外,显失公平(unconscionability)也属于法院拒绝执行保函的理由。但是,在 CKR Contract Services Pte Ltd. v. Asplenium Land Pte Ltd. ③一案中,当事人在一份建筑合同中约定承包商(受益人)不能以显失公平为由止付,法院支持了这种排除约定。该案从相反的角度证明了基础合同下约定索赔条件对保函止付的意义。

在最近发生在南非的一个案件中,④承包商联营体以不可抗力为由主张终止一座桥梁的建造合同,业主认为并不存在不可抗力,以承包商毁约为由亦主张终止合同。承包商依据基础合同设定的索赔条件(FIDIC 红皮书⑤ 1999 版第 4.2 款,与 FIDIC 黄皮书 2017 版类似,其中包括业主终止合同的情形),认为业主无权终止合同,因此不符合基础合同限定的情形,请求法院阻止业主索赔履约保函。法院认为第 4.2 款的索赔条件并不要求通过争议解决程序确定业主是否有权终止合同后业主才能提出保函项下的索赔请求,只要其声称已满足基础合同项下的索赔条件即可。尽管如此,业主在声称基础合同下的条件已满足时,应当出于善意。如果业主明知其依据基础合同没有索赔权,则会存在欺诈的嫌疑。此外,南

---

① [2011] EWHC 657(TCC).

② 判决原文:In principle, if the underlying contract, in relation to which the bond has been provided by way of security, clearly and expressly prevents the beneficiary party to the contract from making a demand under the bond, it can be restrained by the Court from making a demand under the bond。

③ [2015] 3 SLR 1041.

④ Joint Venture between Aveng(Africa)(Pty) Ltd. and Strabag International GmbH v. South African National Roads Agency Soc Ltd. and Another(577/2019)[2020] ZASCA 146.

⑤ FIDIC 红皮书是指 FIDIC 系列合同中的《施工合同条件》(Conditions of Contract for Construction)。

非法院的上述判例基于特定的合同事实和适用法律,案件的判决结论并不否定在基础合同中约定保函索赔条件的价值。

(一)投标保函的索赔条件

根据世界银行《工程采购标准招标文件》2020 版投标人须知第 19.7 款,投标担保将在以下情况下被索赔:

(a)投标人在投标函中载明的投标有效期届满之日前或任何延长日期之前撤销投标书;或者

(b)如果中标人未能:

(i)根据投标人须知第 41 条签订合同;或者

(ii)根据投标人须知第 42 条提供履约担保(如招标数据表要求提供)及环境和社会履约担保。

与世界银行的招标文件相比,亚洲开发银行《标准工程招标文件》2016 版投标人须知第 19.7 款增加了两种没收投标保函的情形:一是报出最低评估价的投标人不接受算术误差的更正;二是未能提交国内优惠担保(如有)。

上述招标文件中约定的索赔条件是得到普遍认可的,足以达到投标保函功能的。如果招标文件约定了其他索赔条件,则需要结合项目的具体情况进一步评估是否合理。

(二)预付款保函的索赔条件

基础合同中也可以对预付款的索赔条件进行规定。首先,索赔预付款保函的基本前提是业主已经按合同要求将相应预付款支付给承包商。其次,依据预付款的目的和用途,业主可索赔预付款保函的情形主要是以下三种:(1)承包商未按照合同约定对预付款保函进行展期;(2)承包商将预付款用于与项目无关的用途;(3)合同提前终止,预付款仍未扣减为 0。

(三)履约保函的索赔条件

大部分标准建设工程合同文本以及非标准合同文本对保函索赔条件没有明确约定,如 NEC、JCT 等。FIDIC 系列合同是一个例外。以 FIDIC 黄皮书 2017 版为例,第 4.2.2 项载明了五种业主可以索赔履约保函的情形,且采用的表述是:

“除了业主在以下情形下有权获得赔偿的金额,业主不得根据履约担保提出索赔请求。”(英文为“The Employer shall not make a claim under the Performance Security, except for amounts to which the Employer is entitled under the Contract in the event of …”)这五种情形分别是:

1. 承包商未能按照合同规定对履约保函进行展期,这种情形下业主可以索赔履约保函全部额度或全部剩余额度;

2. 承包商未能在 42 天内向业主支付根据第 3.7 款“商定或决定”或根据第 21 条“争议和仲裁”所确定的到期款项;

3. 承包商未能在收到通知后 42 天或通知载明的其他时间内,纠正根据第 15.1款“通知改正”通知的违约行为;

4. 导致业主有权根据第 15.2 款“因承包商违约而终止”终止合同的情形(8 种);

5. 承包商未能根据第 11.5 款“缺陷工程异地修复”按时完成缺陷设备的场外修复。

可以看出,上述情形均是承包商构成实质违约(material breach),业主权利受到较大威胁,需要主动采取行动维护自身权益的情形。

(四)保留金保函的索赔条件

基础合同应规定业主索赔保留金保函的基本前提是业主已经按照合同要求将已预留的保留金支付给了承包商。此外,按照保留金保函的目的和用途,业主索赔保留金保函的实体条件是承包商未能履行合同规定的缺陷修复义务。

(五)支付保函的索赔条件

支付保函的主要索赔条件是业主未按合同规定的时间支付应付工程款。除此之外,基础合同应当规定业主未按约定进行展期或办理增额时,承包商有权索赔支付保函。

六、保函欺诈性索赔时的赔偿责任

当受益人针对保函提起欺诈性索赔时,保函申请人或担保人往往需要通过向法院申请止付,获得法院止付裁定,方可临时中止保函项下的付款或受益人的索赔。此后,还需要进一步通过诉讼或仲裁处理保函欺诈纠纷。止付过程往往会导致保函申请人或担保人产生额外的费用,如法院的诉讼费、律师费等。为确保这些费用在基础合同项下能从受益人处顺利地得到赔偿,建议在基础合同中加入赔偿条款。比如,FIDIC 黄皮书 2017 版第 4.2.2 项载明:"The Employer shall indemnify and hold the Contractor harmless against and from all damages, losses and expenses (including legal fees and expenses) resulting from a claim under the Performance Security to the extent that the Employer was not entitled to make the claim."[①]该条款一方面是为了确保保函申请人从受益人处成功获得保函止付过程中产生费用的赔偿,尤其是法律费用;另一方面对业主欺诈性索兑保函也有一定的震慑作用。

七、其他问题

在国际工程承包中,基础合同一般会要求承包商选择保函开立行需取得业主同意,也可能要求保函开立行住所地必须位于项目所在国家或地区内,并且对开立行的评级有要求。这种情况下如果承包商在当地银行授信不足,则往往需要采用间接保函的模式。除合同要求外,项目所在国家或地区公共工程相关法律可能会对公共工程合同项下保函的开立行和开立方式有明确规定。比如,阿尔及利亚 2015 年《公共合同法》第 128 条规定:"外国的承包方向发包方提供的履约保函应该是由阿尔及利亚籍的银行出具的保函,并且带有国外一级银行提供的反担保。"作为承包商,在不违反法律规定的前提下,应尽可能争取直接保函的模式,避免间接保函在法律和财务方面可能带来的麻烦。

第二节 保函文本磋商过程中保函风险的防范

在合同谈判阶段,前一节所述基础合同项下有关保函的约定应当进一步转化到保函文本中。首先,保函文本应当避免与基础合同约定产生矛盾。其次,保函文本的拟定要符合适用的法律和保函交易规则及实践。URDG758 第 8 条推荐了

① 参考译文:在业主无权提出索赔的范围内,业主应赔偿承包商所遭受的一切损害、损失和开支(包括法律费用和开支),并使承包商免受损害。

保函文本的一般内容，但这些内容并非保函有效且可执行的先决条件。[①] 保函文本的重点是确保保函的有效性、独立性、单据性，最高金额及额度调整机制，交单方式，保函转让，适用法律与交易规则，管辖权等条款。

一、有效性

保函首先应满足适用法律所界定的合同成立要件，不存在导致合同无效的一般事由。在此基础之上，应当重点关注保函的形式要件和主体要件。从形式要件来说，在很多法律下，保函一般要满足书面性要求，英美法系还要求保函以契据形式签署。另外，如果保函的签署授权存在瑕疵，也会影响保函的有效性。从主体要件来说，有些国家法律对保函的开立主体有限制，不适格的主体开立的保函可能无效或不具有独立性。

（一）形式要件

1. 保函的书面要求

开立保函要具备法律规定的形式要件。比如，《独立保函司法解释》第 1 条明确要求保函必须是书面形式。英国 1677 年《防止欺诈法》[②]第 4 条也要求担保文件必须采用书面形式并经开立人或其他合法授权人士签署（in writing and signed by the parties to be charged there with or some other person thereunto by him lawfully authorized）。英美法系很多国家都效仿英国并采取类似的立法。但是何为“书面形式”，这一标准随着时代发展一直在不断变化。在 Mehta v. J Pereira Fernandes SA[③] 一案中，法院认为电子邮件往来过程中作出作为担保人的承诺满足《防止欺诈法》第 4 条所要求的“书面形式”。同样，在 Golden Ocean Group Ltd. v. Salgaocar Mining Industries Pvt Ltd. [④]一案中，上诉法院认为，通过交换电子邮件签订商业合同（尤其是租船合同）确实是司空见惯的，《防止欺诈法》并不要求关于担保

---

① International Chamber of Commerce, International Standard Demand Guarantee Practice for URDG758, 2021, p. 17.

② 全称为《防止欺诈与伪证法》（Act for the Prevention of Frauds and Perjuries）。其立法宗旨是在证据法不发达的时代，当事人又无法提供适格证人的情况下，减少合同欺诈。它规定有关地产权益转让、不动产遗嘱、信托声明或转让、某些特定种类的合同均需采用书面形式。——摘自《元照英美法词典》

③ [2006] 1 WLR 1543.

④ [2012] EWCA Civ 265.

的书面记录必须在同一个完整的文件之中。因此,在涉外商业通信往来中要非常谨慎,避免一些承诺满足担保的构成要件。特别是在某些国家独立担保的开立主体不仅限于银行及非银行业金融机构,这些无意形成的担保还可能具有独立性。毋庸置疑,目前实务中由银行开立的保函,无论是电开还是信开,均能满足上述书面要求。但是,书面形式仅仅是保函形式要求的一个方面,保函要在形式上有效还需满足其他的形式要件,如签署方式。

2. 英美法系下保函需以契据形式签署

英美法系下合同有简式合同(simple contract)和契据[deed,或称签字蜡封合同(contract under seal)]之分。两者在合同构成要件上有所区分,即简式合同必须要有对价(consideration)才能具有约束力,而签字蜡封合同则无须对价。就保函及其他担保文件来说,一般认为仅开立人或担保人单方负有承诺,而受益人并未提供任何形式的对价,所以适用英美法的保函需要以契据形式签署才可执行。要使一份保函成为契据,保函本身首先要满足签署"书面形式"的要求,其次还需满足以下条件:一是保函本身清楚地表明其意图是作为契据,在现代商业往来中通常是在保函文本中加入"executed or signed as a deed"(以契据形式签署)之类的表述。二是保函应有效签署并交付(validly executed and delivered)。至于何为有效签署,主要取决于开立人的属人法,比如英国2006年《公司法》第44条对公司签署文件的形式要求有详细的规定,加盖公章、两位董事签署、一位董事签署加见证人见证等方式均算有效签署。当然,交付并不意味着要实际交付,现在对于公司签署的文件一经签署即视为已交付,除非有相反的证据。

在澳大利亚的Segboer v. A J Richardson Properties Pty Ltd.①一案中,承包商申请银行开立以业主为受益人的独立履约保函。履约保函符合契据的形式要求,但是银行并未向业主提供原件,而通过传真发送了履约保函。当业主向银行索兑保函时,承包商主张,履约保函原件仍在银行手中,因未交付(delivered)而未生效,因此业主无权索赔履约保函。法院认为,无须将任何文件予以实物交付以满足成为契据的条件。关键问题是当事人是否具有立即受约束的意图。签署文件且未附任何生效条件,表明银行签署时即同意受其约束。

JCT系列合同主要用于英国本土的私人项目,其提供的保函模板在签署形式

① [2012] NSWCA 253.

上严格遵循了英美法系的这些要求,保函文本包括“this deed of guarantee has been duly executed and delivered on the date below”“signed as a deed”等表述,此外,还要求由授权代表签署及见证人见证。

3. 保函签署人需具备有效授权

如果保函的签署未按照适用法律进行有效授权,也可能导致保函无效。与从属担保一样,受益人首先应关注的是,根据开立人登记注册地法律以及章程,开立人出具担保的有权决策主体和决策程序。这一点对于银行开具的保函来说可能并不是一个很大的风险,但是对于非金融机构开具的具有独立性的保函来说,可能是一个需要受益人关注的问题。比如,当前国际建设工程领域越来越多的业主要求外国承包商提供母公司担保,这些母公司担保从条款表述上具有独立性,这些业主作为受益人通常还要求承包商提供其母公司所在地法域的从业律师出具的法律意见书,其中很重要的一条意见就是证明母公司担保已经过法定程序有效签署。如果存在授权代理人签署的情形,还应关注授权委托本身的有效性。除关注授权的范围外,受益人应特别关注适用法律对于出具授权文本的形式要求,授权的有效性很大程度上取决于开立人注册地的法律规定。在很多实施英美法的司法管辖区,授权书(power of attorney)也需以契据形式签署。比如,英国 1971 年《授权委托法》(Powers of Attorney Act)第 1 条明确规定授权书必须由委托人以契据形式签署,即需要满足前述契据的形式要件。

在上述 Mehta v. J Pereira Fernandes SA 一案中,Mehta 先生为其担任董事的公司提供担保,以换取 J Pereira Fernandes SA 暂停对其公司提出的清盘呈请。为此,Mehta 先生指示其雇员向 J Pereira Fernandes SA 的律师发送了一份邮件载明了担保和分期付款意向。该邮件虽然在信头显示了 Mehta 先生以往与对方律师沟通所使用的电子邮件地址(Nelmehta@ aol. com),但是没有像以往一样由 Mehta 先生签署。区法院法官认定出现的邮件地址满足英国 1677 年《防止欺诈法》第 4 条的书面形式和签署要求。上诉法院法官认为,虽然邮件所记录的内容作为担保人的承诺符合书面形式的要求,但是信头中出现的邮件地址并不代表担保人或其合法授权人士签署了担保文件,不符合《防止欺诈法》第 4 条的签署这一要求。

Katara Hospitality v. Guez and Rose[①] 一案涉及股权买卖以及与卖方义务相关的担保契据。该担保契据由被告的代表依据授权书签署。但是，法院认为授权书不符合有效契据的形式要求，加之签署担保并不在授权书的授权范围内，因此担保无效。

在有些国家，保函由中介代表开立人向申请人开具。这种情况下，开立人往往提供公章、保函格式给中介，并且出具授权书给中介公司。但是开立人往往会保留授权书原件，提供给中介的仅仅是复印件，受益人可能会对这些授权的有效性有所质疑。在美国有相关案例表明，投标人提交的投标保函会因授权不符合要求而被废标。在美国陆军工程兵团某一项目招标中，招标人拒绝其中 3 名投标人的标书，理由是这些投标人的投标保函随附的授权书是传真文件，授权书上的传真签名不足以证明开立人受保函约束的意图。肯珀建筑公司（Kemper Construction Co.）作为最低价投标人，就招标人的上述决定向总审计署（General Accounting Office）提出异议。总审计署支持了招标人的决定，认为没有授权书原件，无法合理证明传真件是否经过任何有效更改。在另一个美国陆军工程兵团的项目中，招标人基于类似的理由拒绝了一家投标人的标书，且再次获得总审计署的支持。[②] 虽然行政程序的尺度与司法程序的尺度有所不同，但这些案例也反映了有效授权对担保文本的重要性。

鉴于此，无论是保函申请人还是受益人，都应该对签署保函的授权范围和有效性进行认真审查。对受益人来说，保函授权瑕疵可能导致保函无效，自身权益无法受到有效保护；对于申请人来说，如果保函无效可能造成基础合同项下的违约，也于己不利。必要时，对保函授权的审查也应参考相关法域的执业律师意见。

（二）主体要件

根据适用法律，开立保函的主体必须是法律上适格的主体，否则可能导致开立的保函不具有独立性。不同司法管辖区对保函开立主体资格的限定各不相同，这种不同在跨境保函交易中极有可能造成担保执行障碍。[③]

---

① [2018] EWHC 3063(Comm).

② 参见 Construction risk, *Bid Bonds on Federal Contracts – Just the Fax*。

③ 英美法系国家业主经常要求中国承包商国内母公司出具具有独立性的母公司担保，担保适用法律往往属于英美法且受当地法院专属管辖。判断中国母公司开具此类担保的主体资格所应适用的法律目前仍存在争议，在独立性认定和担保执行上仍存在不确定性，还有待法院实证案例来印证。

根据《独立保函司法解释》第1条的规定，在我国仅有银行或非银行金融机构可以作为保函开立人。而银行和非银行金融机构受国家金融监督管理总局监管，需要经其审批并取得相应金融牌照才能成立。虽然有观点认为"银行或非银行金融机构"仅仅是一种列举，法律并未明确禁止企业和个人作为保函担保人。但是，我国法院在司法实践中倾向于认定企业和个人开具的保函为保证，不具有独立性。①

在深圳市融乐通投资担保有限公司（以下简称融乐通公司）与深圳市旭生骏鹏建筑工程有限公司（以下简称骏鹏公司）保证合同纠纷案[（2017）粤03民终10556号]中，骏鹏公司（承包人）与深圳市国盛源药业有限公司（以下简称国盛源公司）（发包人）就深圳市国盛源综合楼项目签订建设工程施工合同，之后又签署补充协议约定了工程垫资方案。为保证垫资款之偿还，融乐通公司向骏鹏公司出具了一份《不可撤销支付保函》。关于该支付保函是否具有独立性，一审法院认为："融乐通公司单位既非银行性质，亦非非银行金融机构，故融乐通公司出具的《不可撤销支付保函》显然不属于保函，该《不可撤销支付保函》不产生独立担保的法律后果，仍属于从属性的担保责任。"

在中铁十八局集团有限公司（以下简称中铁十八局）与信德唯实投资担保有限责任公司（以下简称信德唯实公司）保证合同纠纷案[（2019）京01民终2754号]中，中铁十八局科威特公司就科威特停车场项目与当地总承包商签订《分包合同》，之后又与广州怡基机电钱器工程有限公司（以下简称怡基机电公司）就同一项目签署《钢结构分包合同》。怡基机电公司按照合同委托信德唯实公司向中铁十八局开具了《预付款保函》《履约保函》。从两份保函的文本来看，具有保函的一般特征。但是二审法院判决认为，"案涉《预付款保函》和《履约保函》的开立人信德唯实公司并非银行或非银行金融机构，不符合《保函规定》的适用条件。故中铁十八局主张案涉《预付款保函》和《履约保函》具有保函性质并要求信德唯实公司承担独立担保责任的诉讼主张缺乏法律依据。"

在兖矿铝业国际贸易有限公司、重庆市电煤储运集团华东有限公司买卖合同纠纷案[（2019）最高法民申5016号]中，最高人民法院认为，依据《独立保函司法解释》第1条之规定，保函的开立人应为银行或非银行金融机构，重庆市电煤储运

---

① 参见蒋琪主编：《中国独立保函法律实务精要与判例详解》，法律出版社2020年版，第70页。

集团华东有限公司不符合开具保函的主体要件，其出具的担保效力仍从属于主合同。

最高人民法院2019年11月8日发布并实施的《九民纪要》第54条规定了不适格主体开立的保函之独立性的认定规则："……银行或者非银行金融机构之外的当事人开立的独立保函，以及当事人有关排除担保从属性的约定，应当认定无效。但是，根据'无效法律行为的转换'原理，在否定其独立担保效力的同时，应当将其认定为从属性担保。此时，如果主合同有效，则担保合同有效，担保人与主债务人承担连带保证责任。主合同无效，则所谓的独立担保也随之无效，担保人无过错的，不承担责任；担保人有过错的，其承担民事责任的部分，不应超过债务人不能清偿部分的三分之一。"[1]

相反，在实施英美法的很多司法管辖区，保函的开立主体并无特别限制，金融机构之外的其他主体及个人提供的担保亦可能具有独立性。以英格兰及威尔士法院判例为例，在 Shanghai Shipyard v. Reignwood International Investment(Group) Company Ltd.[2]一案中，担保人援引"佩吉特推定"[3]，主张造船合约下为担保卖方尾款支付义务的母公司担保为从属担保，主要原因是担保人并非银行或其他金融机构。但是，上诉法院法官一致推翻了初审法院的判决，认定该母公司担保具备独立性。上诉法院认为，担保人的身份不应导致对担保性质有任何先入之见，认定母公司担保的性质更多依赖合同解释的一般原理以及担保的具体措辞。国际惯例和通行标准一般也不对开立主体资格作任何限制。《独立担保公约》第2条规定，银行或其他机构或个人均可作为独立担保或备用信用证下的担保人或开证人。URDG758 亦未对开立主体资格进行限制。

---

① 2021年1月1日起施行的《民法典》修改了原担保法体系下未约定保证方式或约定不明确的保证的默认推定规则，即从默认推定为连带责任保证改为一般责任保证(第686条第2款)，因此《九民纪要》第54条相关规定也应根据担保合同条款具体情形做相应调整。

② [2021] EWCA Civ 1147.

③ 系《佩吉特论银行法》(Paget' s Law of Banking)一书提出的一项推定，即"Where an instrument (i) relates to an underlying transaction between the parties in different jurisdictions, (ii) is issued by a bank, (iii) contains an undertaking to pay ' on demand' (with or without the words ' first' and/or ' written') and (iv) does not contain clauses excluding or limiting the defences available to a guarantor, it will almost always be construed as a demand guarantee"。参考译文：如果一项文书：①涉及不同司法管辖区当事人之间的基础交易，②由银行签发，③载有"见索即付"性质的付款承诺(无论有或没有"首先"和/或"书面"等字样)，且④不包含排除或限制担保人可获得的抗辩权的条款，则该文书几乎总是可被解释为见索即付型担保。

（三）生效条件

出于防范风险的目的，保函可以约定附条件或附期限生效。保函的独立性也体现在保函可约定独立于基础合同的生效时间或生效条件。我国法律及部分国际上通行的保函交易规则也明确区分了保函的开立与生效。《独立保函司法解释》第 4 条第 1 款、第 2 款规定："独立保函的开立时间为开立人发出独立保函的时间。独立保函一经开立即生效，但独立保函载明生效日期或事件的除外。"同样，国际商会 URDG758 第 4 条 a 款规定："保函脱离担保人的控制即为开立。"第 4 条 b 款规定："受益人可以自保函开立之时，或者自保函约定的开立之后的某一时间或事件发生之时提交索赔要求。"上述规定与我国《民法典》关于民事法律行为的附条件与附期限的有关原则基本一致。

1. 投标保函生效条件

投标保函所覆盖的期限一般为投标有效期，而投标有效期通常从投标截止日起算。投标截止日期之前，投标人一般可以自由撤回标书。招标文件所规定的投标截止日期及有效期都是固定的日期和期限。因此，投标保函一般是开立时生效或附期限生效，生效日期可设定为投标截止日期。投标保函附期限生效条款可采用："本投标保函自投标截止日期【填入投标截止日期】起生效。担保人将拒绝在此日期之前提交的索赔要求，而无须通知交单人。"（英文为"This Tender Guarantee shall come into force on [*insert the closing date for tenders*] being the closing date for tenders. Claim demands received prior to this date will be rejected by the guarantor, without notice to the presenter."）①

2. 预付款保函生效条件

预付款保函是实践中设定生效条件最多的保函类型。为避免受益人在未支付预付款的情况下索赔预付款保函，预付款保函通常将预付款已通过特定付款路径支付作为生效条件。这种生效条件的设置需满足以下条件：一是预付款的付款路径切实可行；二是担保人能够核实并确认预付款是否已按既定付款路径支付。但是，实践中由于保函生效条款的措辞不合理，或者开立后未按照保函约定付款

---

① See Stephen A. Jones, *Trade and Receivables Finance: A Practical Guide to Risk Evaluation and Structuring*, Palgrave Macmillan, 2018, p. 309.

路径支付预付款而导致的争议层出不穷。

在 Técnicas Reunidas Saudia v. Korea Development Bank① 一案中，分包商 Sungchang 向韩国开发银行（Korea Development Bank，KDB）申请开立了以 Técnicas Reunidas Saudia（TRS）为受益人的预付款保函。保函文本约定："本担保项下任何索赔或付款的前提是根据分包合同作为预付款的资金已经支付到分包商在汇丰银行的账号 042－117994－03 之中。"（英文原文为"It is a condition for any claim and payment under this guarantee to be made that the funds paid as advance payments subject to the terms of the subcontract must have been received by the sub－contractor on its account number 042－117994－03 held with HSBC."）TRS 事后向 Sungchang 设在沙特英国银行（Saudi British Bank，SBB）的账户支付了预付款，账户号与保函文本中提及的一致，但银行并非同一家银行。KDB 主张 TRS 的预付款实际未按照保函条款要求支付到汇丰银行（The Hongkong and Shanghai Bcmking Corporation Limited，HSBC）的账户，因此未满足保函设定的条件，其有权拒绝支付保函金额。法官注意到，HSBC 持有 SBB 40% 的股份，SBB 的 Logo 中也包含 HSBC 的 Logo 中的标志性元素。HSBC 在沙特还有一家参股的投资银行，但并不办理任何储蓄业务。此外，保函中所给出的银行账户就是 SBB 的账户，HSBC 的其他机构并无该账户。法官认为 SBB 与 HSBC 有关联，从合同解释上来说，支付到 HSBC 的分行或与其有关联的银行的账户中就足以满足保函约定的条件。保函文本中 HSBC 的表述更可能是对 SBB 的一种误称。本案所涉及的特定事实，最终并未对保函的有效性造成实质影响，但是也说明了准确描述保函生效条件的重要性。

在荷兰合作银行有限公司上海分行（以下简称荷银上海分行）与北京皕格林进出口有限公司（以下简称皕格林公司）、美利华股份有限公司（以下简称美利华公司）独立保函纠纷案［（2017）沪民终 222 号］中，皕格林公司（买方）与美利华公司（卖方）签订了《销售合同》。美利华公司根据合同要求向皕格林公司提供了预付款保函。保函载明："当荷银上海分行收到巴西圣保罗 Banco Rabobank International Brasil S. A. 的 SWIFT 报文，其中指明摩根大通银行纽约分行的账户中已收到 3,416,400 美元，并以 Banco Rabobank International Brasil S. A. 为收款银行，进一步记入美利华公司为贷方时，保函生效。"在后文中，其又规定保函于开立日生效，并保持有效

① ［2020］ EWHC 968.

至2015年5月31日。皕格林公司通过中国建设银行向美利华公司支付了预付货款3,416,400美元,汇至美利华公司开户银行Banco Itau BBA S. A.银行Nassau分行的代理行渣打银行纽约分行。此后,皕格林公司向荷银上海分行提交索赔请求,要求荷银上海分行将3,416,400美元支付给皕格林公司。荷银上海分行回函称,由于从巴西圣保罗Banco Rabobank International Brasil S. A.处获悉,其从未收到3,416,400美元款项供进一步记入至美利华公司贷项下,按照保函的条款和条件,保函的生效条件未得到满足,故驳回皕格林公司的索赔请求。一审法院认为,案涉保函为附条件生效。二审法院对此予以确认并强调,涉案保函作为国际贸易的组成环节,系当国际贸易合同落空时对卖方返还买方已支付预付款的担保,如将其识别为开立即生效,则将背离预付款支付流程及国际贸易实务的需要,亦将造成开立保函的目的落空。关于保函生效条件是否已成就的问题,二审法院还认为,涉案预付款的实际付款路径并非涉案保函项下的指定付款路径,且该实际付款路径未经保函修改程序确认,亦未被记载于涉案保函之上。涉案保函载明的生效条件未成就。

在预付款保函生效条件设置上,URDG758所附保函示范文本中关于保函生效条件的选择性条款列举的生效条件(以下简称URDG758保函生效示范条款)具有很高的参考价值:"①The crediting of [insert currency and exact amount to be received as advance payment] to the applicant's account [indicate account number] maintained with the guarantor, provided such remittance identifies the guarantee to which it relates;②The receipt by the guarantor of [insert currency and exact amount to be received as advance payment] for further credit to the applicant's account [indicate account number] maintained with the guarantor, provided such remittance identifies the guarantee to which it relates;③The presentation to the guarantor of a statement stating [the release of the tender guarantee] [the issue of a documentary credit fulfilling the following terms: indicate amount, issuing or confirming party and goods/services description] or [the entry into effect of the underlying contract]."①

---

① 参考译文:①将【填入将作为预付款收取的货币和确切金额】记入申请人在担保人处开立的账户【注明账号】中,前提是该汇款凭证指明了与之相关的担保;②担保人收到【填入将作为预付款收取的货币和确切金额】以便进一步记入申请人在担保人处开立的账户【注明账号】中,前提是该汇款凭证指明了与之相关的担保;③向担保人提交一份声明,说明【投标担保已解除】、【满足以下条件的跟单信用证已签发:注明金额、开证人或保兑人以及商品/服务说明】或【基础合同生效】。

URDG758 保函生效示范条款前两项由于约定的预付款收款账户开立于担保人处,担保人能够根据自身记录核实预付款是否已按约支付,并以此为据确认保函生效条件是否成就。此外,还要求付款凭证指明预付款所对应的担保,因此即使在存在多笔交易的情况下,也能避免当事人对已支付预付款是否为保函所对应基础交易项下的预付款产生争议。两者的差异是,第 1 项下预付款必须记入申请人账户保函才生效,而第 2 项下担保人收到预付款时保函即生效。相比之下,第 2 项进一步降低了受益人的风险,避免了预付款进入担保人控制后,因记入错误账户等非受益人原因而导致保函未能及时生效的风险。第 3 项则可用于其他类型保函的生效条件。当预付款为分期付款时,生效条件需表明是第一期预付款已经按照指定付款路径支付。

与此类似的条款还有:"This Advance Payment Guarantee shall become operative and in full force and effect, only upon receipt by the Guarantor of [insert currency and exact amount to be received as advance payment] representing the Advance Payment, for credit to the Applicant's account number [indicate account number] held with us quoting this Guarantee reference number."①

促使生效条件成就的主动权掌握在哪一方手中也是重要的考虑因素。有些预付款保函的生效条件表述为:"本保函将于我方收到申请人声称其收到预付款的声明时生效。"(英文为"This guarantee shall come into force from our receipt of the statement by the applicant stating that it receives the advance payment.")②这类生效条件的风险是,保函是否生效完全掌握在申请人手中,对受益人严重不利。当预付款收款账户并非在担保人处设立时,预付款保函的生效条件也可设定为担保人收到受益人提交的工程师支付证书和预付款的银行转账凭证,表明预付款已经按照约定汇出到指定账户。如可采用:"本保函自我们收到受益人提交的预付款证明书和汇款凭证副本,表明【填入预付款货币和确切金额】已经过签认并汇入了申请人在【填入收款账户开户行】处开立的账户【填入银行账户】后生效。"(英文为"This guarantee shall come into force upon our receipt of copies of the advance

---

① Stephen A. Jones, *Trade and Receivables Finance: A Practical Guide to Risk Evaluation and Structuring*, Palgrave Macmillan, 2018, p. 310. 参考译文:在担保人收到预付款【填入预付款的货币和确切数额】,以进一步记入申请人在担保人处开立的账户【填入账户号】,并标明本保函参考号时,本保函完全生效。

② 参见於君俊:《见索即付保函生效条件探究》,载微信公众号"i 国结"2016 年 5 月 6 日。

payment certificate and remittance from the beneficiary identifying that [insert currency and exact amount to be received as advance payment] has been certified and remitted to the applicant's account [indicate account name and number] maintained with the [indicate bank where the account is maintained]. ")除了将支付预付款作为预付款保函生效条件来规避风险外,也可以将支付预付款作为提交索赔的前置条件,比如可以参考世界银行《工程采购标准招标文件》2020 版所附预付款保函示范文本所设定的索赔条件:"A demand under this guarantee may be presented as from the presentation to the Guarantor of a certificate from the Beneficiary's bank stating that the advance payment referred to above has been credited to the Applicant on its account number [indicate account name and number] at [indicate bank where the account is maintained]. "①

在间接保函模式下,主保函一般约定的生效条件为:担保人收到反担保人书面通知或 SWIFT 电文,声明申请人指定账户已收到预付款。同时,反担保函约定反担保人的通知义务。可以参照以下条款②:

主保函:"本保函自我方收到 ABC 银行出具的经认证的 SWIFT 电文,说明申请人已在其 123 账户收到预付款之日起生效。"(英文为"This guarantee shall become effective upon our receipt of an authenticated swift message from ABC Bank stating that the applicant has received the advance payment on his account number 123. ")

反担保函:"我行,ABC 银行,承诺在申请人收到预付款后,立即通过经认证的 SWIFT 电文确认收到预付款。"(英文为"We, ABC Bank, undertake to intimate the receipt of advance payment by authenticated SWIFT once the advance payment is received by the Applicant. ")

在上述条款基础上,反担保函也应该设定生效条件,具体可参照前述保函生效示范条款。在反担保函生效后,由反担保人按照反担保函、主保函约定通知担保人,促成主保函生效。

---

① 参考译文:本保函下的索赔可自受益人银行向担保人提交一份声称上述预付款已经贷记申请人在[账户开户行]的账户[账户名称和账号]的声明后提交。

② 参见王茜:《保函审查的技巧与要点》,载《中国外汇》2019 年第 5 期。

3. 履约保函生效条件

实践中，履约保函一般较少设定生效条件。如需设定生效条件并进一步控制风险，可考虑以下几个方面（或其组合）：

（1）因为投标保函需与履约保函衔接，可将投标保函的终止作为履约保函的生效条件，避免受益人同时持有两份保函；

（2）因为履约保函担保的是项目的实施，可将开工约定为履约保函的生效条件；

（3）因为项目实施需具备一定的实施条件，也可将支付预付款、提供场地等作为履约保函的生效条件；

（4）如果基础合同附生效条件，可以将基础合同生效作为履约保函的生效条件。

履约保函生效条款可参照前述 URDG758 保函生效示范条款第 3 条。假设基础合同采用 FIDIC 黄皮书 2017 版，履约保函生效条款可采用"This Guarantee shall become effective upon our receipt of [a copy of Commencement Notice issued by the Engineer under Sub – clause 8. 1 of the Contract]"①。也可参照"This Guarantee shall be effective from the commencement date fixed by the employer's order of project commencement and confirmed by the contractor in writing …"②该条款能够较好平衡双方的风险和利益诉求。但是，这种需要两方共同出具文件促使生效的方式可能因为一方不配合而导致僵局，受益人并不一定会同意采用。

除此之外，履约保函设定生效条件的原则与预付款保函类似。担保人要能够及时有效地判断生效条件是否已成就。在间接保函模式下，也应遵循反担保函生效在前，主保函生效在后的大原则。反担保函中需设定生效的实体条件，主保函则应以反担保人通知担保人反担保函已经生效作为生效条件，反担保函生效后，由反担保人通过书面信函或 SWIFT 电文通知担保人，促成保函生效。

4. 保留金保函生效条件

保留金保函的主要作用是替换并提前释放业主扣留的保留金。实践中保留

---

① 参考译文：本保函在我们收到【工程师根据合同第 8.1 款发出的开工通知书的认证副本】后生效。

② 吴炜春：《对外承包工程保函风险防范及保函条款审核要点（二）》，载微信公众号"建纬律师"2019 年 7 月 10 日。参考译文：本保函自业主项目开工指令确定并经承包商书面确认的日期起生效。

金保函也较少设定生效条件。如需设定并进一步控制风险，可以考虑将业主释放相应部分保留金作为生效条件。保留金保函的生效条款可以参照预付款保函生效条件来起草。假设基础合同采用了 FIDIC 黄皮书 2017 版《专用条款编写指南》推荐的选择性条款，则保留金保函的生效条款可采用“This guarantee shall come into force upon our receipt of copies of the Interim Payment Certificate and Remittance from the beneficiary identifying that [insert currency and exact amount of retention money to be released] as the 50% of the retention money has been certified and released to the Contractor under Sub – clause 14.9 of the Contract”①。

5. 支付保函生效条件

由于支付保函本质上属于业主方提供的履约保函，其生效条件基本可以参照履约保函设定。

（四）有效期及展期

保函文本应约定确定的有效期，确保不出现敞口。部分保函约定了失效事件发生时保函失效，但由于失效事件发生的具体时间是无法提前确定的，保函有效期也不确定，甚至有些保函还约定了自动展期条款。URDG758 第 25 条 c 款规定，如果保函或反担保函没有规定失效日或失效事件，则保函应自开立之日起 3 年之后终止，反担保函应自保函终止后 30 个日历日之后终止。《独立担保公约》对保函的规定则是 6 年。有效期敞口增加了申请人和担保人的风险，担保人会更为谨慎，有时会要求申请人提供全额保证金担保，进而增加了申请人的保函成本。有效控制保函有效期敞口的风险就必须约定一个固定到期日。② 同时，为了避免保函到期但保函所担保的基础交易下的义务并未完成，还要在基础合同中约定展期机制，从而达到申请人、担保人和受益人之间的风险平衡。

1. 有效期

（1）投标保函有效期

投标保函有效期主要覆盖投标有效期，投标有效期属于在招标文件中事先确

---

① 参考译文：在我方从受益人处收到期中付款证书和汇款凭证副本，表明 50% 的保留金【填入需释放的保留金的货币和确切金额】已经按照合同第 14.9 款签认并释放给承包商后，本保函生效。

② 由于不同国家和地区对日期的数字表示格式有不同的解读，建议保函文本中的日期最好采用文字表述。

定的期限，一般自投标截止日期后第 1 天起算，因此保函到期日基本可以事先确定。比如，FIDIC 黄皮书 2017 版所附投标保函示范文本约定："The authenticated demand and statement must be received by us ... on or before [insert the date 35 days after the expiry of the validity of the Letter of Tender], when this guarantee shall expire."①该条款简单明了，是投标保函有效期条款最常见的表述。

相比之下，世界银行《工程采购标准招标文件》2020 版所附投标保函示范文本则约定："This guarantee will expire: (a) if the Applicant is the successful bidder, upon our receipt of copies of the contract agreement signed by the Applicant and the performance security and, if required, the Environmental and Social (ES) Performance Security, issued to the Beneficiary in relation to such contract agreement; or (b) if the Applicant is not the successful bidder, upon the earlier of (i) our receipt of a copy of the Beneficiary's notification to the Applicant of the results of the bidding process; or (ii) twenty-eight days after the expiry date of the Bid Validity."②但是，该有效期的约定存在敞口的风险。对中标人来说，仅约定了失效事件，并未约定固定的到期日。对未中标投标人来说，虽然大写的"Bid Validity"（投标有效期）表示招标文件所定义的一个具体期限，"twenty-eight days after the expiry date of the Bid Validity"（投标有效期到期后第 28 天）也可以说是一个确定的日期，但是担保人并不一定掌握招标文件的具体内容，因此仍然存在关于保函有效期的潜在争议和敞口风险。此外，根据世界银行《工程采购标准招标文件》2020 版第 19.5 条和第 19.6 条，中标人和未中标投标人的投标保函都应当在中标人签署合同并提交履约担保、环境与社会履约担保（如有）前保持有效。因此投标保函并无必要区分两者的保函失效事件，可以合二为一。综上，上述投标保函的有效期条款可修改为："This guarantee will expire upon the earlier of: (a) our receipt of copies of the contract agreement signed by the Applicant and the performance security and, if required, the Environmental and Social (ES) Performance Security, issued to the Beneficiary in

---

① 参考译文：经认证的索赔请求和声明必须在【填入投标函有效期届满后第 35 天的日期】或之前送达给我方……此后本保函将失效。

② 参考译文：本保函将在以下情况下失效：(a) 如果申请人是中标人，在我方收到申请人签署的合同协议书副本，以及就该合同协议书而签发给受益人的履约担保以及环境与社会履约担保（如需）副本之时；(b) 如果申请人是未中标投标人，在以下较早之时：(i) 我方收到受益人发给申请人招标程序结果的通知副本；或 (ii) 投标有效期到期后第 28 天。

relation to such contract agreement;or(b)[insert the date of twenty – eight days after the expiry date of the Bid Validity]."①

(2)预付款保函有效期

预付款保函应在预付款全部扣回之前保持有效。尽管基础合同都会约定预付款的具体扣回方式,但是很难事先确定预付款全部扣回的具体日期,因此仍需要约定一个固定到期日。比如FIDIC黄皮书2017版所附预付款保函示范文本约定:"The authenticated demand and statement must be received by us ... on or before [insert the date 70 days after the expected expiry of the Time for Completion](the 'Expiry Date'), when this guarantee shall expire."②

世界银行《工程采购标准招标文件》2020版所附预付款保函示范文本有效期条款约定:"This guarantee shall expire, at the latest, upon our receipt of a copy of the interim payment certificate indicating that ninety(90) percent of the Accepted Contract Amount, less provisional sums, has been certified for payment, or on the [Insert the expected expiration date of the Time for Completion], whichever is earlier."③其中,"不含暂定金额的中标合同额的90%"是世界银行招标文件所附专用合同条件约定的预付款最终扣回时点。此类条款的好处在于锁定固定到期日的同时,确保预付款全部扣回时第一时间解除保函。

与此类似,《JCT标准建筑合同示范文本》2016版所附预付款保函对有效期的约定为:"The obligation of the Surety under this Bond shall cease upon which ever is the earliest of:(a) the date on which the Advance Payment is reduced to nil as certified in writing to the Surety by the Employer;(b) the date on which the Advance Payment or and balance thereof is repaid to the Employer by the Contractor(as certified in writing to the Surety by the Employer) or by the Surety; and(c)[longstop date to

① 参考译文:本保函将在以下情况下失效,以较早者为准:(a)在我方收到申请人签署的合同协议书副本,以及就该合同协议书而签发给受益人的履约担保以及环境与社会履约担保(如需)副本之时;(b)【填入投标有效期到期后第28天的日期】。

② 参考译文:经认证的索赔请求和声明必须在【填入预期工期届满后第70天的日期】("失效日")或之前送达给我方……此后本保函将失效。

③ 参考译文:本保函最迟在以下情况下失效(以较早者为准):我方收到临时付款证书副本,表明不含暂定金额的中标合同额的90%已签认可支付,或【填入预期工期到期日】。

be given]…"①其中,第(c)项确切的截止日期可以参照合同竣工日期确定。

(3)履约保函有效期

实践中,基础合同下履约保函有效期的要求有所不同,但较为常见的是覆盖从开工到缺陷通知期结束(根据不同适用法律和合同,可能表述为签发履约证书或完成最终验收)的整个履约期。比如FIDIC黄皮书2017版所附履约保函示范文本约定:"The authenticated demand and statement must be received by us … on or before [insert the date 70 days after the expected expiry of the Defects Notification Period for the Works] (the 'Expiry Date'), when this guarantee shall expire."②世界银行《工程采购标准招标文件》2020版所附履约保函示范文本约定:"This guarantee shall expire, no later than the [Insert the date twenty – eight days after the expected completion date as described in GC Clause 11.9], and any demand for payment under it must be received by us at the office indicated above on or before that date."③

由于履约保函所担保的期限一般截止于竣工日期或缺陷通知期结束,这些日期在实施过程中大概率会因为各种原因延长,但一般不允许缩短,履约保函失效事件一般不会提前发生是其与预付款保函的不同之处。在基础合同允许提前竣工移交的情况下,也可参照前述预付款保函有效期条款,约定收到竣工证书副本作为失效事件,同时也确定一个具体的到期日,约定以较早者为准。

(4)保留金保函有效期

保留金保函应在缺陷责任期结束前保持有效。保留金保函与履约保函的有效期条款较为类似,直接约定固定到期日,一般无须约定失效事间。FIDIC黄皮书2017版及世界银行《工程采购标准招标文件》2020版所附保留金保函示范文本有效期条款即是如此,表述与相应履约保函基本一致。

如果要约定保留金保函的失效事件,可以参照《JCT标准建筑合同示范文本》

① 参考译文:该保函下的担保人义务应在以下最早的日期终止:(a)由业主书面向担保人证明预付款减至0的日期;(b)预付款或其余额已由承包商(由业主以书面形式向担保人证明)或担保人偿还给业主的日期;和(c)【待定的终止日期】……

② 参考译文:我们必须在【填入工程缺陷通知期期满后70天的日期】("到期日")或之前收到经过验证的索赔请求和声明……届时本保函将到期。

③ 参考译文:本保函的有效期不晚于【合同通用条款第11.9款所述预期竣工日期后28天】,并且根据本保函的任何索赔要求必须于该日期或之前在前述地址送达给我方。

2016 版所附保留金保函示范文本,其第 6 条约定:"The Surety, in the absence of a prior written demand made, shall be released from its liability under this Bond upon the earliest occurrence of either: (a) the date of issue under the Contract of the Certificate of Making Good as confirmed by the Employer to the Surety; or (b) satisfaction of a demand(s) up to the maximum aggregate under the Bond; or (c) [inset calendar date]."①第 7 条则进一步明确上述时间后保函终止,不再具有约束力。

(5)支付保函有效期

支付保函应在业主履行全部支付义务前保持有效。在正常的工程承包合同付款安排下,一般以最终支付证书下工程款的支付为失效事件,约定的到期日可以为最终支付证书下的最终付款日之后一定时间。在工程款延付模式下,应当以业主完全履行延付工程款支付义务为失效事件,约定的到期日可以是基础合同下约定的最终还款日。比如,南非 JBCC② 提供的支付保函示范文本 2020 版约定:"This Guarantee for Payment ... shall expire upon payment of the Final Payment Certificate in terms of the Agreement or on payment in full of the Guaranteed Sum or on the Guarantee Expiry Date, whichever is the earlier, whereafter no claims will be considered by the Guarantor."③

2. 保函展期

基础合同中一般会约定申请人的展期义务,并赋予未按时展期时受益人索赔权,这样就能有效保护受益人权利,因而无须在保函中约定展期机制,更要避免无条件自动展期条款。如果需要展期的话,受益人可以要求申请人指示担保人修改保函有效期进行展期。在基础合同项下已经约定展期机制的情况下,可以考虑在保函中加入配套条款,明确受益人要求展期的权利以及未展期情况下的索赔权,如 FIDIC 黄皮书 2017 版所附保留金保函示范文本约定:"We have been informed that the Beneficiary may require the Applicant to extend this guarantee if the Performance Certificate under the Contract has not been issued by the date 28 days prior to

---

① 在此前没有书面索赔的情况下,担保人应在以下任一情况最早发生时解除其在本保函下的责任:(a)由业主向担保人确认的缺陷修复证书签发日期;(b)已偿付的索赔请求累计达到本保函最大额度;或(c)【填入一个日历日】。

② Joint Building Contracts Comittee,中文名称为联合建筑合同委员会。

③ 参考译文:本支付保函在以下情况下失效,以较早者为准:协议下最终付款证书中的款项支付之日;担保金额已全额支付之日;或本保函约定的失效日。

such Expiry Date. We undertake to pay you the Guaranteed Amount upon receipt by us, within such period of 28 days, of your demand in writing and your written statement that the Performance Certificate has not been issued, for reasons attributable to the Applicant, and that this guarantee has not been extended."①

投标有效期延期的主要原因通常为业主的评标流程还未完成,是否延期需征得投标人同意。一般来说,投标人同意延长投标有效期的,投标保函应当相应展期,投标人不同意延长投标有效期的,则其投标无效,招标人不得索赔投标保函。由于投标人掌握是否延期的自由裁量权,投标保函可不约定展期条款。

受益人可能要求预付款保函、履约保函、保留金保函、支付保函约定展期条款。这种情况下可以考虑给予一次性固定期限的自动展期。比如,世界银行《工程采购标准招标文件》2020 版所附预付款保函示范文本建议受益人加入的展期条款为:"The Guarantor agrees to a one – time extension of this guarantee for a period not to exceed [six months] [one year], in response to the Beneficiary's written request for such extension, such request to be presented to the Guarantor before the expiry of the guarantee."②因为该展期条款限定为一次 6 个月或 1 年期的展期,原则上不属于敞口保函。或者再退一步,在自动展期的前提下,给予担保人随时终止展期的权利,比如约定:"This guarantee will be automatically extended for an additional period of one year unless at least 30 calendar days before its initial or extended expiry date, we the Guarantor, notify you that we intend not to extend it for another year. It is understood that this notice of non – renewal will be transmitted to you either by authenticated message through [name of notifying bank] or by registered mail and that it will be deemed to be notified at the date of receipt by you of the said notice."③

---

① 参考译文:我方已知悉,如果截至失效日前 28 天合同项下的履约证书仍未签发,受益人可能要求申请人延长本保函。在上述 28 天期间内收到你方书面索赔请求和书面声明,说明履约证书由于申请人原因仍未签发,且本保函仍未展期的情况下,我方承诺支付担保金额。

② 担保人同意应受益人的书面要求,将本保函一次性延长不超过【6 个月】【1 年】,该请求应在保函到期之前提交给担保人。

③ Stephen A. Jones, *Trade and Receivables Finance: A Practical Guide to Risk Evaluation and Structuring*, Palgrave Macmillan, 2018, p. 316. 参考译文:本保函将自动延长 1 年,除非担保人在初始或延长届满日之前不少于 30 日历日,通知你方将不再将其延长 1 年。各方知悉,该不延期通知将通过【通知行名称】以认证信息或以挂号信方式送达你方,且该通知在你方收到之时视为已经送达。

3. 保函的终止与返还

在保函到期后保函原件一般应返还给申请人或担保人，但是电开保函通常不要求返还原件。除保函文本本身约定的有效期及失效条件外，在约定适用交易规则的情况下，交易规则可能对保函的终止与返还有默认规定。比如，URDG758 第25 条 c 款约定，无论保函是否被退还担保人，在以下情况下保函都将被终止：保函到期时；保函项下可支付金额已经用尽时；受益人签署的保函项下责任解除指令提交给担保人时。

4. 间接保函的有效期和展期

间接保函模式下反担保函的有效期应长于主保函有效期。到期解除路径应该是主保函解除在先，反担保函解除在后。反担保函的失效事件往往设定为反担保人收到担保人关于解除反担保函责任的书面通知。比如约定："our counter guarantee remains valid until our receipt of your authenticated swift message confirming we are released from our liability under this counter guarantee."（我方反担保函在收到贵方确认我方免除本反担保函项下责任的、经验证的 SWIFT 报文前保持有效）。但由于收到 SWIFT 报文的具体时间并不确定，该条款仍然存在被认定为敞口的风险。[①] 为此，可以增加一个与主保函到期日相同或略晚的固定到期日，与前述 SWIFT 报文两者取较早者。

相反，间接保函模式下展期的路径应该是反担保函在先，主保函在后。当基础合同约定的展期条件发生时，申请人应请求反担保人通过修改程序延长反担保函有效期，之后反担保人再要求担保人进行主保函的展期。

二、独立性

独立性是独立保函区别于从属担保的最核心的特征。确保保函的独立性，首先要确保保函文本对基础交易的适当引述，其次要注重担保人付款承诺条款的起草，准确表达担保人承担相符交单下独立付款义务的承诺，最后可以增加一些体现保函独立性的辅助性条款，进一步增强保函独立性的认定因素。

（一）基础交易引述条款

保函很难避免引述基础交易以及基础交易下的义务。如果在未明确界定基

① 参见王茜：《保函审查的技巧与要点》，载《中国外汇》2019 年第 5 期。

础交易的情况下就作出无条件付款承诺，那么在受益人进行欺诈性索赔时，申请人就会面临更大的风险，尤其是在担保人为同一申请人开具了多份保函的情况下，某一个基础交易下触发索赔条件，受益人可能索赔其他根本未发生违约的基础交易下的保函。但是，过分地引述基础交易下的义务，或者引述时措辞不准确，又会影响到保函的独立性。比如，为了确保保函文本与基础合同中对同一词汇定义的一致性，保函文本经常约定定义术语的含义与基础合同保持一致。这种约定是不可取的，可能减损保函的独立性，比较好的做法是在保函文本中单独定义，保持术语含义的一致性即可。①

保函文本中对基础交易的准确引述，既要确保建立保函与其所担保的基础交易之间的对应关系，同时也要确保不会因为措辞不当而导致保函独立性受到影响。对基础交易的引述应仅限于对基础交易事实背景的客观描述，将保函项下担保人的付款义务建立在基础交易违约的前提之下，或者约定基础交易完全履行时保函失效，都会影响到保函独立性的认定。② 特别是在担保人付款承诺条款中，应尽量避免对基础交易的引述。保函中对基础交易的引述通常作为单独的一个条款，多采用“We have been informed that ...”（我们已知悉……）、“We understand that ...”（我们理解……）、“Whereas ...”（鉴于……）等表达方式引出，并明确基础合同编号、名称、主体、项目名称等背景信息。

投标保函仅需要描述申请人计划参与投标的事实，说明招标项目、招标文件编号，以及招标文件要求申请人提交投标保函的要求。预付款保函、履约保函、保留金保函、支付保函等需要描述申请人与受益人签署基础合同的事实，指明基础合同编号和合同所涉工程，以及基础合同项下要求申请人提交相应保函的要求。预付款保函还应描述基础合同项下受益人需支付预付款的有关情况，保留金保函应对基础合同下扣留保留金、保留金释放的有关要求作简要描述。承包商垫资情况下，要求业主提供的支付保函应对承包商垫资的有关事实进行描述。

虽然 URDG758 第 5 条 a 款明确“即使在保函中为了识别而对基础关系有所援引，也不改变保函的独立性质。保函项下担保人的支付承诺不受因为担保人和

---

① See International Chamber of Commerce, *International Standard Demand Guarantee Practice for URDG* 758, 2021, p. 17.

② See International Chamber of Commerce, *International Standard Demand Guarantee Practice for URDG* 758, 2021, p. 18.

受益人关系之外的任何关系而产生的请求或者抗辩的影响”，但其前提是保函约定适用 URDG758，且付款承诺条款足够清楚地表达了担保人凭相符交单承担独立付款义务的承诺。为了进一步明确保函引述基础交易的目的，可以在保函中加入“Any reference in this Guarantee to underlying relationship is made for the purpose of convenience and shall not be construed as any intention whatsoever to create an accessory obligation or any intention to create a suretyship”①。

（二）付款承诺条款

区分一份保函的性质是独立保函还是从属保证，关键在于考察保函文本是否为开立人设定了相符交单情形下的独立付款义务。为确保保函具有独立性，起草好付款承诺条款是重中之重。付款承诺条款首先要与基础交易引述条款相对独立，不能引述与基础交易履约有关的信息，其次要确保受益人提交索赔请求的所有前提条件都有相应的单据要求。实践中保函文本经常出现表述不清、前后矛盾的情况，进而导致对保函独立性产生争议。

1. 避免引述基础交易履约有关要求

保函独立性发生争议常见的情形是付款承诺附加了与基础交易有关的条件，比如采用了“如果申请人未能履行/违反了××合同中的义务，我方将在收到你方第一次书面索赔通知后×日内无条件支付×款项”等与基础合同建立联系的表述。我国司法实践中，法院对此类表述是属于对基础交易事实的描述，还是对付款承诺附加了基础合同项下违约的前提条件存在不同判决结论。

在大连高金投资有限公司与中国工商银行股份有限公司大连星海支行（以下简称工行星海支行）企业借贷纠纷、金融借款合同纠纷案［（2017）最高法民终 647 号］中，关于工行星海支行开立的《银行保函》的独立性，二审法院认为，两份《银行保函》均载明“如德享公司出现违约事项，工行星海支行在收到高金公司索赔通知后的 7 个法定工作日内无条件支付款项”。可见，工行星海支行承担责任以德享公司违约为条件，不符合“见索即付”的法律特征。结合其他事实，二审法院最终认定案涉保函不是独立保函。最高人民法院在再审程序中支持了二审的判决

① 参考译文：本保函中对基础交易关系的任何引述都是为了达到方便之目的，且不应该解释为任何创设附属义务或保证关系的意图。

结论。

在长江岩土工程总公司与中国建设银行股份有限公司温岭支行独立保函纠纷案[(2019)最高法民终302号]中,案涉预付款保函和履约保函的文本表述为"在本保函的有效期内,如保函申请人未能履行上述承包合同书及其附件中规定的义务,包括双方就合同条款达成的变更、修改和补充义务,我行在收到你方提交的书面宣布申请人违反合同规定的正式通知及由你方法定代表人(负责人)或授权代理人签字并加盖公章,列明索赔金额的索赔通知后五个工作日内,支付相应的保证金",案涉保函还载明"本保函的款项构成本银行无条件的、不可撤销的直接保障责任"。法院认为,虽然保函的文本并未载明适用国际商会《见索即付保函统一规则》等独立保函交易示范规则,但根据涉案保函文本内容,以及载明的"无条件的、不可撤销"字样,可以认为开立人的付款义务独立于基础交易关系及保函申请法律关系,故应当认定本案保函属于独立保函。

在中国机械设备工程股份有限公司与中国建设银行股份有限公司杭州宝石支行(以下简称建行宝石支行)合同纠纷案[(2013)浙商外终字第89号]中,涉案保函约定的付款条件为:"在本保函有效期内,只要申请人未履行合同及其附件中规定的义务……无论申请人是否提出异议,只要本银行收到你方关于申请人违约的书面通知,本银行应放弃一切抗辩并立即按你方提出的要求将不超过上述金额的款项支付给你方。"一审法院认为"申请人未履行合同及其附件中规定的义务"不属于保函中约定的建行宝石支行承担保证责任的条件,并认定案涉保函属于独立保函。二审法院支持了一审法院的观点。

在国外司法实践中,尤其是实施英美法的司法管辖区,对上述类似表述更倾向于认定为不影响保函的独立性。在 Wuhan Guoyu Logistics Group Co Ltd. & Anor v. Emporiki Bank of Greece SA①案中,一项造船合约买方就第二期付款申请希腊商业银行(Emporiki Bank of Greece SA)向卖方武汉国裕(Wuhan Guoyu Logistics Group Co Ltd. & Anor)等开立支付担保,担保银行承诺在收到卖方第一次书面请求,声明买方未能按时支付第二期预付款时支付保函项下款项及利息,但在上述付款承诺前还存在"In the event that the BUYER fails to punctually pay the second Instalment guaranteed hereunder or the BUYER fails to pay any interest thereon,

① [2012] EWCA Civ 1629.

and any such default continues for a period of twenty(20) days..."[①]的表述。此后买卖双方发生争议,卖方申请简易判决执行保函。但是,希腊商业银行认为上述支付担保并非独立保函,其付款责任取决于买方是否应当支付第二期付款。原审法院认定保函为从属担保。上诉法院参考了 *Paget's Law of Banking* 一书中的认定标准[②]以及其他权威判例,认为该保函为见索即付保函。虽然法官的结论还考虑了保函中其他条款因素,但付款承诺所附加的前述表述,似乎未对保函独立性造成实质影响。

同样,在 Bitumen Invest AS v. Richmond Mercantile Ltd FZC[③] 案中,法院似乎持类似观点。案涉光船租赁合同项下被告向船东开立的担保承租人义务的保函中约定:"The Guarantor expressly undertakes to make payment on demand of any amount certified by Owners by written notice to be due to the Owners as a consequence of the Charterers not having fulfilled their obligations under the Charter, within five(5) Business Days after receipt of written notice for payment from the Owners."[④]虽然保函中还有"pay to the Owners on demand all monies as may fall due from the Charterers to the Owners"和"as a consequence of the Charterers not having fulfilled their obligations under the Charter"等表述,[⑤]法院认为上述保函中见索即付的核心特征,即付款责任由受益人提交索赔请求而触发,是非常清楚的,没有可争辩的余地。

可见,我国法院对上述付款承诺条款引述基础交易有关内容,附加相符交单之外的"条件"是否影响保函独立性持不同观点。英国法院对此普遍持较为宽松的态度。由于司法实践中存在的不确定性,在起草独立保函付款承诺条款时,仍

---

① 参考译文:如果买方未能按时支付本协议担保的第2笔分期付款,或者买方未支付任何利息,且任何此类违约行为持续20天以上……

② 该标准原文为:Where an instrument(i) relates to an underlying transaction between the parties in different jurisdictions, (ii) is issued by a bank, (iii) contains an undertaking to pay "on demand" (with or without the words "first" and/or "written") and (iv) does not contain clauses excluding or limiting the defences available to a guarantor, it will almost always be construed as a demand guarantee.

③ [2016] EWHC 2957(Comm).

④ 参考译文:担保人明确承诺,在收到船东的书面付款通知后的5个工作日内,见索即付地支付船东在书面通知中证明的,因承租人未能履行租船合同下义务而需向船东支付的任何款项。

⑤ 参考译文:"应要求向船东支付所有可能由租船人欠船东的款项"和"由于承租人没有履行租船合同约定的义务"。

应避免引述基础交易内容，更应避免为付款承诺附加基础合同项下存在违约的前提条件。

2. 避免出现相互矛盾的表述

对保函独立性产生影响的另一种常见情形是保函文本的约定前后矛盾，比如在约定独立付款义务的同时，又约定担保人承担责任为连带责任保证。在前述大连高金投资有限公司与中国工商银行股份有限公司大连星海支行企业借贷纠纷、金融借款合同纠纷案中，案涉保函还载明“以上担保责任方式为连带责任担保”的表述。二审法院在改判时认定，案涉《银行保函》不具有独立保函的法律特征。本案在再审程序[（2018）最高法民申 5040 号]中，最高人民法院对二审判决再次确认，认定案涉《银行保函》不具有“见索即付”法律特征，不属于独立保函。但是，在上海北海船务股份有限公司（以下简称北海公司）与中国光大银行股份有限公司南京分行（以下简称光大银行）、江苏熔盛重工有限公司（以下简称熔盛公司）海事担保合同纠纷案[（2014）武海法商字第 00823 号]中，案涉《预付款保函》中载有“我行承担连带保证责任，将向贵公司支付上述规定的进度款”的表述。法院认为，《预付款保函》第 1 条所称光大银行在熔盛公司应当退还北海公司支付的进度款时，光大银行将承担“连带保证责任”这一措辞，与该保函第 2 条所设立的北海公司交单、光大银行审单后付款义务相矛盾，但该保函系光大银行所开立，其作为专业金融机构，理应清晰地表明保函的性质，否则因保函条款理解而产生争议时，应作有利于受益人，即北海公司的解释。同样，在中国机械设备工程股份有限公司（以下简称机械设备工程公司）与中国建设银行股份有限公司杭州宝石支行合同纠纷案中，案涉保函在约定其为见索即付独立保函的同时，又约定担保人承担连带责任，两者相互矛盾。法院认为，因涉案保函是机械设备工程公司提供的格式化模板，案涉保函完全符合独立担保的性质和特征，属于独立保函，关于“连带责任”的表述不影响涉案保函为见索即付的独立保函的属性。

可见，当保函中存在关于独立性的矛盾性表述时，我国法院在司法实践中所采取的解释路径也并不一致，得出的结论也不一样。这种矛盾性表述无论在国内还是国外，都可能导致关于独立性的认定障碍，在实践中应当避免。

3. 付款承诺的正确表述形式

《独立保函司法解释》第 3 条明确了判定保函独立性的三种情形，分别是“保函载明见索即付”“保函载明适用国际商会《见索即付保函统一规则》等独立保函交易示范规则”“根据保函文本内容，开立人的付款义务独立于基础交易关系及保函申请法律关系，其仅承担相符交单的付款责任”。保函只要符合其中任何一条，加上“载明据以付款的单据”和“最高金额”，便属于独立保函。我国司法实践中，保函中明确载明保证人的保证责任无条件、见索即付时，法院一般也会考虑这些因素，认定该保函为独立保函。但是，在英美法系，法院一般倾向于认为 unconditionally（无条件）、irrevocably（不可撤销）、upon demand（见索即付）、primary obligor（第一性债务人）等词语属于中性词，在见索即付保函或从属担保中都比较常见。[①] 因此，在保函中仅仅载明上述措辞是不够的。付款承诺条款的起草仍需要确切表明担保人在受益人相符交单时的独立付款义务，同时避免给付款承诺附加其他任何“条件”或出现前后矛盾的表述。

以世界银行《工程采购标准招标文件》2020 版所附保函示范文本为例，标准的独立付款请求条款可以表述为“At the request of the Applicant, we as Guarantor, hereby irrevocably undertake to pay the Beneficiary any sum or sums not exceeding in total an amount of [insert the maximum guaranteed amount and currencies], upon receipt by us of the Beneficiary's complying demand supported by the Beneficiary's statement, whether in the demand itself or in a separate signed document accompanying or identifying the demand, stating that [insert the matters need to be stated in the statement], without the Beneficiary needing to prove or to show grounds for your demand or the sum specified therein”[②]。实践中受益人声明并非必须，很多受益人都不太愿意附加太多的索赔条件。在约定适用 URDG758 的独立保函中，很多受益人都会要求明确约定排除第 15 条中关于支持声明的要求。

受益人声明中需要声明的事项需根据保函的具体类型来确定，事实上就是将本章第一节所述基础合同中约定的索赔条件载明于受益人声明，既符合了保函单据性要求，又在一定程度上给受益人索赔要求增加形式要件，使其在提出索赔时更加谨慎。比如，投标保函需声明申请人在投标有效期届满前撤销标书，或在中

---

① Autoridad Del Canal De Panamá v. Sacyr, S. A. & Ors [2017] EWHC 2228(Comm).

② 参考译文：应申请人的要求，作为担保人，我方在此不可撤销地承诺，在我方收到受益人提交的相符索赔要求后向受益人支付总计不超过【填入最大担保额度及货币】的任何款项，该索赔要求需由受益人声明所支持，无论是在索赔要求本身还是单独签署的文件中附随或指明该索赔要求，并声明【填入需要声明的事项】。受益人无须证明索赔要求或其中载明的金额的理由。

标后未按要求签署合同、提交履约保函等。预付款保函需声明申请人将预付款用于工程动员之外的目的,或者未能按照基础合同约定返还预付款,以及未返还的金额。履约保函需要声明申请人在哪些方面存在违约。保留金保函需声明申请人未能按合同约定修复的缺陷项。支付保函应声明申请人未能按约定支付的工程款期数、数额等。

当然,除上述索赔要求和受益人声明外,可以要求受益人在提出索赔时提交支持性文件,在保函中可加入"Any demand for payment must be accompanied by a copy of [insert list of documents evidencing entitlement to payment]"①,这些附加的支持性文件也仅仅是在形式上证明受益人的索赔权,需符合单据性的要求。此外,上述付款承诺条款也可增加担保人付款的时间要求。

(三)其他辅助性条款

除了正确引述基础交易并起草完善的独立付款承诺条款外,可以考虑增加一些辅助性的条款,以进一步加强对独立性的认定。比如,可加入"Guarantor's obligation under this Guarantee is restricted to the payment of money"②,以明确担保人承担的是第一性的付款义务;可加入"Such demand and statement shall be accepted as conclusive evidence that the amount claimed is due to you under this Guarantee"③,以明确受益人除提交相符单据外,无须额外证明基础交易下的履约情况;可加入"Any payments under this Guarantee shall be made in full, free and clear of any deductions, withholdings, set-offs or counterclaims of any nature whatsoever"④,以进一步限制担保人提出基础合同项下的抗辩理由,乃至担保人与申请人之间的其他债务抵销等主张;也可加入从属性保证中经常会看到的所谓"indulgence clause",即"The Guarantor shall not be discharged or released by any alteration of any of the terms, conditions and provisions of the Contract or in the extent or nature of the

① 参考译文:任何付款索赔请求必须附上【填入证明付款请求权的文件清单】的副本。

② 参考译文:担保人在本保函项下的义务仅限于支付款项。

③ Stephen A. Jones, *Trade and Receivables Finance: A Practical Guide to Risk Evaluation and Structuring*, Palgrave Macmillan, 2018, p. 314. 参考译文:此类索赔要求和声明应被视为表明本担保下索赔的金额归你方所有的确凿证据。

④ 参考译文:本担保项下的任何付款应全额支付,且不包括任何形式的任何扣除、预扣、抵销或反索赔。

Works and no allowance of time by the Contractor under or in respect of the Contract or the Works shall in any way release, reduce or affect the liability of the Guarantor under this Guarantee"[①]。需要注意的是，这些条款在保函独立性认定中仅能作为参考因素，独立性的核心仍是担保人相符交单情况下的独立付款承诺。

三、单据性

单据性是独立保函的另一个重要特征。独立保函的单据性在有关法律、交易规则均有明确的规定。《独立保函司法解释》第 1 条第 1 款规定："……本规定所称的独立保函，是指银行或非银行金融机构作为开立人，以书面形式向受益人出具的，同意在受益人请求付款并提交符合保函要求的单据时，向其支付特定款项或在保函最高金额内付款的承诺。"URDG758 第 6 条规定："担保人处理的是单据，而不是单据可能涉及的货物、服务或者履约行为。"因此，保函应载明受益人提出索赔要求时担保人据以付款的单据，除此之外，单据化条件的要求也可能适用于生效条件、失效条件、保函展期、额度调整、保函转让等，这些均应以单据交易为原则。

（一）单据的种类

为确保保函的独立性和可操作性，除附特定期限外，保函所设定的条件需要担保人通过自身的记录或保函载明的指数确定条件是否已具备，或者载明了能够表明条件已具备的单据。《独立保函司法解释》第 1 条第 2 款规定："前款所称的单据，是指独立保函载明的受益人应提交的付款请求书、违约声明、第三方签发的文件、法院判决、仲裁裁决、汇票、发票等表明发生付款到期事件的书面文件。"这些单据可以大致归为受益人单方制作的文件、第三方提供的文件以及裁判文书三类。[②]

受益人单方制作的文件如索赔通知、违约申明等，再如 FIDIC 银皮书[③]下业主

---

① 参考译文：担保人不得因合同中任何条款、条件和规定，或工程的范围或性质的任何变更而解除，并且承包商在合同或工程中或与之有关的时间余量不得以任何方式解除、减少或影响担保人在本担保项下的责任。

② 参见蒋琪主编：《中国独立保函法律实务精要与判例详解》，法律出版社 2020 年版，第 135 页。

③ FIDIC 银皮书是指 FIDIC 系列合同中的《设计采购施工/交钥匙工程合同条件》(Conditions of Contract for EPC/Turnkey Projects)。

未聘请咨询工程师，由业主代表签发的各种文件。这类文件由受益人单方制作，无法客观反映基础合同履行情况，极易被受益人作为欺诈索赔的工具。而第三方提供的文件比如银行转账凭证、第三方鉴定机构鉴定文件、工程师签发的各种证书等，受益人对这类文件的控制力相对较弱，实践中应该多采用此类单据。虽然裁判文书本身可能最为客观公正，但是其与基础交易的关联度太大，获取的程序复杂、耗时过长，会从根本上影响采用保函的商业价值。

（二）非单据化条件的处理

根据《独立保函司法解释》第 3 条的规定，未载明据以付款的单据的保函不具有独立性。可见，保函至少要包含一个单据化的条件。URDG758 第 7 条规定："除了日期或者期限外，保函不应规定没有指定单据表明已经满足该项条件的条件。如果保函没有指定这种单据，并且该条件的满足不能够通过担保人自己的记录或者保函里规定的指数来确定，那么担保人将视该条件未作规定并且不予理会，除非为了确定可能出现在保函项下提交的单据上的内容与保函的其他内容是否冲突。"非单据化条件可能导致被排除适用，从而使保函约定的生效条件、失效条件、保函展期、额度调整、保函转让等条款目的落空。

在前述 Técnicas Reunidas Saudia v. Korea Development Bank 案中，担保人提供的预付款保函约定预付款支付到 HSBC 特定账户后受益人方能索赔（相当于预付款保函附生效条件）。案涉保函约定适用 URDG758。原告基于此提出替代性主张，认为保函未载明据以表明预付款已经支付到 HSBC 特定账户的单据，因此应当视为未约定该条件。法官也支持了这一主张，认为支付到 HSBC 特定账户的条件属于非单据条件，应根据 URDG 第 7 条予以排除。

在凯迈（洛阳）航空防护装备有限公司、洛阳航空工程建设有限公司与韩国现代工程建设株式会社、阿拉伯及法兰西联合银行（香港）有限公司（UBAF）信用证欺诈纠纷案[①]［（2018）最高法民终 1216 号］中，中国银行股份有限公司河南省分行开立的《反担保预付款保函》中约定"自 HJ 公司将从韩国现代收到的预付款收益，即金额为 5，980，833.4 美元之款项汇给卡塔尔航建之日起，我行反担保保函即告生效"。该保函适用 URDG758。二审法院认为，该生效条款未规定满足该条

① 见附录 B 案例 21。

件的单据,也没有其他可以确定该条件是否满足的指数,《反担保预付款保函》一经开立即生效。

在卡塔尔金融中心的 Leonardo S. p. A v. Doha Bank Assurance Company LLC① 案中,分包商 PAT 公司申请多哈银行担保公司(Doha Bank Assurance Company,DBAC)向总包商 Leonardo 开立的预付款保函、履约保函均含有"DBAC irrevocably guarantees ... the reimbursement in Euro the same proportion as the above value of any sum up to Euro ×××,that Leonardo might have to claim in writing from PAT."②两份保函均约定适用 URDG758。DBAC 主张保函要求 Leonardo 在提出索赔之前需先向 PAT 提出书面索赔,并在支持性声明中记录其已经提出过书面索赔,或者将该书面索赔文件附于索赔请求。法院认为,保函中对"claim in writing from PAT"的引述不构成单据要求,因此该条件应当排除。

上述案例中保函均约定了适用 URDG758,法院判决排除了非单据化条件的适用。FIDIC 黄皮书 2017 版所附预付款保函示范文本生效条件为:"This guarantee shall become effective upon receipt [of the first instalment] of the advance payment by the Applicant."③同时约定了适用 URDG758。根据 URDG758 第 7 条的规定,该预付款保函示范文本的生效条件的设置存在非单据化的瑕疵。

未约定适用 URDG758 的保函中非单据化条件应该如何处理？这可能要依据适用的具体法律来确定。我国法律并未明确规定保函非单据化条件的处理原则。在长江岩土工程总公司(以下简称长江岩土公司)与中国建设银行股份有限公司温岭支行(以下简称建行温岭支行)独立保函纠纷案[(2019)最高法民终 302 号]中,担保人建行温岭支行向受益人长江岩土公司开立的 5 份预付款保函均载明"本保函自本行负责人或授权代理人签字盖章并在预付款到账之日起生效"。由于长江岩土公司在同一交易下分多笔支付的预付款均未注明付款明细,无法建立支付的款项与保函之间的一一对应关系,建行温岭支行因此辩称长江岩土公司提交的证据不能证明每份预付款保函所对应的预付款已到账,主张预付款保函未生效。法院认为,申请人中博公司在对账函中已确认收到长江岩土公司合计

---

① (2020)QIC(A)1.

② 参考译文:DBAC 不可撤销地保证……按照上述金额相同的比例,以欧元偿还不超过×××欧元的,Leonardo 可能必须向 PAT 书面索赔的任何金额。

③ 参考译文:本保函应当在申请人收到【第一笔】预付款时生效。

52,522,774.72 利第及 457,739,025.67 元人民币。两者相加约为 7 亿元人民币,已经超过了 5 份预付款保函的预付款总额(合计 5.82 亿元)。故相应预付款保函下的预付款均已付足,涉案 5 份预付款保函均已生效。在中国银行股份有限公司乐山分行(以下简称中行东山分行)与汝城县满天星水力发电厂(以下简称满天星发电厂)合同纠纷案[(2018)川 11 民终 1196 号]中,东风电机公司申请中行乐山分行向满天星发电厂开立履约保函,有效期约定为"本保函自合同生效之日起至卖方最后一次供货设备最终验收合格后 30 天内一直有效"。但未载明据以说明最后一次供货设备最终验收的单据。一审、二审法院依据案件查明的事实判决基础合同项下最终验收未完成,保函仍在有效期。上述案件中,法院均未谈及保函生效条件、失效条件不具单据性的问题,如果适用非单据化条件排除规则,似乎也能得出与法院判决相同的结论。

谨慎起见,保函利益相关方仍应确保所约定的各种条件是担保人可以通过自身的记录或保函中约定的指数来判断的,否则应该在保函中载明相应的单据,以避免设置相应条件的目的落空。

(三)单据化条件的设定

如前所述,保函中所设定的条件如并非担保人可以依据自身记录或保函中约定的指数做出判断,应当约定相应的单据。这些单据性要求在索赔要求、生效条件、失效条件、保函展期、额度调整、保函转让等方面均有体现,这些条件所对应单据的要求在相应章节的示范条款中均有体现,此处不再赘述。需要强调的是,除受益人索赔通知、索赔声明外,其他条件应当尽量采用第三方制作的文件作为单据。从受益人控制风险的角度来说,单据化条件设定时,还应尽量避免要求提交原件,特别是保函原件。

四、最高金额及额度调整

(一)最高金额

保函的最高金额不仅决定了申请人的保函开立成本,限定了申请人和担保人在保函项下的总体风险规模,在某些法律和适用规则下还决定了保函的独立性。比如,根据《独立保函司法解释》第 1 条关于独立保函的定义,独立保函需载明最高金额。第 3 条关于保函独立性的规定进一步明确未载明最高金额则不具备独立性。可见,在我国法律下最高金额是独立保函的基本要素,但在其他规则下可能并非如此。根据 URDG758 第 8 条,"可支付的金额或者最高金额和支付的货币"仅仅作为保函的建议内容,前者通常被称为保函载明金额(stated amount)。鉴于此,保函应约定最高金额以及支付货币,并且应该包含阿拉伯数字和汉字数字两种形式。

需要注意的是,英美法系司法管辖区的很多母公司担保都没有约定最高金额,但是此类母公司担保文本往往在性质上仍具有独立性。中国企业在此类地区从事跨境业务经常会被要求提供类似母公司担保。按照《独立保函司法解释》,银行及非银行业金融机构以外的其他中国公司存在开立独立保函的主体障碍。除此之外,这类未明确最高金额的母公司担保还无法按照跨境担保外汇管理相关法律法规办理外汇登记。如果是上市公司,还存在如何纳入年度担保预算管理的障碍以及决策程序的问题。实践中如遇到此类情况,建议与受益人协商增加关于最高金额的约定。

(二)担保的范围

原则上,在未明确约定的情况下,保函担保的范围仅限于被担保债务的本金。有些保函约定开立人的责任包含支付利息,较为常见的是在预付款保函中,可采用的条款表述如:"We undertake the repayment to you of the advance payment of [insert the amount of advance payment] plus interest thereon at the rate of [insert the interest rate] per year calculated from the date of receipt of the advance payment by the principal until the date of repayment of the same by us."①由于大多数情况下预付款存在减额的情况,为明确起见,建议在上述条款预付款金额后再增加"or any outstanding balance thereof"(或其任何未返还的余额)。

(三)额度调整

保函担保额度的调整包括增额和减额两个方面,可能涉及额度调整的保函主

---

① See Nordea, *Bank guarantee in international trade*, (May. 10, 2021), https://www.nordea.no/Images/57-67647/bank-guarantees-in-international-trade.pdf. 参考译文:我们承诺,向你方偿还预付款【填入预付款金额】及利息,利息自申请人收到预付款之日起至我们偿还之日止按年利率【填入年利率】计算。

要有预付款保函、履约保函、保留金保函、支付保函等。

1. 预付款保函的额度调整

预付款保函额度调整主要体现在随预付款的逐步扣回而减额。FIDIC 黄皮书 2017 版所附预付款保函示范文本的减额条款为:"The Guaranteed Amount shall be reduced by the amounts of the advance payment repaid to you, as evidenced by interim payment certificates issued under Sub – Clause 14.6 of the Conditions of Contract. Following receipt of a copy of each interim payment certificate, we shall promptly notify you of the revised Guaranteed Amount accordingly."①世界银行《工程采购标准招标文件》2020 版所附预付款保函示范文本的减额条款表述为:"The maximum amount of this guarantee shall be progressively reduced by the amount of the advance payment repaid by the Applicant as specified in copies of interim statements or payment certificates which shall be presented to us."②《JCT 标准建筑合同示范文本》2016 版所附预付款保函示范文本所采用的表述为:"The Surety's maximum aggregate liability under this Bond … shall be the amount of [insert the maximum amount of advance payment] which sum shall be reduced by the amount of any reimbursement made by the Contractor to the Employer as advised by the Employer in writing to the Surety."③

2. 履约保函的额度调整

履约保函的额度调整首先是伴随工程变更而调整,比如,FIDIC 黄皮书 2017 版第 4.2.1 项就约定了此类调整机制。与基础合同相对应,其所附履约保函示范文本也有相应额度调整条款:"Following receipt by us of an authenticated copy of a statement issued by [insert name and address of the Engineer under the Contract] that, pursuant to Sub – Clause 4.2.1 of the Conditions of Contract, variations or adjustments under Clause 13 of the Conditions of Contract have resulted in an accumula-

---

① 参考译文:本担保金额应按照已偿还给你方的预付款金额而减少,已偿还的金额由合同条件第 14.6 款签发的期中付款证书来证明。收到每份期中付款证书的副本后,我方将立即将修订后的担保金额通知你方。

② 参考译文:本保函的最高金额应按照向我们出示的期中报表或付款证书副本中指明的、申请人已偿还的预付款金额逐步减少。

③ 参考译文:担保人在本保函下的最大责任……应为【填入最大预付款额】,该金额应按照业主向担保人书面通知的承包商已经偿还的金额而减少。

tive increase or decrease of the Contract Price by more than twenty percent(20%) of the Accepted Contract Amount, and that therefore the Guaranteed Amount should be adjusted by the percentage specified in the statement equal to the accumulative increase or decrease, respectively, we shall promptly inform you that we have received such statement and have adjusted the Guaranteed Amount accordingly. In the case of a request for a decrease of the amount of the Performance Security, the above statement shall be accompanied by your written consent to such decrease."①需要注意的是,履约保函额度增减的逻辑并非完全一致,减额对受益人权利有潜在的不利影响,因此需要额外附上受益人的书面同意。

履约保函额度调整的另一方面是随着工程实施到达竣工移交等特定节点时的减额,要将基础合同约定的减额机制转换到保函文本之中。如果此类节点的发生时间是特定的,则可以采用"This guarantee remains valid for [insert the original amount] until [insert a calendar date], and provided that no demand for payment has been presented to us on or before that date, this guarantee remains valid for the reduced amount of [insert the reduced amount] until [insert a calendar date]"②。但是,实践中此类关键节点以事件发生为标志,往往无法事先确定具体日期,可参照FIDIC 黄皮书2017 版所附履约保函示范文本选择性条款:"Following receipt by us of an authenticated copy of the Taking – Over Certificate for the whole of the Works under Clause 10 of the Conditions of Contract, the Guaranteed Amount shall be reduced by [insert a percentage] % and we shall promptly notify you that we have received such certificate and have reduced the Guaranteed Amount accordingly."③

在供货合同分批交货,或工程承包合同分期实施时,可考虑分批、分期单独提

---

① 参考译文:在我方收到【填入合同中工程师的姓名和地址】签发的报表的认证副本,证明按照合同条件第13条发生的变更和调整已经导致合同价累计增减超过中标合同额的20%,因此,根据合同条件第4.2.1项,担保金额应当相应按照报表中列明的与累计增减额相同的百分比调整,我方应当立即通知你我方已收到该报表,并已经相应调整担保金额。在请求减少履约担保金额的情况下,上述报表应当附有你方对该减额的书面同意。

② 参考译文:本保函有效额度为【填入原额度】,直到【填入日历日】前保持有效,并且如果在该日期或该日期之前未向我方提出付款要求,则此保函在减少后的【填入减少的金额】范围内继续有效,直到【填入日历日】。

③ 参考译文:在收到合同条件第10条下整个工程的竣工证书的认证副本后,本担保的金额应当减少【填入百分数】%,且我方应当尽快通知你方,我方已收到上述证书并已相应减少担保额度。

供保函。替代方案是在同一保函中约定额度调整机制，按照发运批次、分期开工逐步增加保函额度。基于这种安排，保函增额条款可参照："This Performance Guarantee value will be increased by 10% of the value of each shipment of a machine as represented by the value of the copy sales invoice, by presentation to the Guarantor of the copy sales invoice and copy of the related bill of lading on terms which are substantively consistent with each other. The value of this guarantee shall represent 10% of the aggregate invoiced value of machines shipped pursuant to this clause subject to a maximum amount of USD 100, 000."①在该条款基础上，可以进一步修改以适用于随收货批次、分期竣工减少保函额度的情形。

保留金保函、支付保函的额度调整与上述预付款保函、履约保函的额度调整并无太大差别，可以参照上述条款起草。

五、交单方式

保函应该对受益人提出索赔要求时的交单有详细的规定。保函应当约定受益人的交单形式，比如是纸质还是电子交单，纸质交单的情形下还应当约定单据的送达方式，电子交单的情形下还应当约定数据形式、传输系统及送达方式。保函也应当明确约定交单地址，比如纸质交单情形下的物理地址，电子交单情形下的信息系统地址。除此之外，保函还应当约定单据所应当采用的语言，以及索赔要求的签署和认证要求，有些保函要求索赔要求必须经受益人的银行认证或进行公证。交单方式的详细约定在跨境交易中会显得更为重要。

六、保函转让

（一）付款请求权的转让

在建设工程项目中，受益人出于融资的需要或者应项目最终使用人的要求，可能会要求保函约定可转让（transferable guarantee）。此类可转让保函意味着保函项下付款请求权的转让，甚至可能转让给在基础交易下没有任何权利义务的主

---

① Stephen A. Jones, *Trade and Receivables Finance: A Practical Guide to Risk Evaluation and Structuring*, Palgrave Macmillan, 2018, p. 307. 参考译文：通过向担保人提交条款相互实质一致的销售发票和提单副本，本履约保函金额将按照销售发票额所代表的每批发运机器价值的10%增加。本保函的额度应占根据本条款装运机器的发票总价值的10%，最高金额为100,000美元。

体，会给申请人、担保人带来很大的风险。由于保函适用法律下如何界定转让权存在不确定性，建议明确限制转让权，比如约定“This Guarantee is not negotiable, transferable or assignable without the prior written consent of the Guarantor.”①

通过约定适用 URDG758 等交易规则，也可减少可转让保函的风险。URDG758 第 33 条规定，只有在保函明确约定可转让的情况下，保函才可转让，并且即使保函特别说明其是可以转让的，也需要在转让前获得担保人对转让的范围和方式的同意后，才可执行有关转让保函的要求。此外，URDG758 坚持受让人已经获得了基础关系项下权利和义务的转让原则，要求转让人向担保人提供受让人已获得基础关系项下权利和义务的已签署的声明。在未约定适用 URDG758 时，应当将上述要求写进保函文本。

在必须接受开立可转让保函时，除约定保函可转让外，也应当遵循单据交易原则，约定据以确定新受益人的单据。比如，《独立保函司法解释》第 10 条规定，保函未同时载明可转让和据以确定新受益人的单据，付款请求权不能转让。

（二）收款权的转让

URDG758 区分了付款请求权（right of claims）和收款权（right to proceeds）。与前述可转让保函不同，收款权转让意味着转让保函项下的款项收取权利，而提出索赔要求的权利仍属于原受益人。此外，根据 URDG758 的规定，除非担保人已经同意，否则其没有义务必须支付款项给款项受让人。URDG758 中两者的转让采用了不同的英文措辞，付款请求权的转让采用“transfer”（转让），收款权的转让采用“assign”（让渡）。但是，在未约定适用 URDG758 时，不能当然认定上述措辞的特殊含义，应当在转让条款中明确指明转让或禁止转让的对象。总体来说，收款权转让的风险相对较小。

七、适用法律与交易规则

保函的适用法律与交易规则以当事人意思自治为原则。保函，尤其是在涉外交易中的保函，应当约定适用的法律，避免法律适用上的不确定性。在选择适用法律上，应优先选择适用当事人所在地法律，难以达成一致时应争取选择自身比

① 参考译文：未经担保人事先书面同意，本担保不可流通、转移或转让。

较熟悉的、在国际上广泛适用的第三国法律。另外,保函最好也约定适用的交易规则,未约定适用的交易规则不能当然地作为国际惯例适用。

在未约定适用法律的情况下,应当按照法院地的冲突规范确定适用法律。《独立保函司法解释》第22条第1款规定:“涉外独立保函未载明适用法律,开立人和受益人在一审法庭辩论终结前亦未就适用法律达成一致的,开立人和受益人之间因涉外独立保函而产生的纠纷适用开立人经常居所地法律;独立保函由金融机构依法登记设立的分支机构开立的,适用分支机构登记地法律。”此外,保函约定适用的交易规则可能对适用法律有默认规定。比如,URDG758第34条规定:“除非保函另有规定,否则其适用的法律应当是担保人开立保函的分支机构所在地点的法律。除非反担保函另有规定,否则其适用的法律应当是反担保人开立反担保函的分支机构所在地点的法律。”

间接保函模式下,主保函与反担保函约定相同的适用法律和交易规则可以统一两份保函条款的解释,避免不同判决导致的冲突问题。此外,同一项基础交易下所涉及的多种保函也尽量选择统一的适用法律和交易规则。注意约定的交易规则可能与适用法律之间有冲突的规定,如有应当约定好适用的优先级。

需要注意的是,申请人以受益人欺诈性索赔为由向法院提起的请求终止保函项下付款的诉讼,在我国法律下被界定为侵权纠纷,并不当然适用保函约定的法律。《独立保函司法解释》第22条第2款规定:“涉外独立保函欺诈纠纷,当事人就适用法律不能达成一致的,适用被请求止付的独立保函的开立人经常居所地法律;独立保函由金融机构依法登记设立的分支机构开立的,适用分支机构登记地法律;当事人有共同经常居所地的,适用共同经常居所地法律。”当事人按照管辖权在其他国家提起的止付诉讼,将按照法院地冲突规范确定欺诈纠纷的适用法律。

八、管辖权

保函当事人也可以依据意思自治原则约定保函纠纷的管辖权,可以选择法院诉讼或仲裁。管辖法院最好选择适用法律所在司法管辖区的法院,这样法院能够更加精准地解释法律,并确定适用法律下保函条款的确切含义。

在未约定管辖权的情况下,法院或仲裁庭则需要依据有关法律和规则首先确定管辖权。《独立保函司法解释》第21条第1款规定:“受益人和开立人之间因独立保函而产生的纠纷案件,由开立人住所地或被告住所地人民法院管辖,独立保函载明由其他法院管辖或提交仲裁的除外。当事人主张根据基础交易合同争议解决条款确定管辖法院或提交仲裁的,人民法院不予支持。"URDG758 第 35 条对管辖权也有默认规定:"除非保函另有规定,任何担保人和受益人之间与保函有关的争议,应由担保人开立保函的分支机构所在地的国家有管辖权的法院排他性地解决。除非反担保函另有规定,任何反担保人和担保人之间与反担保函有关的争议,应由反担保人开立反担保函的分支机构所在地的国家有管辖权的法院排他性地解决。"为了确保保函和反担保函下可获得救济的一致性,建议两者约定一样的争端解决机制。

同样,保函欺诈纠纷属于侵权纠纷,不同于受益人与开立人之间的独立保函关系,其也自然无法当然地受保函约定的管辖机构管辖。《独立保函司法解释》第 21 条第 2 款规定:"独立保函欺诈纠纷案件由被请求止付的独立保函的开立人住所地或被告住所地人民法院管辖,当事人书面协议由其他法院管辖或提交仲裁的除外。当事人主张根据基础交易合同或独立保函的争议解决条款确定管辖法院或提交仲裁的,人民法院不予支持。"

第三节　联营体及分包模式下的保函安排

联营体和分包是工程承包企业之间就具体项目进行合作的两种常见方式。几乎每个项目都离不开分包,越是发达的建筑市场,分包商市场就越发达,专业划分更为精细。随着规模和技术难度的加大,大型项目也越来越多地采用联营体模式。因此,两种模式下的保函安排也是承包商必须要考虑的问题。这两种模式在对内对外责任关系上存在较大差别,保函的安排也存在各自特殊的考量因素。

一、联营体模式下的保函安排

(一)联营体模式概述

联营体模式主要用于集合联营体合作伙伴各自的优势,以增强项目投标中的竞争力,同时也可以分摊实施阶段的风险,增强履约能力,增加项目成功的机会。

有时候，采用联营体模式是基于东道国法律对某些项目的特殊要求，必须与当地公司组成联营体才能投标，或者与当地公司组成联营体才能在评标中获得更多优惠。

1. 联营体的主要类别

根据联营体是否依据特定国家的法律注册为独立的法律实体，联营体分为法人型联营体（incorporated joint venture）和非法人型联营体（unincorporated joint venture）。法人型联营体需要合作伙伴以股东的身份，共同设立单独的法律实体，由该实体作为承接工程项目的主体，与业主签署合同并承担履约责任。而非法人型联营体仅仅属于一种临时性的合同安排，联营体成员一般根据合同约定对业主承担连带责任，联营体内部由联营体成员签署联营体协议，调整各方权利义务，项目完成后即告解散。法人型联营体更多用于项目周期较长，或需要合作完成一系列项目的情形，目前在工程承包项目中已经较为少见。

根据联营体合作伙伴之间的分工合作模式，可以将其分为紧密型联营体（integrated joint venture）、松散型联营体（non－integrated joint venture）、混合型联营体（combination joint venture）。紧密型联营体涉及两个或多个联营体成员之间针对项目的密切合作，针对具体的工程不作分工，联营体成员将各自的人力、财力、设备等资源整合起来，共同组建联营体决策机构、管理机构来管理项目，并根据他们在联营体中的权益比例分享利润、分摊损失。松散型联营体则将工程分为不同的部分，并在联营体成员之间进行划分，联营体成员分别安排资源并实施自己所负责的部分工程，赚取相应利润，并承担相应损失。混合型联营体则组合了两者的特点，既有联营体成员之间密切合作，共同管理，共享利润、分摊损失的部分，也有按照各自专业优势的不同，各自负责实施的部分。

根据联营体成员是否全部对外部显名，可以将其分为显名联营体（named or open joint venture）和隐名联营体（silent joint venture）。[①] 显名联营体即联营体所有成员均对外披露，共同与业主签订合同，对外承担履约责任。隐名联营体即有部分联营体成员基于资质限制等原因并未对外披露，也即我们常说的内部联营体。隐名联营体在实践中也非常常见，但这种安排本身可能存在违约、欺诈等风

---

① See Travelers, *Joint Ventures*, (May 27, 2021) https://suretybonds－california.com/wp－content/uploads/Joint－Ventures.pdf.

险,甚至可能引发刑事责任。

2. 联营体模式风险要点

以联营体模式实施的项目,除一般项目所可能发生的风险外,最大的风险来自联营体的内部治理,以及联营体成员对业主的连带责任。联营体成员往往在组织文化、管理方式、资信实力等方面存在较大差异,内部治理是联营体模式成功的关键。如果内部治理出现问题,往往会进一步导致联营体对外违约。此外,联营体成员对业主承担连带责任,这可能导致联营体成员一方承担远超自身责任的风险,甚至在自身无过错的情况下也要对业主先行承担责任,再向其他成员追偿。防范这类风险,除谨慎评估联营体合作伙伴的资信、妥善安排联营体治理机制外,合理的联营体担保机制是保障联营体成员自身利益的关键。

(二)联营体保函安排

联营体保函安排的核心要点包含三个方面:一是如何以最为经济合理的方式向业主开具保函,以担保工程承包合同项下的履约;二是业主索兑保函或者联营体成员以其他方式向业主承担责任后,如何担保联营体成员之间的最终偿付责任;三是如何担保联营体成员之间在联营体协议项下相互负担的其他义务,如按时足额提供营运资金的义务。

联营体向业主开具保函无非以下三种方式。

第一种:由联营体一方(一般是牵头方)向业主开立全额保函,其他联营体成员向牵头方提供反担保函;

第二种:由联营体各方按照联营体份额比例分别开立以业主为受益人的保函;

第三种:由联营体各方共同作为申请人,按联营体份额比例提供必要的反担保,申请银行开立以业主为受益人的全额保函。

上述第一种方式下,联营体牵头方对外承担直接风险,虽然有其他成员提供的反担保,但是事后的追偿耗时耗力,也存在一定的不确定性。同时,由于存在重复担保的问题,联营体整体的保函开立费用相对较高,并非联营体保函开立的最佳方案。

在第二种方式下,只要保函文本对基础交易关系、担保责任的描述足够准确,在不减损联营体成员之间对业主的连带责任的情况下,即在一方违约的情况下,业主仍然可以索赔其他成员开具的保函,是一种业主可以接受的方案,对联营体成员来说风险也相对可控。但是,这种方式会增加业主的保函管理难度,比如在发生索赔、止付等情况下,业主可能要参与多个不同的程序。此外,这种方式无法适用于隐名联营体安排。

在第三种方式下,业主和联营体各成员均可较好地控制风险,适用的范围也较为广泛。联营体成员可共同选定一家项目所在地银行代表联营体向业主开立保函,由各联营体成员选择以不同方式向开立行提供反担保。外国联营体成员可选择母国银行向开立行出具反担保保函,当地联营体成员可以直接利用其在开立行的授信或提供其他担保。此外,这种开立方式不影响隐名联营体安排。

在联营体向业主提供的保函之外,联营体成员之间的相互担保义务在实践中往往被忽略。联营体成员之间的担保安排有两个作用:一是确保联营体成员对外承担责任后能够有效地向其他成员追偿。在上述第二、三种开立方式下,联营体成员开立的保函看似并未超出自身所占联营份额,但基于联营体成员之间的连带责任,业主或担保人也可能索赔无过错的联营体成员提供的保函或反担保保函。二是在联营体对业主不存在违约的情况下,担保联营体成员在联营体协议下相互负担的义务。

开立银行保函势必会产生额外的保函成本,实践中联营体成员之间的相互担保并不采用银行保函。通常的做法是,由联营体成员及其母公司共同签署《相互保证和相互赔偿协议》(cross guarantee and cross indemnity)。在该协议下,各联营体成员的母公司向其他联营体成员及其母公司提供保证,保证其子公司按照联营体协议及工程承包合同正确履约,如果其子公司未能适当履行相应义务,则应赔偿给其他联营体成员及其母公司造成的损失。该协议的核心是引入各联营体成员母公司的信用作为担保,同时,每个担保关系下的被担保人还包括其他联营体成员的母公司,确保联营体一方的母公司承担责任后也可直接向其他成员的母公司直接追偿。

二、分包商保函安排

(一)分包商保函开立模式

基于合同的相对性原则,分包商保函一般是以总承包商为受益人开立。但实践中也存在分包商直接以业主为受益人开立保函的情形。在正常的总分包模式下，总承包商负责整个项目的履约，部分工程通过分包商来实施，这种分包商直接向业主开立保函的安排对业主和分包商来说均不是很有利。最大的问题是保函与基础交易的对应关系存在混乱。对业主来说，还可能存在分包商提供的保函无法有效覆盖总包合同下履约责任的风险，对分包商来说，分包商在保函项下可能承担远超分包合同责任的潜在风险。因此，一般情况下不建议直接由分包商向业主提供保函。

上述分包商直接向业主提供保函的情形更可能发生于整体转包的情形。暂且不论转包本身可能带来的违约和合规风险，转包情形下分包商向业主直接提供保函本身也存在较大的风险。这种情形下的总承包商往往是一家外国或当地中间商，其能够获得项目总包合同，但是自身并无足够资信开立银行保函，也并无实际履约能力，因此将工程整体转包给另一家分包商，并计提一定比例管理费，由该分包商直接向业主提供保函并承担项目履约责任。这种安排下分包商承担大多数的履约责任，除计提的管理费外，分包商也应该享有大部分的履行利益，如及时获得预付款、工程款等。但是，分包商对业主直接承担了总包合同下的履约责任和担保责任，而其履行利益的获取依然有赖于资信有限的总承包商，并无有效的保障。总承包商可能挪用或拖延支付预付款、工程款，甚至发生破产等极端情形，影响分包商履约，进而导致业主索兑保函。在此情形下，分包商必须争取其他保障性安排，如设立共管账户等，保障能够及时足额获得履行利益。

（二）分包商保函风险要点

除本章第一、二节所述有关建设工程保函的一般要点外，分包商保函的关键是风险的“背靠背”传递，尤其要注意分包合同关键时间节点与总包合同关键时间节点错配导致的保函风险。对于大多数分包合同来说，分包工程的开工时间晚于总包工程的开工时间，而分包工程的竣工时间早于总包工程的竣工时间，这会导致分包合同下开工、竣工、接收、缺陷通知期等关键时间节点与总包合同存在错配，进而导致保函安排的特殊性。

1. 分包合同关键时间节点的特殊性

首先，分包工程竣工日期与接收日期可能并不一致。在总包合同下，工程竣工意味着承包商开始免予承担进一步的工期责任，也意味着承包商可以移交工程给业主，并转移照管责任和风险，缺陷通知期开始起算。但是，分包工程的竣工可能仅仅意味着分包商的工期责任解除,以分包工程竣工日期为限,分包商不再需要承担工期违约责任。分包工程的接收时间则按照与总包工程接收时间的关系,存在三种情形:一是分包工程实际竣工之时;二是总包工程接收之时;三是介于两者之间,比如在总包工程接收之前已被业主或总承包商实际占用。这就导致分包工程竣工时间和接收时间可能存在错配。以 2019 版 FIDIC 黄皮书分包合同①为例,其第 10.1 款约定了分包工程竣工的条件,与总包工程竣工并无直接关联,而第 10.2 款约定,除非在附件 C 中约定了总承包商提前接收,分包工程一般在业主接收整个工程或者包含分包工程的工程分段时视为被接收。除此之外,分包工程还可能因业主或总承包商提前占用而视为被接收。

其次,分包合同一般并不会约定固定的缺陷通知期。缺陷通知期以工程接收为起算时点。由于分包工程接收时间与总包工程的接收时间可能并不一致,因此分包合同缺陷通知期起算时点与总包合同存在错配。同时,出于风险传递的考虑,分包合同缺陷通知期要涵盖总包合同缺陷通知期,否则可能在业主要求修复缺陷时,分包合同缺陷通知期已过期。因此,分包合同往往并不直接约定固定的缺陷通知期。2019 版 FIDIC 黄皮书分包合同第 11.2 款即约定缺陷通知期自分包工程接收起算,至总包合同缺陷通知期届满之日截止。

最后,分包合同履约证书签发时间与总包合同一致。尽管分包工程可能早于总包工程竣工,也可能早于总包工程移交,但是履约证书签发以缺陷通知期届满为准,因此分包合同履约证书签发时间与总包合同通常是一致的。2019 版 FIDIC 黄皮书分包合同第 11.3 款约定,适用于分包工程的履约证书应为工程师根据总包合同签发的证书。

当然,并非所有分包合同都需按照上述逻辑安排关键时间节点,这更多取决于总承包商和分包商之间的风险分配考量和二者的谈判地位。但是,从总承包商传递风险的角度,上述关键时间节点安排对其更加有利,应当首先在分包合同中约定清楚。相应地,这些关键时间节点的差异也会影响到分包商保函安排。实践中,很多总承包商并未意识到这些时间节点的特殊性,导致分包商保函安排不能有效地保障总承包商的利益。

---

① FIDIC 于 2019 年出版的 FIDIC Conditions of Subcontract for Plant and Design and Build,该标准合同条款配套 1999 版黄皮书使用,简称黄皮书分包合同。

2. 分包商保函安排

分包合同关键时间节点的特殊性主要影响履约保函和保留金保函安排。对于履约保函来说,有效期应该涵盖到总包合同下履约证书签发之后,预先约定固定有效期的情况下,应约定相应的展期义务,如缺陷通知期内履约保函金额减半,则应该以分包合同约定的分包工程接收时点为准。对于保留金保函来说,关键在于保留金的安排。对于总承包商来说,分包合同下的保留金是否释放应该以总包合同下的保留金释放为前提。如果存在工程竣工移交后保留金先行释放一半的安排,分包合同下保留金的释放时点也应该是总包工程竣工移交之时。但如果分包合同约定总承包商提前接收分包工程,则应当在分包工程接收之时释放。分包合同缺陷通知期内的保留金可以约定以保留金保函替换,只是分包合同保留金保函的有效期也需要涵盖到总包合同履约证书签发之后,同时也应该约定相应的展期义务。

第四章

保函开立后的风险防范

在建设工程合同签订、履行过程中，业主往往在不同阶段要求承包商提供投标保函、预付款保函、履约保函、质保金保函、农民工工资保函等。正如前文所述，保函既是一份独立的法律文件，又是工程施工合同文件的重要组成部分。保函成功开立后持续有效，直至被索兑或失效，在此期间，保函可能涉及修改、转让或撤销等环节，本章将着重讨论这些变更环节中可能出现的风险及其防范、应对策略。

第一节　保函的变更

一、保函修改

（一）保函修改的概念

保函修改，是指担保人根据保函有关当事人的要求对保函内容作部分修正或者改变。保函修改的情形可分为以下几种：

1. 基于银行的原因而修改。这种情形可能是银行工作人员在开立保函时工作疏忽而导致的文本错误，比如：写错了受益人、申请人名称，保函金额大小写不一致或者其他打印错误。此种类型错误，保函受益人在接受保函时应注意检查。

2. 基于受益人的原因而修改。这种情形可能是受益人认为保函格式与招标文件或者相关基础交易合同不符，并且认为只有适当修改才可以接受。例如，招标文件要求承包商提供独立保函，而承包商提供了非独立保函。

3. 基于申请人的原因而修改。这种情形一般比较复杂，因一般涉及基础交易发生巨大变化。例如，工程施工合同履约过程中承包商已部分履行合同，由于工程建设项目停工，发承包商双方就停工等相关问题进行谈判，承包商为了控制保函风险从而提出将剩余工程合同金额作为保函金额计算基数而修改保函；或者发生不可抗力，如发生了战争、动乱或者外交制裁等；或者工程合同施工范围发生重大变更，保函金额、期限等需要修改。

在实务操作中需注意，URDG758 规定没有得到受益人同意的修改对受益人没有约束力。[①] 无论基于上述何种原因，保函完成修改后，都需要得到受益人的认可，修改的内容方对受益人生效。

（二）保函修改的方式

1. 保函修改事项及保函修改申请书

从保函修改实践来看，保函修改事项包括因工程变更或者随工程建设的推进保函金额增或减、工程建设延期、停工保函展期。

保函修改通常是由申请人向担保人提交适当的书面申请书来完成的。保函申请人办理修改，应该填写保函修改申请书，内容包括保函的保函号码、受益人名称或者通知行（如果有）的名称、保函的开立日期、保函金额、修改内容的文本等，并配合支持修改申请的相关合同章节、补充协议或业主函件等。

2. 信开保函修改和电开保函修改的区别

（1）信开保函的修改。信开保函是由保函担保人直接出具纸质版的保函正本给保函受益人。信开保函修改时，保函担保人出具带有原保函编号的修改函件，表明修改内容。一旦受益人接受此修改，则修改件与原保函构成不可分割的整体。

（2）电开保函的修改。电开保函则是通过 SWIFT 电文的形式将保函发给受益人指定的银行，由受益人指定的银行转给保函受益人。电开保函的修改采用再次向通知行发报的方式，即承包商向担保人申请修改，担保人同意修改后，向通知行发出保函修改电文，由通知行通知业主即保函受益人，待保函受益人确认接受修改后，电告银行，修改电文和原保函开立电文组成不可分割的整体。电开保函往往是跨境的，采用这种方式效率更高。

（三）保函修改的风险防范

1. 保函修改的基本原则与风险防范

（1）保函修改需要得到担保人同意。URDG758 第 11 条 a 款规定：“担保人收到修改保函的指示后，不论何种原因不准备或不能作出修改时，须不延误地告知向其发出指示的一方。”根据该条规定，修改需得担保人同意，担保人如不同意修

① URDG758 第 11 条 b 款。

改，仅需要毫不延误地告知保函申请人。因建设工程施工合同时常会通过补充协议增加或减少工程范围，因此，保函增额或者减额时，承包商应在签署补充协议时提前与担保人沟通，避免因展期或者增额不及时而影响基础合同履约，甚至触发业主索赔。

(2)修改须保函受益人同意方为有效。URDG758 第 11 条 b 款规定："修改未经受益人同意，对受益人不具有约束力。但是，除非受益人拒绝该修改，担保人自修改书出具之日时起即不可撤销地受其约束。"保函属于担保人与受益人之间的契约，规定了双方的权利与义务，不经双方同意，单方面对保函进行修改显然不具效力。同时 URDG758 第 11 条 f 款规定："修改保函中含有'除非在指定时间内拒绝，否则该修改不生效'的条款将不予理会。"本款实际上不赞成"沉默等于接受"。但对于保函申请人、担保人来说，知晓业主即保函受益人对修改的态度也非常重要。URDG758 第 11 条 c 款的规定，即"除非按照保函条款的规定接受或者拒绝，受益人可以在任何时间拒绝修改，直至其通知接受修改或提交了仅与修改后的保函相符的单据"，给保函申请人、担保人控制保函修改风险提供了空间。保函可以设置限制受益人对修改表示接受或拒绝的条款。[①] 因此，在保函开立时，为促使保函受益人/业主及时确认保函修改、防止保函关系处于不确定状态，各方可在保函文本中设置限制保函受益人/业主对修改表示接受或者拒绝时限的条款。例如，"本保函如有修改，业主/保函受益人必须在接到修改后 5 日内通知是否接受修改，否则视为受益人已经接受修改，URDG758 第 11 条 f 款不适用"。

(3)部分接受修改视为拒绝修改。URDG758 第 11 条 e 款规定："对同一修改的内容不允许部分接受，部分接受将视为拒绝修改的通知。"如施工过程中由于某种原因工期延长，或者工程建设暂停，保函有效期临近届满，保函受益人/业主仅要求保函申请人/承包商延长履约保函有效期，但保函申请人/承包商认为施工合同已部分履行，应当根据已履行部分计算金额或者通过中期付款证书降低保函金额，便同时申请担保人修改保函有效期和保函金额。如保函受益人/业主仅仅接受延长保函有效期条款而拒绝修改保函金额，应视为拒绝修改。因此，在修改适用 URDG758 的保函时，保函受益人/业主、承包商、担保人都应注意本款规定"部分接受将视为拒绝修改的通知"规则，避免承担额外风险。

---

① 参见阎之大：《URDG758 解读例证与保函实务》，中国文献出版社 2011 年版，第 159 页。

(4)明确保函修改费用的承担。一般应根据修改原因,按照责任归属确定费用承担。如保函修改是由担保人开立失误引起的,担保人应承担责任;如保函修改是因保函受益人/业主违约或其他原因造成的,保函受益人/业主应承担责任。然而 URDG758 第 32 条 b 款规定:“如果保函规定费用由受益人承担,而该费用未能收取,指示方仍有责任支付该费用。如果反担保函规定与保函相关的费用由受益人承担,但该费用未能收取,反担保人仍有责任向担保人支付该费用,而指示方则须向反担保人支付该费用。”尽管保函可以规定保函修改的费用由保函受益人/业主承担,但根据本款规定,如保函受益人/业主拒绝支付或者破产,或者保函项下未发生索赔,担保人也无法从业主/保函受益人索赔款中扣除,担保人仍可向保函申请人/承包商主张由其承担。上述情形下,如果对财务处理不当,可能对承包商产生较大的财务风险。承包商财务费,是指企业为施工生产筹集资金或者提供预付款担保、履约担保、职工工资支付担保等所产生的各种费用。[①] 为保证承包商该费用的建设工程价款优先受偿权效力,我们建议承包商将保函开立和保函修改的费用在工程计价时列入企业管理费中的财务费,而不要列入违约损害赔偿金范围。理由如下:首先,建设工程价款优先受偿的范围依据国务院行政主管部门对建设工程价款范围的规定确定。[②] 其次,按照费用构成要素划分,建筑安装工程费用包括人工费、材料费、施工机具使用费、企业管理费、利润、规费和税金。[③] 因此,我们认为承包商申请开立各类保函的费用或者保函修改的费用应属于国务院行政主管部门建设工程价款范围,承包商享有建设工程价款优先受偿权。

2. 保函修改方法的选择与风险防范

(1)各方提前确定保函修改的具体内容、格式。在修改保函前,承包商应与保函受益人/业主明确保函修改的具体内容、格式,避免沟通不畅导致保函修改的迟延,并同时与担保人协调沟通相关内容。

---

① 参见《全国造价工程师执业资格考试培训教材:建设工程计价》,中国计划出版社 2019 年版,第 12 页。

② 《最高人民法院关于审理建设工程施工合同纠纷案件适用法律问题的解释(一)》(2021 年 1 月 1 日实施)第 40 条规定:“承包人建设工程价款优先受偿的范围依照国务院有关行政主管部门关于建设工程价款范围的规定确定。承包人就逾期支付建设工程价款的利息、违约金、损害赔偿金等主张优先受偿的,人民法院不予支持。”

③ 参见住房和城乡建设部、财政部颁布的《关于印发〈建筑安装工程费用项目组成〉的通知》(建标〔2013〕44 号)。

(2)保函修改中承包商的风险控制。从承包商风险控制的角度考虑,建议采用收回原保函注销、重新开具保函方式完成保函修改。这样保函不论修改过多少次,只有一份最终版的保函在业主处,这样更有利于承包商风险控制。比如,实践中承包商以修改申请书的方式修改原保函,会有多份保函文件在业主处。业主在提交索赔前可能并没有对保函修改效力进行确认,因此其在索赔时可以选择交或不交保函修改文件,或交哪份保函修改文件,可选择对自己最有利的方式,从而使承包商承担了更多风险。尤其是,业主和承包商属于战略合作或者有许多合作项目的情况下,如原保函是 A 项目的履约保函,现根据业主要求改为为 B 项目履约进行担保,假如采用修改原保函的方式,未来如果 A 项目出现违约,业主提交原保函就可以索赔;如果 B 项目出现违约,业主同时提交原保函和修改件也可以索赔。采用重新开具方式,就可以避免类似风险。但实务中收回原保函比较少见,因此也可以在新保函中直接约定原保函失效,或在新保函中增加以原保函失效为新保函生效条件的条款。

(3)保函中修改业主的风险控制。从业主风险控制的角度考虑,出具保函修改件的方式对于业主更有利。业主不需要交回原保函,避免了保函离手期间的风险暴露。比如业主已经支付了预付款,并已经获得相应金额的预付款保函作为预付款还款保障,随后由于施工合同变更而预付款金额增加,业主在追加预付款前会要求承包商提高预付款保函金额。如果采用重新开具方式,一旦原保函退还给了承包商,而承包行又未能提供或未能及时提供新保函,那么业主已经支付的预付款就没有保函的保障了。采用保函修改件的方式就可以避免此类风险,无论修改件什么时候取得,原保函仍然有效并且在业主掌握中。

二、保函转让与让渡

(一)保函转让与让渡的概念及关系

1. 保函转让(transfer of guarantee)

可转让保函(transferable guarantee)是指担保人在保函受益人的要求下,可将保函的全部或一部分转让给第三人的保函。URDG758 第 33 条 c 款规定:“可转让的保函是指可以根据现受益人(转让人)的请求而使担保人向新受益人(受让人)承担义务的保函。”可转让保函必须在保函文本中载明如下文字:“本保函可转让”(英文为:This guarantee is transferable),或者“本保函允许转让”(英文为:

Transfer is to be allowed)。[1] 保函转让,实际上是保函索赔权的转让。

保函的本质是担保工具,是担保人为基础交易关系下的债务人提供的一种增信措施。因此,URDG758 对保函转让进行了严格的限定,如第 33 条 d 款 ii 项规定:“除本条 a、b 款和 d 款 i 项的规定之外,只有转让人已经向担保人提供了经受让人签署的表明其已经获得了基础关系项下权利和义务的声明时,保函才可以被转让。”[2]但 URDG758 只有在保函中明示约定的情况下才适用,并不必然在各方当事人之间适用。对于不适用 URDG758 的保函,需要对各国家或法域对保函转让的差异进行具体考察,才可能提前识别、设计并规避转让可能带来的风险。对于多数基础设施建设项目,尤其是私人投资的项目,通常以项目公司向银行融资的方式解决,作为借款人在融资协议项下提供的担保权益,总包合同通常会设置相关条款以与项目融资进行衔接,一是要求承包商与融资银行签署直接协议;二是要求承包商开具可转让保函,允许将保函索赔权转让给融资银行,有些业主甚至要求开立以融资方为受益人的保函。[3] 为避免索赔权被滥用,原保函受益人应同时丧失索赔权。

保函转让的情形可分为以下几种:

(1)业主项目公司被资产性并购[4]。并购分为股权并购和资产并购,业主被股权并购情形下,因业主法律主体并未发生变化,仅业主建设项目公司的实际控制人发生变化,该种类型的并购工程项目建设基础交易关系未发生变化,保函也无须转让;业主建设项目公司被资产并购情形下,由于工程建设项目的主体发生变化,并购人成为工程项目建设的新主体,此时如并购人获得了基础关系(建设工程施工合同)项下权利和义务成为新的业主,则对于承包商的预付款保函、履约保

---

① 参见罗洁:《ICC China 国别保函项目:印尼保函特点及风险防控》,载微信公众号“中国国际商会”2020 年 7 月 29 日,https://mp.weixin.qq.com/s/uzJmBFD6EDA0xf8Dng58BA。

② URDG758 第 33 条规定的转让条件:(1)保函注明是可转让;(2)保函担保人已明确在一定的范围和方式下同意转让;(3)保函转让应包括转让人和担保人在此之前已经同意的所有保函修改;(4)保函转让人向担保人提出转让的书面要求;(5)保函转让人必须向担保人提供一份经受让人签署的表明其已经获得了基础关系项下权利和义务的声明。

③ 参见罗洁:《ICC China 国别保函项目:印尼保函特点及风险防控》,载微信公众号“中国国际商会”2020 年 7 月 29 日,https://mp.weixin.qq.com/s/uzJmBFD6EDA0xf8Dng58BA。

④ 资产并购(asset acquisition)是指一个公司[通常称为收购公司(purchasing company 或 acquiring company)]为了取得另一个公司[通常称为被收购公司(acquired company)或目标公司(target company)]的经营控制权而收购目标公司的主要资产、重大资产、全部资产或实质性的全部资产的投资行为。

函，原业主可以随同基础关系（建设工程施工合同）项下权利和义务一并转让给新业主。

（2）业主为融资担保转让保函。工程建设项目资金需求量大，业主出于融资的目的，将接收到的承包商的保函转让给提供融资的银行或金融机构，作为融资的一种担保措施。

（3）承包商转让保函。①承包商在采购设备或材料时如收到大量保函，承包商希望通过转让接收到的保函来向业主提供担保。②在 EPC 或分包商众多的工程项目建设中，承包商可以要求分包商向其提供可转让的工程质量保证金保函，并将保函转让给业主以转移自身风险。

2. 保函款项让渡（assignment of the proceeds of the guarantee）

根据 URDG758 第 33 条 g 款，保函款项让渡时，受让人不是保函当事人，只是根据适用的法律或合同约定，享受收取保函索赔款项的权利。保函款项让渡，实际上仅仅是一种受款权的转让，这种受款权还受到诸如保函受益人是否提交相符索赔、担保人是否行使抵销权、有无其他优先受偿者、是否禁止让渡等因素的影响。

虽然无论保函是转让还是让渡，受让人都可能获得受款权，但两者法律性质有很大差别。通常而言，在保函转让情况下，保函原受益人（出让人）已退出保函关系，受让人是保函的当事人，拥有基础关系下的权利和义务，有权享有保函下的索赔和请款，并可依据合同法、担保法获得保护；而在保函款项让渡的情况下，受让人的权益则受限于诸多因素，包括保函受益人是否提交相符索赔、担保人针对受益人行使抵销权后款项是否有净额、担保人是否愿意将索赔款项支付给受让人、保函受益人是否撤销了让渡、有无其他有优先权的受偿者、适用法律有无限制性或排他性的约定等。尤其需要强调的是，让渡关系下的受让人不是保函当事人，没有交单索赔的权利，只是享有获得保函下款项的权利。需要特别注意的是，不适用 URDG758 的保函可能涉及保函转让或款项让渡的，为避免适用法律的不确定因素带来的风险，建议各方在保函文本中对于保函转让或款项让渡的方式、流程以及相关法律后果进行明确约定。

(二)保函转让与款项让渡的实例①

中国A公司(承包商)与印度尼西亚B公司(业主)签订《工程施工合同》,由A公司承建一城市商业综合体,总造价为2000万美元。工程款项将根据工程进度,由印度尼西亚B公司分批以电汇方式支付给A公司。合同约定由A公司从中国D银行开立以B公司为受益人的可转让形式预付款保函、履约保函、质量保证金保函。B公司向印度尼西亚E银行申请贷款并于2015年4月20日获得了该笔贷款。中国A公司于收到该项目订金后,以D银行作为担保人开立了预付款保函和履约保函,在保函中约定保函转让需事先取得D银行同意,同时明确规定只允许转让一次。

项目开工半年后,B公司由于在其他业务板块投资失败,经营状况恶化,B公司董事会作出决议,将上述商业综合体转让给印度尼西亚C公司。就此,中国A公司、印度尼西亚B公司和印度尼西亚C公司签订了项目承建合同变更协议,以使受让人能获得其在交易项下的权利和义务。随后B公司向D银行提出保函转让申请,D银行在对各方面的利弊权衡考量并与A公司进一步沟通后,同意将相关保函连同之前关于有效期的修改一并转给C公司。

(三)保函转让的风险防范

从上文可转让保函实例来看,可转让保函有其独特的风险。虽然它可以带来一些灵活性、适用性,但是优点背后的局限性也很明显。保函转让可能涉及增加新的不确定的受益人,涉及担保关系变更、基础关系变更以及索赔权转移,业务关系复杂、不确定因素使风险增大。基于可转让保函的特殊之处,承包商在办理可转让保函相关业务时,应注意以下几点。

1. 要准确地约定保函是否真正可转让

保函必须明确注明可转让(transferable)才是可转让的保函,要注意其他近似的表述与可转让的区别,如divisible、transmissible等均不是标准的可转让保函表述。URDG758第33条规定:"保函只有特别声明可转让(transferable)方可转让,

---

① 参见万成文:《见索即付保函的转让和款项让渡》,载搜狐网2018年9月25日,https://www.sohu.com/a/256129412_522926。

在此情形下，保函在转让之时的全部可用金额可以转让多次，反担保保函不可转让。”尽管依据 URDG 该条规定，只要保函不注明可以转让，就属于不可转让保函，但为了更加明确保函不可转让的属性，保函可以增加表述：“本保函不可转让”（This guarantee is non – transferable）。

因不同法域可转让保函用词存在差异，保函中使用“转让”（transfer）和“让渡”（assignment）时，建议根据 ISDGP 第 208 条，注意区分到底是转让保函受益人的全部权利（包括且主要是索赔权），还是让渡保函受益人相符索赔后保函项下收取款项的权利。如果是转让保函受益人的权利，则保函阐明转让是指转让保函中的受益人在保函项下的索赔权即提交索赔的权利，如果是让渡保函项下款项，则保函阐明让渡是指保函中的受益人提交相符索赔后，让渡收取款项的权利。

2. 保函的受益人主体范围的不确定风险

索赔权转让给非基础合同受让人，意味着保函法律关系与基础合同的法律关系主体不一致，担保人基于保函所承担的义务将受到基础合同的债权债务关系以外因素影响的可能性增加，担保范围与责任扩大。若受让人不明确，索赔风险则是不可预测的，且保函申请人可能因保函项下索赔并非基于被担保人在基础合同项下违约而提出抗辩，更容易导致争议发生。保函本质是担保工具而不是类似跟单信用证的支付工具。各方特别是保函受益人和担保人在同意出具可转让保函时应慎重。

如果因业务需要必须开立可转让保函，建议在保函中列明受让人或受让人范围仅可转让一次，或者要求任何转让必须经过担保人事先同意。

3. 保函欺诈概率增加的风险

URDG758 设计的保函是独立的、见索即付的，如果索赔权转让给非基础合同受让人，那么保函将存在脱离基础交易的风险，很有可能变成被滥用的工具。各国法律的保函欺诈救济制度中，原本针对保函受益人的欺诈例外抗辩可能无法对不参与基础交易的保函受让人主张，大大增加了欺诈的发生概率，易导致保函信用危机，在承包商不存在任何违约的情况下，承包商可能遭到未知的保函新受益人索赔，银行和承包商可能要额外承担受益人的债务风险。

如果保函受让方为基础合同项下权利和义务的受让方，转让时受益人应书面通知担保人并提供材料证明；如果保函受让方为施工合同发包单位的融资银行、投资方、股东等集团内关联企业，则应将提交承包商在施工合同项下违约声明作为索赔条件。

4. 保函到期不能撤销的风险

当保函转让给非基础合同受让人，对于有失效条件的保函，可能会因保函到期前已转让的事实，使得保函失效撤销受制于受让人的许可，且根据不同法律国别法律制度规定，很可能得不到法律保障。

我们建议保函申请人关注保函受让人主体身份，并关注保函国别法律风险，确认保函失效撤销是否必须经受让人的许可，如必须经受让人许可则需要在保函到期时联系受让人办理保函撤销、注销手续。

三、保函撤销、解除、终止

（一）保函撤销

《民法典》第 147 条至第 151 条规定，合同可撤销的原因有重大误解、欺诈、胁迫、显失公平、乘人之危等。合同被撤销后，因该合同取得的财产，应当予以返还；不能返还或者没有必要返还的，应当折价补偿；有过错的一方应当赔偿对方由此所受到的损失；各方都有过错的，应当各自承担相应的责任。保函属于担保人与受益人之间的一种担保法律关系，保函是否可像其他类型合同被撤销呢？

根据 URDG758，保函分为可撤销的保函与不可撤销的保函，但突出的都是保函的不可撤销性。[①]

因保函是基于基础交易关系而设置的特殊担保法律关系，如果允许保函经申请人单方面申请而撤销，那么在申请人违约的情况下，保函受益人准备通过保函向担保人索赔，一旦担保人根据申请人的要求将保函撤销，受益人就失去了应有的保障，保函的基本功能无法得到发挥。因此，《独立保函司法解释》第 4 条与 URDG758 第 4 条 b 款都明确，保函一经开立即不可撤销，即使保函并未明确其为不可撤销。

但应注意，根据 URDG758 第 11 条 b 款关于保函修改的规定，只要担保人与保函受益人双方均同意，那么保函既可以修改也可以撤销。

那么，保函是否适用《民法典》的规定，在存在重大误解、欺诈、胁迫、显失公平、乘人之危等情形时，可经一方请求而撤销呢？我们认为保函虽有其特殊性，仍

---

① 参见阎之大：《URDG758 解读例证与保函实务》，中国文献出版社 2011 年版，第 104 页。

属于一种合同关系，应当适用《民法典》有关规定，但需要特别注意的是，保函的独立性决定了当事方不得以基础交易中存在相关情形主张撤销保函，唯一的例外是欺诈索赔，而欺诈索赔的救济通常是禁止担保人付款或禁止受益人索赔而不是保函撤销。有关欺诈索赔情形下的司法救济，详见本书第五章的相关讨论。

（二）保函解除

1. 保函的解除

合同解除是指合同有效成立后，没有履行或完全履行前，当约定的或法定的解除条件具备时，因享有解除权一方的意思表示，使合同关系除法律另有规定者外溯及的消灭。[①] 但保函作为独立于基础合同的担保合同，其不因基础合同的解除而解除。建设工程中的保函通常是承包商履行建设工程合同的担保方式之一。对于一般的担保合同，其解除分为两种情况：一种是担保合同本身解除；另一种是因为主合同解除而解除。但对于独立保函，如果业主违约，承包商起诉要求解除建设工程合同的，并不能同时主张解除独立保函。

2. 保函解除的风险防范

根据《独立保函司法解释》，如保函被确认为独立保函，则应仅将具体失效日载明于保函条款中，到期日至，保函即失效，保函权利义务关系终止，担保人的义务得以解除。反之，如果有效期表述为非单据化的失效事件，则担保人可能因无法判断失效事件发生与否，从而要求受益人出函确认担保人解除担保责任，或保函项下担保金额支付完毕，此时保函权利义务关系方终止。我们建议承包商在时刻注意建设工程合同处于履约可控状态的同时，单独解决保函问题。在三峡新能源通城风电有限公司与北京欧地安科技有限公司申请撤销仲裁裁决纠纷案[（2018）鄂01民特441号]中，承包商提交仲裁申请解除建设工程合同，同时请求解除保函，仲裁庭认为建设工程合同已经解除，承包商无须继续履行担保合同，故裁决解除招商银行北京分行的担保责任。最终该裁决被撤销。因此，在因业主违约而合同被解除的情形下，承包商应注意，保函因其独立性、非从属性的法律性质，不因建设工程合同解除而解除，其法律关系当事主体和管辖权与基础交易也不相同。因此，应将保函作为一个独立争议事项谈判或者诉讼或仲裁解决。

---

① 参见马俊驹、余延满：《民法原论》（第2版），法律出版社2005年版，第613页。

（三）保函终止

1. 保函终止的概念

合同债权债务终止是指由于一定的法律事实的发生，合同所设定的债权债务关系在客观上已不再存在。[①] 保函虽然是担保人和受益人之间的担保合同，但基于保函申请、反担保等相关法律关系，保函终止不仅影响担保人、受益人，还会影响保函申请人、指示方或其他主体。因此，保函终止是保函各方风险防范非常重要的内容之一。

2. URDG758 规定的保函终止条件

URDG758 第 25 条 b 款规定了保函的终止条件："不论保函文件是否退还担保人，在下列情况下保函均应终止：(1)保函失效；(2)保函项下已没有可付金额，或者；(3)受益人签署的解除保函责任的文件提交给担保人。"同时，URDG758 第 2 条对"失效"进行了定义："指失效日或失效事件，或两者均被约定情况下的较早发生者。"

3.《独立保函司法解释》规定的保函终止情形

《独立保函司法解释》第 11 条第 1 款规定了 5 类保函终止的情形：(1)独立保函载明的到期日或到期事件届至，受益人未提交符合独立保函要求的单据；(2)独立保函项下的应付款项已经全部支付；(3)独立保函的金额已减额至零；(4)开立人收到受益人出具的免除独立保函项下付款义务的文件；(5)法律规定或者当事人约定终止的其他情形。其第 2 款规定："独立保函具有前款权利义务终止的情形，受益人以其持有独立保函文本为由主张享有付款请求权的，人民法院不予支持。"

(1)保函载明的到期日或到期事件届至，受益人未提交符合保函要求的单据。以建设工程履约保函为例，一般有效期的截止有三种形式。第一种是以某证书颁发作为截止事件，没有约定明确的截止期限。例如，《建设工程施工合同(示范文本)》(GF-2017-0201)附件 8 第 2 条中约定："担保有效期自你方与承包人签订的合同生效之日起至你方签发或应签发工程接收证书之日止。"第二种是根据基

---

① 《民法典》第 557 条第 1 款规定："有下列情形之一的，债权债务终止：(一)债务已经履行；(二)债务相互抵销；(三)债务人依法将标的物提存；(四)债权人免除债务；(五)债权债务同归于一人；(六)法律规定或者当事人约定终止的其他情形。"

础合同确定的事件节点以及合理期限确定，并且约定最迟的截止日期。例如，《住房和城乡建设部关于印发工程保函示范文本的通知》（建市〔2021〕11号）附件7第3条约定："本保函有效期自开立之日起至基础合同约定的缺陷责任期后____日止，最迟不超过________年____月____日。"第三种是根据基础合同约定的完工日期加一个合理期限，设定一个具体日期作为截止日期，如"本保函有效期自开立之日起，至________年____月____日"。保函有效期满，保函项下的权利义务终止后，担保人的担保责任终止，受益人的付款请求权也消灭，保函受益人无权以其持有的保函文本向担保人主张付款。保函项下关于保函终止的条款建议按以下方式拟定：其一，依据基础合同及/或申请人与受益人的约定，设定一个具体的保函到期日，且仅将该具体日期载明于保函中，到期即失效，保函终止；其二，终止条款如为某到期事件的发生，建议将该事件设定为一个单据条件，即符合要求的单据提交至担保人后保函终止或失效；其三，如果保函既包括到期事件又包括到期日，则将到期事件设置为单据化条件，并将具体日期设置为最迟到期日，或根据基础合同要求载明二者以早发生者为准。

（2）保函的金额已减额至零。预付款保函与履约保函金额通常是建设工程合同金额的一定比例，随着工程的开展，相关担保金额应当根据完工进度降低。在工程建设中后期业主与承包商往往度过了合同初期的"蜜月期"，此时双方容易产生各类纠纷，如果保函中没有设定完善的减额条款，在保函金额较高的情况下，往往容易产生道德风险。在伊斯兰堡高等法院审理的一个保函索赔纠纷[①]案中，受2008年经济危机、巴基斯坦国内大面积停电影响，业主投资的纺织产业受到严重打击，资金链断裂，此时业主为获得一笔流动资金而提出保函索赔。因此，在保函中设置恰当的减额条款，在工程或者交易的中后期保函金额已经不足以让业主方和承包商撕破脸，双方也就会比较冷静地通过协商等比较和缓的方式解决工程项目中出现的问题。[②] 因此，保函减额条款对于承包商而言非常重要，承包商应尽量在预付款保函、履约保函中设置减额条款，并在基础合同履约过程中注意按照基础合同的约定和履行进度办理减额手续。

（3）担保人收到保函受益人出具的免除保函项下付款义务的文件。保函作为

---

① 见附录B案例25。

② 参见苑超：《关于最高人民法院独立保函司法解释实务解析》，中国商务出版社2019年版，第28页。

担保人和保函受益人之间的契约，如果保函受益人同意终止担保人的付款义务，发出了免除保函项下付款义务的声明，则该意思表示为有效，保函权利义务终止。如果保函受益人作出此类声明，但担保人并没有作出任何回应，此后保函受益人有可能在保函有效期内索赔，主张该声明只是其单方面的意思表示，并没有与担保人达成合意，不能视为对保函的变更。《独立保函司法解释》确认保函受益人免除保函项下付款义务的声明为单方面法律行为，无须双方通过合意进行法律关系变更。但因各个法域的规定可能存在差异，因此建议如保函受益人作出免除保函项下付款义务的声明，担保人可对受益人的该声明及时予以确认并回复，从而确保该声明的有效性。

（4）退回保函正本与保函终止。如保函明确约定以退回保函正本作为担保责任解除的条件，或保函适用 URDG458，则保函正本退回即保函失效或终止。但在 URDG758 修订的过程中，起草组对这个问题作了讨论，且已经发生过多起案例，多数法院认为退回保函正本并不能表明保函受益人解除担保人担保责任的意思。最终 URDG758 没有保留把退回保函正本作为保函责任终止条件的条款。除非保函明确规定，保函受益人索赔时并不需要出示保函正本。在索赔过程中，保函正本仅仅涉及证据的证明力，退回保函正本并不当然剥夺保函受益人索赔的权利。尽管如此，我们建议保函申请人重视保函到期、终止、解除情况，及时联系保函受益人退回保函原件，并及时联系担保人对已失效或终止的保函进行注销，消除不必要的隐患，尽快恢复银行授信额度。

与保函终止相联系又有区别的一个概念是保函的终止支付，即欺诈索赔情形下，法院判决终止支付保函项下的款项。在建设工程合同履行过程中，当业主与承包商就基础合同发生纠纷时即使业主违反合同是造成纠纷的主要原因，为了在谈判中增加筹码，业主也有以保函索兑为要挟甚至直接付诸实施的内在动力。这时承包商、担保人将处于严重不利地位，遭受恶意索兑保函的风险很大。因此，各国法律在承认独立保函的绝对性和无条件性功能的同时，根据诚实信用原则，将欺诈索赔作为在单据表面相符情况下拒绝兑付保函的重要抗辩理由，通过诉讼、仲裁等法律程序终止保函项下款项的止付或禁止保函受益人索赔。此处的“终止”针对的是保函受益人的欺诈性索赔，而不是保函的全部权利义务关系，因此不产生保函终止的法律后果。关于保函的欺诈性索赔及其司法救济，本书第五章“保函索赔风险防范和应对”将详细论述。

第二节　不可抗力对保函的影响

不可抗力是各国通例上最为典型的免责事由。《民法典》第 180 条第 1 款规定:“因不可抗力不能履行民事义务的,不承担民事责任。法律另有规定的,依照其规定。”保函脱离担保人的控制视为开立①,保函的申请至开立期间,如发生不可抗力可能会涉及基础合同的违约;保函在开立后,在不可抗力持续期间,其交单、索赔、审核和付款都将受到影响。

一、不可抗力的概念

不可抗力条款在很多国际条约、惯例和示范法中都有所涉及。② 所谓不可抗力,是指独立于人的行为之外,并且不受当事人的意志所支配的不可预见、不可避免又不可抗拒的客观情况。③ 不可抗力的发生原因有两种:一是自然原因,如洪水、暴风、地震、干旱、暴风雪等人类无法控制的大自然力量所引起的灾害事故;二是社会原因,如战争、罢工、政府禁止令等引起的社会性突发事件。保函本身通常不含“不可抗力”条款,但可通过在保函中选择适用和约定适用法律两种方式引入不可抗力条款。

(一)对不可抗力的理解

1. 中国

《民法典》第 590 条规定,当事人一方因不可抗力不能履行合同的,根据不可抗力的影响,部分或者全部免除责任,但是法律另有规定的除外。因不可抗力

---

① ISDGP 第 68 条:“Once a guarantee has left the control of the guarantor, it is deemed to have been irrevocably issued, even if the guarantor has mistakenly allowed it to leave its control by any means or if its issue does not comply with the internal hierarchical approval process according to the guarantor’s internal control system.”

② 参见高祥主编:《国际条约、惯例和示范法中不可抗力及相关制度的研究报告》,中国政法大学外国法查明研究中心 2020 年版。

③ 参见最高人民法院民法典贯彻实施工作领导小组主编:《中华人民共和国民法典总则编理解与适用》(下册),人民法院出版社 2020 年版,第 905 页。

不能履行合同的，应当及时通知对方，以减轻可能给对方造成的损失，并应当在合理期限内提供证明。当事人迟延履行后发生不可抗力的，不免除其违约责任。

根据通说，我国对不可抗力的认定主要由“不能预见”、“不能避免”且“不能克服”三个要件构成。“不能预见”作为判断当事人是否具有过错的重要因素，主要指造成合同履行困难的客观情况是善意一般人都无法预知的。如果当事人能够预见到该等客观情况仍然为之，则具有过错，不能主张免责，该等客观现象也不构成不可抗力。“不能避免”及“不能克服”主要用于证明不可抗力的客观性与必然性，具体指当事人对于不可抗力事件的发生虽尽了合理注意和最大努力，仍不能阻止和克服，并因此导致合同不能履行。

2. 德国

根据《德国民法典》第 275 条，如果不可抗力事件导致债务人或者任何人（暂时）不可能履行（《德国民法典》第 275 条第 1 款），或者要求其做出的努力与债权人履约的利益极其不成比例（债务的履行成本与债权人所得利益极不相称）（《德国民法典》第 275 条第 2 款），或者在权衡双方共同利益的情况下，不能合理期待债权人做出给付（《德国民法典》第 275 条第 3 款）时，则排除债权人的履行请求，债务人有权拒绝履行。

如果履行合同所需要付出的成本不合理，则涉及该法典第 275 条第 2 款的适用问题。第 275 条第 2 款中规定的履行不能，是一种可实践性上的不能，即理论上债务人可以继续履行合同，但任何理性人在该种履行障碍发生时都不会考虑继续履行合同。而第 275 条第 3 款中规定的“不能”则是一种道德上的不能，即合同义务并非不能履行，而是不可合理地期待债务人履行其义务。在合同履行不能的情形下，根据《德国民法典》第 326 条第 1 款，对待给付请求权消灭。

一般认为，当事人启动第 275 条主张履行不能进而免除合同履行义务的门槛较高。就国际制裁导致的合同履行障碍而言，如当事人根据国际制裁法的规定可以通过申请许可、采取更换结算货币等商业性替代措施继续履行合同，除非采取上述措施所付出的成本与债权人所获利益极不相称，否则不会被认定为“履行不能”。

3. 法国

根据 2016 年债法改革后的《法国民法典》第 1231 - 1 条，如果不履行或迟延履行是不可抗力所致,则债务人不承担责任。

从法院的判例来看,即使是战争等极端情况,也可能仅被认为造成债务履行更加艰难或者成本更加高昂,也不能援引不可抗力条款,因为合同履行在物质上仍然是可能的。

由此观之,在法国法的体系下,就国际制裁所导致的合同履行障碍而言,除非债务人可以证明存在法律上的不能履行,方可构成"不可抗力",否则债务人不能被豁免原始的给付义务。

4. 英美法系[①]

在英美法系中,是否构成"不可抗力"主要取决于双方如何约定,不存在强制适用的概念或规则,因此法院对不可抗力相关条款如何理解便成为关键。

同时,英美法系也存在与"不可抗力"在适用效果上类似的合同落空/合同受挫规则(doctrine of frustration)。根据该项规则,合同订立后如果发生了不可预见的事件使得合同履行不能、违法或与预期不同,则该项合同可以被解除。其中履行不能要求合同履行过程发生的事件彻底地、根本地改变了合同履行的性质。

(二)不可抗力的法律适用

如果保函中选择了适用规则(如 URDG458 或 URDG758),该规则项下的"不可抗力"条款,则可视为已被纳入保函(约定不可抗力条款)。若同时该保函中也约定了适用法律,则适用法律项下关于不可抗力的规定也同时适用于该保函(法定不可抗力条款)。换言之,该保函同时受到约定不可抗力条款和法定不可抗力条款的规制,一般两者在发生冲突时约定不可抗力应优先适用。

如果保函未约定适用的国际规则,只约定适用法律,则该保函仅涉及"法定不可抗力条款"。关于约定不可抗力条款和法定不可抗力条款的关系,需要说明的是,保函适用规则是对保函的补充约定,其适用是以不违反保函适用法律的强制性规定为前提的。若保函适用规则的某些条款(如不可抗力条款)与保函适用法律的强制性规定产生冲突,则优先适用法律的强制性规定。

---

① 该部分内容参见霍伟、杨天:《法出同源!——不可抗力免责与合同严守原则博弈的中西比较(上)》,载微信公众号"中伦视界"2020 年 4 月 15 日,https://mp.weixin.qq.com/s/gAwDGZqzhRJBJUPl_fmMAA。

二、不可抗力对保函的影响

不可抗力对保函的影响，包括不可抗力事件发生期间保函到期失效的情形下，即使任何一方均无过错，索赔项下的交单、审核或付款也可能被一件影响担保人或反担保人的不可抗力事件所阻止，例如在付款地、交单地爆发战争或者因COVID－19封城等。

如果付款地发生不可抗力事件，保函在不可抗力发生期间到期失效，受益人是否丧失了其保函项下的请求付款权？基础合同履行地发生不可抗力，对申请人开立的保函有什么影响？

（一）保函付款地发生不可抗力事件

保函与反担保函项下对相符索赔付款地的认定至关重要。只有确定了付款地，才能确定担保人在何地的付款被视为履行付款责任，从而确定索赔方与付款方谁享有不可抗力免责的保护。

URDG758 第20条c款规定："付款应在开立保函的担保人或开立反担保函的反担保人的分支机构或营业场所的所在地点进行，或在保函或反担保函中规定的其他地点（付款地）进行。"根据本款规定，如果保函未规定付款地，则付款地应为开立保函的担保人或开立反担保函的反担保人的分支机构或营业场所的所在地；担保人或反担保人也可以在保函中另行约定在其他地点付款，该地点为付款地。

URDG758 第26条采用了一种被视为最适合见索即付保函实务的新型解决方案，旨在为受益人提供更为公平的待遇，同时兼顾担保人的利益。对该条进行如下分析。

1.第26条a款中关于"不可抗力"事件的约定，采用了列举加概括的方式即既有明确"不可抗力"事件的约定又有笼统的概括约定。前者包括天灾、暴动、骚乱、叛乱、战争、恐怖主义行为。"不可抗力"事件的概括约定中，"担保人或反担保人不能控制而导致保函业务中断的任何原因"因没有明确的界定而可能在实践中被无限制扩大，例如担保人根据有关反洗钱法律法规而被采取调查，这也被担保人视为担保人自身无法控制的原因，又如因担保人在向受益人发拒付电时营业地发生停电，导致拒付通知未能在审单期限内发出，担保人也可能主张停电是自身无法控制的原因。

2. 第 26 条 b 款中对于“不可抗力”的法律后果，分为三个阶段来分析，即交单（保函受益人向担保人提出付款请求）、审核（担保人对保函受益人的付款请求及相应单据进行审核）、付款（如单据符合保函要求，担保人向保函受益人付款）：

（1）交单或付款阶段——“不可抗力”发生时受益人尚未交单且保函尚未失效。在此情形下，根据“约定不可抗力条款”，保函自原定失效日起强制展期 30 个日历天。此阶段的风险分担机制实质上给予受益人额外的 30 个日历天来索赔，同时又避免担保人由于不可抗力而出现“保函有效期敞口”的风险。但如果在该 30 个日历天结束后，担保人因不可抗力事件持续仍未恢复营业，则保函将由于新失效日的到来而失效。URDG758 此处强制展期 30 个日历天的规定，可以视为双方在保函中就保函有效期因不可抗力的延长作出了约定。过了这个期限，保函即失效，担保人不再承担保函项下义务。考虑到见索即付保函通常受到约定规则（如 URDG758）和适用法律的共同规制，上述关于不可抗力的 URDG758 规则能否最终适用还取决于适用法律是否另有强制性规定，而不是仅仅以 URDG758 的规定为依据。① 以中国法为例，中国法下不因不可抗力丧失权利的情形，主要体现于“诉讼时效”因不可抗力的中止。但是并没有“保函有效期”（担保合同有效期）是否因不可抗力中止的规定。这种情形下，应适用 URDG758 规则，即保函强制展期 30 个日历天，此后保函失效，保函受益人无权向担保人提出付款请求。

（2）审核单据阶段——“不可抗力”发生时保函受益人已经向担保人交单，但担保人尚未审核索赔单据。在此情形下，URDG758 规定的 5 个营业日的审核时间因不可抗力中止计算。在不可抗力影响消除后，审核时间重新计算。可能出现的一种对保函受益人不利的情形是：保函受益人提交了索赔，担保人审核阶段发生了不可抗力事件，不可抗力事件结束后，担保人继续审核并发现索赔存在不符

---

① ISDGP 第 190 条："The situations listed in article 26(a) are examples and do not form an exhaustive list. A pandemic for instance may amount to force majeure under 26 if it also leads to the interruption of the guarantor's guarantee – related business. Conversely, events that are beyond the guarantor's control and that render the payment of the guarantee impossible do not fail into the scope of article 26 if they do not lead to the interruption of the guarantor's guarantee – related business. That is generally the case of multilateral or unilateral economic sanctions if they only prevent the guarantor from making payment or from extending the guarantee, but do not prohibit presentations being made or their examination, Their effect on the guarantee would therefore depend on the applicable law, not on the URDG."

点，遂发出不符点通知，而保函在此期间失效，从而保函受益人失去了再次提交索赔以构成相符索赔的机会，最终将会被视为“受益人没有在保函有效期内提出相符索赔”，保函受益人丧失获得保函款项的权利。担保人在该情形下因不可抗力所免除的是其“迟延审核单据”而给受益人造成利益损失的赔偿义务，而非付款义务。

(3)付款阶段——“不可抗力”发生时担保人已经确定索赔是相符的但尚未付款。该情形下，保函受益人已经在保函有效期内提出了符合约定的付款请求，其权利并未丧失，而仅担保人可以依据不可抗力免除自己迟延履行付款义务的责任。因此，不可抗力事件结束后，即使保函已经失效，担保人仍应予以付款。如果担保人发出索赔的行为也受到不可抗力事件影响，担保人有权在不可抗力结束后的 30 个日历天后，向反担保人提交索赔，即使反担保函已经失效。

3. 关于“不可抗力”法律后果的规定。URDG758 第 26 条 e 款中明确规定了担保人对于不可抗力的后果承担该条下的相关责任，但不再承担进一步的责任。URDG758 并未对“进一步责任”进行具体规定，但我们理解应包括担保人在不可抗力期间保函未能修改、转让、保函金额增减的单据无法出具或提交等情形。

(二)基础合同履行地发生不可抗力

1. 不可抗力对基础合同履行违约认定以及保函法律关系产生的影响

不可抗力发生会直接导致建设工程合同全部或部分不能履行或者迟延履行，承包商免除违约责任，即由业主承担工期损失。FIDIC 银皮书中将不可抗力规定为业主的风险，不可抗力引起的费用承包商可向业主索赔。但对于不可抗力中的自然灾害，如地震、飓风、台风或火山活动，承包商因有权获得工期的延长，而无权索赔因此引起的费用，体现了风险共担的精神。在长江岩土工程总公司与中国建设银行股份有限公司温岭支行保函纠纷案[(2019)最高法民终 302 号]中，生效判决已经查明因利比亚国内发生战争，承包商因此撤离涉案工程项目。战争、动乱等社会现象具有不可预见的偶然性和不可控制的客观性，应当属于不可抗力范畴。故本案承包合同无法履行是不可抗力所造成，承包商并未违约，业主保函受益人对此事实应属明知。

因此，因不可抗力会对基础合同违约责任认定产生影响，建设工程合同全部或部分不能履行或者迟延履行，承包商免除违约责任，这也会对履约保函兑付欺诈性例外原则认定产生影响。

2. 不可抗力对基础合同解除违约责任产生的影响

因不可抗力致使不能实现合同目的属于中国法下法定解除的情形之一。[①] 在建设工程合同成立以后业主与承包商没有履行或者没有全部履行完毕合同之前，工程项目所在地发生不可抗力致使合同目的不能实现，当事人一方可通过行使法定的解除权使建设工程合同效力消灭。在长江岩土工程总公司与中国建设银行股份有限公司温岭支行保函纠纷案[（2019）最高法民终 302 号]中，双方合同因履行地发生战争而合同目的无法实现，属不可抗力。现业主要求解除合同，承包商亦同意解除，故合同应当解除。业主要求确认因工程预付款所形成和享有的债权及因合同解除产生的损害赔偿请求权。法院认为，首先，根据查明承包商实际完成工程量不低于 26.695 亿元，该金额已超过业主所主张的债权金额，说明工程预付款已用于工程，承包商并没有不当占有该工程预付款；其次，根据《合同法》第 117 条（现为《民法典》第 590 条），因不可抗力不能履行合同的，根据不可抗力的影响，部分或者全部免除责任。业主不享有因合同解除产生的损害赔偿请求权。

因此，当建设工程合同因不可抗力解除时，承包商可免除违约责任，这在保函纠纷中会对人民法院认定基础交易承包商是否有付款或赔偿责任产生影响，从而对认定业主是否构成保函欺诈产生影响。

三、制裁措施是否属于不可抗力

在涉及制裁的保函交易中，银行有可能以交易因素涉及制裁为由拒绝受益人依据保函所提出的付款请求。那么，制裁措施是否属于不可抗力？越来越密集且多样的制裁措施对保函业务的风险有哪些？对这些问题的回答首先需要把握制裁的边界。

（一）制裁措施概述

1. 被制裁主体

制裁措施可能包括将某一实体列入黑名单，并限制本国主体或外国主体与其进

---

① 《民法典》第 563 条第 1 款第 1 项规定："有下列情形之一的，当事人可以解除合同：（一）因不可抗力致使不能实现合同目的。"

行商贸往来。进一步地，对于从事境外汇款的专业银行及金融机构，如涉及与黑名单上的境外主体进行资金往来，将存在违反制裁措施并被列入黑名单的风险。

以美国近期对俄罗斯的制裁措施为例：(1)将俄罗斯从SWIFT除名，进行大规模的资产冻结，禁止美国银行充当俄罗斯银行的代理银行。(2)对俄罗斯金融机构实施SDN清单制裁[①]、CAPTA制裁，限制其投融资活动。

2. 制裁措施

(1)美国的制裁措施[②]

美国对制裁目标国的经济制裁措施可以分为一级制裁和二级制裁。一级制裁主要适用于美国人或在美国境内的主体从事的具有美国管辖权的活动；二级制裁可以直接适用于“非美国人”(如中国自然人或实体)，即美国在制裁目标国的同时，限制第三国的实体或自然人与受制裁国家进行金融和贸易往来，并对违反制裁规定的第三国实体或自然人施加处罚。

美国的部分制裁措施已具备二级制裁效力或者可能产生二级制裁的效果，将制裁范围扩大至可能对俄罗斯提供“实质性帮助”的任何交易主体。[③] 这意味着，非美国人士的个人与实体如果与SDN清单中的个人与实体进行“重大交易”，也可能面临处罚。[④]

---

① SDN清单由美国财政部海外资产管理办公室(OFAC)主管，OFAC通常禁止美国人士或实体与SDN清单中的指定实体或自然人进行交易。被列入SDN清单的自然人或实体可能面临其在美国的资产被冻结而不得转移至海外或进行任何交易的后果。OFAC相关法规通常禁止美国人士或实体与SDN清单中的指定人员(有时还包括其他被禁人员)进行交易。

② 参见刘相文等:《俄乌冲突背景下经济制裁构成不可抗力吗?》，载微信公众号“中伦视界”2022年10月17日，https://mp.weixin.qq.com/s/PzoT0TZ7hbMX1Pq0EsmOCA。

③ 根据美国过往相关的总统行政令与案例，一般而言，美国财政部主要对非美国主体以下违反二级制裁规定的行为实施制裁:(1)向受制裁主体提供“实质性帮助”(material assistance)，例如高价值交易(被禁止的交易通常包括由被禁人员投入、向被禁人员提供或从被禁人员处获取资金、商品或服务的交易，或为被禁人员的利益从事上述活动)，触及美国制裁核心目标的活动，具有组织性、欺诈性、规避性的行为;(2)为受制裁主体或代表受制裁主体实施某种行为;(3)在受制裁领域经营;(4)由受制裁主体持有或控制;(5)代表受制裁主体促成重大交易(significant transaction);(6)上述多种行为并存。

④ 同时有论者提出，即使非美国人士与被制裁主体进行交易，这也不必然导致前者被二级制裁。“如果了解到德国公司存在违反二级制裁规定的行为，美国财政部长有可能与美国国务卿沟通，以决定是否将德国主体列入SDN名单。美国财政部对此有较大的自由裁量权，若德国公司供货的价值较低，不涉及俄罗斯被制裁的关键行业领域，行为的组织性、规避性、欺诈性较低，或者制裁影响很大，则德国公司被列入SDN名单的可能性较低;反之，则可能性较高。”参见刘相文等:《俄乌冲突背景下经济制裁构成不可抗力吗?》，载微信公众号“中伦视界”2022年10月17日，https://mp.weixin.qq.com/s/PzoT0TZ7hbMX1Pq0EsmOCA。

从美国以往的制裁实践来看，针对违反二级制裁的第三国实体（“违反者”）的惩罚措施可以概括为以下几种：①将违反者列入 SDN 清单等“黑名单”，实施代理行账户或通汇账户制裁（CAPTA 制裁）等；②冻结违反者及关联方在美国的财产；③限制或禁止美国实体或个人与违反者进行交易；④限制违反者在美国进行金融活动等。以 SDN 清单的二级制裁为例，美国禁止非美国人同 SDN 清单所列受制裁实体进行交易，违反二级制裁的将被限制或移出美国金融体系，甚至有可能被列入 SDN 清单。

（2）欧盟的制裁措施

以欧盟对俄罗斯的最新制裁措施为例，2023 年 2 月，欧盟通过第 10 轮对俄罗斯制裁措施，针对约 120 名个人和实体，制裁措施包括进一步限制军民两用产品和技术出口到俄罗斯，对支持俄乌冲突、传播俄罗斯宣传内容或向俄提供用于冲突的无人机的个人和实体采取有针对性的限制措施。[①]

协助违反欧盟制裁规定的实体可能被列入欧盟经济制裁清单，从而导致其在欧盟境内的资产被冻结，欧盟实体不得向其提供资金或经济资源等。[②] 违反制裁规定的后果由各成员国自行规定，包括罚款和刑事处罚。

（二）制裁背景下银行向受益人付款的可能障碍

1. 银行汇款因制裁被冻结

在以美元结算的交易中，付款人付出的美元必须通过美国的中转行才能达到收款人账户，而美国的中转行在处理业务的过程中，需要知晓付款人和收款人的真实信息。一旦知道付款人或收款人是制裁对象，或者付款信息中出现被制裁地区的信息，美国的中转行会拒绝受理这一单业务，甚至扣留这部分款项，将交易汇报给美国政府。

2. 银行因交易行为被二级制裁的风险

总体来看，根据伊朗被美国制裁的经历，相关主体被制裁所涉及的风险主要可能来自：（1）制裁包含直接禁令，这将导致银行因与被制裁主体进行特定交易而

---

① 参见《欧盟对俄罗斯实施第十轮制裁》，载 https://www.voachinese.com/a/th-round-of-eu-sanctions-hit-russia-others-20230225/6979390.html。

② 参见汤伟洋等：《君合法评|君合出口管制与经济制裁双月评》，载微信公众号“君合法律评论”2023 年 3 月 17 日，https://mp.weixin.qq.com/s/VkkU4EfRk6CfHgKCETm0uA。

被二级制裁，从而影响正常经营；[①](2)与来自被制裁国家的当事人进行特定的交易往来，这有可能导致其被二级制裁。

(1)制裁条例明确禁止与被列入制裁名单的主体进行特定交易

银行违反制裁条例做出交易行为的影响可能是巨大的。以中国昆仑银行事件为例，美国财政部于2012年1月根据《伊朗全面制裁、问责与撤资法》将Tejarat银行列入SDN清单。在Tejarat银行被制裁后，中国昆仑银行仍与被制裁的Tejarat银行进行交易，还根据Tejarat银行开立的信用证，向伊朗伊斯兰革命卫队关联单位支付了一笔款项。因此，美国于2012年7月对昆仑银行实施代理行账户或通汇账户制裁，导致其与美国金融系统的联系被切断，美元结算通道被关闭，致使其外汇业务、汇款业务、融资业务均无法正常展开。

因此，对于无法在不违反国际制裁法的前提下履行合同的情形，法院更可能认为此种履行障碍可以构成债务人一方的免责事由。以Arash Shipping Enterprises Company Ltd v. Groupama Transport案为例，欧盟理事会在2010年针对伊朗的制裁条例第26条第(1)款中明确禁止为伊朗人士或实体提供保险，故被告公司主张其在法律上履行不能。法院最终支持了被告的主张。

(2)银行因为存在受制裁的可能风险而拒绝支付

由于美国二级制裁的外延较广、影响较大，面对来自被制裁国家的受益人，银行很可能因为担忧己方被牵连而拒绝支付。

若这种被制裁风险较为间接或发生不确定性较大，法院很可能倾向于认为这种潜在的被制裁风险不足以作为银行履行义务的有效障碍。以此次西方国家对俄罗斯的制裁为例，与此前美国对伊朗的制裁相比，目前无论是美国、英国还是欧盟，其均未“一刀切”地禁止银行对俄罗斯企业支付，而且并非所有的俄罗斯实体均被列入制裁名单。因此，若银行仅以受益人来自俄罗斯为由拒绝对其支付，我们认为其受到法院支持的可能性相对较小。不过，最终认定还需要视不同国家法律对“不可抗力”的规定而定。

---

① 以Lamesa Investments Ltd. v. Cynergy Bank Ltd.案为例(案情分析见后)，原告的控制人(俄罗斯公民)被第13662号行政令纳入“特别指定国民名单”，被告(英国企业)即主张若其继续向原告履行贷款合同项下支付利息的义务，将遭受美国次级制裁。

（三）银行存在被制裁风险是否可以被视为不可抗力

1. 国际惯例：URDG758 强调“营业中断”

根据 URDG758 第 26 条，“不可抗力”是指由于天灾、暴动、骚乱、叛乱、战争、恐怖主义行为或担保人或反担保人无法控制的任何原因而导致担保人或反担保人与该规则有关的营业中断的情况。在 URDG758 第 26 条中，“不可抗力”除强调担保人不能预见、不能避免、不能克服的客观情况外，聚焦于“营业中断”。

以西方国家此次对俄制裁为例，鉴于目前暂无直接禁令禁止银行向俄罗斯受益人付款，即使银行面临被二级制裁的风险，该制裁也将后于银行向受益人的兑付行为发生。因此在银行付款时，似难认定当时存在导致银行“营业中断”的不可抗力。

2. 中国

在我国司法实践中，法院通常会对于外国制裁措施是否构成合同法下的“不可抗力”问题进行个案分析，且往往持否定态度。

首先，相关因素是否不可预见是法院论述的重点之一。以此次美国对俄制裁为例，有观点认为，俄乌冲突爆发之后，随着美国涉俄制裁的总统行政令接连颁布，制裁名单一次次更新，制裁范围一步步扩大，美国对于俄罗斯企业进行经济制裁越来越成为公众可以知晓的政策导向。因此，若在俄乌冲突爆发后签署涉俄商事协议，法院可能会更倾向以涉俄经济制裁的政策导向已经为公众所知为由，认为俄罗斯企业受制裁的风险属可以预见的情形。

其次，法院会关注制裁是否不能克服。在绝大多数情况下，对于外国制裁措施，特别是一国通过长臂管辖发布的单方制裁，我国法院一般认为，如果主张不可抗力的一方仍能够克服制裁影响并履行合同，相关制裁情形便不属于不可抗力。在中国葛洲坝集团股份有限公司诉意大利裕信银行股份有限公司（以下简称意大利裕信银行）上海分行独立保函纠纷案［（2018）沪 74 民初 1419 号］中，法院认为：系争 G560 号保函为独立保函，根据 URDG758 的约定及本案适用的实体法律，在原告“相符交单”的情况下，被告负有无条件付款义务。被告作为意大利裕信银行在中国的分支机构，为避免受意大利法律制裁而拒绝履行付款义务，系基于商业权衡作出的自主选择。若免除被告的违约责任将使其违约的不利后果不当转嫁至原告。

另外,我国《阻断外国法律与措施不当域外适用办法》(以下简称《阻断办法》)(商务部2021年1号令)于2021年1月9日颁布,并立即生效。《阻断办法》第2条界定了该办法的适用范围,即违反国际法和国际关系基本准则,不当禁止或限制中国公民、法人或者其他组织与第三国(地区)及其公民、法人或者其他组织进行正常经贸及相关活动的外国法律与措施,即通常所述的美国法律概念下的"二级制裁"。①

在具体适用上,若中国公民或法人遇到外国法律与措施禁止或者限制其与第三国(地区)及其公民或法人进行正常的经贸活动,应向商务主管部门报告(30日内)。商务主管部门经工作机制评估,确认有关外国法律与措施存在不当域外适用情形的,可以发布不得承认/不得执行/不得遵守的禁令。

由此,鉴于《阻断办法》表明了我国反对外国法律与措施不当域外适用的立场,若中国公民或法人遇到外国法律与措施禁止或者限制第三国(地区)及其公民或法人正常的经贸活动,其有权要求商务主管部门发布禁令,则很难主张相关制裁是不能克服的。因此,在我国,银行主张制裁构成不可抗力的难度更大。

3. 英国:法院注重对合同条文的解释

英国法上并无对不可抗力的规定,因此法院对合同条文中排除责任条款及不可抗力条款的解释,决定了制裁是否构成不可抗力,从而是否可以成为开证行免于履行合同义务的合法理由。

在Mamancochet Mining Limited v. Aegis Managing Agency Ltd. 案②中,法院考察的重点是被告(承保人)是否因保单的制裁条款而无法支付海上保险的索赔款。海上运输保单中包含了"限制和排除责任条款",适用于将导致他人受到制裁的行为(conduct "would expose" a person to sanctions)。法院认为,该条款仅在支付被制裁措施实际禁止(actually be prohibited)时才适用,而不适用于仅仅可能受到制裁风险(risk of sanction)的情形。因此,鉴于并无禁令直接禁止支付,法院不支持保险基于二级制裁风险而暂停支付的行为。

---

① 参见周勇、王进、刘路雅惠:《应对他国域外管辖——中国的阻断立法》,载君合律师事务所网2021年1月10日,http://www.junhe.com/law-reviews/1374。

② 具体论述参见Lewis Moore, *Mamancochet Mining Ltd -v- Aegis Managing Agency Ltd & Ors [2018] EWHC* 2643(*Comm*) https://www.hilldickinson.com/insights/articles/mamancochet-mining-ltd-v-aegis-managing-agency-ltd-ors-2018-ewhc-2643-comm。

在 Lamesa Investments Ltd. v. Cynergy Bank Ltd. 案中，被告（英国企业）主张原告的控制人（俄罗斯公民）被第 13662 号行政令纳入“特别指定国民名单”，如果被告继续向原告履行贷款合同项下支付利息的义务，将遭受美国二级制裁，故被告援引贷款合同中的制裁免责条款拒绝支付利息。英国法院认为，根据普通法规则，合同条款不得违反英国法中的强制性规定。欧盟的《防止第三国立法的域外适用效果及其实施行为的条例》（以下简称《阻断条例》）是强制性规定且已被纳入英国国内法体系，但是《阻断条例》没有将《乌克兰自由法案》作为阻断对象，所以当事人有权约定制裁免责。在本案中，法院采取了更为宽泛的解释，结合商业常识认定合同中规定的强制性规范情形包括了美国二级制裁，从而允许当事人在二级制裁风险下暂停履行合同义务，且不违反欧盟阻断法。①

在 MUR Shipping BV v. RTI Ltd. 案中，在美国政府对承租人的母公司实施制裁后，船东以不可抗力条款为由，认为制裁导致无法按照包运合同（COA）约定以美元支付运费，且影响了货物的操作或装载。当事人（船东与承租人）在协议中规定不可抗力事件是“受影响的一方通过合理的努力不能克服”（cannot be overcome by reasonable endeavors from the Party affected）的“一个事件或状况”（an event or state of affairs）。最终，英国上诉法院对受美国制裁影响而引发的 COA 是否能够继续履行的问题作出有利于被制裁人的判决。② 上诉法院的多数观点认为，“克服”不可抗力带来的影响并不要求严格按照合同条款履行。如果受不可抗力影响的一方可以以符合常识的方式实现合同目的，避免不利后果，也未遭受任何损失，则受不可抗力影响的一方无权援引不可抗力来免除其合同下义务。法院裁定，制裁引发的状况是可以被克服的——船东在合同下收到美元支付的款项的

---

① 同时可能值得注意的是，Mamancochet Mining Limited v. Aegis Managing Agency Ltd. 案涉及两个细节：一是被保险人指定一名伊朗国民作为 consignee，但同时该伊朗国民并未被纳入美国的制裁清单；二是被告部分属于美国拥有或控制的实体。[The purchaser did not pay for the cargoes and the assured arranged for substitute bills to be issued naming an Iranian national, as consignee. The consignee was not subjected to specific US sanctions … Some of the defendants were established and maintained offices in the UK but ultimately owned or controlled by a US person and therefore classified as a“US owned or controlled foreign entity”(“USCFE”)]

② 参见周垠、吴银恒：《不可抗力是国际制裁的避风港吗——简评 MUR Shipping BV v RTI Ltd 案》，载微信公众号“中伦视界”2022 年 12 月 6 日，https://mp.weixin.qq.com/s/hEQlBlu08K1uBv1mpM0oHA；Lucy Chen、Luis Ho：《实施制裁是否自动属于“不可抗力事件”?》，载微信公众号“夏礼文律师事务所”2022 年 12 月 15 日，https://mp.weixin.qq.com/s/Ngihmj7WXWS75dXcXJ9V2A。

权利没有受到影响,它不会因为承租人提出以欧元付款的替代方案而受到任何损失。

根据上述案例,可以得出以下观点:[①]第一,外国制裁是否可以成为免责事由,英国法院注重对相关制裁排除条款的解释,且会首先考虑其措辞及其向社会一般人传达的含义。第二,制裁是否构成履行障碍将高度依赖于具体事实,这类事实包括但不限于条款的具体界定及其约定的履约障碍情形在什么时候被纳入禁令(目前是否被执行)。第三,当"不可抗力"给合同履行造成障碍时,法院支持各方变更履行,即使该种变更与约定不同,以最终保障实现合同目的。如果制裁导致的履行障碍仅仅使履行更为艰难不便利或造成物质上的损失,不构成履行目的落空,债务人据此主张免除履行义务的难度较大。

4. 欧盟:《阻断条例》[②]对制裁是否会导致履行障碍的认定有影响,但各成员国对该条例适用不一

《阻断条例》原则上禁止"欧盟人"以直接或间接、作为或不作为的方式遵守阻断清单中的经济制裁法律,也即一方当事人以对方当事人被制裁或己方面临被制裁风险为理由而不履行义务的行为将违反《阻断条例》。

在欧盟成员国内部,在不违反《阻断条例》的情况下,相关主体有可能依据制裁排除条款拒绝履行支付义务。

同时,若制裁排除条款与欧盟《阻断条例》之间存在潜在冲突,当事人仍然要关注法院对《阻断条例》的适用态度。即使相关制裁被纳入了《阻断条例》也并不意味着法院必然强制欧盟企业继续履行相关的金融、贸易等交易。

5. 德国案例

在德国汉堡地区法院受理的一起案件中,一家伊朗物流公司请求法院发布禁令,责令德国银行继续为其提供金融服务,而德国银行主张该物流公司被美国制裁,如果继续为其提供服务将遭受二级制裁。法院认为,德国银行停止服务的理由正当,《阻断条例》并未规定欧盟企业必须维持涉伊业务,最终驳回了原告诉请。

---

① See *UK: Sanctions Exclusion Clauses: What can we learn from Mamancochet Mining Limited v Aegis Managing Agency Limited and Others [2018] EWHC* 2643*(Comm)*?https://www.jdsupra.com/legalnews/uk-sanctions-exclusion-clauses-what-can-27814/.

② 也有学者将其译为《反对第三国立法域外适用的条例》。参见朱玥:《反制美国次级制裁的欧盟经验及启示:单边抑或多边》,载《中国流通经济》2020年第6期。

6. 意大利案例

意大利法院对《阻断条例》的既有适用更严格。例如,一家意大利银行停止为由伊朗公民(未被列入特别指定国民名单)控制的意大利公司提供金融服务,法院责令意大利银行不得终止服务,否则将违反《阻断条例》。又如,一家意大利公司与伊朗公司签订了货物供应合同,但该伊朗公司遭受美国制裁,其委托的意大利付款行冻结了该笔货款,没有及时向意大利公司支付。法院责令银行立即解冻该笔资金,否则将违反《阻断条例》。

第三节　保函开立后的风险防范

一、投标保函开立后的操作与风险防范

投标保函开立后业主、承包商角度的风险防范分析及风险防范措施主要有以下内容。

(一)业主角度的风险防控

如果承包商违反投标义务,业主有权通过索兑保函就承包商不履行义务所造成的经济损失获得赔偿。投标保函金额通常为业主估价的一定比例。建议业主在招标文件中将投标保函的金额设定为某一具体金额,而不是采用百分比值的方式,避免承包商反算推测业主的招标标的。

(二)承包商角度的风险防控

1. 承包商投标有效期内撤回或中标后不签订合同的风险。投标保函承诺期与投标有效期一致,一般为 90 天,最长为 120 ~ 180 天。在投标有效期内,承包商不得撤回投标,否则招标人有权索兑保函。若评标时间延长,投标保函到期,业主会通知承包商延长保函的有效期。此种情形下,承包商可以选择:(1)同意延期并联系担保人办理延期手续;(2)拒绝延期,放弃投标,要求招标人释放投标保函(同意保函终止或放弃索赔);或(3)在调整报价的基础上,同意延长保函期限。承包商中标后,在中标通知书规定的期限内应和招标人签订建设工程施工合同。合同

签订后，承包商应及时要求业主释放投标保函。

2. 承包商围标、串标或投标文件雷同风险。建设工程围标是一个招标投标的专业术语，有时也称为串标，它是指几个承包商之间相互约定，一致抬高或压低投标报价进行投标，通过限制竞争，排挤其他承包商，使某个利益相关者中标，从而谋取利益的手段和行为。《招标投标法实施条例》第 40 条规定："有下列情形之一的，视为投标人相互串通投标：（一）不同投标人的投标文件由同一单位或者个人编制；（二）不同投标人委托同一单位或者个人办理投标事宜；（三）不同投标人的投标文件载明的项目管理成员为同一人；（四）不同投标人的投标文件异常一致或者投标报价呈规律性差异；（五）不同投标人的投标文件相互混装；（六）不同投标人的投标保证金从同一单位或者个人的账户转出。"在建设工程招投标中，通常招标文件会在投标人须知中详细说明串标认定标准。承包商在投标前应注意相关说明，避免被认定为串标。在申请担保人开立保函时，应注意串标的认定标准，并建议在投标保函中增加第三方认定的结论并将其作为索赔单据。在厦门金宝大酒店（以下简称金宝酒店）与紫金财产保险股份有限公司厦门分公司（以下简称紫金保险公司）保证保险合同纠纷案[（2020）闽 02 民终 2726 号]中，招标文件投标须知第 20.6 款第（2）项规定投标人的投标文件存在下列情形的，视为投标文件雷同："不同投标人的已标价工程量清单 XML 电子文档记录的计价软件加密锁序列号信息有一条及以上相同，或者记录的硬件信息中存在一条以上的计算机网卡 MAC 地址（如有）、CPU 序列号和硬盘序列号均相同的（招标控制价的 XML 格式文件或计价软件版成果文件发布之前的软硬件信息相同的除外），或者不同投标人的电子投标文件（已标价工程量清单 XML 电子文档除外）编制时的计算机硬件信息存在一条及以上的计算机网卡 MAC 地址（如有）、CPU 序列号和硬盘序列号均相同的。"讼争工程的招标代理机构福建省建设工程咨询有限公司向法院开具证明文件，证明该项目在厦门市建设工程电子招投标交易平台上接收的 1032 个投标人的电子投标文件中，广西建工公司和福建建弘园林景观工程有限公司的投标文件，存在投标须知第 20.6 款第（2）项规定的"投标文件雷同"的情形。法院认为，虽然广西建工公司提交的投标文件是否存在雷同情况不是保函案件的审查范围，但在案证据足以证明金宝酒店向紫金保险公司发出告知函进行索赔有事实依据。而紫金保险公司未提交证据证明案涉保函存在《独立保函司法解释》第 12 条所载构成独立保函欺诈的情形，应承担举证不能的不利后果，从而认定保函欺诈不成立。

二、预付款保函开立后的风险防范

1. 基础合同中应明确约定业主预付款扣除或返还条款。业主支付给承包商的工程备料款属于预支性质。随着工程的推进，业主拨付的工程进度款数额不断增加，工程所需主要材料、构件的用量逐渐减少，原已支付的预付款应以抵扣的方式予以陆续扣除或返还，相应地，预付款保函的金额也应相应减少。

工程预付款的扣回：起扣点 $T = P - m/N$。T——起扣点，即预付备料款开始扣回的累计完成工作量金额；m——预付备料款数额；N——主要材料，构件所占比重；P——承包工程价款总额（或建安工作量价值）。例如，某项工程合同价100万元，预付备料款数额为24万元，主要材料、构件所占比重为60%，那么起扣点为多少万元？按起扣点计算公式：$T = P - m/N = 100 - 24/60\% = 60$ 万元。则当工程量完成60万元时，本项工程预付款开始扣除。

2. 承包商应按照基础合同和预付款保函约定及时办理减值确认和保函减额。在合同履行期间，承包商应按月或者季度按照合同约定的方式就预付款金额进行扣减计算，并将扣减值通知与中期付款证书一起报送业主批准确认，并及时通知担保人确认预付款保函减额；也可以根据业主付款证书计算出来的预付款保函减值通知，取得业主和担保人的共同确认。

三、履约保函开立后的风险防范

（一）业主角度的风险防控

1. 履约保函有效期的风险防范。在履约保函中，担保人为规避自身风险，会出具一份有时间限制的保函，即生效日期和失效日期均为某一具体日期。如“本保函有效期为××××年××月××日至××××年××月××日”，以及“本保函到期后，或我方已向受益人支付本保函的全部金额后，我方付款责任免除”。这种履约保函有效期的约定方式对业主非常不利。在建设工程合同实际履行过程中，因为种种原因，工程不按期完工时有发生。建设工程合同尚未履行完毕，履约保函却失效，业主的风险无疑将大大增加。因此，业主应尽量争取对其有利的保函有效期约定方式，即履约保函的有效期间是一个可变期间，即无论基础合同履约期限有多长，担保人的保证责任都会延续到整个主合同全部履行完毕为止。一是约定“主合同条款允许履约期延迟，则本保函有效期可以延迟”；二是约定“保函项下主合同规定的责任和义务履约完毕且被业主彻底解除责任和义务后失效”；三是约定适用非延即付条款，业主应注意保函的有效期，合理利用“非延即付”式索赔，要求承包商对相应的银行保函进行延期，甚至通过向担保人发出“不延期即付款”的要求，来达到延长有效期的目的。

2. 索赔依据的收集和保管。有的保函会要求保函受益人在索赔时提交履约或违约相关证据/单据，因此，在施工过程中工程变更、工程洽商、会议纪要、签证、补充协议等书面文件是合同的组成部分，尤其在设计变更、工程计量、复杂地质条件和施工环境干扰描述、主要建材价格异动等方面，全部是证明工期、工程量、合同价款的有效法律文件证据。一旦承包商违约，业主手上如果没有留存这些法律文件的证据，可能成为业主主张权利的障碍。因此，业主在保留履约证据时应注意以下几点：第一，所有涉及书面的文件必须履行签字确认程序；第二，所有提交给承包商、监理方的法律文件一式两份，一份送达对方，另一份要求对方的有权签认人签字后留己方保存；第三，签写的时间必须是事件发生时的时间，而不是签字当天的时间。

（二）承包商角度的风险防控

1. 避免挂靠转包，注重资信调查。承包商借用其他单位名义和资质挂靠进行投标，以其他单位名义施工；或者承包商在签订施工合同后，将全部或部分工程违法分包，或者以联营的方式将工程全部或部分违法分包的情况时有发生。工程挂靠或转包致使实际承包商与名义承包商不一致，看似简单的施工合同下面隐藏多方博弈，保函上载明的承包商一般为名义承包商，实际承包商负责施工，名义承包商和实际承包商脱节。如果名义承包商对实际承包商管控力度不够，实际承包商给名义承包商带来的风险可想而知。承包商应尽量避免挂靠或转包，如存在名义承包商与实际承包商脱节的情形，则应对实际承包商进行资信调查，并且要求其提供相应的履约担保措施。防范履约保函欺诈最有效的手段是事前对业主做尽职调查，综合评价业主的资信情况，不能为了一时的经济利益而“踩坑”，这样得不偿失。如果承包商受自身能力限制无法全面了解业主情况，可以委托银行、专业律师，利用其独有的资源和背景进行资信等方面的评估，这样更有利于对双方能否进行合作作出正确的判断，避免恶性事件发生。

2. 夯实基础合同，履行减额条款。在施工合同签订时按照前文所述，重视夯实基础合同条款，承包商应在施工合同中明确规定履约保证金额应随工程施工工程量或者节点进度的递减而递减。建议承包商在施工过程中应定期或者按照工程节点让业主签署工程量递减值并通知开证行。这样既可以使保证金额与实际应付款金额相匹配，还降低了保函风险和保函金额，及时释放了保函保证金。

3. 注意关键节点，加强过程计价。加强过程计价，一是施工企业应重视和加强施工图预算工作，在业主提供施工图纸后及时完成施工图预算书编制，确定各项工程的预计工程造价。二是重视过程工程计量，招标工程清单中所列的工程量，通常是根据初步设计图纸计算的数量，是对合同的估计工程量。工程施工过程中，通常会有一些原因导致承包商实际完成工程量与工程量清单所列工程不一致，例如招标工程量清单缺项或项目特征描述与实际不符，工程变更，现场施工条件的变化，现场签证，暂估价中专业工程发包，暂列金中的设备采购等。三是重视工程施工过程计价，工程计价反映了工程施工的货币价值。施工单位在施工过程中应根据合同及时计价，重视产值计价率、收款计价率等重要指标。以房屋建筑为例，建议施工企业应至少在地下室结构封顶、主体结构封顶、室外电梯拆除等几个关键节点对以上指标进行分析。过程及时足额计价不仅可以及时扣减工程预付款、减额履约保函，还可以防止业主在大额拖欠工程款时，实施保函欺诈行为。例如在 A 公司 v. B 公司①案中，伊斯兰堡高级法院认为，业主 B 公司未能支付承包商 A 公司 3 ~7 期已审核的中期付款证书 398 万美元并一直未审核 8、9 两期中期付款申请书，承包商根据合同规定降低施工速度，并正式停止施工，不构成违约。

4. 关注项目相关纠纷，保留有利关键证据。《独立保函司法解释》第 14 条规定，法院裁定“中止支付保函”的证明标准为“独立保函欺诈存在高度可能性”；第 20 条规定，法院判决“终止支付保函”的证明标准需达到“能够排除合理怀疑地认定构成独立保函欺诈”。在上一段提到的案件中，伊斯兰堡高级法院认为，承包商 A 公司举证证明，在业主 B 公司起诉其他主体的一个法院诉讼中，B 公司提交的证据可以证明基础合同工期延误是由于 B 公司未能及时获得 CAA 和 CDA 航空限高许可证，从而案涉项目无法确定高层建筑的基础结构从而影响工期，A 公司无工期违约行为，从而认定 A 公司基础合同未违约。国内外保函欺诈证明标准都

① 见附录 B 案例 25。

较一般民事案件高,大多数国家的法院认为欺诈例外是见索即付保函止付的唯一依据,本书将在第五章详细讨论保函欺诈的证明标准。因此,承包商保留有利证据非常重要。

5. 按照基础合同履约,避免根本违约行为。履约保函的主要风险之一是承包商在执行合同过程中有违约行为:因承包商原因造成的工期延误;因承包商原因造成的达不到合同质量标准;或承包商不履行合同义务的其他违约。所以承包商采取的防范措施关键点应放在严格履行合同条款环节,全程动态应对可能因突发事件导致履约保函被没收的风险;同时保留履约过程的重要证据,防止纠纷发生。其中与业主、监理方面的书面沟通材料,尤其是涉及图纸、设计变更发放记录、场地移交、设备交接、安装调试、质量保证等阶段都要有严格完善的签字验收手续。这些都是证明工期、工程量、合同金额变更的有效材料,也是减少或消除保函项下风险的可靠依据。

6. 积极沟通防止误判,及时解决保函欺诈。如承包商与业主发生争议或纠纷,承包商应与业主和担保方积极沟通、协商,避免激化矛盾,尽量通过协商方式解决争议。如发生较大争议或纠纷,应分工准备,建议分为商务谈判组、法律服务组、对外联络沟通组,及时掌握各方面信息避免误判。承包商如认为保函业主确有保函欺诈行为,应立即准备开始相关法律程序,获得法院或仲裁庭签发的保函止付令,确保款项安全。有关保函受益人欺诈的司法救济,将在本书第五章中详细阐述。

四、保证金保函开立后的风险防范

(一)质量保证金保函与履约保函担保期限重叠风险

承包商在提供工程质量保证金保函与工程履约保函时担保期限容易发生重叠交集。例如住房和城乡建设部《履约保函示范文本(独立保函)》第3条规定:"本保函有效期自开立之日起至基础合同约定的缺陷责任期后____日止,最迟不超过________年____月____日。"《建设工程质量保证金管理办法》(建质〔2017〕138号)第2条规定:"本办法所称建设工程质量保证金(以下简称保证金)是指发包人与承包人在建设工程承包合同中约定,从应付的工程款中预留,用以保证承包人在缺陷责任期内对建设工程出现的缺陷进行维修的资金。……缺陷责任期一般为1年,最长不超过2年,由发、承包双方在合同中约定。"该办法第8条规定,缺陷责任期从工程通过竣工验收之日起计。风险防范建议:承包商在开立质量保证金保函前,应注意检查履约保函的担保范围与期限,避免担保事项重复,减少被双重索赔的风险。

(二)承包商合理运用可转让保函

建设工程质量往往在一段时间后才能显现,例如建筑防水工程。因此,发包方会要求承包商提供质量保证金保函,否则不支付质保金。因工程项目除主体建构(不含钢结构)实际可由分包商履行,分包商是工程质量最终的责任主体,尤其是在业主指定分包的情形下。因此,顺此思路承包商可要求分包商申请开立可转让保函,并由承包商转让给业主。业主凭着转让的质量保函,提交索赔声明,可以越过承包商,直接通过担保人追偿分包商,达到快捷的商业目的。

五、支付保函开立后的风险防范

(一)支付保函禁止部分索赔、多次索赔风险

因建设工程工期一般较长,支付保函基础合同一般规定随着工程进度业主分批次向承包商支付工程款。如果业主在工程进度中多次违约,则承包商是否可以分批次部分索赔,或者分批次多次索赔。URDG758 第 17 条(a)款规定:"一次索赔的金额可以低于全部可用金额(部分索赔)。"根据本款如果支付保函无特殊约定,允许部分索赔,只要索赔金额低保函的可用金额是可以接受的。URDG758 第 17 条(b)款规定:"允许不止一次索赔(多次索赔)。"根据该款只要保函未禁止多次索赔,便是允许不止一次索赔。因此,在业主基础合同违约时承包商应注意审查支付保函是否禁止部分索赔、多次索赔。在支付保函中有禁止部分索赔(partial demand not allowed)、禁止多次索赔(multiple demands prohibited)字样,且业主工程款支付出现部分违约情形下,承包商索兑保函时应注意评估风险,权衡是否一次性全额索兑保函。

(二)索赔金额超出保函可用金额风险

URDG758 第 17 条(e)款规定:"一项索赔属于不符索赔,如果:i. 索赔超出保函项下可用金额,或 ii. 任何支持性声明或保函要求的其他单据所表明的金额合计低于索赔金额。相反,任何支持性声明或其他单据表明的金额超过索赔金额不使

索赔成为不符索赔。”根据本款,索赔金额超过保函可用金额属于不符索赔,正如上述工程建设中业主在基础合同履约中可能出现多次违约,承包商如需多次索赔应在每次索赔前检查是否超过保函可用金额,尤其在止付保函有效期即将到期前索赔,避免出现不相符索赔。

第四节 工程项目保函基础交易风险防范

现代科技水平的不断提高,全球以及我国的建筑工程施工技术明显进步。近年来,由于建筑行业的快速发展,工程建设模式为商事主体提供了最符合各方利益的交易模式,例如:EPC 模式、项目管理承包(PMC)模式、设计—建造(DB)模式、平行发包(DBB)模式、施工管理承包(CM)模式、建造—运营—移交(BOT)模式、公共部门与私人企业合作(PPP)模式等,其在建筑施工行业中起着重要的作用。不同工程建设模式工程保函亦存在不同的风险点,本节选取 EPC、代建、PPP 三种模式分析保函开立后的风险防范。

一、EPC 模式下保函的风险防范

EPC 是 Engineering、Procurement、Construction(设计、采购、施工)三个英文单词的缩写。EPC 总承包模式是指建设单位作为业主将建设工程发包给工程总承包单位,由工程总承包单位承揽整个建设工程的设计、采购、施工,并对所承包的建设工程的质量、安全、工期、造价等全面负责,最终向建设单位提交一个符合合同约定、满足使用功能、具备使用条件并经竣工验收合格的建设工程承包模式。EPC 总承包模式是当前国际工程承包中一种被普遍采用的承包模式。由于 EPC 模式流程长、金额大、技术性强、形式多样,极易造成承包商发生违约行为,对应的保函面临索赔风险。

(一)EPC 模式保函的风险分析

EPC 模式中一般包括勘察设计、采购、工程施工、设备调试等阶段,业主会根据不同里程碑节点付款,并相应要求承包商提供不同类型的保函。因此,不同阶

段保函中的特殊规定,应予以关注。

1. EPC 合同内容的风险。EPC 工程合同复杂,固定总价的合同价款难以因费用的上涨而变更,动辄几百上千页的文件中,可能会隐藏大量潜在风险。因此,如果不仔细研读,承包商从投标阶段开始就无法掌握主动权,报价过低、设计变更都会导致工程成本的大幅提高,影响工程进度。庞大的 EPC 合同体系,在拆分分包过程中,工作范围会出现重叠,小合同间会存在空隙,不仅会影响工期、模糊里程碑节点,还会使拆分后的分包商责任不清。而一旦某一分包商违约导致合同损失,则会增加保函索赔风险,使合同终止变得困难,进而影响保函终止。

2. 联合体投标的风险。工程建设项目规模越来越大,对技术能力的要求也越来越高,如果工程十分庞大,单独一家企业很难接手。另外,有些项目所在国为了扶持本地企业,规定必须有一家本地企业参与投标。基于上述原因,为提高中标的可能性,分散施工资金成本,联合体投标的情况变得非常常见。首先,EPC 模式联合体投标一般由牵头方开立 EPC 模式下的各类保函,当保函发生索赔时,牵头方便成了担保人付款后的追偿方,因此牵头方承担了更大的风险。其次,EPC 模式联合体投标各自开立保函后违约责任难以划分。如按照联合体协议,联合体各方应分别提供保函,此时应对当事方的权责进行划分;但由于 EPC 合同的复杂性及专业性,联合体各方在合同下的职责往往会出现交叉,业主往往很难界定联合体各方具体责任如何划分,因此业主会倾向于不理会谁是责任方,联合体各方可能都会面临索赔风险。

3. 担保期限相对更容易重叠。EPC 模式下,工程建设各阶段保函虽然为不同目的开立,但实务中担保期限相对而言更容易发生重叠。预付款保函、履约保函、质量保证金保函均有各自担保的时间节点。

4. 业主基于融资而转让保函的风险。实践中,保函转让多数是基础合同下权利和义务的转让所致,URDG758 也将其作为转让的一个条件;而 EPC 合同下的保函转让,则往往是基于融资合同的转让,不涉及基础交易,仅是保函项下付款请求权的转让。发生转让后,融资方成为保函关系的新当事人。发生索赔时,融资方基于自身需要提出付款要求,可能会使承包商面临两种索赔风险:一是基于基础合同的风险,融资方可以凭承包商在工程下违约进行索赔;二是基于融资合同的风险,如业主违反和融资方之间的融资协议,融资方为减少损失,必然会在保函下进行索赔。

（二）EPC 模式保函的风险防范

虽然 EPC 模式越来越广泛的使用，但繁杂的合同、苛刻的保函条款极易引发业主和承包商的纠纷，进而促使业主向担保人索赔。作为承包商，应准确地识别风险，并多维度地进行风险防控。

1. 做好业主资信调查，加强工程合同的审核。承包商应积极通过多种渠道做好业主资信调查，审查应至少包括业主的注册资金、投资人行业内地位、土地使用权归属、项目土地出让金支付情况、业主过往履约情况、业主融资计划、项目前景状况、业主的涉诉情况。实践中，承包商无论在签订合同还是确定保函条款时，往往处于比较弱势的地位。承包商对业主提供的合同，要进行充分研究，勇于追求有利的保函条款，积极与业主沟通，争取更改或删除不利条款。承包商应对施工条件及环境进行考察，制定合理的报价单，对合同涉及的价款考虑周全，避免因费用增加影响合同履行；保函开出后，承包商应重视 EPC 合同的履约动态，密切注意合同是否变更、修改，及时做好保函修改。

2. 重视保函条款设置，避免保函责任重叠。承包商可在预付款保函中设置合理生效条件，增加金额递减条款。预付款保函、履约保函、质量保证金保函相互之间应避免相重叠的有效期限，履约保函生效应尽量在预付款保函失效之后，失效日应尽量在质量保证金保函生效之前。质量保证金保函则应避免工程未完工就提前生效，以可转让的分包商质量保证金保函替代。

3. 谨慎对待转让条款，限制融资方索赔。承包商申请开立保函时应尽量添加“未经担保人同意，保函不得转让”语句，并限定转让次数和受让人。同时，在基础合同履约过程中，应尽量时刻做到守约。若保函被转让给融资方，承包商应尽量与业主、担保人协商以款项让渡代替保函转让。如其他各方一定要采用保函转让方式，则要求融资方索赔条款增加业主提交的承包商违约的声明或其他第三方单据化凭证，以防止融资方因融资合同产生纠纷索赔。

二、代建模式下履约保函的风险防范

项目代建最早起源于美国的建设经理制。我国的项目代建滥觞于 2004 年 7 月 16 日国务院出台的《关于投资体制改革的决定》（国发〔2004〕20 号）第三部分第 5 条的规定。目前该模式多被用于政府投资建设项目，主要是指建设单位将拟投资建设项目的设计、施工等全部或部分工作交由社会专业化的代建单位，由代建单位具体负责控制项目投资质量和工期，并从项目可研、策划到项目施工、竣工验收及移交建设单位使用的一种全过程的管理服务制度。代建期间，代建单位按照合同约定代行项目建设的投资主体职责。

（一）代建模式

代建模式的核心是在实施工程项目的建设管理工作中，业主不亲自介入，而是由代建单位按照合同约定行使并承担项目建设投资主体的权利和义务。代建单位与业主是委托合同关系，这使得代建模式项目既有别于建设工程施工合同，也有别于设计采购与施工管理（EPCM）。如果在同一工程项目同时实行委托代建模式和工程总承包，则构成业主与代建单位的委托合同关系以及代建单位与承包商的施工合同关系。其中，代建单位是业主，是监控主体；而承包商是被控主体。代建单位受业主委托作为项目实施期的主体，承担业主方的项目管理责任。代建制是工程项目管理模式的一种，代建单位所提供的服务是专业的工程项目管理服务。代建单位的风险主要取决于收费与责任赔偿。代建单位收取的是代建管理费和项目投资节余奖励，承担的是实现项目建设目标的风险。

现行代建模式的使用范围大多以建设项目的投资额或政府投资比例划分。代建模式适用于有一定投资限制的公益性建设项目。代建模式中的履约担保制度，是为了避免代建过程中代建单位的原因导致政府投资项目蒙受损失而建立的一种配套措施。《海南省政府投资项目代建制管理办法》第 12 条规定：“项目单位可根据代建单位的工程管理人员、技术水平、管理能力和信用等情况，要求代建单位签订代建合同。签订合同时，代建单位必须向项目单位提交不超过中标合同金额10%的履约保证金，或出具同额度的银行履约保函。”与之相对比的是，代建单位向业主收取的服务费一般不超过项目总投资的 2%。如某项目的投资额约 2.9 亿元，代建合同的金额，也就是代建单位向业主收取的服务费只有 200 多万元；而业主要求代建单位申请开立的履约保函金额为项目工程总投资额的 5%，超过 1000 万元。此种情况下，代建单位所承担的风险远远大于其在代建合同项下能够取得的收益。

（二）代建模式下的代建单位保函

在代建合同中，代建人被赋予了项目在建期间“项目主体”的角色，承担着建设项目全过程的管理工作。在此过程中产生的民事责任全部由代建单位承担。虽然按照目前代建费用的组成来看,代建合同更多具有委托合同性质;但是在风险的承担方面,代建人与代理人却存在本质的区别。在委托代理合同中,代理人不承担风险或承担的风险只关乎其提成的增减;而代建合同中的代建单位作为项目主体,承担着项目全过程的风险,项目目标包括工期、质量、投资等,只要有一项不符合合同约定或发生责任事故,代建单位就可能被要求承担赔偿责任。可见,代建单位承担的风险远超代理合同中的代理人。由于代建合同的标的是代建单位所提供的项目管理服务,所以代建服务费的金额一般不大。如果代建单位按常规以代建合同价格的一定百分比向委托人即最终的业主开立履约保函,其金额与投资方在项目中所投入的资金会有很大差距,根本无法覆盖投资人项目投资所面临的风险。因此,业主一般要求代建单位按工程估算总投资的一定比例向业主提供银行出具的履约保函。

(三)代建模式下的承包商保函

代建模式下的施工合同是由承包商与项目临时的法人代表即代建单位签订的,而作为政府投资人代表(代建项目管理部门)以及项目最终的业主(使用方),都不是施工承包合同的签约方。这表明,承包商只能以代建单位为受益人开出保函。政府作为代建模式的设计者,在管理办法和代建合同中都要求代建单位向代建合同的委托方以工程估算总投资的一定百分比开立履约保函,赔偿费用从银行履约保函中补偿,不足以补偿时再从代建单位的代建费中扣除;若仍不足,由代建单位用自有资金支付。由此可以看出,这份履约保函虽然是在代建合同项下开立的,但是它所担保的不只是代建单位自己的行为责任,而是整个工程项目投资的风险。其担保内容,超出了被担保人自身的行为能力范围。在施工承包合同项下,任一承包商的违约如果最终影响到了项目的质量、工期或安全等,都有可能使得委托方即业主在代建单位开出的履约保函下提出索赔。因此,代建模式下的承包商常常被要求以代建单位为受益人开立履约保函。

(四)代建模式下保函风险防范

实践上,代建单位所面临的风险远远不限于工期、质量、投资、安全等方面的风险。如前所述,如因忽视前期规划和咨询工作质量导致施工过程中改变工作内容，增加工作量，需在施工承包合同项下追加合同款，并因此造成投资额超过了批准的工程概算，代建单位也可能被要求承担赔付责任。委托方（通常为业主）普遍要求在基础合同或者保函中明确规定如果由于代建单位的管理原因在代建项目最终投资超出投资控制目标和因代建单位原因造成损失时，超出投资和损失金额从代建报酬和履约保函中扣除。面对这种高风险，代建单位可以通过在施工承包合同项下让承包商开立以自己对受益人的履约保函，将代建合同项下履约保函所承担的风险进行分摊与缓释。具体而言：

其一，施工合同项下履约保函为代建合同下履约保函提供反担保功能。从代建制管理办法及代建合同中的一些规定或条款可以看出，如果代建单位能够使得工程项目总投资额小于规划的项目概算金额，代建单位可以在节余部分的投资资金中提取一定的百分比作为奖金；但如果发生投资额超过了批准的工程概算的情况，代建单位则需要承担赔付责任。代建单位无论是出于利益的驱使，还是出于对风险实行谨慎控制的目的，在施工合同项下均会严格控制施工合同的价格，从而很可能使施工合同的实际总金额小于项目概算金额。而代建单位在施工合同项下取得的履约保函是承包商按照施工合同金额计算开出的，如果两份保函采取相同的百分比，那么代建合同项下履约保函的担保金额很可能大于施工合同项下代建单位取得的履约担保补偿。对此，建议代建单位可通过适当提高施工合同项下履约保函的担保比例，达到提高施工合同项下履约保函金额的目的，以弥补代建合同项下履约保函担保金额的风险敞口。此外，代建单位还应注意施工合同项下履约保函的有效期应长于代建合同项下履约保函的有效期，以确保能形成对代建合同项下履约保函赔付风险的反担保。

其二，如果代建项目有多个标段，且代建单位是与多家分包商签订承包合同，那么在每一份施工合同项下，代建单位只能取得担保金额为该标段施工合同金额一定百分比的履约保函，而代建单位开给委托方的履约保函则是以项目总金额计算出来的。抛开委托方恶意索赔的情况不谈，即使在实际业务中，也客观存在不同当事人对损失的判断标准不一致的情况。如果某个施工合同项下的承包商违约，代建单位只能在该承包商出具的履约保函担保金额范围内提出索赔，而委托方则可以在代建单位开出的一揽子履约保函担保金额范围内提出索赔。这很可能导致委托方认定的赔偿金额大于该标段施工合同项下履约保函的担保金。而超出的部分，代建单位只能自己承担。对此建议代建单位对代建合同项下的履约保函条款做细化处理,分别限定不同担保责任所对应的赔付金额,使其与施工合同项下的保函能形成对应。不过这种操作将使得履约保函的条款变得非常复杂,需要较高的保函条款拟定技巧,且需在保函受益人同意的情况下才能实现。鉴此,代建单位还可通过要求不同标段的承包商组成联合体,要求联合体开立所有标段施工合同项下的履约保函来规避上述风险。

其三,合理运用施工合同项下可转让履约保函。虽然建设单位是工程建设活动的总牵头单位,但建设工程的质量、工期、安全、投资管理(对承包商而言属于成本管理)涉及建设单位、施工单位、监理单位等。例如:因承包商的原因造成建设工程质量不符合约定,承包商拒绝修理、返工或者改建,业主可以减少支付工程价款。[①] 因承包商原因造成建设工程质量、工期、安全不符合合同约定,实际的责任主体应当是承包商。因此,顺此思路代建单位可要求承包商申请开立可转让的履约保函,并由承包商转让给委托人。委托人凭着转让的履约保函,提交索赔声明,可以越过代建单位,直接通过担保人追偿承包商,达到快速解决的目的。

三、PPP 模式工程保函风险防范

PPP 是 Public - Private - Partnership 的缩写,即我国政策文件中的政府与社会资本合作模式。[②] 作为公共服务领域供给机制的重大创新,该模式已逐渐引起中央部委和地方政府的高度重视,并在基础设施及公共服务领域积极加以推广。随着我国 PPP 大批项目的推出,在项目准备、项目采购、项目建设、项目执行、项目运营、项目移交等各个环节中带来了投资竞争保函、建设履约保函、运营维护保函和移交维修银行保函需求。

(一)PPP 模式

PPP 模式,是指政府和社会资本在基础设施及公共服务领域建立的一种长期合作关系。通常是由社会资本方承担设计、建设、运营、维护的大部分工作,并通过“使用者付费”及必要的“政府付费”获得合理的投资回报;政府部门则负责基础设施及公共服务价格制定和质量监管,保证公共利益的最大化。在综合财政部

---

① 参见《最高人民法院关于审理建设工程施工合同纠纷案件适用法律问题的解释(一)》第 12 条。

② 参见秦玉秀主编、中国建筑股份有限公司法律事务部编著:《PPP 全流程运作实务:核心要点图解与疑难问题剖析》,中国法制出版社 2017 年版,第 1 页。

2014 年 11 月 29 日颁布的《政府和社会资本合作模式操作指南(试行)》(财金〔2014〕113 号,已失效)、国家发展和改革委员会 2016 年 10 月 24 日颁布的《传统基础设施领域实施政府和社会资本合作项目工作导则》(发改投资〔2016〕2231 号)等规范性文件中,依据社会资本在项目中承担的职责及回报机制等,PPP 模式主要可分为管理合同(MC)、委托运营(O&M)、建设—运营—移交(BOT)、建设—拥有—运营(BOO)、转让—运营—移交(TOT)、改建—运营—移交(ROT)、建设—拥有—运营—移交(BOOT)等运作方式。

(二)PPP 模式保函实例

国内某政府部门作为招标人(甲方),确定 A、B、C 三个公司组成的联合体(乙方)作为某大桥修建工程项目联合中标人,双方签订《PPP 合作协议书》(以下简称《PPP 合同》)。《PPP 合同》金额 20 亿元人民币,预计工期 48 个月。根据《PPP 合同》约定,甲乙双方将共同出资成立以筹资、建设和运营为目的的项目公司——SPV 公司。成立 SPV 公司后,甲方将与 SPV 公司签订《特许经营权合同》,授予 SPV 公司在特许期内筹资、建设和运营管理项目以及对项目收费的独占性权利,特许期 24 年;项目回报机制为使用者付费与政府可行性缺口补助结合方式。

合同中明确,甲方除履行出资义务外,还需负责征地、拆迁安置补偿等行政性工作,乙方则负责履行出资、筹资、完成项目建设的义务,并在收费期满后将项目无偿移交给甲方。此外,如项目运营期后乙方未能收回成本,则由甲方进行补偿。为保证乙方履行合同项下的出资、筹资、完成项目建设义务,合同约定,乙方应向甲方提交合同金额 10% 的履约保函。由于 B 公司已根据其在合同项下承担的份额,通过 Z 银行为其向甲方开立了金额为 9000 万元人民币的履约保函,后经反复沟通,甲方同意再由 A 公司通过 Y 银行出具金额为 1.1 亿元人民币、被担保人为 A 公司、受益人为甲方的履约保函,保函的有效期为开立之日起 4 年。

(三)PPP 模式保函风险分析及防范措施

1. PPP 项目建设履约保函风险防范

PPP 项目全生命周期的特点是,要求前期投标、建设期、运营期、移交期,有设计、建设、运营、维护等相关单位均参与项目建设。由于 PPP 项目金额巨大,业务背景复杂,联合体投标属于常态。如上述 PPP 项目实例中,PPP 模式合同中约定的义务需由 A、B、C 公司以及 SPV 公司分别或者共同完成,但保函的受益人仅为 A 公司、B 公司两方。如联合体成员中一方向银行申请开立保函担保的范围涵盖了联合体各方在合同项下应承担的义务,可能出现以下风险:甲方可能因乙方其他组成部分(B 公司、C 公司或 SPV 公司)违约而在该保函项下提出索赔。基于此种情形保函申请人 A 公司、B 公司风险防控的措施为:

第一,联合体各成员分别向招标人开具以联合体成员为被担保人,担保金额与本方所承担份额相匹配的保函。如联合体协议或合同中明确了联合体各方所承担的份额,建议保函的担保金额与联合体各方所承担的份额挂钩,由联合体各成员分别开具以联合体成员为被担保人,担保金额与本方所承担份额相匹配的保函。

第二,联合体其他成员向牵头方提供本方所承担份额的反担保保函。由联合体牵头方申请开具以联合体为被担保人的全额保函,同时建议牵头方要求联合体其他成员向牵头方提供本方所承担份额的反担保,用以缓释联合体牵头方开具全额保函的风险。

第三,项目公司向招标人开具以项目公司作为被担保人的保函。在 PPP 模式中,项目公司成立后政府部门和社会资本方及项目公司通常签订补充协议(承继协议),约定由项目公司承继社会资本方在原 PPP 合同中的权利义务,社会资本方为项目公司向政府部门承担连带责任。此时,项目公司承担的建设期或运营维护期义务,建议由项目公司作为保函的开立申请人及被担保人。

2. PPP 模式项目其他保函类型风险防范

(1)社会资本方与承包商、运营商为同一主体。PPP 项目的投融资和建设期,都是社会资本方作为投资人负责融资,主要的风险也由社会资本方承担,政府可能要求社会资本方或者社会资本方成立的项目公司提交项目招投标阶段的投标保函、项目建设期的履约保函、项目运营维护期的履约保函、项目移交期的维修保函。如社会资本方与承包商属于同一主体或者同一企业集团,则可不必提供保函或者经评估不提供保函。

(2)社会资本方与承包商、运营商非同一主体。如社会资本方或者社会资本方成立的项目公司根据政府要求提交项目建设期的履约保函、项目运营维护期的履约保函、项目移交期的维修保函等,建议社会资本方要求承包商、运营商分别提供项目建设期的履约保函、项目运营维护期的履约保函以缓释风险。

3. PPP 模式保函担保范围重叠的风险防范

社会资本方在合同项下需承担筹措项目资本金并协助项目公司融资的责任，而项目公司成立后投资、融资、建设、运营、维护、移交一般由项目公司具体负责履行。[①] 如果社会资本方在履约保函中仅笼统地表述为“履行合同义务”，而项目公司再次为项目投资、融资、建设、运营、维护、移交出具履约担保，可能会出现保函担保范围不明确且重复担保的风险。社会资本方保函担保范围的划分建议描述为“当申请人未能忠实地履行合同项下出资、筹资，致使未能完成项目建设的义务……”（以下将未履行合约义务简称为违约），而不应包括应由项目公司承担的项目投资、融资、建设、运营、维护、移交等阶段义务。PPP 项目的合同体系庞杂，涉及参与方较多，且项目生命周期一般较长，最长可达 20 ~ 30 年以上。因此，PPP 项目保函针对合同各个阶段的义务，应如实表述保函的担保责任范围，并确保担保责任与保函的失效条款相匹配，设置合理的保函终止条款，避免保函担保范围重叠。

第五节 保函的日常管理

保函开立后，保函申请人以及保函受益人均要建立行之有效的台账，并对担保标的的变动及时反馈，如有必要需根据基础合同的履行情况及时进行保函的变更。注意预付款保函金额的减少，避免预付款保函、履约保函、质保金保函的担保责任和有效期重叠。企业如不重视保函管理，会造成长期占用授信额度，增加被索赔风险。因此，建议要划分企业不同部门责任并确认责任人，对保函进行管理、追踪，施工企业岗位流动性很大，经常变动，岗位交接时要把保函台账作为交接内容之一。

一、承包商保函管理的建议

（一）集中管理

因保函开立到终止会涉及企业各部门。从横向管理来看，承包商的财务部应

① 参见中国招标投标协会编著：《政府和社会资本合作（PPP）项目合作协议示范文本》，中国计划出版社 2018 年版，第 16 页。

作为管理保函的主管部门。现代施工企业集团化管理分层级，从纵向管理来看，承包商应通过完善公司的授权体系，明确保函由哪一层级单位集中管理。保函正本应当由授权一级单位财务部统一管理，任何内部单位、部门、个人不得保留正本保函。

（二）标准格式管理

每个承包商都有自身项目履约模式，或者至少有其项目履约的特点。因此，承包商应当将保函文本纳入合约管理，由法务部、财务部、工程部等相关部门联合制定适合本企业的保函标准格式。在向业主提供保函时，应注意结合本单位保函标准格式，对保函风险点与基础合同一起识别，并利用合同交底或者其他途径，由保函管理部门向工程项目部管理人员交底，在履约中注意控制保函风险。在收取分供单位提供的保函时，任何部门、个人不得擅自接受非本单位标准格式保函，收取分供单位保函一定要是无条件、不可撤销的见索即付独立保函。

（三）财务部门职责

（1）负责项目银行保函的管理，包括采购供货商和当地分包商通过当地银行开出的以分公司或子公司为受益人的保函。（2）负责所管理项目范围内的保函接收、审核、延期、索赔、撤销等所有手续及内外部协调等业务管理。（3）负责对保函申请人名称、受益人名称、保函金额、保函期限、格式、合同编号等的全面复核，并将复核意见反馈给具体业务部门。（4）保函信息登记、档案管理。

（四）法务部门职责

（1）负责从法律风险等方面对保函条款进行审核，并将审核意见反馈给具体业务部门。（2）负责合约管理，牵头制定本单位保函标准范本。（3）负责与保函有关案件的诉讼管理，基本掌握保函索兑、止付等类型诉讼的特点与注意事项。

（五）具体业务经办部门职责

（1）各业务部门应设置专人负责本部门的保函管理及业务办理，且该专人应当具备保函业务的基本知识。（2）负责本业务系统保函从申请人名称、受益人名称、保函金额、保函期限、保函格式、基础合同编号等方面的全面审核。（3）负责本业务系统保函的跟踪管理工作，在保函到期前征集项目各部门对保函的处理意见。(4)负责具体办理保函延期、撤销、索赔的内部审批手续。

二、承包商保函开立后的风险管控

保函开立后，要建立风险管控制度与措施，按照企业有关规定进行检查，及时发现可能影响被担保人履行合同或偿还债务的事项，并采取有效措施防范和化解风险。出现保函索赔风险时，责任单位或者责任部门应立即向上级主管单位报告并及时采取补救措施，积极同业主协商争取其撤销索赔，避免保函索赔风险。如保函被索兑不可挽回，应立即检查是否有分供单位方面的原因及是否有分供单位开出的保函，并及时行使保函受益人的权益。

(一)保函风险的预控与处置

承包商在签署分包合同时，应在分包合同中要求分包商开出相应类型的保函作为向业主开出保函的反担保。分包商开出的各类保函原件，应由项目实施单位妥善保管和归档，需延期的，应在到期前及时要求分包商办理延期。

在保函有效期内，如发生业主索赔的情况，承包商在收到业主提起索赔的通知时，要及时上报或者通知保函集中管理的财务部、法务部，同时应立即与业主协商，争取其撤销索赔。必要时应请外部律师协助反索赔或者启动止付措施。对于无法避免的业主索赔，承包商也应向上述具有管理职责的部门及上级单位上报或者通知并申请办理赔付，并检查是否有分供单位方面的原因及是否有分供单位开出的保函，并及时行使保函受益人的权益。

(二)保函风险发生后的内部处理

如发生业主索兑保函情形且该保函被实际支付，承包商应于事件发生后30日内组织各部门对事件原因、造成的后果、相关责任认定等进行调查，形成“保函风险事件调查报告”，认定责任并进行处理。

第五章

保函索赔风险防范和应对

保函有效期内，如承包商存在违约或发生了其他基础合同中业主可以索取保函的事件，业主/保函受益人会考虑通过保函索赔的方式获得赔偿。如 FIDIC 红皮书 2017 版第 4.2.2 项规定了业主可以根据履约保函提出索赔的情形：

"除以下雇主根据合同规定有权获得的金额情况外，雇主不应根据履约担保提出索赔：

(a)承包商未能按本款所述的要求延长履约担保的有效期，这时雇主可以索赔履约担保的全部金额(或在先前减少的情况下，全部余额)；

(b)承包商未能在商定或确定，或决定或仲裁裁决后 42 天内，按照第 3.7 款[商定或确定]或第 21 条[争端和仲裁]规定的商定或确定，向雇主支付到期金额；

(c)承包商未能在收到根据第 15.1 款[通知改正]的规定发出的通知后 42 天内或通知中规定的其他时间内纠正违约；

(d)雇主有权根据第 15.2 款[因承包商违约的终止]的规定，无论是否已发出终止通知都应终止合同的情况……"

实践中，存在承包商的违约情形很轻微或存在争议，但保函受益人受其他因素影响而试图索取保函项下款项的情形(如保函受益人融资受挫陷入资金困难、保函受益人试图主动终止基础交易合同更换承包商等)。虽然上述情形中，保函受益人作为业主也可能同时存在违约情形，但是根据保函本身条款，从表面上看保函受益人是有权索取保函的。保函受益人决定索兑保函时，如果承包商/保函申请人对于保函受益人索兑保函的理由不认可，特别是承包商认为自己的所谓违约实际上是业主违约在先造成的，或者自己的违约存在不可抗力或其他可以免责的情形，那么双方之间就会针对保函索赔的合理性和适当性产生重大分歧。如果保函受益人提交的保函索赔不完全符合保函的条款，那么保函受益人与担保人之间也会就保函索赔的相符性以及担保人是否负有付款义务产生争议。

由于国际建设工程涉及的保函金额通常较大，保函索赔后银行审核和付款期限较短(3～5 个银行工作日较为常见)，双方可以用来索赔以及应对索赔的时限很短。加之该等索赔多为跨境索赔，涉及多种语言、多重法律、规则以及司法程序的选择适用，对于双方当事人来说，这都是一种高强度、高难度、高度复杂的工作。提前了解并熟悉保函索赔的流程、风险点、索赔的应对措施，对于企业保函从业人员来说，可以确保在相关风险发生前和发生时，有效地对风险走向以及控制进行预判和应对，规避相关风险所引发的不利后果。

第一节 保函的索赔

通常而言，不适当的保函索赔会引发承包商/保函申请人的强烈反应，保函受益人/业主亦担心保函索赔会对正在进行的工程项目进展造成一定程度的不利影响，因此保函受益人/业主会异常谨慎地考虑是否索赔以及何时、如何进行索赔。常见的情况是，保函受益人在保函有效期即将届满时才下定决心索赔，或者是双方就建设工程项目存在的问题以及保函索赔事项不断沟通协商，在保函有效期即将届满之际仍无法达成一致，保函受益人才最终决定索赔。我们常常见到保函有效期届满前一周内保函受益人才发出索赔通知的情况。

目前多数保函均要求索赔通知必须在保函有效期届满前到达担保人指定地点（通常为担保人柜台），因此，如何确保索赔通知在有效期届满前安全到达担保人的柜台（通常是境外）且索赔通知符合保函形式和实质要求，是保函受益人的保函管理人员必修的功课。对于保函申请人而言，担保人通常会在审核后将保函索赔通知转给保函申请人，征求保函申请人对于索赔相符性的意见，因此保函申请人对于保函是否相符以及保函款项是否应当支付，也有机会作出判断，并将相应的意见在担保人作出付款决定前告知担保人。了解并掌握保函索赔相关知识，也是保函申请人的保函管理人员进行保函风险管控的必修课之一。

一、保函索赔的准备和提交

（一）定期查看保函索赔通知的要求和期限

保函受益人的保函管理人员应当定期核查保函有效期以及索赔要求，以便在决定索赔时，能够确保在保函有效期内作出并提交有效的索赔。建议保函受益人的保函管理人员在收到保函之时或最迟在保函期限届满前 6 个月做好此项准备。根据保函的不同要求，保函管理人员可能需要提前做的准备工作有：

1. 如保函要求索赔通知必须是签字授权人适当签署的纸质索赔通知，那么保函管理人员必须提前预计保函索赔通知制作的时间，包括但不限于内部审批、签字流程所需要花费的时间。

2. 如保函要求同时提交第三方制作的单据，则应当提前考虑何种第三方可以签发此类单据，签发的单据内容和形式是否符合保函要求，第三方签发此单据的流程和时间。

3. 如保函要求索赔通知必须经过某一家银行（根据保函要求，通常是保函的通知行、与担保人有代理行关系的银行或任何一家银行）确认签署的适当性，并通过该银行快递至担保人，那么保函管理人员必须提前与符合要求的银行沟通，知晓该银行完成上述要求需要受益人提供的文件和费用以及所需要花费的时间。

4. 如果保函要求索赔通知必须经过公证认证，那么保函管理人员必须提前了解公证认证的要求、流程、需要的内部授权和完成时间。

5. 如果保函索赔文件必须邮寄，则应当提前了解确定快捷稳妥的邮寄方式以及涉及的各项要求，如提前确认担保人的地址、联系人、电话、邮政编码是否完整准确，哪个邮寄方式在保函受益人与担保人所在国家之间能够确保送达时效并能够提供跟踪信息。

实践中，不乏因为上述工作没有提前做好准备而发生的索赔失败的案例。

案例一

某受益人从欧洲某国通过国际快递方式向位于中国的担保人邮寄纸质索赔函，索赔函于保函有效期届满前最后一日到达担保人所在地的快递员手中。快递员当日在派送快递时，发现快递封皮上写的收件人为“Guara”，收件人单位为该担保人，部门为“International Department”。快递员经询问担保人收发快递人员，认为该担保人国际结算部并没有英文名为 Guara 的工作人员，遂取消了派送，将快递件带回快递公司，并向欧洲发件人发送电子邮件询问收件人的详情。随后两天是周末，且存在时差，欧洲受益人两天后回复此邮件，确认此“Guara”实际应为“Guarantee”，即完整地址为“Guarantee Department of International Department of the（Guarantor）bank”（“××银行××分行国际部保函组”），此为保函中列明收件地址。据推测，受益人寄件打印地址的时候纸张宽幅不够，未能打印完整，导致最终地址尾部呈现了“Guara”一词。由于欧洲受益人未能第一时间回复此邮件，待快递员根据受益人确认后的地址再次派件时，已经超过保函的有效期两天。该索赔因超过保函有效期到达担保人的柜台而存在不符点，担保人因此有权拒付该索赔。

案例二

某新加坡受益人在保函期限届满前一周决定索赔。通常新加坡至担保人所在的中国大陆的国际快递耗时3～4日，因此受益人判断书面索赔函是能够在保函到期前寄送至担保人的。在填写快递邮寄地址时，受益人发现保函中担保人地址没有列明邮政编码，受益人略懂中文，于是自行在互联网上查询担保人所在地邮政编码，得到结果为×××451，于是填入地址栏并通过某国际快递公司寄出。然而该担保人正确的邮政编码为×××415，而×××451是担保人所在省的另一个城市的邮政编码。国际快递公司在运送快递件的时候，先根据邮政编码确定寄送城市。于是该快递件于保函到期日前两日送达至错误邮政编码所属城市，快递员在准备派送的时候发现地址不对，于是与发件人联系确认送件地址。虽然发件人第一时间即回复确认地址，该快递件的转送仍然花了近3天时间，最终在保函有效期届满后第二天到达担保人。担保人主张该索赔因超过保函有效期到达担保人的柜台而存在不符点。但是受益人则主张邮政编码错误的起因是担保人未能在保函中提供完整地址，因此而产生的责任应当由担保人承担，双方就此产生争议。

(二)索赔通知的制作及提交

关于索赔通知的制作和提交，我们分为以下三个方面来介绍：一是索赔通知的内容；二是索赔通知的提交（交单）方式；三是索赔通知的验证方式。

1. 索赔通知的内容

本节中提及的索赔通知，包括索赔函本身以及保函要求共同提交的支持文件。索赔通知的准备过程中需要注意以下几点。

首先，索赔通知中必须有索赔的意思表示，即受益人要求担保人付款的措辞，同时也需要包括索赔具体金额的描述，此外还应有付款指示，即收款账户及相关信息。需要注意的是受益人索赔的金额不得高于保函金额，否则会被视为不符点。

此外需要注意的事项包括：

(1)索赔金额可以采用数字或大写。数字和大写同时采用的情况下，数字和大写显示的金额必须一致,否则将构成不符点。①

(2)如果保函要求在索赔通知之外提交其他支持单据,比如一份未付的账单,则索赔金额不得超过该未付账单显示金额,否则将构成不符点。如果索赔金额低于该未付账单显示金额,则不构成不符点。②

(3)索赔函应注明受益人接收担保人付款的全部银行账户信息,如未能完整提供付款指示,则担保人不承担因此而造成延迟付款的责任。ISDGP 第 160 条规定,担保人应当在确定索赔相符次日起 3 个营业日内付款,如果受益人提供的银行账户信息缺失或不完整,则 3 个营业日的付款期限将被推迟。③

其次,通常而言,保函中对索赔通知中的其他内容会作出明确而具体的规定,如要求"受益人提交一份索赔,声明申请人违反了承包合同项下承包商的义务",或者是更为具体的描述方式,如要求"受益人提交一份索赔,声明申请人违反了承包合同中第三部分第 4.2 条有关预付款的条款"。这种情况下,只要受益人提交的索赔文件中引述保函中规定的这句话,如"申请人违反了承包合同项下承包商的义务",即满足了索赔通知内容上的要求。一般而言,如果没有完全照搬保函中的原话,而采用了同样意思的措辞,也是可以接受的。

近年来,随着见索即付保函的广泛应用和被接受,我们可以见到越来越多的保函并不对索赔通知内容作出具体规定,仅仅规定受益人提交一份索赔函,要求担保人向其支付不超过保函金额的款项。这样的条款更有利于受益人,降低了受益人因提交索赔函内容不符合要求而遭到拒付的风险。

再次,索赔通知要指明其所对应的保函。通常在索赔通知中标明保函编号即可满足此要求,未指明索赔所对应的保函的,担保人有权不审单,直至受益人明确

---

① ISDGP 第 112 条:"The amount claimed in the demand may be written in numbers and/or in words. Where a demand includes numbers and words, the amounts must be consistent. In case of an inconsistency, the demand is non – complying."

② ISDGP 第 118 条:"Where the amount indicated in the demand, and potentially in the statement under article 15, is higher than the amount stated in another required document, such as a copy of an unpaid invoice, the demand is a non – complying demand and must be rejected pursuant to the process set out in article 24. In particular, the guarantor has no authority to elect to pay the lesser amount even if so requested by the beneficiary and regardless of whether the guarantee permits partial demands. Conversely, a demand made for an amount less than the amount stated in a required document is not, for that reason alone, a non – complying demand."

③ ISDGP 第 113 条:"A demand should indicate the full bank account details on which the beneficiary requests that payment be made by the guarantor. If those details are missing or incomplete, the time period for payment mentioned in paragraph 160 below will be delayed."

该事项。[①] 另外,索赔通知以及随附的申请人或受益人出具的单据,使用的语言应与保函使用的语言一致,其他人出具的单据可采用任何语言。

复次,见索即付保函实践中,除了索赔通知本身,要求受益人提交其他单据的情况越来越少见。但是某些情形下,保函也会要求受益人在提交索赔通知的同时提交支持单据,这类单据通常是与基础合同履行情况相关的,如商业发票或显示货物已经装船的提单复印件。如果保函的索赔金额是根据保函受益人与申请人在基础合同中双方仲裁的最后结果来确定的,保函会要求受益人提交仲裁裁决。如果保函是担保申请人一方履行基础合同义务,通常会要求受益人提交一份违约声明或违约证明。违约证明可能是第三方签发的文件,如项目监理签发的违约证明,或者有关违约损失的鉴定报告。违约声明一般而言是指受益人签发的、声明申请人违约的文件,内容和效果与前文提到的索赔通知中的声明违约的内容相同。如果保函有特殊要求,即违约声明需要单独提交,则受益人需在索赔通知之外另外制作一份违约声明;如果保函中没有特殊要求,违约声明的内容可以放在索赔通知当中,也会为担保人所接受。

URDG758 第 15 条规定,任何索赔必须附有受益人作出违约声明,声明保函申请人违约的具体方面。根据 URDG758 的宗旨,如果保函中选择适用 URDG758,但是没有明确排除某一条款的适用,则该条款应当适用,因此,只要保函中选择适用 URDG758,而保函中没有明确排除该第 15 条,那么违约声明就是提交索赔通知时必需的单据或在索赔通知中必须要陈述的内容,否则将构成不符点。但是实践中,适用 URDG758 但不要求受益人提交违约声明也没有声明排除第 15 条的保函比较常见,从我们了解到的情况看,不是所有的担保人都会以受益人没有提交违约声明为由主张索赔不相符。

根据 ISDGP 第 110 条,上述关于违约声明规定也可以有例外,那就是所谓“direct - pay”的付款承诺,无须考虑保函申请人是否违约在先,而是发生某一事件或到了某一事件,受益人即有权索赔。如发行证券时被要求出具的保函,担保人承诺到期赎回证券,发行人是否违约则无关紧要。此类保函也被称为“付款保函”。

---

① ISDGP 第 101 条:“To avoid delaying the time for the start of the examination of a presentation indicated in article 20, a presentation shall identify the guarantee under which it is made.”

如果保函中仅要求声明违约，而未在违约声明中明确列出违约的具体方面，通常视为保函中排除了 URGD758 第 15 条关于违约具体方面的规定。

最后，索赔通知上的日期不得早于保函开立时间以及保函上规定可以索赔的时间，否则将构成不符点。①

为便于企业保函管理人员熟悉保函索赔内容，本书在附录 A 中提供了一份索赔通知的示例，供保函受益人在制作准备保函索赔通知时参考。

2. 索赔通知的提交（交单）方式

索赔通知的提交方式一般为两类，纸质形式和电子形式。根据 URDG758 第 14 条规定，如果保函中没有表明交单是采用纸质形式还是电子形式，则应采用纸质形式交单。如果保函没有明确交单采用什么形式，但是要求受益人在索赔通知或随附文件上签字或第三方验证签字的类似内容，则一般应推定为保函要求纸质形式交单。如果是纸质形式提交索赔通知，则需要注意上文提到的邮寄时间和邮寄要求方面的注意事项。

URDG758 第 14 条规定，如果保函表明交单应采用纸质形式并以特定方式交付，但并未明确排除使用其他交付方式，则交单人使用其他交付方式也应有效，只要所交单据在保函规定的时间和地点被担保人收到。这就意味着，如果保函规定索赔通知必须以快递方式提交，但是基于特殊原因，索赔通知被人亲自送至担保人，则不能以索赔通知未以快递方式提交为由拒付。

电子形式的交单通常包括电子邮件、SWIFT 或其他专有信息技术系统。根据 URDG758 第 14 条，如果是电子形式的交单，必须以保函中规定的文件格式、信息提交的系统以及电子地址提交，如果保函中没有指明这些内容，则单据的提交可采用能够验证的电子格式或者纸质形式，不能验证的电子单据视为未交单。

如果保函仅仅要求以电子方式交单（如电子邮件、SWIFT 或其他专有信息技

---

① ISDGP 第 111 条："Demands may be issued by the beneficiary in any form with or without a title, or without including the word 'demand' if another similar term conveying the meaning of demanding payment is used. In addition to any other requirements in the guarantee, a demand must satisfy the following conditions to be a complying demand: a. be an original and signed by the beneficiary or another person who establishes to the guarantor its entitlement to act as the beneficiary's agent; b. be dated on or after the date the beneficiary has become entitled to present the demand pursuant to article 4(c); c. include or be accompanied by the statement required in article 15(a) or(b) as may be the case, unless the statement requirement is excluded pursuant to article15(c); and d. indicate the amount claimed."

术系统）而无须特定的核实流程来满足 URDG758 中的验证要求时，只要担保人可以核实发送方的表面身份、读取全部交单、确定通过交单收到的单据/数据是完整且未经更改的以及可以明确单独或数据的发送和/或接受的时间，即可视为已经验证。①

如果保函要求以 SWIFT 电文等银行惯常使用的电子数据传输系统交单，通常受益人不是此类电子数据传输系统的用户，无法以自己名义发出索赔通知，一般而言，受益人委托通知行发出的索赔通知也会被视为受益人发出的索赔通知。

3. 索赔通知的验证方式

此处的验证方式，不是上文所称的电子数据的验证，而是指保函文本所要求的、第三方对索赔通知的发出或签字进行的验证。URDG758 第 2 条列出纸质文件可能的签署方式，包括手签、摹样签字、穿孔签字、印戳、符号或其他机械方式。但是 URDG758 并没有规定纸质文件签署的验证要求，ISDGP 第 17 条则明确指出纸质文件的验证属于当事人之间的协议或适用法律的管辖范围。担保人与受益人通常位于不同国家，担保人对于受益人签字的真实性以及受益人签署的合法性无法作出判断，因此担保人有时会在保函中要求通知行（通常为受益人的开户行）对受益人在索赔通知上签字的真实性和合法性进行确认，还有的保函中会要求所有的索赔通知和随附单据必须由通知行寄出，并由通知行通过 SWIFT 电文告知索赔通知的寄送情况，目的都是避免有人冒充受益人索赔或受益人未经适当授权的索赔。

有的保函还会要求受益人在索赔通知上的签字经过当地公证认证，并将公证认证的文件寄交担保人。保函中还可以要求多种验证方式一起使用，以确保担保人收到的索赔通知确实是受益人发出的。如果保函中有此类要求，受益人必须严格按照要求完成相应工作，否则将面临索赔通知存在不符点或者被视为索赔通知未提交的风险。

---

① ISDGP 第 16 条："Where a guarantee requires a presentation to be made electronically, such as by email, SWIFT or through other proprietary information technology systems, without requiring a specific verification process to meet the authentication requirement in the URDG, the presentation is deemed to be authenticated if it permits the guarantor to achieve all the following requirements: i. verify the apparent identity of the sender; ii. read the presentation in its totality; iii. determine that the document/data transmission received through the presentation are complete and unaltered; and iv. ascertain the moment in time of sending and/or receipt of the document or data."

（三）或展期或付款的请求

1. 或展期或付款的具体情形

很多情况下，相对于直接索赔并获得保函款项，受益人更希望保函的期限得以延长，比如作为业主的受益人认为作为承包商的申请人存在违约，但是希望给予承包商更多时间来补救其违约，而不是通过索赔保函款项并指定其他承包商来进行补救。因此受益人很可能在保函有效期届满前提交一份“或延或付”（extend or pay）或者“不延即付”（pay if not extended）的索赔。也有的受益人会向担保人发一份通知，要求对保函展期，否则会索赔保函款项，所谓“不延即索”（claim if not extended）。还有一类保函，在文本中即规定了受益人有要求展期的权利，如收到了受益人要求展期的通知后，担保人未能按照要求对保函期限进行延展，则担保人必须立即支付保函款项。

URDG758 第 23 条针对受益人展期的需求作出了规定，并在 ISDGP 中进一步细化，同时对某些国家的操作惯例进行了回应。但是必须明确的是，URDG758 并没有包括上述或展期或付款的所有情形，而仅仅是针对第一种，即受益人提交“或延或付”或者“不延即付”的索赔进行了规定，即受益人提交的通知必须构成一个相符的索赔，才产生相应的“或延或付”或者“不延即付”的法律效果。

在一份适用 URDG758 的保函项下，如果受益人提交一份索赔，受益人在其中提出了将保函展期作为保函付款的替代选择，但是该索赔本身不符合保函的要求（如未按要求提交支持文件或存在不符点等），则不构成一份相符索赔，担保人有权拒绝支付或展期。如果受益人向担保人发出通知，在该通知中请求担保人将保函展期，并且明示或暗示展期请求不被满足将会进行索赔，则该文件不是一份索赔，担保人无须进行相符性审核。如果保函中设定了受益人有权要求展期且担保人不同意即必须付款，则不属于 URDG758 第 23 条讨论的范畴。此种情况下，可以视作保函对 URDG758 进行了修改，应根据当事人的协议和适用法律来判断相应法律后果。

2. “或延或付”或者“不延即付”索赔函的准备

受益人有关“或延或付”或者“不延即付”的意图通常会在索赔函中通过以下几种方式来表达：要求担保人要么展期保函，要么支付保函款项；要求担保人展期保函，如不能展期，则立即支付保函款项；要求担保人支付保函款项，但是如果保函可以得到延期,则受益人将撤回索赔。无论如何描述,只要清晰地表达出将保函展期作为付款的替代请求即可。此外,如前所述,受益人提交的索赔必须是符合保函要求的相符索赔。

担保人收到此类索赔后,有权在收到索赔次日起不超过30个日历日的期间内中止付款。

ISDGP对"或延或付"或者"不延即付"索赔函的内容提出了更具体的要求,即受益人必须在索赔函中列明请求展期的具体时间。如果索赔函中未能列明请求展期的具体时间,担保人将先后向受益人和保函申请人(或反担保人,存在反担保函的情况下)要求给予指示。如果各方在中止付款期限届满前均未答复或指示,则担保人可以将该索赔视为一个普通索赔,即仅仅要求付款的索赔。因此担保人将在认定索赔相符的情况下向受益人付款。ISDGP并没有讨论如果受益人与申请人或反担保人对于保函展期期限的答复或指示不相同如何处理。我们认为,此种情形下,如果担保人不愿意按照受益人答复中指出的期限进行展期,则视为拒绝展期;申请人或反担保人指示的、与受益人要求不同的展期期限,对担保人没有约束力。

但是实践中很可能出现的情况是,受益人要求一个比较长的展期期限,比如一年,申请人或反担保人(根据申请人的指示)指示担保人展期6个月,于是担保人对保函有效期进行修改,展期6个月,并通知给受益人。此时是否构成对受益人展期请求的拒绝呢？我们认为担保人的该行为构成对展期请求的拒绝,受益人的展期请求未被满足,因此应当对索赔予以付款。但是担保人的行为同时构成对保函的修改,如果受益人愿意接受展期6个月,则可以接受该修改,同时放弃或撤回索赔。受益人也可以不接受该6个月的展期,要求担保人立即付款。受益人同意展期6个月以及放弃或撤回索赔的意思表示应当在合理时间内向担保人表达,否则担保人无须承担延迟付款的责任。

保函实践中,我们还看到过受益人在索赔时同时提出"代持款项"(hold for value)的请求,即要求担保人暂时不要付款。通常的表现形式有:受益人在索赔函中提出索赔,但是同时要求担保人"代持款项";有的受益人则在索赔函中要求直接付款或者"代持款项";还有的在索赔函中提出保函展期或"代持款项"。有观点认为"代持款项"的实质是"一个付款请求,只是发生于将来的某个日期",也有观点认为“代持款项”不是付款请求，而是一个“展期请求”。①

我们认为，“代持款项”请求的实质是由请求担保人接受受益人的委托暂时持有该笔款项，该请求的前提是受益人有权获得款项，即索赔相符，担保人应当付款。如果受益人仅仅提出“代持款项”请求而没有提交相符索赔，或者将“代持款项”作为相符索赔的替代性请求，则担保人可以不予理会，而仅仅对于索赔的相符性进行审核以及回应。如果受益人在提交相符索赔的同时要求“代持款项”，则担保人可根据当事人之间的协议以及适用法律的规定来处理该请求。

二、保函索赔的应对

（一）对受益人提出索赔的预警措施

保函申请人的保函管理人员对已经开立出去的保函进行风险管理的工作之一，就是跟踪项目履行情况以及业主/保函受益人的情况，以对保函被索赔的风险进行预判，并及时做好应对措施。如定期核查保函有效期、索赔条件被满足的可能性、与业主进行保函谈判的必要性和契机、担保人是否收到受益人的相关索赔或通知、保函延期的可能性和要求、索赔相符情况下的财务以及法律应对方案等。

（二）保函申请人对不相符索赔的意见

根据银行通常工作流程，担保人在收到保函索赔后，会在对保函索赔进行审核的同时将收到的索赔转给保函申请人，征求保函申请人对保函索赔的意见。有时担保人会在转递索赔的同时向保函申请人告知或提示担保人已经发现的不符点或者是认为索赔符合保函条款，要求保函申请人予以确认。URDG758 要求担保函应毫不迟延地向保函申请人通知保函的索赔，②并将担保人认为相符的索赔及其相关单据的副本毫不迟延地传递给申请人，③同时也允许担保人自行联系保

① 参见 https://iiblp.org/blogs/news/hold－for－value－financial－guarantees。

② URDG758 第 16 条：“担保人应毫不迟延地将保函项下的任何索赔和作为替代选择的任何展期请求通知指示方，或者适用情况下的反担保人。反担保人应毫不迟延地将反担保函项下的任何索赔和作为替代选择的任何展期请求通知指示方。”

③ URDG758 第 22 条：“担保人应将相符索赔书及其他任何有关单据的副本毫不迟延地传递给指示方，或者在适用的情况下，传递给反担保人以转交给指示方。但是，反担保人，或在适用情况下的指示方，都不应在此传递过程中制止付款或偿付。”

函申请人放弃不符点。[①]

在间接保函的情况下,担保人应将其认为相符的保函索赔以及相关单据的副本毫不迟延地传递给反担保人,反担保人同样也应毫不迟延地将从担保人收到的受益人提交的保函索赔及相关单据的副本传递给申请人。此时,反担保人通常会同时从担保人处收到担保人的索赔,如果反担保人认为反担保函下的索赔是相符的,则有义务毫不迟延地将反担保函项下收到的索赔及相关单据传递给申请人;如果反担保人认为该索赔不相符,仍有义务向保函申请人传递担保函项下的索赔及相关单据,但是没有义务向保函申请人传递反担保函项下的索赔及相关单据。同样地,本段中的"毫不迟延"并不是要求担保人或反担保人在自己的付款期限前传递相应索赔函和/或单据,因此反担保人和申请人不一定能够在担保人或反担保人决定付款前看到相应索赔函和/或单据。

需要特别注意的是,担保人与保函申请人之间的保函开立申请关系独立于担保人在保函项下的付款义务,担保人有独立判断保函索赔是否与保函条款相符的权利,[②]因此保函申请人对于保函索赔通知存在不符点的意见,通常对担保人并没有拘束力。如果保函开立申请合同中约定担保人必须遵从保函申请人有关不符点的意见,担保人有可能仍以 URDG758 或适用法律规定为由主张其有权在保函项下独立判断不符点并作出相应的通知。但是无论如何,此种情形下,担保人没有遵从保函申请人有关不符点的意见,担保人违反了保函开立申请合同,应承担保函开立申请合同项下相应的违约责任。依据担保人与保函申请人之间约定的不同,担保人可能并没有义务征求保函申请人对不符点的意见。但是实践中为避免日后的纠纷,即便保函开立申请合同中明确约定了担保人有独立判断不符点的权利,担保人通常也会在向受益人确认相符或发出不符点通知前,征求申请人的意见,并要求申请人在付款期限届满前予以正式回复。无论申请人是否回复,以及是否同意担保人关于审单的意见,担保人都有权自行决定是否付款。

此外,担保人在确定索赔存在不符点后,也并非必须联系保函申请人。

---

① URDG758 第 24 条 a 款:"a. 当担保人确定一项索赔不是相符索赔时,其可以拒绝该索赔,或者自行决定联系指示方,或者反担保函情况下的反担保人,放弃不符点。"

② 《独立保函司法解释》第 8 条第 1 款:"开立人有独立审查单据的权利与义务,有权自行决定单据与独立保函条款之间、单据与单据之间是否表面相符,并自行决定接受或拒绝接受不符点。"同时,URDG758 第 24 条 c 款规定:"……获得反担保人或指示方对不符点的放弃,并不意味着担保人或反担保人有义务放弃不符点。"

ISDGP 对于 URDG758 项下担保人联系保函申请人的权利进行了限缩性规定，即如果担保人有意接受保函申请人对不符点放弃的决定时，可以联系保函申请人，否则“不应当”就放弃不符点联系保函申请人。①

保函申请人应当充分利用担保人向其寻求意见的机会，认真审核受益人的索赔是否符合保函条款。如保函申请人认为索赔通知不符合保函条款内容，应立即以书面的形式反馈给担保人，并与担保人进行沟通，共同确定是否构成不符点。如果担保人与保函申请人的意见不一致，不认可保函申请人提出的不符点，但保函申请人坚持认为构成不符点，应建议保函申请人向担保人详细并明确地表达自己的意见，保留书面沟通记录，并要求担保人向受益人发出此不符点通知。

担保人在收到保函申请人关于不符点的意见后，如果沟通后双方无法达成一致，担保人有权根据自己的判断决定是否存在不符点并向受益人作出相应的通知。担保人应在合理范围内行使独立判断权，否则将会与保函申请人之间就行使独立判断权是否合理发生争议，甚至在担保人向保函申请人追偿时引发诉讼风险。

如果保函申请人得知受益人索赔后，认为受益人索赔不当，即存在欺诈或权利滥用的情形，保函款项不应当支付，这时也要对索赔通知进行审核，根据审核的结论分为以下两种情形：

1. 如审核后认为存在不符点，建议保函申请人立即将不符点的意见和受益人滥用索赔权的意见同时转达给担保人，请担保人慎重对待，并与担保人保持沟通，说服担保人认可该不符点并向受益人发出不符点通知；

2. 如审核后认为并不存在不符点，或者即使有不符点但是该不符点很容易因受益人重新提交新的索赔而消除（受益人在有效期届满前有再次提交索赔的时间和机会的情况下），则建议保函申请人立即寻求司法救济临时止付保函。

以上两种情形中，保函申请人均可同步采取与受益人协商的措施，以和解的方式促使受益人撤回保函索赔。

---

① ISDGP 第 171 条：“A guarantor which determines a demand to be a non – complying demand, should not approach an instructing party or counter – guarantor for a waiver unless it has, at that time, the intention of accepting and acting upon a waiver that may be provided.”

（三）不符点通知

“不符点通知”也被称作“拒付通知”，是担保人在保函业务过程中制作并发出的重要文件，在发出时间和内容上也有严格要求。虽然这是担保人需要负责和处理的文件，但是作为保函申请人，能够配合、督促担保人有效准确地发出不符点通知，也是降低保函风险的重要工作内容和途径之一。

1. 不符点通知发出的时间要求

URDG758 要求担保人毫不迟延地发出不符点通知，最迟在收到受益人的交单后次日起 5 个营业日结束之前。[①] 这里的营业日结束之前指的是担保人当地当天 24 点之前，而不是指当天营业时间结束之前。

保函中不太常见专门规定担保人发出不符点通知时间的条款，但通常会含有担保人付款时间的条款，如“担保人在收到相符索赔后 7 个营业日向受益人支付不超过××美元的款项”。对于适用 URDG758 的保函而言，由于 URDG758 中规定“担保人应从交单次日起 5 个营业日内审核该索赔并确定该索赔是否相符”以及“一旦担保人确定索赔是相符的，就应当付款”，[②]因此保函中规定的付款期限、审单期限以及发出不符点通知的期限通常视为同一期限，则上述条款对付款期限进行了约定，可以视为对 URDG758 中不符点通知发出期限的修改，即发出不符点通知的期限由 5 个营业日修改为 7 个营业日。对于不适用 URDG758 的保函而言，如果保函中仅仅规定了付款期限，而没有特别约定审单期限或发出不符点通知的期限，那么出于对担保人义务确定性的考虑，也应当将此付款期限同时视为审单期限，也即担保人发出不符点通知的期限。

---

① URDG758 第 24 条 a ~ e 款：“a. 当担保人确定一项索赔不是相符索赔时，其可以拒绝该索赔，或者自行决定联系指示方，或者反担保函情况下的反担保人，放弃不符点。b. 当反担保人确定反担保函项下的一项索赔不是相符索赔时，可以拒绝该索赔，或者自行决定联系指示方，放弃不符点。c. 本条 a 款或 b 款的规定都不延长第 20 条中规定的期限，也不免除第 16 条中的要求。获得反担保人或指示方对不符点的放弃，并不意味着担保人或反担保人有义务放弃不符点。d. 当担保人拒绝赔付时，应就此向索赔提交人发出一次性的拒付通知。该通知应说明：i. 担保人拒绝赔付，以及 ii. 担保人拒绝赔付的每个不符点。e. 本条 d 款所要求的通知应毫不延迟地发出，最晚不得迟于交单日翌日起第五个营业日结束之前。”

② URDG758 第 20 条 a 款和 b 款：“a. 如果提交索赔时没有表明此后将补充其他单据，则担保人应从交单翌日起五个营业日内审核该索赔并确定该索赔是否相符。这一期限不因保函在交单日当日或之后失效而缩短或受影响。但是，如果提交索赔时表明此后将补充其他单据，则可以到单据补充完毕之后再进行审核。b. 一旦担保人确定索赔是相符的，就应当付款。”

我们还会见到某些保函中约定了较长的付款期限,如"担保人在收到相符索赔后30日向受益人支付不超过××美元的款项"。此处付款期限是否等同于审单期限呢？URDG758要求不符点通知的发出要"毫不迟延",是指担保人在作出拒付决定后在可行情况下尽快发出通知,[①]目的是使受益人有机会修正不符点并重新提交相符索赔。担保人审核并确定不符点通常不需要30个日历日这么久,那么担保人是否有义务在合理期限内发出不符点通知,而不是等到第30天才发出呢？如果保函有效期在交单日后第20个日历日届满,而担保人在有效期届满后才发出不符点通知,受益人有可能指责担保人在配合申请人拖延时间,使得受益人在保函到期前没有足够时间修正不符点。我们认为应当鼓励担保人在合理期限内发出不符点通知,以便受益人有合理的机会重新提交相符索赔,以发挥保函应有的功效。

2. 不符点通知必须一次发出全部不符点

不符点通知不得分多次发出,只能一次发出并列明所有不符点。根据URDG758的要求,不符点通知必须说明担保人拒绝赔付的意思表示,并列明所有的不符点。仅仅列出不符点,而不表明拒绝支付的,不符合URDG758的要求。作为良好的银行实务习惯,不符点通知中应列明每个不符点被视为不相符的具体原因,以便受益人可以有机会了解不符点的原因并有机会通过重新提交索赔的方式修正不符点。

不符点不仅是指索赔通知或所附带的单据内容是否与保函条款一致,所有与保函条款和条件不相符的,均应被视为不符点,例如保函索赔是否在有效期内到达指定地点、保函索赔是否以保函规定的语言书就、保函索赔是否按照保函规定的方式提交等。如保函规定仅仅接受通过银行以快递方式寄送且应由银行以SWIFT电文形式予以确认的索赔,则没有通过银行寄送或没有通过快递方式寄送或银行没有发SWIFT电文对于寄送予以确认,也应被视为不符点,由担保人发出不符点通知进行拒付,而不是作为无效索赔不予理会。

---

① 《国际商会见索即付保函统一规则指南》(Guide to ICC Uniform Rules for Demand Guarantees,以下简称《URDG758指南》)第24.17段:"... Accordingly, 'without delay' in article 24(a) does not refer to the period after presentation but means as soon as practicable after the guarantor has decided to reject the demand following examination."

3.未能发出有效不符点通知的后果

如担保人未能在审单期限内发出有效的不符点通知,则担保人无权以保函索赔不相符为由拒绝付款。此处有效的不符点通知包括两个含义,即在审单期限内发出拒付通知,以及在通知中指出全部不符点。如果某保函索赔存在多处不符点,而不符点通知中仅仅列出一项不符点,则担保人不得以未指出的不符点为由拒绝付款,担保人也不得随后补充通知其他不符点。如果受益人收到不符点通知后,通过重新提交单据或者替换单据的方式修改了担保人指出的不符点,但其他担保人未指出的不符点仍然存在,此时原则上也不应当允许担保人依据其在第一次不符点通知中未指出的不符点拒付。

保函允许多次索赔的情形下,如果担保人未能找出不符点,并给予错误赔付,而受益人随后提交的索赔中出现相同不符点,鉴于不同次索赔之间是相互独立的,①我们认为担保人有权依据该不符点拒付随后提交的索赔。同样的规则也适用于担保人指出不符点但放弃不符点并赔付的情形,即担保人对于不相符索赔进行了赔付之后,担保人之后收到的索赔仍然存在不符点,担保人没有义务继续放弃不符点并赔付。

4.不符点的放弃

即使保函索赔通知存在不符点,该不符点也可以被放弃。② 保函申请人可以认可并放弃不符点,但是保函申请人放弃不符点的决定并不意味着担保人必须放弃不符点。保函申请人如果向受益人表达了放弃不符点的意愿,而担保人向受益人作出了不符点的通知,但表示不接受不符点或未表示接受不符点,则该不符点没有被放弃;URDG758③ 和《独立保函司法解释》④在这一点上立场一致,充分尊重了担保人作为保函付款义务人的独立地位。反之同样,即如果保函申请人向受益人主张保函索赔通知存在不符点,而担保人没有向受益人通知不符点或者担保

① URDG758 第 18 条 a 款:"a.提出一项不相符索赔或者撤回一项索赔并不放弃或损害及时提出另一项索赔的权利,无论保函是否禁止部分或多次索赔。"

② 《独立保函司法解释》第 8 条称之为"接受不符点"。

③ URDG758 第 24 条 c 款第 2 句:"……获得反担保人或指示方对不符点的放弃,并不意味着担保人或反担保人有义务放弃不符点。"

④ 《独立保函司法解释》第 8 条第 3 款:"开立人拒绝接受不符点,受益人以保函申请人已接受不符点为由请求开立人承担付款责任的,人民法院不予支持。"

人通知有不符点但是放弃了该不符点，则视为不存在该不符点。① 此处担保人放弃不符点的通知，可以在通知不符点的同时作出，也可以随后以通知不符点相同的方式作出。②

5. 不符点的修改

受益人收到担保人的不符点通知后，如果保函还在有效期内，受益人可以选择重新提交索赔（可以是仅仅替换存在不符点的单据，也可以是重新提交全套索赔文件）以修改不符点。受益人提交索赔后发现索赔有不符点，也可以自行重新提交索赔。受益人也可以仿照信用证的操作惯例，与申请人以及担保人协商删除保函中规定的产生不符点的单据，或者是担保人放弃不符点，此时受益人无须再次提交索赔。然而受益人一旦提交索赔，各方的关系即使没有遭到严重破坏也会处于非常微妙的状态，此时试图说服申请人及担保人同意删除保函条款或放弃不符点，现实中难度很大。

即使保函明确禁止多次索赔，如果受益人的索赔因存在不符点而被拒，受益人亦有权在保函有效期届满前再次提交一次索赔。③ 在担保人做出不符点通知前，受益人可以主动撤回索赔，修正不符点重新提交索赔。重新提交的索赔的审查期限从担保人收到重新提交的索赔次日起算。④

如果担保人尚未就其所收到的索赔是否相符作出认定，担保人收到了重新提交的索赔，新索赔中明确指出其代替了原先的索赔，则担保人只需审核重新提交的索赔，应将原先收到的索赔退回受益人（如索赔是纸质形式）或以自认为合适的方式处理（如索赔是电子形式），而无须承担任何责任；如果新索赔中并没有明确指出新索赔替代了原先的索赔，则担保人需就新旧索赔分别进行审核。如果担保

---

① 《独立保函司法解释》第 8 条第 2 款：“开立人已向受益人明确表示接受不符点，受益人请求开立人承担付款责任的，人民法院应予支持。”

② 有观点认为已被拒绝的索赔不得再被放弃不符点。《URDG758 指南》第 24.4 段：“A rejected demand can no longer be cured by the subsequent grant of waiver, because it no longer exists[article 17(d) and 18(a)].”

③ ISDGP 第 119 条：“When a demand is rejected as a non – complying demand, the beneficiary is allowed to correct the presentation by presenting a new demand before expiry, even if the guarantee excludes article 17(b).”

④ ISDGP 第 120 条：“The presentation of a new demand correcting the discrepancies in the initial demand does not extend the validity period of the guarantee. A new examination period of five business days shall commence on the day following the day of the new presentation.”

人认为原索赔相符，且原索赔已经将保函金额全部索赔完毕，则担保人无须就新索赔进行审核①。

第二节 保函索赔的审核标准

通常而言，保函索赔以及其他交单的审核标准，统称为审单②标准，应依据保函条款来确定。然而，保函文本常常不会将审单标准和要求细致地罗列出来，因此如何确认交单是否相符，便需要结合保函条款的约定、适用的规则以及适用法律的规定来确认。

一、审单标准和审单原则

《独立保函司法解释》第6条第1款规定："受益人提交的单据与独立保函条款之间、单据与单据之间表面相符，受益人请求开立人依据独立保函承担付款责任的，人民法院应予支持。"这里一是指明了保函审单必须审查单据与保函的条款以及单据之间的相符性，二是设立了表面相符原则。

URDG758第19条a款规定了表面审单原则。URDG758第2条定义里的"相符交单"是指所提交单据及其内容首先与该保函条款和条件相符，其次与该保函条款和条件相一致的本规则有关内容相符，最后在保函及本规则均无相关规定

① ISDGP第121条："If, before the guarantor has determined whether a demand is a complying demand, the beneficiary presents a new demand purporting to correct discrepancies it has identified in its initial demand: i. If the new demand indicates that it replaces the initial demand, the guarantor shall only examine the new demand, and may return any documents presented in paper form with the initial demand and dispose of the electronic records in any manner that it considers appropriate without incurring any responsibility; ii. If the new demand does not indicate that it replaces the initial demand, the guarantor shall examine separately each of those two demands within five business days following the day of presentation of each demand. If the guarantor determines that the first demand is a complying demand, it need not continue its examination of the subsequent demand if payment of the first demand exhausts the available guarantee amount. The same applies if the new demand is received after the guarantor has examined the first demand and determined both that it is a complying demand and that its payment exhausts the available guarantee amount."

② 通常担保人在保函项下需审核的文件除了索赔及其支持文件，还包括其他交单，如用于发生增额或减额或者保函生效或失效的单据，因此统称为审核单据，简称审单。

的情况下,与见索即付保函国际标准实务相符。由此,URDG758设立了审单标准层级:(1)保函的条款;(2)URDG758的规则;(3)见索即付保函国际标准实务。这三个层级的优先级依次降低,并需严格执行。如果某交单符合URDG758的要求,但是保函条款已经将URDG758相应条款予以排除或修改,若该交单不符合被排除或修改后的规则,则不符合保函要求,不得视为相符交单。反过来,如果某交单符合保函的明确要求,但是与URDG758的规定和国际银行标准实务均不一致,那么也属于相符交单。① 2021年3月,国际商会银行委员会通过了ISDGP,作为URDG758的配套文件,通过确定和记录与URDG758相关的规则及其后的最佳实务对URDG758进行补充。ISDGP在其出版说明中也认可,ISDGP并未穷尽见索即付保函最佳实务,国际商会银行委员会的官方意见会增加和补充ISDGP。

本书第一章对于单据审核具体原则进行了阐述,此处不再赘述。此处需要补充说明的是,实践中,保函的索赔单据大多为受益人可自行制作的单据,相比信用证,出现不符点的概率大大下降,因此,司法实践中保函索赔不符点的争议和案件也相对少了许多。

二、非单据条件

如果保函中列出了一个条件(日期或失效期间除外),但是没有规定满足该条件需要提交任何单据,此类条件被称为非单据条件。担保人在审单的时候如何确定此条件是否被满足,还是担保人根本无须就此进行审核呢?

URDG758第7条规定,担保人可以不予置理非单据性条件。这是因为担保人如果考虑该条件,担保人就必须审查外部事实,而不是审单。这里存在两种例外情况:一是担保人根据自身记录或保函中指明的指数可以确定该条件是否被满足;二是该非单据条件中出现的信息,属于保函条款的一部分,受益人提交的单据不得与之相矛盾。

---

① ISDGP第138条:"To determine whether a presentation is complying, a guarantor must examine the presentation against the three standards set out in the definition of complying presentation in article 2, in the order in which they appear in that definition. Accordingly, no presentation shall be deemed a non - complying presentation for inconsistency with the URDG or international standard demand guarantee practice if it complies with the express terms of the guarantee. Article 15(c) and article 25(c) prevail over conflicting terms in the guarantee unless those articles are expressly excluded in the guarantee."

第三节　保函欺诈的风险应对

见索即付保函性质上独立于基础合同，且其所要求的单据都是受益人可以自行制作的，绝大部分保函并不要求受益人证明申请人违约便可索赔，有的保函对于索赔的唯一要求就是受益人自行签发的索赔函，无须提出任何索赔理由，甚至都不需要声称申请人违约。见索即付保函的这一特点，使得业主/受益人在项目履行过程中，一旦与承包商/申请人发生纠纷，便会考虑利用索兑保函来获得现金补偿或者获得一定的谈判优势地位。然而，有时受益人在行使保函的索赔权时可能违反了诚实信用原则，滥用索赔权，在更为极端的情况下，甚至构成欺诈。保函欺诈，不仅严重背离了保函制度的初衷，也可能给保函的申请人以及担保人造成无法弥补的损害，严重破坏保函制度的健康运转。如何识别并应对受益人滥用索赔权的情况，在程序上和实体上保函申请人有怎样的救济手段，担保人如何行事，不仅是保函实务中必须要熟悉了解的内容，也是各国保函立法和司法实践的重要课题。

URDG758 秉承着国际商会一贯的理念，不对欺诈或权利滥用进行规定，而是留给各国法律解决。多数国家的法律均在保函申请人能够证实索赔存在明显的欺诈或权利滥用的情况下才允许担保人不付款，而且欺诈和权利滥用的标准都异常严苛。

《独立担保公约》规定了三种申请人可以向法院申请临时司法措施的情况以及两种申请人可以申请的临时司法措施，并对证明标准作出了规定。但《独立担保公约》没有涉及最终止付的条件和程序。

《独立保函司法解释》列出了五种可以认定为保函欺诈的情形，并对临时止付的程序进行了详细的规定，对保函欺诈案件的审理以及最终止付保函的条件分别作出了规定。

多数国家的法律都允许受到保函欺诈损害之虞的当事人（通常为申请人，也可以是担保人）向法院申请临时救济措施予以保护，但是各国的临时救济措施具体表现的方式和标准均不同。本书将在第六章对重点国家和地区的做法进行对比介绍。本节内容以《独立担保公约》和《独立保函司法解释》为基础，简要介绍保函欺诈相关临时救济的种类和内容。

一、基础合同争议与保函争议的联动

在进一步讨论保函欺诈的认定标准和救济措施之前，我们先就保函争议与基础合同争议之间的联系与区别进行简要讨论。

保函开立的目的多是为基础合同的履行提供第三方保证，①以替代履约保证金。保函赋予合同当事一方（保函受益人，基础合同项下通常为业主）在对方（通常为保函申请人，基础合同项下通常为承包商）违约时，无须提供证据证明对方违约即可立即从保函项下得到付款的权利；该款项作为担保人代承包商向业主支付的违约损害赔偿金，充抵基础合同项下业主应当获得的违约损害赔偿金，相当于保证金。保函金额不足以涵盖承包商违约给业主造成的损失金额的，业主有权继续向承包商追偿。

需要注意的是，为确保保函的功能得到顺利实现，避免将未参与基础合同交易的担保人卷入基础合同双方之间的争议，保函被设计成为单据性交易，即担保人只需要根据受益人提交单据的表面内容来判断索赔是否相符以及担保人是否需要付款，而无须判断受益人与申请人之间的争议谁更有理。这也是“先付款，后争议”（Pay first，argue later）原则的具体体现。因此业主在行使保函索赔权时，并不需要证明自己有权获得的违约损害赔偿金等于或高于保函金额。

通常而言，基础合同和保函的争议解决方式是相互独立的，例如大多数国际建设承包工程合同约定的是仲裁，而保函中约定的大多是法院诉讼，即便两者都同样约定了诉讼、仲裁或者是没有约定具体争议解决方式，因当事主体、法律适用、法律关系性质不同等因素，加之当事方为获得优势而进行的“择地诉讼”（forum shopping）②，最终实际的争议解决方式以及处理争议的法院或仲裁庭很有可能不尽相同。

对于业主/保函受益人而言，在基础合同履行过程中发生争议时，业主/保函受益人可以从基础合同和保函项下分别考虑争议解决和损失追偿的路径。需要

---

① 不具有担保功能的保函除外，如用于替代跟单信用证的付款保函。

② 当事人利用国际民事管辖权的冲突，以获得对自己最有利判决为目的，从一个以上有管辖权的法院中选择一个法院进行诉讼。

考虑的因素包括损失追偿的确定性和成本，包括法律适用以及权利义务的确定性、获得赔偿的时间和便利性、一旦诉诸法院诉讼或仲裁时胜诉的可能性、胜诉裁判文书的法律可执行性和实际可执行性。相对于基础合同项下的救济手段，业主/受益人索赔或者执行保函存在更大的便利，因为银行不仅有雄厚的财力、良好的商业信誉，且很有可能在业主/受益人所在国设有分行。业主可以优先考虑索兑保函，索兑保函成功后仍然无法足额受偿的情况下，再通过基础合同约定的争议解决方式进一步向承包商进行追偿。当然，业主也可以不索兑保函而直接通过基础合同约定的争议解决方式向承包商进行追偿。

如果承包商的违约给业主造成的损失金额小于保函金额，或者业主也存在违约且应当就其违约向承包商承担违约损害赔偿责任，则承包商有权在基础合同项下要求业主向承包商返还保函金额与业主应得金额之间的差额，否则就可能存在业主不当得利。在担保人已经向保函受益人付款的情况下，承包商无权自行或通过担保人要求业主返还部分保函款项，只能通过基础合同约定的争议解决方式要求业主返还其超额索取的部分。FIDIC 红皮书 2017 版第 4.2 条规定，业主有权索赔超过金额，但是应当承担就超额索赔给承包商造成损失的赔偿责任。

对于承包商/保函申请人而言，如果保函被索赔，如何判断应当在基础合同项下还是保函项下与业主/保函受益人解决双方之间的争议呢？如前所述，保函独立于基础合同，保函项下担保人的付款责任独立于基础合同的履行情况，因此基础合同项下双方之间存在争议并不影响保函受益人在保函项下行使索赔权。承包商如不认可业主索兑保函的金额和目的，可以通过基础合同约定争议解决方式主张业主违约。但是如果保函受益人明显滥用索赔权，其行为符合适用法律对于欺诈的标准，且该情形其他方面符合适用法律对于临时禁令的申请条件，则此时保函的独立性可以被突破，承包商/保函申请人及相关利害关系人有权以保函欺诈为由，寻求司法救济，即请求法院签发临时禁令。根据不同的适用法律以及仲裁规则，法院临时禁令可以作为保函欺诈诉讼的保全措施，也可以作为基础合同诉讼或仲裁的保全措施。在仲裁规则允许的情况下，保函受益人还可以在基础合同的仲裁过程中，请求仲裁庭或紧急仲裁员采取临时救济措施，禁止保函受益人索赔。

如果仅仅是业主索赔的金额超过了其有权获得的金额，而不是业主根本无权索取保函款项，虽然前一种行为实质上也构成一定程度的索赔权滥用，但在大多数国家,即使此时担保人尚未支付保函款项,受益人也很难获得法院签发的保函临时禁令。主要原因是,临时禁令是一项非常严厉的救济措施,仅应当适用于迫不得已的情形,即受益人的索赔具有欺诈这样严重的情形。业主索赔金额是否超过其有权获得的金额,通常仅仅是一项基础合同项下双方违约程度的争议,如果不能达到严重的权利滥用乃至欺诈的程度,不宜启动临时禁令这种救济措施,而应当遵从"先付款,后争议"的原则,否则将对保函当事人之间的意思自治造成极大的干扰,不利于维护交易的稳定性和可预期性。因此,各国法院在审查保函申请人提出的临时禁令申请时,审查的标准是受益人的索赔是否构成欺诈,而索赔金额的充分性不够,通常不足以说服法院认可欺诈的存在。鉴于欺诈是各国法律适用的范畴,各国的实体法和程序法,对于什么样的行为应当给予什么类型的救济,均取决于该国法律的具体规定以及该国法律对公平正义的解读,因此如果受益人索赔金额明显不合理,在某些国家获得临时禁令也是有可能的。

二、《独立担保公约》[1]对保函欺诈的规定

(一)保函欺诈例外的情形

《独立担保公约》本身并没有提及"欺诈"或"权利滥用"字样,而是在第四章"权利、义务和抗辩"的第19条列出了3种可以不付款的例外情况,其中第3种例外情况又被细分为5种情形。

具体而言,根据《独立担保公约》,担保人可以不付款的例外情形为:

1. 提交用于索赔的单据存在不真实或者伪造的情形。

2. 根据索赔和支持索赔单据中所描述的索赔依据,索赔不应当被支付。

3. 从保函的类型和目的可断定该索赔毫无依据,具体情形包括:(1)保函承诺保障的意外事件或风险毫无疑问地没有发生;(2)法院或仲裁庭已宣布申请人在基础合同下的义务无效,除非保函表明这类意外属于保函的风险范围之内;(3)保函所规定的基础合同下义务已毫无疑问令受益人满意地得到了履行;(4)受益人的故意不当行为显然妨碍了基础合同下义务的履行;(5)若是根据一项反担保而提出索赔,反担保的受益人作为与该反担保相关的保函的担保人/开证人,不守诚信地作了付款。

---

① 关于《独立担保公约》的基本介绍可以参考本书第一章第四节"保函的法律渊源"。

《独立担保公约》要求，只有在上述情形是“明显而清楚”的情况下，担保人才有权不付款给受益人。担保人此时不付款依据的是“诚信办事原则”（act in good faith），也就是我们常说的“诚实信用原则”。可见，《独立担保公约》认为，在发生上述情形时，担保人有权突破既有的保函“单证相符即付款”“基础合同与保函相独立”的基本原则自行决定不付款，因此被称作“不付款的例外”或者“欺诈例外”。但是考虑到担保人不参与基础交易，对于这些条件是否满足并不了解，虽然担保人有上述权利，我们仍建议担保人谨慎行使此权利，否则将容易陷入不必要的纠纷中，同时也对保函制度的稳定性和可预期性造成冲击。

（二）保函欺诈的司法救济

《独立担保公约》第 19 条第 3 款规定，在存在上述情形的情况下，保函申请人有权按照《独立担保公约》第五章第 20 条申请临时司法措施，即请求法院签发临时禁令，禁止受益人获得保函款项。需要注意的是，保函申请人申请临时司法措施时，并不要求上述情形必须是“明显而清楚”的。与担保人可自行决定不付款的要求相比，该等标准更容易达到。但是《独立担保公约》继而规定：一国法院只有根据“立即可得的有力证据”认为“大有可能”存在上述情形时，才可以签发临时禁令。相比之下，法院颁发禁令的标准似乎低于担保人自行决定不付款的标准。我们认为，《独立担保公约》这样区别规定的目的有两个：一是严格限制担保人自行决定不付款的自由裁量权；二是将保函申请人的请求交由各国法院来裁量，充分尊重各国法院的权利。

如前所述，根据《独立担保公约》本身的措辞，即使保函申请人不向法院申请临时禁令，担保人也有权在认为有明显而清楚的证据证明存在上述情形时，自行决定不向受益人付款。那么，实践中可能会出现这样一种情况：保函受益人索赔之后，保函申请人为阻止担保人付款，会向担保人提供证据试图证明受益人的索赔存在上述欺诈情形；担保人依据保函申请人提供的证据认定索赔存在上述欺诈情形，决定不予付款。保函受益人得知担保人的决定后，向担保人提供证据试图证明索赔不存在上述欺诈情形；担保人此时又发现之前的决定并不妥当，但如果担保人此时付款，则要承担错误拒付给受益人带来的损失（如迟延付款的利息损失、受益人的法律成本等）。

无论担保人决定是否付款，担保人的决定都会面临保函申请人或受益人的质疑。此过程中，担保人实际上被卷入了基础合同纠纷中。这不仅破坏了担保人作为银行不参与基础交易的基本原则，也对银行的信用和声誉造成严重损害。因此，我们认为担保人不宜依据保函申请人或受益人提供的主张和证据自行决定付款与否，而应当在法院依据保函申请人的申请签发了临时禁令的情况下，基于禁令的内容而暂不予付款。实践中，我们看到大多数担保人也是仅仅遵守法院的命令，而不是自行认定存在欺诈而决定不予付款。

《独立担保公约》规定了两种临时司法措施，分别是：(1)使受益人得不到付款的临时命令，包括命令担保人扣留保函款项的命令；(2)冻结已支付给受益人的保函款项的临时命令。

《独立担保公约》还规定了保函申请人为获得此种临时命令而应达到的证明标准：只有保函申请人提供了立即可得的有力证据，证明受益人已经提出或将要提出的索赔大有可能存在欺诈情形，法院才可以签发临时命令。同时法院还必须考虑如不签发临时命令申请人是否会受到严重损害，并可以要求申请人提供担保。

可以看出，《独立担保公约》不仅允许对尚未支付的索赔进行止付，还允许冻结已经支付的款项。保函申请人不必只能在受益人提出索赔后、担保人付款前的短暂期间内才可以去法院申请临时禁令，这使得保函申请人可以有更充分的时间准备证据并说服法院签发止付令，无疑将大大提高申请人申请保函止付的成功率。

《独立担保公约》中规定的两类临时命令是根据保函款项支付前和支付后的不同情形划分的。第一类是使受益人得不到付款的临时命令，针对的是受益人收到保函款项前签发的临时命令。只要能够达到受益人无法取得付款的效果的命令，均属于《独立担保公约》规定的第一类临时命令。《独立担保公约》列举了一种该等临时命令，即针对担保人已经决定向受益人付款并且付款金额已经特定化的情形，法院可以签发要求担保人扣留保函款项的命令。在保函款项特定化之前，担保人法院可以在适用法律允许的情况下签发禁止担保人在保函项下向受益人支付款项的临时行为禁令。在该等行为禁令下，无论保函款项是否特定化，担保人都不得向受益人支付保函款项，从而达到受益人得不到付款的效果。

实践中有法院会签发冻结保函申请人在担保人处存入的保函保证金或者所

谓的“保函款项[①]”的临时命令。这些保证金或“保函款项”是保函申请人依据与担保人之间的保函申请开立协议而存入保函申请人在担保人开立的账户的，一旦担保人应在保函项下向受益人支付款项，则担保人有权扣划这些保证金或“保函款项”。这里的“保函款项”与《独立担保公约》中第一类临时禁令中所指的“保函款项”不是同一类款项。本段中提及的“保函款项”实际上是担保人履行了保函项下付款责任之前或之后，有权要求保函申请人向其预付或偿付的款项或保函申请人同意用于预付或偿付担保人的款项。该权利源于保函申请开立这一法律关系，此法律关系独立于担保人与受益人之间的保函法律关系，该款项也不是保函法律关系项下的款项。担保人在保函项下承担的是付款义务，确切而言是以自有财产对外付款的义务；仅仅冻结保函申请人账户中的“保函款项”或保证金，并不能达到从法律上阻却担保人向受益人付款的效果。此外，如果担保人并未对即将支付给受益人的款项进行特定化，仅仅冻结担保人自有财产中相当于保函金额的款项，也同样达不到从法律上阻却担保人向受益人付款的效果。

为了降低临时司法措施对保函制度的干扰，《独立担保公约》还规定了不得签发临时禁令的情形，即除《独立担保公约》第 19 条规定的情形和利用保函实施犯罪目的之外，法院不得依据其他拒付理由签发《独立担保公约》所规定的临时禁令。根据本规定所体现出来的精神，可以推导出以下两个结论：一是不得对《独立担保公约》规定的欺诈情形作扩张性解释；二是明确了保函申请人不得仅仅以索赔存在不符点或双方存在争议为由申请法院签发临时禁令。

前文提到，保函申请人可能就保函索赔是否具有不符点、不符点是否放弃与担保人存在不同意见。有一种情形就是，保函申请人坚持认为索赔存在不符点、担保人应当拒付，但担保人认定索赔相符从而应当付款。鉴于担保人有权自行判断不符点并作出相应的付款或拒付的决定，保函申请人在无法说服担保人拒付的情况下，会考虑向法院寻求救济，即请求法院签发临时禁令禁止担保人付款，理由是索赔存在不符点，担保人不应当付款。但根据《独立担保公约》的规定和精神，这种情况下法院不得签发临时禁令。《独立担保公约》的目的是限制临时禁令这种严厉的司法救济措施的使用，防止禁令滥用对保函制度造成干扰。一旦发生上述情形，保函申请人只能依据保函申请开立协议处理与担保人之间就付款的适当

① 实务中此类款项经常被称作“保函款项”。

性以及保函申请人偿付义务的争议。

(三)《独立担保公约》的实践意义

如本书第一章所述,《独立担保公约》虽然已经生效20余年,但目前签字国总数仅仅为个位数(8个),且大多为美洲国家。由此可见,《独立担保公约》在全球范围内的适用称不上广泛。造成此结果的主要原因之一是,独立担保制度在全球范围内都属于新生事物,对各国传统担保制度均提出了严厉的法律和实践方面挑战,各国在认识、理解、适用独立担保制度方面进展不一,甚至有的国家至今仍未全面认可独立担保制度,严重影响了《独立担保公约》在全球范围的接受程度。但是,《独立担保公约》作为联合国促进立法统一化之努力的成果,在很大程度上为各国独立担保立法以及独立担保在全球范围内的发展作出了巨大贡献。各国无论是独立担保司法实践还是立法,均不同程度可以看到《独立担保公约》某些部分的影子。如我国《独立保函司法解释》中的欺诈止付的标准和条件,也借鉴了《独立担保公约》相应的规定。

三、中国法下的保函欺诈

我国的《独立保函司法解释》较为完整地对保函欺诈例外制度以及相应司法救济措施进行了规定,对欺诈情形及证明标准进行了严格的界定,将保函欺诈类型化为无真实交易、单据欺诈和明显滥用付款请求权三类情形。①《独立保函司法解释》在起草过程中,充分借鉴了《独立担保公约》的有关内容,特别是欺诈止付部分,规定了只有出现受益人欺诈情形时,才可以作为法定的唯一例外情形对待,并提供了相应的司法救济途径。

(一)保函欺诈的情形

《独立保函司法解释》第12条规定了5种构成独立保函欺诈的情形:“(一)受益人与保函申请人或其他人串通,虚构基础交易的;(二)受益人提交的第三方单据系伪造或内容虚假的;(三)法院判决或仲裁裁决认定基础交易债务人没有付款或赔偿责任的;(四)受益人确认基础交易债务已得到完全履行或者确认独立保函

① 最高人民法院关于《最高人民法院关于审理独立保函纠纷案件若干问题的规定》答记者问。

载明的付款到期事件并未发生的;(五)受益人明知其没有付款请求权仍滥用该权利的其他情形。”

其中第一种情形即无真实交易类,第二种情形即单据欺诈类,第三、四种情形可归类为明显滥用索赔权类,另外考虑到保函欺诈在实践中的复杂多样性,该条第5项对受益人明显滥用索赔权的其他情形规定了概括性的兜底条款。①

(二)保函欺诈情形的具体分析

1. 无真实交易

保函的目的是为基础交易的履行提供第三方保证,如果基础交易不存在或者是虚构的,那么保函便成为无源之水,纯粹成为当事方获得非法利益的工具。此种情形下,如果允许担保人仅仅依据保函条款的规定向受益人支付保函款项,无异于鼓励当事人利用保函的独立性实现非法目的。通常情况下,当事人虚构基础交易的目的是利用保函进行非法跨境融资、洗钱或者规避外汇管制,更为恶劣的是骗取担保人或者保函申请人的财产。

此类欺诈情形存在一个明显的特点,即保函申请人与受益人之间串通虚构基础交易,因此担保人很难察觉到。即使担保人在合规性审查或保函交易过程中察觉到基础交易的异常,由于未参与基础交易过程,在基础交易双方不配合的情况下,担保人也很难在申请临时禁令阶段拿出清晰的证据证明基础交易是虚构的,更不要说达到《独立保函司法解释》第20条规定的在最终止付阶段“排除合理怀疑”的证明标准。此种情况下,如果保函申请人与受益人的欺诈行为达到刑事案件立案标准,建议担保人尽早报案,通过刑事调查获得相关虚构基础交易的证据。

此类欺诈情形的另一个特点是,由于保函申请人与保函受益人共同参与了欺诈,受欺诈的通常为担保人,担保人此时很有可能成为临时止付令的申请人或保函欺诈诉讼的原告,而《独立保函司法解释》第13条也明确允许保函的开立人即担保人申请临时止付令以及提起诉讼或仲裁。而在其他类型的欺诈情形中,担保人通常是作为诉讼第三人出现的。

在目前可以公开检索到的中国法院裁判文书中,尚未见到以虚构基础交易为由认定欺诈并止付保函的案例。在中车四方车辆有限公司与JSCRBK银行、中国

① 最高人民法院关于《最高人民法院关于审理独立保函纠纷案件若干问题的规定》答记者问。

建设银行股份有限公司青岛四方支行信用证纠纷案[(2019)鲁民终2924号]中，一审法院和二审法院均以反担保函申请人未能证明基础交易合同是虚构的以及保函受益人与担保人恶意串通为由，认定保函索赔不构成欺诈。

2. 单据欺诈

单据系伪造或内容虚假，自古以来就是欺诈的重要手段之一，保函欺诈也不例外。此情形仅适用于保函要求受益人在索赔函之外，还要向担保人提交用于支持索赔的第三方单据。

此处将单据限定为“第三方单据”，从而明确排除了受益人自行制作的单据。其实受益人自行制作的单据也可能存在内容虚假的情形，但是受益人自行制作单据内容虚假，通常被视为受益人作出的不实陈述，即受益人为了索赔符合保函条款的要求而故意或非故意对事实进行了错误的描述。《独立保函司法解释》显然将受益人的不实陈述排除在保函欺诈情形之外，因此明确排除了受益人自行制作的单据。

另一类典型的受益人可能作出不实陈述的情形，即受益人在索赔函中关于“承包商违约”的描述。通常保函会要求受益人在索赔函中声明“承包商违约”，受益人为了使索赔相符，必须在索赔函中严格按照保函要求的措辞就“承包商/保函申请人违约”进行描述。如果保函要求的措辞与实际情况不完全相符，则受益人有作出不实陈述的嫌疑。保函如果要求受益人提交单独的违约声明，也存在相同的情形。但是如上所述，显然不实陈述没有被《独立保函司法解释》视作欺诈情形之一。

第三方单据欺诈通常发生在保函规定索赔金额或索赔依据必须有第三方单据作为支持的情况下，如保函要求第三方机构就承包商违约造成的损害赔偿范围及金额作出的报告、仲裁庭就承包商违约作出仲裁裁决、工程师就工程延期作出的证明等。

第三方单据中的数据或者结论不准确，或者与法院经审理后最终认定的数据结论不一致，这种情况是否属于第三方单据“内容虚假”呢？法院有可能认为此种情况需要区别对待，如果有证据表明第三方的数据或结论错误十分明显，且出具该单据的第三方无法合理解释错误产生的原因，那么可以推断第三方在出具单据时未能审慎行事，由此可以认定单据“内容虚假”，从而构成保函欺诈。如果第三方的数据或结论仅仅是不够准确，或者第三方所属行业内专业人士对于此类数据和结论观点分歧较大,则不宜直接以数据或结论错误而认定单据“内容虚假”。

此外,第三方单据系伪造或内容虚假,保函受益人是否知情或应当知情,也应当是法院在考察欺诈是否成立时应当考虑的因素。

在扬州缤纷嘉年华投资发展有限公司与浙江江南新城投资开发有限公司、中国银行股份有限公司扬州分行信用证欺诈纠纷案[(2015)扬广商初字第692号]中,保函受益人在提交保函索赔时,提交了两份不同公司出具的修复费用预算书,用来支持其索赔金额。在诉讼过程中,一审法院委托鉴定机构对相关工程造价进行了评估,鉴定结论金额不是前两份修复费用预算书结论金额的1/10。由此一审法院以修复费用预算书内容虚假为由,认定保函索赔构成欺诈,担保人终止支付保函全部款项。

3. 明显滥用索赔权

判断受益人是否明显滥用索赔权,首先要回答的问题是:受益人在什么情况下享有索赔权。

根据保函的条款,只要索赔符合保函条款的要求,受益人即享有索赔权。但是,享有索赔权并不完全等于没有滥用索赔权。如果结合基础交易的履行情况,受益人明显滥用其所享有的索赔权,那么受到滥用索赔权侵害的一方有权请求法院给予司法救济,这是保函欺诈例外制度的逻辑基础。从定义角度而言,第一种情形(虚构基础交易)和第二种情形(单据欺诈)也属于滥用索赔权。

《独立保函司法解释》列举了两类明显滥用索赔权的情形,并对明显滥用索赔权的其他情形作了概括性规定。

(1)基础交易债务人没有付款或赔偿责任

第一种明显滥用索赔权的情形是法院判决或仲裁裁决认定基础交易债务人没有付款或赔偿责任。保函申请人向法院申请临时救济时,通常是基础交易履行过程中或基础交易履行受挫,保函受益人决定索兑保函之时。此时基础交易双方尚未或刚刚开始就基础交易的争议提起诉讼或仲裁,距离获得法院生效判决或仲裁裁决的时间尚有时日,因此以此情形申请获得临时救济的可能性大大减少。但是此情形可以作为最终止付的认定情形之一,即保函申请人在以其他理由获得临时止付救济后,继续保函欺诈的诉讼,在诉讼过程中,同时进行或先于保函欺诈诉讼开始的法院诉讼或仲裁作出最终裁判,认定基础交易债务人没有付款或赔偿责任,法院由此可以认定保函受益人明显滥用索赔权。

在此种滥用索赔权的情形中，并不要求法院判决或仲裁裁决认定基础债务人/承包商没有违约，而是认定基础交易债务人没有付款或赔偿责任。这一规定有两种含义：一是基础交易债务人/承包商即使违约，但其违约并没有给基础交易债权人/业主造成损失，也不需要在基础交易项下向业主承担任何付款或赔偿责任，则符合本情形。二是基础交易债务人/承包商有违约，给基础交易债权人/业主造成了损失并应当向基础交易债权人/业主承担付款或赔偿责任；但是基础交易债权人/业主同时也有违约，给基础交易债务人/承包商造成了损失，亦应当向基础交易债务人/承包商承担付款或赔偿责任；双方的债权债务抵销后，法院或仲裁庭认定基础交易债务人/承包商无须向基础交易债权人/业主承担付款或赔偿责任，此种情况亦符合本情形。

值得讨论的是，前段讨论的第二个场景中，如果法院或仲裁庭并没有对双方的债权债务进行抵销，而是在裁判项中分别列出各自应当向对方支付的款项金额或赔偿金额，且业主应向承包商支付的总金额大于承包商应向业主支付的总金额，此种情况是否符合第一种明显滥用索赔权的情形呢？法院有可能认为此时不宜阻止保函项下的付款，理由是保函的功能就是担保基础交易的履行，为保函受益人在基础交易之外提供一份第三方保证，在保函受益人/基础交易债权人/业主经法院或仲裁庭认定有权获得对方的付款或赔偿时，受益人也有权从保函中获得该等付款或赔偿，而无须考虑对方是否能够从受益人处获得法院或仲裁庭认定其所应当得到的付款或赔偿。

在长江岩土工程总公司与中国建设银行股份有限公司温岭支行及中博建设工程集团有限公司独立保函纠纷案[（2019）最高法民终302号]中，保函受益人多次向担保人提出保函索赔，担保人均未付款，随后保函受益人起诉担保人要求支付保函款项。诉讼过程中，保函受益人与保函申请人就双方之间基础交易下的债权债务另行诉讼，经过一审、二审后，判决认定保函申请人对保函受益人没有付款义务或赔偿责任。最高人民法院最终认定预付款保函索赔存在欺诈，理由是依据生效判决已经可以确认保函申请人对保函受益人在基础合同下没有付款义务或赔偿责任，故保函受益人以保函申请人违约为由，要求担保人支付预付款项下款项的请求不能成立，不予支持。

在苏州金螳螂幕墙有限公司与中国农业银行股份有限公司苏州吴中支行、重庆万汇置业有限公司保证合同纠纷案[（2018）苏05民终6210号]中，法院也是以生效判决已经认定保函申请人在基础交易建设工程施工合同项下对保函受益人没有赔偿责任为由,认定保函索赔构成保函欺诈,判决担保人终止支付保函款项。

(2)基础交易债务已得到完全履行或付款到期事件未发生

第二种受益人明显滥用索赔权的情形是受益人确认基础交易债务已得到完全履行或者确认保函载明的付款到期事件并未发生。

这一情形中,认定的客观标准是受益人的确认,而受益人确认的内容是基础交易债务已得到完全履行或保函载明的付款到期事件未发生。即使法院根据证据认定基础交易债务未得到完全履行或保函载明的付款到期事件已发生,但受益人确认已得到完全履行或未发生的,仍符合本情形。

实践中可能发生的情形是,受益人因各种原因曾确认过基础交易债务已得到完全履行或保函载明的付款到期事件未发生,而客观事实是基础交易债务未得到完全履行或保函载明的付款到期事件已发生。在保函欺诈诉讼过程中,为了支持其有权索赔的主张,受益人会主张其之前作出的确认不是其真实意思表示或者有特定目的,或者其在作出确认之后产生了新的事实导致其确认的内容不准确,并举证证明基础交易债务未得到完全履行或保函载明的付款到期事件已发生。法院有可能在仔细考察受益人作出确认时的主观意图、当时以及作出索赔时的客观情况的基础上,对受益人作出确认的法律后果进行认定。

(3)其他明显滥用索赔权的情形

《独立保函司法解释》第 12 条在详细列举了 4 种保函欺诈情形后,列出第 5 种情形,即“受益人明知其没有付款请求权仍滥用该权利的其他情形”。作为一项立法技术,此类“其他情形”的措辞通常表明这是一个兜底条款。我国作为成文法国家,法律规定的滞后性是无可避免的。兜底条款作为比较通行的做法,主要用于特定规则的兜底性表述或带有兜底性的制度,前者如“法律另有规定”或“其他原因”等,后者如诉讼时效延长或公平责任规则等。《独立保函司法解释》第 12 条第 5 种情形属于前者。

但是“其他情形”毕竟是一个比较抽象的说法,虽然前面加了限定词,即“受益人明知其没有付款请求权仍滥用该权利”,在司法实践中仍然会存在适用上的不清晰。如这个第 5 种情形的必要程度是否需要与前面 4 个列举事项存在比例关系呢?换言之,这第 5 种情形的适用条件和认定标准,是否应与前 4 种相当,才可以认定为欺诈?还是仅仅符合“受益人明知其没有付款请求权仍滥用该权利”便满足第 5 种情形呢？我们认为，第 5 种情形既应当与前 4 种已列举情形具有相同或是相当的适用条件和认定标准，也应当充分考虑社会发展的多元化以及经济活动的丰富性，毕竟保函的运用场景多是复杂且新颖的商业交易。也就是说，既要严格适用欺诈标准，不随意泛化理解和扩张适用欺诈情形，也不能僵化地对照前 4 种情形的具体条件，忽视各类不同场景下欺诈行为的不同表现形式。前者是为了防止欺诈止付制度的滥用，确保保函制度的可预期性，后者是为了避免拒绝处理经济生活中各种确实会对保函制度造成冲击、导致不公平结果的新发展和新现象。

从《独立保函司法解释》施行后中国的司法实践来看，中国的各级法院以第 5 种情形作出临时止付和最终止付命令的判决或裁定数量，远远多于前 4 种情形的总和。如凯迈（洛阳）航空防护装备有限公司、洛阳航空工程建设有限公司与韩国现代工程建设株式会社、阿拉伯及法兰西联合银行（香港）有限公司信用证欺诈纠纷案［（2018）最高法民终 1216 号］①，中机新能源开发有限公司与保定天威保变电气股份有限公司信用证纠纷案［（2018）冀 06 民终 4480 号］，阳光电源股份有限公司与中国光大银行股份有限公司合肥分行、中安永泰（青海）经济技术合作有限公司合同纠纷案［（2019）皖 0104 民初 305 号］等。

（三）间接保函中担保人的善意与欺诈

在间接保函交易中，往往反担保函申请人与保函受益人没有直接的保函法律关系，即反担保函申请人为反担保函的申请人，而保函受益人为担保函的受益人，担保人同时作为反担保函的受益人和担保函的担保人，为担保函和反担保函以及反担保函申请人与保函受益人提供了法律上的衔接，但这也给担保人带来了一定的法律风险。一旦保函申请人欲以保函受益人/基础合同相对方欺诈为由申请法院临时救济，就会出现一系列法律上和实践中均非常棘手的问题，如：担保人此时的法律地位为何？担保函和反担保函项下均存在欺诈才可以止付吗？如果担保人在法院签发止付令之前已经向保函受益人支付了保函款项，担保人是否应受到保护？担保人在得知法院已经就反担保函签发了止付令后，仍然向保函受益人支付保函款项的，担保人有权获得反担保函项下的款项作为补偿吗？

---

① 见附录 B 案例 21。

通常间接保函的反担保人和担保人分别位于不同国家，反担保函申请人与保函受益人也位于不同国家，上述一系列问题的答案还涉及保函及反担保函的管辖、法律适用、当事人的管辖选择、平行诉讼/仲裁等更加复杂的国际私法以及与法院命令的域外效力等问题。

根据《独立保函司法解释》第 14 条第 3 款，法院在审查临时止付申请时，如果担保人在担保函下已经善意付款，法院不得对反担保函作出临时止付。

近年来，为数不多的涉及间接保函欺诈止付的案例，为上述部分问题提供了一些思路。在凯迈（洛阳）航空防护装备有限公司、洛阳航空工程建设有限公司与韩国现代工程建设株式会社、阿拉伯及法兰西联合银行（香港）有限公司（该案担保人）信用证欺诈纠纷案[（2018）最高法民终 1216 号][1]中，担保人以存在不符点为由拒付了保函受益人提交的索赔后，却在次日向反担保人交单声称收到了相符索赔，虽然随后第 5 天担保人从保函受益人再次收到了相符索赔，但担保人隐瞒事实向反担保人作出的索赔被认定为滥用付款请求权，构成欺诈。在建设信贷银行股份公司、埃森特佩企业银行业务中心分行与沈阳远大铝业工程有限公司信用证欺诈纠纷案[（2020）最高法民再 265 号][2]中，最高人民法院认为："《独立保函规定》第十四条第三款规定的'善意付款'，是受益人在保函项下的索赔有欺诈或欺诈的高度可能性，为了保护善意付款的保函开立人之合法权益，并在保函申请人、保函受益人、保函开立人及反担保保函开立人之间进行利益平衡而作出的规定。一方面，在决定是否作出临时止付令阶段，根据当事人的申请，在面临受益人在保函项下的索赔是否有欺诈的高度可能性时，只要没有证据表明保函开立人高度可能参与了保函受益人的欺诈行为，也没有证据表明保函开立人高度可能知晓保函受益人欺诈的事实而仍对保函受益人付款的，则对保函开立人的善意付款应予以保护，不得以保函受益人存在欺诈为由对保障保函开立人追偿权的反担保保函止付。另一方面，在已经排除合理怀疑，认定保函项下受益人构成欺诈而决定是否终止支付反担保保函项下款项时，只要没有证据表明保函开立人自身在反担保保函项下的索赔存在欺诈行为，没有证据表明保函开立人参与了保函受益人的欺诈行为，也没有证据表明保函开立人知晓保函受益人欺诈的事实而仍对保函受

---

① 见附录 B 案例 21。

② 见附录 B 案例 17。

益人付款的，则对保函开立人的善意付款应予以保护，反担保保函项下的款项不应被止付。”

从以上案例可以看出，在涉及间接保函欺诈止付的案件中，间接保函的担保人是否善意行事、是否构成欺诈，是中国法院在判断担保人是否应当得到保护时很重要的考量因素。

（四）保函欺诈的证明标准

通常而言，一旦担保人收到保函索赔，且索赔是相符的，担保人必须在付款期限内付款。如果担保人或者其他相关方认为索赔虽然符合保函条款的表面要求，但根据保函所涉及的基础交易合同关系，保函受益人无权索赔且保函的索赔构成欺诈，则可以向法院申请裁定担保人中止支付保函项下的款项，此裁定只有在担保人实际支付保函款项前签发并送达至担保人才能有效中止担保人的付款行为。此中止支付的裁定为一项临时救济措施，实务中亦被称作“临时止付令”，在中国的《民事诉讼法》上属于行为保全，可以在保函欺诈纠纷诉讼或保函相关仲裁案件提起前或过程中提出。如果经过实体审理，法院或仲裁庭认为保函的索赔存在欺诈且应当予以终止付款，则将判决或裁决认定担保人终止付款，作为最终的司法救济手段，亦可称作“最终止付令”。如果保函受益人的索赔存在前文所列出的欺诈情形之一，那么止付令申请人需要满足的证明标准是什么呢？对于临时救济性质的中止支付和终局性的终止支付，《独立保函司法解释》规定了不同的证明标准。

1. 高度盖然性标准

根据《独立保函司法解释》第 14 条规定，法院作出中止支付保函的裁定必须满足的条件之一就是止付申请人提交的证据材料证明保函欺诈情形的存在具有高度可能性。

高度可能性，亦称为高度盖然性标准，是指对负有举证证明责任的当事人提供的证据，法院经审查并结合相关事实，确信待证事实的存在具有高度可能性的，应当认定该事实存在。[①] 高度盖然性是根据事物发展的高度概率进行判断的一种认识方法，是人们在对事物的认识达不到逻辑必然性条件时不得不采用的一种认

① 《最高人民法院关于适用〈中华人民共和国民事诉讼法〉的解释》第 108 条第 1 款。

识手段。

需要明确的是，高度盖然性标准有别于在英美法国家通行的优势证据标准。优势证据是指在双方当事人提供的证据都不足够充分时，法官采信其中证明力更强的证据。相比之下，高度盖然性的证明标准要求更高。

2. 排除合理怀疑标准

《独立保函司法解释》第 20 条规定，法院只有在能够排除合理怀疑地认定构成保函欺诈的情况下，才能判决担保人终止支付保函款项。

排除合理怀疑，原本是刑事诉讼中认定被告是否有罪的证明标准，偶尔也会直接适用于民事诉讼领域。作为最高程度的一种证明标准，这个标准显然比高度盖然性标准严格得多。

在刑事领域，排除合理怀疑标准适用的理论依据是无罪推定的理念，即刑事被告在被证明有罪之前被推定为无罪。具体而言，若认定被告有罪的案件事实不足以排除合理怀疑，那么被告就应被宣告无罪；法官只有在内心对案件的认识超越合理怀疑的情况下才能认定被告人有罪，作出有罪判决。排除合理怀疑不等于排除一切怀疑，排除一切怀疑是不可能的，也是不必要的。

在民事案件中采用排除合理怀疑标准，“彰显了人民法院审慎干预独立保函独立性的价值取向”①。但是由于诉讼主体的取证能力和取证途径不同，我们认为在适用保函民事欺诈案中排除合理怀疑标准时，应当与刑事诉讼中的排除合理怀疑标准有所区别。

在台州九泰金属制品有限公司与中冶天工（天津）装备制造有限公司等信用证欺诈纠纷案［（2021）津 03 民终 1504 号］中，二审法院以证据显示双方曾就案涉基础合同项下钢构件整改情况及费用进行交涉，表明案涉钢构件质量存在争议，保函申请人的举证尚未达到“能够排除合理怀疑地认定构成独立保函欺诈”的证明要求，因此不予认定保函欺诈。

（五）保函欺诈的应对和司法救济

如果有关当事方认为一项保函索赔中存在欺诈情形，可以采取的应对措施以及可能获得的司法救济有哪些呢？

---

① 最高人民法院关于《最高人民法院关于审理独立保函纠纷案件若干问题的规定》答记者问。

1. 临时止付令

临时止付令是指法院在符合一定条件的情况下以民事裁定的形式作出的行为保全措施，要求担保人暂时不向保函受益人支付保函款项，即“中止支付保函款项”。临时止付令在普通法系国家通常以“临时禁令”的形式出现。而在某些国家，这种行为禁令可以采取两种形式：一是禁止担保人向保函受益人付款的方式（通常在保函受益人提交索赔后）；二是禁止保函受益人在保函项下提出索赔的方式（通常在保函受益人提交索赔前）。而中国法院仅仅提供前者，即禁止担保人向保函受益人付款，而不会禁止保函受益人在保函项下提出索赔。

《独立保函司法解释》对于欺诈情形下临时止付令的申请条件、程序以及要求作出了明确而细致的规定。

（1）谁可以提出临时止付令申请

保函欺诈行为不仅将直接侵害担保人的权益，更会对申请保函开立的一方（通常为基础交易的债务人）间接造成损害，因为一旦担保人支付了保函项下的款项，则会根据保函申请关系向申请保函开立的一方进行追偿。因此《独立保函司法解释》规定了保函的担保人、保函申请人或间接保函里的反担保人有权提出临时止付令申请。

（2）何时可以提出临时止付令申请

《独立保函司法解释》并没有对提出临时止付令申请的时机和期限作出具体规定，但是根据临时止付令的要求和保函运作机制，该申请必须是在保函受益人已经提出索赔申请且担保人向保函受益人支付保函款项之前提出，否则要么保函受益人未提出索赔，谈不上构成欺诈，要么保函款项已经被支付，止付令针对的行为已经实施完毕，止付令无法达到预期的效果。

（3）向谁提出临时止付令的申请

临时止付令的申请只能向担保人住所地或其他对保函欺诈纠纷案件具有管辖权的法院提出申请。需要注意的是，如果保函中仅仅约定了保函的合同性质争议的管辖法院或提交仲裁解决，不视为保函中就保函欺诈纠纷案件作出了约定，此时只能向担保人住所地提出临时止付令申请。

（4）法院签发临时止付令的条件是什么

法院签发临时止付令必须同时满足以下三个条件：①止付申请人提交的证据证明欺诈情形的存在具有高度可能性；②情况紧急，不立即签发临时止付令，将会给止付申请人的合法权益造成难以弥补的损害;③止付申请人提供了足以弥补被申请人因止付可能遭受损失的担保。

上述第一项的条件是最为重要的,法院会对申请书所附带的证据进行实体审查,以判断第一个条件是否被满足。由于临时止付令申请的审查阶段法院并不会通知被申请人(保函受益人)进行答辩,法院在审查证据的时候只能看到止付申请人单方提交的证据,因此实践中法院在审查证据时会更注意甄别证据的真实性、客观性以及待证事实的完整性。由于《独立保函司法解释》第16条要求法院必须在受理止付申请后48小时内作出决定,法院不得不在极短的时间内了解事实、认定证据、判断适用法律(涉外保函情况下比较常见)并作出最终判断,加之临时止付的证明标准为高度可能性,这对受理并审理临时止付令申请的法院和法官都提出了非常高的专业上以及工作强度上的要求。如果止付申请人未能提供充分清晰的证据证明欺诈情形的存在,或者未能对保函以及基础交易相关法律关系、管辖事宜以及法律适用问题进行清晰的阐述和说明,则止付申请被支持的可能性会大大降低。

为提高止付申请的成功率,保函申请人应当在察觉到保函受益人可能进行欺诈性索赔时甚至日常项目管理过程中,对照保函欺诈的几种情形,注意收集整理保函受益人可能进行欺诈性索赔的证据,包括基础交易的履行情况,特别是涉及保函受益人行使索赔权的事实依据和法律依据相关证据。这些证据一定要真实可信并能够形成完整的证据链,达到高度可能性的标准。

在间接保函中,如果担保人已经向保函受益人进行了善意付款,则法院不得针对反担保函签发临时止付令。这一规定的目的是保护善意参与交易的当事方即担保人,避免因保函受益人的欺诈行为给善意的担保人造成损失。而司法实践中,法院在审查止付申请时仅仅能看到止付申请人提交的证据,而且止付申请人作为反担保函项下的申请人或反担保人,也可能并不了解担保函项下的付款情况,因此法院可能认为不存在担保人善意付款情况而直接签发了临时止付令。这样就有可能造成一种结果,即担保人已经在保函下善意付款了,而反担保函被法院止付,严重损害了担保人从反担保人处获得偿付的权利。此种情况下,担保人可以通过对临时止付令提出复议的方式维护自己的权利,也可以参与后续的保函欺诈诉讼来主张权利。

(5)临时止付令在什么情况下可以被解除

临时止付令在以下几种情形下可能被解除:①如果临时止付令是在保函欺诈诉讼或仲裁提起前作出的,止付申请人在临时止付令作出后30个日历日内没有提起保函欺诈诉讼或申请仲裁,临时止付令应当被解除;②任何一方当事人可以在临时止付令送达之日起10个日历日内向作出临时止付令的法院提出复议,如果复议后法院认为临时止付令不应当被签发,可以作出裁定撤销临时止付令;③保函欺诈诉讼或仲裁审理结束后,保函止付申请人提出的有关保函终止支付的诉讼请求或仲裁请求被驳回的,或起诉被驳回的,临时止付令应当被解除。

2. 最终止付令

最终止付令是指法院或仲裁庭在对保函欺诈纠纷经过实体审理后,认为保函欺诈的事实存在,保函款项应当永久不予支付,以民事判决或仲裁裁决的形式作出的裁判决定,要求担保人不向保函受益人支付保函款项,即"终止支付保函款项"。由于保函当事人在保函中就保函欺诈纠纷案的管辖权进行特别约定的情形特别罕见,而在没有特殊约定的情况下,保函欺诈纠纷的审理通常是在担保人住所地或被告所在地法院进行的,因此本节将主要以法院对于最终止付令的作出程序和条件进行阐述。

《独立保函司法解释》对于保函欺诈纠纷案的审理范围、诉讼主体、管辖权、法律适用、止付证据标准等方面作出了较为原则性的规定。

(1)审理范围

法院在审理保函欺诈纠纷案时,可以就当事人主张的欺诈具体情形,审查认定基础交易的相关事实。基于保函与基础交易相互独立的原则,保函欺诈案件中是否应当对基础交易相关事实进行审理和认定,曾经是司法实践中争议很大的话题。基础交易纠纷通常由其他法院或仲裁庭来管辖,因此在保函欺诈案件中对基础交易的相关事实进行审查认定,特别是在判断是否滥用索赔权时,可能涉及基础交易合同条款的适用和解释,这似乎超越了审理保函欺诈的法院的管辖权限;然而保函欺诈的具体情形通常都是与基础交易的具体情况密不可分的,不审查基础交易相关事实,就难以确认欺诈情形是否存在。为解决这一实践难题,《独立保函司法解释》第18条规定,法院可以审查认定基础交易的相关事实。这里的"相关事实",指的是与所主张的欺诈情形相关的事实,而不是基础交易所有事实。最高人民法院在长江岩土工程总公司与中国建设银行股份有限公司温岭支行独立保函纠纷[(2019)最高法民终302号]二审民事判决中指出:“考虑到独立保函见索即付的制度价值,本案对基础交易的审查应当坚持有限原则和必要原则。审查的范围限于受益人是否明知基础合同的相对人并不存在基础合同项下的违约事实或者不存在其他导致独立保函付款的事实……”

(2)诉讼主体

保函申请人如果在起诉时仅仅起诉保函受益人,保函的担保人或反担保人(如有)可以自行申请作为第三人参加诉讼,也可以由法院通知作为第三人参加诉讼。保函欺诈纠纷的诉讼请求通常涉及保函款项是否应当支付,因此判决结果将直接影响到担保人和反担保人的民事权益及法律地位,担保人和反担保人同案件处理结果有法律上的利害关系,因此可以作为第三人参加诉讼。担保人和反担保人参与诉讼,也有利于法院查明保函相关事实,实践中担保人和反担保人参与保函欺诈诉讼是常态。

(3)管辖

保函欺诈纠纷案件由被请求止付的保函担保人住所地或被告住所地人民法院管辖。如果保函文本或事后各方当事人以书面形式对保函欺诈纠纷案的管辖进行了特别约定,则以约定优先。如前所述,如果当事人仅仅就保函的合同性质争议约定了管辖法院或提交仲裁,不适用于保函欺诈纠纷案的管辖。同样地,基础交易合同争议解决条款也不适用于保函欺诈纠纷案的管辖。

(4)法律适用

根据我国法律规定,只有涉外合同当事人可以选择处理合同争议所适用的法律,因此只有涉外保函当事人才可以选择适用法律。与前述管辖权的规则相似,如果当事人仅仅就保函合同性质的争议约定了适用法律,该约定不适用于保函欺诈纠纷;如果当事人未能就保函欺诈纠纷的适用法律达成一致,适用被请求止付的保函担保人经常居所地法律;保函由金融机构依法登记设立的分支机构开立的,适用分支机构登记地法律;当事人有共同经常居所地的,适用共同经常居所地法律。

(5)止付证明标准

如前文所述,最终止付的证明标准采用的是“排除合理怀疑”标准。即使止付申请人能够成功证明欺诈情形的存在具有高度可能性,如果无法满足“排除合理怀疑”这一证明标准,则其终止支付的诉讼请求将被驳回。如该判决生效,则临时止付令将被一并解除。

3. 保函欺诈的应对流程建议

担保人在收到保函受益人的索赔通知时,一般会第一时间通知保函申请人。保函申请人的保函管理人员在得到担保人的通知后,在审核索赔是否相符的同时,应立即与建设工程项目管理人员联系确认保函受益人索赔的理由和相关事实,如果经研究后认为保函受益人的索赔属于《独立保函司法解释》中列出的5种欺诈情形,可考虑向有管辖权的法院申请临时止付令。与此同时,还应做好与保函受益人进行谈判化解危机的准备。

有经验的保函管理人员会定期与建设工程项目管理人员排查保函被索赔的风险,特别是在保函即将到期失效,而基础交易合同尚未履行完毕且保函受益人有索赔或要求延期的意图时,应提早做好相应准备。

保函申请人在收到保函索赔到担保人支付保函款项之间的短短数日内应当同时进行的工作有:

(1)与担保人交涉:包括索赔是否相符、是否应当拒付、拒付的措辞时间和方式等。

(2)与保函受益人交涉:可以试图通过协商的方式说服保函受益人撤销索赔,或与保函受益人达成和解,对保函进行延期或减额,同时对基础交易合同进行修改,以确保保函相关变动体现在基础交易合同中,各方的权利义务得到保障。

(3)申请临时止付令的准备:①寻求专业法律意见对申请临时止付令的可行性以及成本进行评估,该评估还应当包括临时止付对基础交易履行的影响以及与基础交易争议解决之间的相互影响;②确定诉讼策略和方案,包括管辖法院、适用法律、梳理欺诈情形相关证据、准备诉讼保全担保文件等;③结合与担保人以及保函受益人的谈判情况实施诉讼方案。

成功的欺诈索赔风险化解,往往需要企业的法务、财务以及项目管理部门的紧密配合和精诚协作,同时也需要企业管理层的积极参与和快速决策。

如果保函申请人为建设工程项目的总承包商,我们还建议保函申请人尽快核查在分包合同项下分包商提供的保函是否具有可索赔的依据,并结合分包合同与总包合同的履行情况以及业主索赔的理由,决定是否就分包商提供的保函进行索赔,以分散、降低业主索赔的风险和损失。

第六章

保函的法律国别介绍及风险提示

第一节　保函国别介绍的必要性

随着“一带一路”建设的推进，我国在世界各地都开展有工程项目。数据显示，2022 年我国对外承包工程业务完成营业额 10,424.9 亿元。仅 2022 年一年，国内企业在“一带一路”倡议带动下，新签对外承包工程项目合同 5514 份，占同期我国对外承包工程新签合同额的 51.2%。在建设工程项目中，独立保函被广泛使用，但保函的索赔和止付事宜有鲜明的国别特点。以国家为维度，梳理独立保函的法律情况、索赔和止付之司法实践以及风险控制建议等具有必要性。

本章首先梳理了包括英国、美国等传统英美法系国家的独立保函法律，这些国家的法律（包括判例）不仅在其国内具有约束力，在其他英美法系国家也被广泛援引，有研究梳理的价值。

针对东南亚地区，本章选取了新加坡和马来西亚作为研究对象。新加坡是亚太地区重要的经济枢纽，也是中国企业“走出去”的重要平台。新加坡法经常被选择作为法律适用法，新加坡国际仲裁中心也常常被选择作为国际纠纷的争议解决机构。而且新加坡法律体系相对成熟，有单独研究的意义。马来西亚属于发展中国家，有旺盛的基建需求、较高的基础设施投资热度及基建成本优势，发展势头强劲，是“一带一路”建设的重点国家。

至于巴基斯坦，中国和巴基斯坦之间一直有着特殊的友好关系。早在 2013 年 5 月，时任国务院总理李克强在访问巴基斯坦期间就提出建立中巴经济走廊。双方之后在走廊沿线开展基础设施、信息通讯、能源电力等多个领域的合作。习近平主席提出“一带一路”倡议后，中巴经济走廊的建设更受重视，大量的中国建设工程企业涌入巴基斯坦投资建设项目，间接保函成为多数中资企业的首要选择。

针对中东地区，本章挑选了土耳其、卡塔尔和阿联酋进行了研究。土耳其也是“一带一路”倡议的重要合作国家，中国和土耳其在贸易、投资、能源等领域具有广阔的合作前景，独立保函对于推动双方的经济关系具有重要作用。卡塔尔是中国在中东地区重要的战略合作伙伴，是建设陆上“丝绸之路”经济带的重要环节，两国在双边贸易、建设工程等方面的合作有很大潜力可挖掘,两国产业间合作前景良好,了解卡塔尔关于独立保函的法律和实践对预防风险有重要帮助。阿联酋则是首个与中国建立战略伙伴关系的海湾阿拉伯国家,在中国"一带一路"的倡议下,两国产业现状与发展需求高度契合互补,中阿两国在能源化工、基础设施、新能源等领域产能与投资的合作潜力不断扩大。

本章另外还选取了大陆法系国家之代表德国单独进行了研究和梳理。

本章第十节是关于伊朗的独立保函法律和实务。美国对伊朗实施制裁后,世界各国与伊朗的商业往来变得非常有限,但实践中仍存在关于伊朗的独立保函纠纷。也正是由于美国的封锁,要查明伊朗法律并不容易。读者借由本章内容可以初步了解伊朗保函相关法律和实务。

我国与俄罗斯的合作度近年来一直在上升,因此本章最后一节介绍了俄罗斯独立保函法律和实务的内容。

最后需要提示的是,由于可以查询到的公开法律资料数量相对有限,本章关于独立保函的法律国别介绍及风险提示比较难做到全面、深入。同时,各国法律和司法实践又在不断发展变化,本章内容要做到实时更新也有一定难度,因此建议读者在阅读或援引本章的同时也尽量参考其他资料。

第二节 英 国

一、保函的独立性

英国的判例法认可具有独立性的保函。有关独立保函的案例可以追溯到1970年前后。[①]

独立保函常常出现在涉及国际要素的合同中。因为交易双方来自不同国家,大家认为这类简明的文书可以有效克服法律和语言差异带来的诸多不便。对受益人而言,独立保函的吸引力在于保函项下款项支付的快捷性和确定性,这种特

① Edward Owen Engineering Ltd. v. Barclays Bank International Ltd. and Another [1978] 1 All ER 976.

性大大降低了受益人在域外诉讼或仲裁的风险。

英国的法院认为,无论保函的称谓是什么,保函是否具备独立性须根据保函的文本来判断。具备独立性的见索即付保函,对保函开立人约定的主要义务应该是:保函开立人仅在受益人提交了相符的单据时就应该支付约定金额的款项。该种保函通常会包括"on demand"或"on your first demand"等字眼,即受益人只要提交一份表明保函申请人存在违约且受益人遭受损失的索赔函和保函约定的其他单据,而无须证明违约客观存在,即使基础合同下存在争议,保函开立人也应付款。①

在 Wuhan Guoyu Logistics Group Co. , Ltd. , Yangzhou Guoyu Shipbuilding Co. ,Ltd. v. Emporiki Bank of Greece SA [2012] EWCA Civ 1629,2012 WL 6044014 案②(以下简称 Wuhan 案)中,关于保函独立性的认定,二审法院援引了英国银行法领域权威著作《佩吉特银行法》(Paget's Law of Banking)中关于认定独立保函标准的论述,即如果一份保函满足以下要件,则一般推定认为该类保函为独立保函:(1)涉及所在地位于两个不同司法区域的当事人之间的交易;(2)由银行开具;(3)承诺其在受益人索赔时即付款,无论是否表明第一次索赔或书面索赔;(4)不包括排除或限制担保人抗辩权的条款。该标准已被英国相关判例所确认。在该案件中,保函文本满足前 3 个要件,但没有满足第 4 个要件。即便如此,前 3 个要件已经足以支持案涉保函被认定为独立保函。而在 Shanghai Shipyard Co. ,Ltd. v. Reignwood International Investment(Group)Company Limited [2021] EWCA Civ 1147 案③中,法院强调了要将保函文字置于行业背景下进行整体性解读。有意思的是,该案的上诉法院在援引 Wuhan 案的判决时,虽然表明对其判决结果的认可,但同时认为完全可以通过对保函文字的解释达到同样的结论,而非依赖于《佩吉特银行法》。因为如果援引《佩吉特银行法》,则 4 个要件应当全部满足。如果要件不完全满足,却认定为满足了独立保函的条件,则缺少说服力。总体来说,该案法官推崇对保函文本的整体性解释,而弱化对《佩吉特银行法》的依赖。

在 IIG Capital L. L. C. v. Van Der Merwe & Anor[2008] EWCA Civ 542,2008

---

① Esal(Commodities) and Reltor v. Oriental Credit [1985] 2 Lloyd's Rep 546.

② 见附录 B 案例 4。

③ 见附录 B 案例 3。

WL 2033579 案[1]、Carey Value Added, S. L. (Formerly Losan Hotels World Value Added I, S. L.) v. Grupo Urvasco, S. A. [2010] EWHC 1905 (Comm), 2010 WL 2865968 案[2]和 Vossloh Aktiengesellschaft v. Alpha Trains(UK)Ltd. [2010] EWHC 2443(Ch)案[3]中,英国的法院还持一个观点:在银行业背景之外的交易中开立的保函会倾向于被认定为不是独立保函,除非相关保函存在将其明确描述为独立保函的措辞。

在英国法下,独立保函的独立性体现在:基础合同的重大变更一般不会解除保函开立人根据保函的条款进行付款的义务。此外,独立保函开立人不能依赖基础合同下申请人的任何权利和抗辩来回避或减轻其在独立保函下对受益人的责任。因此,独立保函下,受益人处于相对有利的地位,而申请人则面临着较大的风险,因为独立保函将使受益人能够简单地根据索赔文件获得赔付,它有效地将受益人无法收回款项的风险转移给了申请人。

对于相符交单的判断,英国法院认为也应充分尊重保函文本的要求。比如,在 Sea - Cargo Skips AS v. State Bank of India [2013] EWHC 177(Comm)案中,受益人提交的索赔函未能完全遵循保函中所列的措辞,由于索赔函的措辞不准确,法院认为受益人的索赔无效。不过,在 MUR Joint Ventures BV v. Compagnie Monegasque De Banque[2016]EWHC 3107(Comm)案中,法院又认为:严格相符原则(the doctrine of strict compliance)仅适用于信用证,独立保函索赔的相符程度取决于案涉保函文本的要求。基于这一原则,该案下的索赔尽管存在一些缺陷,但仍可以认为有效。

在相符索赔方面,需要注意的是,随附索赔通知的任何文件,其涉及的损失数额应该与索赔通知所载金额一致。比如,在 AES - 3C Maritza East 1 Eood v. Crédit Agricole Corporate and Investment Bank and another [2011] EWHC 123 (TCC)案中,英国高等法院认定:根据见索即付履约保函提出的索赔金额大于随附文件所显示的损失金额,该等索赔无效。

---

① 见附录B案例9。
② 见附录B案例6。
③ 见附录B案例5。

二、关于保函止付

英国法下，保函申请人可以在受益人准备索赔前或获得付款前向法院申请禁令（injunction），以限制受益人提出索赔，或者可以向法院申请禁令，限制保函开立人（常常是银行）在收到受益人的索赔后付款。

禁令是法院所出具的命令，效果体现为：要求一方从事特定的行为（强制禁令）或者不从事特定的行为（禁止性禁令）。根据 1981 年 Senior Courts Act 1981 第 37 节的规定，高等法院可"在法院认为公正和方便的所有情况下"授予禁令。著名的 American Cyanamid Co（No. 1）v. Ethicon Ltd. [1975] UKHL 1 案确立了法院批准禁令的实体标准：（1）是否有一个严肃的问题（serious question）需要审理？换言之，是否存在有材料支持的争议和不确定的结果；（2）在存在严肃的问题（serious questions）需要审理的情况下，法院必须考虑"便利平衡"（the balance of convenience）。①

因为独立保函在国际贸易和国际投资中至关重要，而且法院认为独立保函在功能上和信用证类似（银行有绝对的付款义务），法院一般不愿意干预商业当事人之间的合同关系，只有存在欺诈性索赔的情况下法院才会准予保函申请人所申请的禁令，即"欺诈例外"原则。比如，在 Edward Owen Engineering Ltd. v. Barclays Bank International Ltd. [1978] 1 All ER 976 案中，法官指出："银行必须承兑该信用证……这个一般原则有一个例外，即银行知晓存在所谓的已成立的或明显的欺诈的情况。"②

英国的法院先后通过不同的判例强调过欺诈例外是独立保函止付的唯一依据。比如，在 Balfour Beatty Civil Engineering v. Technical & General Guarantee Co. ,Ltd. [2000] CLC 252 案中，英国的上诉法院认为，被告担保公司只有在欺诈例外的情况下才能拒绝付款。法院指出，只要索赔满足约定的形式，担保公司既没有权利也没有义务进行任何详细的调查。在 Montrod Ltd. v. Grundkotter Fleischvertriebs GmbH and others [2001] 1 All ER（Comm）368 案中，受益人为支持索赔

① 除了 American Cyanamid Co（No. 1）v. Ethicon Ltd. [1975] UKHL 1 案确立的标准外，针对英国的国内诉讼、国际诉讼和仲裁，英国法院在批准临时禁令时还需要遵循其他不同的标准。

② 判决原文："The bank must honor the credit … To this general principle there is an exception in the case of what is called established or obvious fraud to the knowledge of the bank."

所提交的单据被发现在某些实质方面是不真实的，但法院仍认为受益人在提出索赔时没有欺诈或存在不诚实的行为。因此，法院认为，担保人付款不受影响。在 Tetronics(International) Ltd. v. HSBC Bank plc(BlueOak Arkansas LLC intervening) [2018] EWHC 201(TCC)案中，Tetronics(International) Ltd. 申请禁令，请求法院禁止 HSBC Bank 向 Blue Oak Arkansas LLC 支付款项。法院认为，禁令申请者需要使法院相信：(1)唯一的推论是 Blue Oak Arkansas LLC 不诚实地相信其在保函下索赔的有效性；(2)HSBC Bank 已经意识到欺诈行为的存在；(3)要求“特殊事由”的便利衡量的结果显示批准禁令是有利的。[①] 法院认为，第(1)项和第(2)项要求满足了，但便利衡量这一项没有得到满足，因此拒绝了 Tetronics(International) Ltd. 的申请。

不过，上述列举的案例都是针对保函开立人提起的止付案例，在针对受益人提起的止付案例中，英国法院似乎不再拘泥于原先狭义的欺诈例外原则，而允许申请人根据其他理由申请保函止付。

比如，在 Permasteelisa Japan KK v. Bouyguesstroi and Banca Intesa Spa [2007] EWHC 3508(TCC)案中，法院认为，一方当事人无权获得止付令，除非其能够证明存在“严重有争议”的欺诈案件或存在有“确凿证据”的违反双方当事人之间的基础合同的情况(受益人在合同上无权索兑保函)。

在 Simon Carves Ltd. v. Ensus UK Ltd. [2011] EWHC 657(TCC)案中，法院认为欺诈并不是保函止付的唯一依据。如果基础合同明确禁止受益人索赔，则法院也可以通过禁令限制付款。法院无须在临时禁令阶段就基础合同是否阻止付款作出最终裁定，只需要确定拒绝付款的一方有“有力的理由”(strong case)。[②]

此外，在著名的 Doosan Babcock Ltd. v. Comercializadora de Equipos y Materiales Mabe Limitada[2013] EWHC 3010(TCC)[③]案中，承包商和雇主双方签订了一

---

① 判决原文：“The only inference was that BlueOak could not honestly believe in the validity of its demands under the guarantee; HSBC had been aware of the fraud; and the balance of convenience favored granting the injunction, requiring ‘extraordinary facts’.”

② 判决原文：“a claimant who wishes to restrain a beneficiary from making a demand under a bond must show that it has a strong case. That is to say, a strong case that under the terms of the underlying contract for the performance of which the bond has been provided the beneficiary is not entitled to make a demand on the bond.”

③ 见附录 B 案例 14。

份修订后的 FIDIC 合同。案涉保函约定有效期到接收证书颁发或 2013 年 12 月 31 日(以较早发生者为准)为止。承包商声称,雇主未颁发两台电厂锅炉的接收证书,违反了合同约定。Edwards Stuart 法官批准了一项临时禁令,禁止雇主索兑两份履约保函,理由有:首先,英国的 Arbitration Act of 1996 第 44(3)条规定:"如果案件属于紧急情况,法院可应仲裁程序的一方当事人或被提议的一方当事人的申请,为保全证据或资产的目的作出其认为必要的命令。"[①]这里的"资产"可以包括合同权利,在该案下,合同权利可以是承包商获得接收证书的权利。因此,承包商的止付申请有法律依据。履约保函有效且雇主仍可以提出索赔是雇主拒不颁发接收证书这一行为导致的。雇主不应被允许从其自身的错误中受益。其次,尽管基础合同中没有明确禁止雇主索兑保函,但有确凿证据表明雇主拒不颁发接收证书,违反了合同约定。

最后需要提示的是,如果主合同约定的争议解决方式是仲裁,当事人希望在仲裁程序中申请止付(如通过启动紧急仲裁员程序申请止付),一般只能将受益人(而不能将保函开立人)作为被申请人,原因是只有受益人受仲裁协议的管辖。除非保函开立人也是仲裁程序的一方,否则申请人不能将保函开立人作为止付令的被申请人。这一观点,在 Shapoorji Pallonji & Company Private Ltd. v. Yumn Ltd. [2021] EWHC 862(Comm)[②]案(以下简称 SPC 案)中有所体现。此外,SPC 案的法官还指出:在英国法下,阻止保函兑付的方式,包括:(1)在受益人的兑付权利产生之前或其实际兑付发生之前,阻止受益人行使权利;(2)在受益人的兑付权利产生之后或其实际兑付发生之后,阻止受益人行使权利;(3)申请人向法院申请禁令,限制保函开立人(常常是银行)在收到受益人的索赔后付款等情况;(4)受益人向保函开立人提交了有效的索赔后保函申请人再向法院申请要求受益人撤回索赔的情况(SPC 案即如此)。SPC 案的特殊之处在于:保函申请人启动紧急仲裁员程序拟实现止付后,又依据英国的 Arbitration Act of 1996 第 44 条向英国法院申请要求法院出具命令,要求保函索赔程序全面暂停,直到紧急仲裁员出具相关决定。保函申请人向法院陈述的主要理由是:保函的争议属于仲裁庭管辖,而仲裁

---

① 判决原文:"if the case is one of urgency, the court may, on the application of a party or proposed party to the arbitral proceedings, make such orders as it thinks necessary for the purpose of preserving evidence or assets."

② 见附录 B 案例 13。

程序中的紧急仲裁员有可能采用不同的标准来判断是否止付，在仲裁员作出决定前，法院应该出具命令维持银行不赔付的状态。SPC 案的法官认为，抛开保函的争议是否落入仲裁庭的管辖和紧急仲裁员是否可能采用不同的标准来判断是否应该止付这两点，该案中，法院仍应当遵循传统的止付令之审查标准来决定是否出具命令。在法官看来，SPC 案没有达到可以止付的标准，因此法院不同意按照保函申请人的申请出具相关命令。

另外，就 SPC 案涉及的紧急仲裁员程序，在此也作简要介绍。

在国际建设工程纠纷中，除法院的止付程序外，还有另一种应对保函索赔风险的路径：根据相关仲裁规则，启动临时救济，命令对方不得进行保函索赔。在国际仲裁程序中，申请临时救济（仲裁裁决作出前的救济）有两种途径：一是请求仲裁庭作出临时措施；二是在仲裁庭组成前请求仲裁机构指定紧急仲裁员，由紧急仲裁员发出紧急仲裁员决定。这两类临时措施都是由仲裁庭/紧急仲裁员向仲裁当事人发出指令，要求其进行或不得进行某种行为。通过请求仲裁庭作出临时措施实现保函止付的前提是仲裁庭已组成。在国际仲裁程序中，仲裁庭组庭往往要花费两三个月的时间。在仲裁庭组成后，仲裁机构向其移交文件、仲裁庭熟悉情况并组织双方发表意见也需要大量时间。相比之下，紧急仲裁员制度的时效性要强得多——该制度存在的目的就是在仲裁庭组成前向当事人提供必要的紧急救济。

三、风险提示和操作建议

据前述可知，在英国法下，保函文本的撰写非常重要，不仅需要明确保函是见索即付的，还需要无歧义地载明索赔的单据要求。在实务操作中，建议在独立保函中附上一份双方事先同意的索赔通知的样本，并具体说明必须附上哪些文件（如适用）、谁必须在索赔通知上签字以及签字是否应由任何人进行验证或核实。此外，如果保函是独立保函，止付难度相对较大，则保函的申请人不应把全部希望寄托于申请止付之上，而是应该注重前期独立保函的文本撰写和基础合同项下工程及保函的管理。

另外，受益人在独立保函下进行索赔时，常常会全额进行索赔。但如果受益人获赔的数额大于实际损失额，英国法允许申请人要求受益人返还大于实际损失的那部分数额。

申请人不是独立保函的一方当事人,但申请人可以在与受益人的基础合同中加入合同条款,明确其有收回受益人索赔而得的数额大于实际损失额部分的款项的权利。

如果基础合同中没有明文约定,英国法院也有可能依据不当得利的理论支持申请人主张收回多支付的款项的主张。比如,在 Cargill International SA v. Bangladesh Sugar & Food Industries Corp [1998] 1 WLR 461 案中,申请人对违约的事实没有异议,但辩称受益人遭受的损害低于索赔的全额。英国的上诉法院认为,受益人有权在索赔时索赔保函的全额,但在没有明确的相反约定的情况下,一旦确定了实际损害的数额,若受益人实际遭受损害的数额并没有如其索赔的金额那么高,申请人有权收回多付的款项。

第三节　美　　国

一、保函的独立性

在美国法下,传统的担保是一种有条件的承诺。担保人只有在基础合同下对受益人的义务尚未履行的情况下才应向受益人付款。要想在传统担保下获得赔付,受益人必须首先证明债务人在基础合同下未履行其义务。这意味着,传统担保下的担保人可以提出债务人在基础合同下享有的抗辩。此外,传统担保下的担保人所享有的抗辩事由甚至可能多于债务人所享有的抗辩事由。例如,出具担保后,如果在未经担保人同意的情况下基础债务发生了变化,则传统担保下的担保人可能据此要求不承担责任。

需要注意的是,1979 年的联邦法律仅允许保险公司和担保公司开立担保,“法律与章程对美国银行的权力进行了严格限制”,这使得美国银行无法从事担保业务。[①] 于是,20 世纪 50 年代,美国银行开始开立具有独立担保功能的备用信用证。直到现在,美国商业往来中通常使用的仍是备用信用证。备用信用证可以运用于很多领域。备用信用证能够风行世界,与其从 20 世纪 70 年代开始大量运用

① 参见罗洁、章印:《独立保函与备用信用证辨析》,载《中国外汇》2021 年第 6 期。

于中东的工程承包有关。在伊朗伊斯兰革命前，大量美国建筑承包商去伊朗“淘金”，与伊朗的政府机关签订工程承包合同。作为履约保证，伊朗的政府机关要求美国建筑承包商提供由伊朗银行提供的独立担保。美国的建筑承包商于是请美国的银行为伊朗的银行提供反担保。这些担保与反担保都是通过备用信用证的方式实现的。①

实务中存在美国的银行不能开立保函的说法。事实上，美国已逐步放开了银行开立保函的限制。美国货币监理署在 Trade Finance and Service 2018 年的版本中提到：“美国的银行在某些情况下允许出具保函和保证，这些情况包括当银行履行一个相关交易时存在实际利害关系，或银行拥有足额的独立存款覆盖所有潜在责任”，“和备用信用证一样，保函是开证行的承诺，在预定事件发生时代客户向第三方付款”。②

为免歧义，本节在介绍美国法律时使用的“独立保函”一词亦指代备用信用证。

美国法承认独立保函的独立性原则。在独立保函下，担保人（保函开立人）的付款义务是无条件的。为获得付款，受益仅需要提交一份符合保函条款的索赔。受益人不需要证明申请人已违反了基础合同，只需要声称申请人违反了基础合同。由于独立保函独立于基础合同，担保人的抗辩仅限于受益人是否遵守了独立保函本身的条款。例如，担保人不能辩称申请人事实上已经履行基础合同义务因此受益人无权获得付款等。前述情形所说的即独立保函的独立性原则。

二、关于保函止付

美国法下，独立性原则的唯一例外是实质性欺诈（material fraud），即只有在保函申请人能够在担保人付款前证明保函索赔具有明显的实质性欺诈时，担保人才能拒绝付款。担保人仅仅怀疑存在欺诈或保函申请人仅仅声称存在欺诈都不足以使银行暂停付款。实际上，独立保函下的担保人只有在保函申请人已从具有管辖权的法院处获得止付时，才可以拒不支付款项。

美国的 Szetjn v. Henry Schroder Banking Corporation［1941］31 NYS 2d 631 案

---

① 参见高祥：《论国内独立保函与备用信用证在我国的法律地位——兼评最高人民法院独立保函司法解释征求意见稿》，载《比较法研究》2014 年第 6 期。

② 参见罗洁、章印：《独立保函与备用信用证辨析》，载《中国外汇》2021 年第 6 期。

是最早确立欺诈例外原则的案件。该案下,买卖双方之间订立了货物买卖合同,买方以卖方作为受益人开具了信用证。但卖方向买方出运了完全没有价值的材料[买方称这些货物为“毫无价值的垃圾”(worthless rubbish)]。但在卖方要求银行兑付信用证之前,买方意识到了这个情况。买方是否可以该批货物只是完全没有价值的材料,且卖方欺诈性地装运为由,阻止银行承兑信用证?该案法官认为银行在信用证项下的付款承诺原则上应是独立的,但同时认为,“卖方的故意欺诈”(intentional fraud on the part of the seller)应与仅涉及违约和质量有问题等指控的普通争议加以区分。他认为应允许在明显欺诈的情况下抛开独立性原则,而该案的卖方则实施了这种欺诈行为。

此外,美国的法院在颁布止付令时,还会关注是否存在“无法挽回的损害”(irreparable damage)。如在 Itek Corporation v. First National Bank of Boston,566 Fed Supp 1210(1983)案中,美国马萨诸塞州地方法院以损害赔偿补救办法对原告而言是不可能的为理由,批准了一项止付令。在伊朗伊斯兰革命中,美国驻德黑兰大使馆和 54 名美国公民被劫持,之后,美国取消了出口许可证。而且美国总统通过一项行政命令封锁了美国国内的所有伊朗资产。伊朗的进口商因此要求兑现银行担保。法院认为,在这种情况下,原告没有其他补救办法,因为即使美国法院支持了损害赔偿诉讼,该判决也不能在伊朗执行。因此,法院认为,原告在法律上没有充分的补救措施,有关无法弥补的损害的说法不是推测性的,而是真实和直接的。

欺诈例外原则随后在英美法系得到广泛采用。止付的基本法律原则,适用于备用信用证,也适用于独立保函。

不过,有观点认为,美国的保函止付令相对而言是比较容易取得的。美国法下关于欺诈的概念比英国、马来西亚等国家更为宽泛,甚至单纯的受益人违约也可能会被认为是欺诈。[①]

三、风险提示和操作建议

综上,独立保函在美国法下具有独立性、见索即付的特性,受益人是否有权请

---

① Chan Leng Sun, *Demand Guarantees in Malaysia and Singapore*, The Malayan Law Journal Articles, 1993.

求付款的重点在于其提供的单据与保函要求是否表面一致。法院审查是否可以止付的依据为是否存在“欺诈例外”的情况。

因此,保函申请人在开立独立保函时应当充分意识到独立保函是一种对受益人有利,而对自身风险较高的履约担保方式。在向金融机构申请开立保函时因申请开立独立保函的一方在基础交易关系中可能处于相对弱势地位,申请开立独立保函时应综合考虑并经双方谈判磋商确定保函文本。

第四节　新加坡和马来西亚

一、保函的独立性

在新加坡和马来西亚,独立保函常用于建筑业,通常发包人要求承包商为履行合同提供担保。如果承包商不履行基础合同,发包人将索兑保函。独立保函还常常被用于出口行业,用于担保卖方履行其在出口合同下的义务。此外,在招投标(无论是建筑投标还是出口投标)时,发包人或买方也可能要求投标人提交投标保函,以保证潜在的承包商或卖方在中标后会签订合同。从发包人或买方的角度来讲,投标保函的金额应包括在投标人撤回投标的情况下发包人或买方所产生的潜在费用。如果中标并签订合同,投标保函可能会被履约保函替代,以担保合同的履行。

与其他普通法系国家一样,新加坡法和马来西亚法均认可具有独立性的保函。保函是否具有独立性,主要还是取决于保函文本的约定。[①] 此外,当就保函独立性发生争议时,法院会更倾向于将保函解读为独立保函而非从属性的保函。[②]

马来西亚是判例法国家,但马来西亚法院探讨保函是独立保函或从属保函方面的案例并不多。从这些为数不多的案例来看,马来西亚法院的主流观点是:如果保函本身明确约定具有独立性,遵从保函约定;如果没有约定,需要从保函本身条款来判断保函是否独立。例如,在 Pembinan Maluri Sdn Bhd v. Prudential Assur-

---

① Chan Leng Sun, *Demand Guarantees in Malaysia and Singapore*, The Malayan Law Journal Articles.

② IE Contractors Ltd. v. Lloyd's Bank Ltd and Rafidain Bank, [1990] 2 Lloyd's Rep 496 at p. 500.

ance Sdn Bhd 案中,分包商提供了保证分包合同履行的保函。保函约定赔付的前提条件之一是分包商违反了基础合同;受益人仅提交了分包商违约的声明,法官因而认为仅仅提供分包商违约的声明,并不能触发赔付责任。

马来西亚的《1950 年合同法》(Contracts Act 1950)第 81 条规定,“除非合同另有规定,保证人的责任与主债务人的责任是连带的”[①],但有观点认为该条规定与独立保函无关。首先,出具独立保函的银行并非该条所涉及的“保证人”,独立保函是一种独立于保证合同的工具。其次,普通法允许独立保函的当事人在保函文本中约定受任何条件的约束。比较典型的约定是,受益人只要求交付某些文件,如违约要求和声明(而不是实际违约的证据)就可以得到赔付。普通法也不禁止保函约定在满足某些事实(而非单纯的文书或单据)的情况下银行赔付。由此可知,该规定和独立保函的制度并无本质矛盾。

二、关于保函止付

(一)针对银行的止付令

1. 欺诈的证明标准

独立保函一般不会要求受益人提供申请人实际违约的证明。尽管如此,保函申请人以其未违反基础合同或受益人自身违约而无权索兑保函为由对保函索赔提出质疑的情况仍然很常见。但总体而言,马来西亚和新加坡的法院在出具止付保函的禁令方面的态度是保守的。

首先,由于独立保函的单据性特征,它们常常被等同于信用证。在本章第二节提到的 Edward Owen Engineering Ltd. v. Barclays Bank International Ltd. [1978]1 All ER 976 案中,英国上诉法院探讨了信用证相关的法律和履约保函的关系。最后法院的结论是“履约保函实际上是见票即付的本票”,原因有两个:“首先,不仅在存在实质性违约的情况下(可以索兑保函),在违约行为是非实质性的或微不足道的情况下也可以索兑保函。在这种情况下,甚至当违约行为仅仅是客户的指控而没有任何证据时,或者甚至当违约行为不存在时,索兑带有惩罚而不是违约金的色彩。其次,即使供应商没有违约,而且客户没有提

① 原文:“The liability of the surety is co – extensive with that of the principal debtor unless it is otherwise provided by the contract.”

供必要的信用证而未能装运货物,客户仍然可以对供应商提出违约指控,并根据履约保函要求付款。"①

正是因为独立保函和信用证的相似性,在保函止付方面,新加坡和马来西亚最初也是参照信用证止付的标准来判断是否止付的。美国的 Sztejn v. J. Henry Schroder Banking Corp. ,177 Misc. 719,31 N. Y. S. 2d 631,1941 N. Y. Misc. LEXIS 2434 案即是最早将欺诈确立为法院限制银行根据信用证付款的理由的案件。该案的裁判要旨在北美和英国等判例法国家得到普遍认可,但英国的法院一直将其适用范围限制在有明显证据表明受益人欺诈或受益人对欺诈知情的情况下。

之后,英国的 United Trading Corp SA and Murray Clayton Ltd. v. Allied Arab Bank Ltd. [1985] 2 Lloyd's Rep 554n 案(以下简称 United Trading 案)确立了一个相对明确的欺诈证明标准,即"原告是否可以证实以下事项着实有争议:根据现有材料,唯一现实的推断是受益人不可能诚实地相信其对履约保函的索赔是有效的?"②如果可以证实的话,法院应颁布禁令。

乍一看前述标准中的用词相当混乱,因为它将"着实有争议"这个标准与"唯一现实推断"这个标准放在一起。之所以用"着实有争议"这个标准,是因为申请中间禁令时,法院只要确信有一个"着实有争议"的问题待审理(并不要求有欺诈的确凿证据)就可以。独立保函案中申请的止付令在性质上一般都是中间禁令:申请人试图先寻求支付限制令,直到法院完全解决争端;而在完成对申请人和受益人之间任何实体争议的审理之前,禁令的问题其实都是一个未决的问题。正如 United Trading 案中法官所述:"颁布止付令的依据并不是他们已经证实存在欺诈行为,而仅仅是根据现有证据,欺诈行为的发生是着实有争议的。这样的裁决并不表明最终诉讼会成功,也不表明没有获得临时禁令在案件最终审理

---

① 判决原文:"Not only where there are substantial breaches of contract, but also when the breaches are insubstantial or trivial, in which case they bear the color of a penalty rather than liquidated damages: or even when the breaches are merely allegations by the customer without any proof at all: or even when the breaches are non-existent. Secondly, even if the supplier was not in default and had failed to ship the goods because the customer had not provided the requisite letter of credit, the customer could still make some allegation of default against the supplier and claim payment under the performance bond."

② 判决原文:"Have the plaintiffs established that it is seriously arguable that, on the material available, the only realistic inference is that [the beneficiary] could not honestly have believed in the validity of its demands on the performance bonds?"

时会失败。”①

在马来西亚高等法院 Patel Holdings Sdn Bhd v. Estet Pekebun Kecil 案的判决中，法官也应用了“原告的欺诈指控是否会引起任何需要审理的严重问题”②这一标准来判断是否存在欺诈例外。

不过，在新加坡高等法院审理的 Chartered Electronics Industries Pte Ltd. v. The Development Bank of Singapore Ltd. 案（以下简称 Chartered Electronics 案）中，法官 Chan Sek Keong 似乎认为 United Trading 案所确立的欺诈之证明标准过高。该案下，新加坡的保函申请人与境外的买方签订了货物供应的合同。付款方式是信用证。新加坡开发银行签发了履约保函作为申请人履行合同的担保。履约保函由一家国际银行根据新加坡开发银行的反担保开立。所有货物都已装运和收到，但买方和申请人之间就装运发生了争议。在买方索赔后，申请人成功获得了两项单方面临时禁令：第一项是禁止新加坡开发银行根据履约保函向买方付款；第二项是禁止新加坡银行根据履约反担保向国际银行付款。

Chan Sek Keong 法官首先指出了履约保函和信用证的差别，具体而言，他认为：“保函在国际贸易中的作用与跟单信用证不同，如果发出临时限制令，也不会给有关当事人造成同样程度的困难。前者仅仅是一种担保，而信用证是一种既定的货物交换支付方式。几百年来，信用证一直是国际贸易中商业的命脉。但履约保函或履约担保的情况并非如此。”③他进一步指出：“不得不将货物运往国外买方的商人，其收款权应受到保护。履约保函项下的受益人在（另一方）不履约的情况下，其担保权利的完整性应受到保护，但采用一种实际上可以保证受益人立即收款并将资金置于其占有之下的证明标准，只不过是从担保人（通常是银行）处转

---

① 判决原文：“The grant of an injunction would not be upon the basis that they had established fraud, but only on the basis that on the available evidence it was seriously arguable that fraud had occurred. Such a finding does not indicate success in the final action, nor does the failure to obtain an interim injunction predicate failure when the case is ultimately heard.”

② 判决原文：“whether the allegation of fraud by the plaintiffs give rise to any serious question to be tried.”

③ 判决原文：“A performance guarantee does not perform the same function as a documentary letter of credit in international trade, nor does it cause the same degree of hardship to the party concerned if a temporary restraining order is granted. The former is merely a security whereas the letter of credit is an established mode of payment in exchange for goods. The letter of credit has been the life – blood of commerce in international trade for hundreds of years. But the same cannot be said of the performance guarantee or the performance bond.”

让担保物给受益人。临时限制令不影响担保或受益人在担保中的权利。它只是推迟了担保的实现,直到原告有机会证明他的主张成立。原则上,没有理由要求原告在中间状态下证明欺诈或证明从法院收到的材料中可以得出的唯一现实的推论就是欺诈。”①相应地,他认为,针对那些“纯粹是担保合同履行”的付款凭证的止付,标准应该只是“强有力的初步证据”②。

不过,“着实有争议的案件”之标准和“强有力的表面证据”之标准的区别在适用上可能更多是语义方面的。Chan Sek Keong 法官在 Chartered Electronics 案下想强调的是,在中间阶段没有必要要求申请止付的一方承担过重的关于欺诈的举证责任。Chan Sek Keong 法官的这种做法在一定程度上是受欢迎的,因为独立保函可能是一种被“滥用的压迫性工具”。信用证兑付所需的文件往往很复杂,但独立保函通常只有书面要求。独立保函的开立人比信用证的开立人更容易遭遇不公平的索赔。

正因如此,在 Chartered Electronics 案中,Chan Sek Keong 法官认为止付保函申请人满足了关于欺诈存在的证明标准,因此支持了止付令。

2. 反担保函的止付

反担保函是反担保人给担保人出具的一项独立的承诺。只要反担保函约定的条件得到满足,担保人作为反担保函的受益人可以索兑该反担保函。若担保人既非欺诈的当事方,也未参与欺诈行为,其在反担保函上获得偿付的权利不应被损害。

反担保函和主保函是独立的。这样的后果是,在担保人没有欺诈的情况下,反担保人有义务支付担保人根据反担保提出的索赔。反担保人有权向反担保函申请人要求偿付。

---

① 判决原文:“A merchant who has to ship his goods to a buyer abroad should be protected as to his right to payment. A beneficiary under a performance guarantee should be protected as to the integrity of his security in the case of non – performance, but to apply a standard of proof which will virtually assure the beneficiary the immediate payment of and place the funds in his possession does nothing more than to transfer the security from the guarantor(usually a bank) to the beneficiary. A temporary restraining order does not affect the security nor the beneficiary's rights in it. It merely postpones the realization of the security until the plaintiff is given an opportunity to prove his case. In principle, there is no reason why the plaintiff is required, at the interlocutory state, to establish fraud or to prove that the only realistic inference that can be drawn from the materials before the court is that of fraud.”

② 判决原文是“strong prima facie case”。

反担保函申请人或担保人所能做的是在根据主保函向受益人付款之前,取得针对担保人的禁令。如果担保人已经根据主保函向受益人支付了款项,则没有禁令能阻止反担保人向担保人付款。

(二)针对受益人的止付令

许多英国案例认定,除了欺诈情况外,不能通过获得禁止令来限制买方索兑保函(就像对开证行不应发布止付令一样),典型的案例有 Howe Richardson Scale Co. ,Ltd. v. Polimex – Cekop and National Westminster Bank Ltd. 案和 Intraco Ltd. v. Notis Shipping Corporation 案。

马来西亚高等法院在 Kirames Sdn Bhd v. Federal Land Development Authority 案中采纳的也是上述观点,法官赞成将独立保函与信用证类比,向受益人颁发禁令,需要满足严格的标准。在该案中,原告和被告签订了供应钢筋混凝土旋压管的协议。作为履行协议的先决条件,原告必须向被告交存相当于合同价值 5% 的款项。协议约定:如果原告违反合同条款,保证金将被没收。原告遂向被告交付了一份履约保函。在产生争议后,原告向法院申请强制令禁止被告索兑履约保函。该案中,Zakaria Yatim 法官认为在该案下,保函的作用是充当合同要求的保证金。这时候保函和信用证的功能相似,Zakaria Yatim 认为,在不存在欺诈的情况下,被告有权根据保函的条款索兑保函。

但在新加坡,某些法官的观点则有所不同,比如,在新加坡高等法院审理的 Royal Design Studio Pte. Ltd. v. Chang Development Pte. Ltd. 案(以下简称 Royal Design 案)中,原告请一家保险公司为被告开具履约保函,以保证原告为被告建造和完成 9 栋露台房屋的工作。原告诉称,被告拒绝支付期中付款妨碍了房屋的进一步建设(房屋其中大部分已完工)。被告仅向原告支付了部分房屋价款,还欠付很大一笔钱。法官认为,如果原告事实上违反了建筑合同,被告可以申请抵销原告应支付的任何损害赔偿金。该案下,法官认为有关履约保函的英国判例没有关注“合同双方在其基础合同下的争议”①,他认为:“本案中,原告并不是申请限制保险公司赔付保函,因此保险公司不能够履行其义务的问题不存在。争议仅是原告和被告之间的,仅与他们之间订立的主要合同或基础合同有关。在这种情况

---

① 判决原文是“the disputes between the contracting parties under their underlying contract”。

下,我不认为仅仅因为履约保函像信用证,就应该禁止法院行使衡平法上的管辖权,如果事实证明有必要,应禁止被告索兑保函。”①因此,法官得出结论:“考虑到所有这些问题,我认为,仅仅接受被告关于原告违约的主张是错误的。”②在这种情况下,法院维持了被告禁止向保险公司索兑保函的禁令。

(三)除了欺诈以外的止付事由

与大多数法律原则一样,严格遵守保函独立性的原则会产生不公正的现象。如上所述,在英国法下,欺诈是自治原则唯一公认的例外,即在受益人提交给银行的单据严格符合信用证的条款和条件,或者独立保函的受益人发出了符合保函要求的索赔通知时,如果受益人在交单时或索赔时谎报了据他所知不真实的事实,银行可以拒绝向受益人付款。近年来,一些法院还将“不道德”或“不公正”(unconscionability)作为止付保函的理由。

在新加坡,不少涉及独立保函的案件已经表明,欺诈并非限制付款的唯一理由。比如上文提到的 Royal Design 案,当事人并没有提出任何涉及欺诈的主张,但法官仍然认为应该止付。再如,在 Kvaerner Singapore Pte. Ltd. v. UDL Shipbuilding(Singapore)Pte. Ltd. 案(以下简称 Kvaerner 案)中,被告以 100 万美元向原告购买了一套泵送和阀门控制系统。根据合同,被告支付了 30 万美元的定金,但没有按照合同要求开立剩余货款的信用证。原告向被告提交了履约保函,金额为合同价格的 30% 。被告随后索兑履约保函。原告申请并获得了一项禁令,禁止被告根据履约保函获得付款。Selvam 法官指出:“信用证也是索兑履约保函的先决条件。它没有满足先决条件。因此,限制一方利用他自己的错误是极公正和方便的。”③他

---

① 判决原文:“In the present case, the plaintiff is not restraining the insurance company from paying on the bond, and therefore the question of the insurance company not being able to honor its obligations does not arise. The dispute is only between the plaintiff and the defendant and relates solely to the main or underlying contract made between them. In such case, I do not see why the court should be inhibited from exercising its equitable jurisdiction and restraining the defendant from calling on the bond, if the facts warrant it, merely because the bond is like a letter of credit. ”

② 判决原文:“Taking into account all these matters, it would be wrong, in my opinion, merely to accept the assertion of the defendant that the plaintiff was in breach of contract. ”

③ 判决原文:“The credit was also a condition precedent to the right to call on the performance bond. And it failed to fulfill the condition precedent. Accordingly it was eminently just and convenient to restrain a party from taking advantage of his own wrong. ”

赞同 Eveleigh 法官在 Potten Homes v. Coleman Contractors Ltd. ,(1984)28 Build LR 19 案中的观点,认为欺诈例外并非“普遍适用的不变原则”①并且“在被起诉的对象是试图利用履约保函的基础合同的一方当事人,而该当事人因自己的违约行为未能履行先决条件时(欺诈例外的原则)又无法适用”。②

在 Raymond Construction Pte. Ltd. v. Low Yang Tong and AGF Insurance(Singapore)Pte. Ltd. 案中,法官则更是明确将“不公正”作为出具止付令的依据。该案中,原告承诺为第一被告建造房屋。根据合同,原告为第一被告提供了履约保函。随后发生纠纷,第一被告要求兑付履约保函。原告获得了一项禁令,禁止第二被告(担保人)付款,同时禁止第一被告接受这笔款项。第一被告随后申请解除禁令。该案下没有欺诈的证据,但法官认为原告提供了足够多的证据,证明第一被告的行为不公正,比如第一被告采取各种手段故意拖延付款(以至于其拖欠的款项已经高达合同金额的30%)等。该案下,法官仅依据存在不公正批准了临时禁令。在该案中,法官试图将不公正定义如下:“对我来说,不道德的概念涉及不公平,区别于不诚实或欺诈,或是一种应受谴责或缺乏诚意的行为,以至于良心法庭会约束当事人或拒绝协助当事人。当事人仅仅违反合同本身并不是不合情理的。”

真正的飞跃出现在 GHL Pte. Ltd. v. Unitrack Building Construction Pte. Ltd. 案(以下简称 GHL 案)中。在该案中,上诉人 GHL 公司雇佣第一被告 Unitrack 公司作为主要承包商建造一栋五层公寓。该项目的合同金额为 5,781,400 新加坡元,其中分包商负责的工程金额为 3,820,000 新加坡元。根据合同,Unitrack 公司从第二被告 AFG Insurance Pte. Ltd. 处取得了履约保函,金额为合同金额的 10%。但 Unitrack 公司没有将履约保函交付给 GHL 公司。随后,GHL 公司和 Unitrack 公司对合同进行了书面变更,GHL 公司同意由其直接向分包商付款,合同金额因此变为1,961,400 新加坡元。之后 GHL 公司索赔履约保函,索赔的金额高达578,140美元。Unitrack 公司取得了针对 GHL 公司的临时禁令。在高等法院的审理过程中,法官认为没有证据表明 GHL 公司存在欺诈行为,但基于“GHL 目前索

---

① 判决原文是“An immutable principle of universal application”。

② 判决原文是“has no application where the injunction is sought against a party to the underlying contract who seeks to take advantage of the performance guarantee where by his own violation he fails to perform a condition precedent”。

兑其甚至懒得接管的保函的行为是不合理的，也是不道德的”[①]的理由，法官维持了临时禁令。GHL 公司不服并上诉，但上诉法院驳回了其上诉请求。上诉法院明确指出，在没有存在欺诈的情况下，仅凭不道德行为就可以构成限制受益人强制执行其根据履约保函要求付款的权利的理由，GHL 公司的行为是不合理的，因为修订后的合同金额的 10% 仅为 196,140 美元，但 GHL 公司却要求全额支付 578,140美元的履约保函，这占了修改后的合同金额的 30% 。

GHL 案的法官还提到，之前的 Royal Design 案判决中尽管没有明确使用 “不公正”这个字眼，但实质上也是依据“不公正”批准的止付令；Kvaerner 案下的止付令在一定程度上也是依据“不公正”原则作出的。GHL 案的判决在独立保函止付领域影响重大，在一定程度上澄清了新加坡法院先前判决的不确定性。

在 Ryobi – Kiso (S) Pte. Ltd. v. Lum Chang Building Contractors Pte. Ltd. and another ［2013］ SGHC 86 案[②]中，法院认为：“不公正”是除欺诈以外另一个独立的保函止付理由。“不公正”的情形包括保函受益人对保函申请人的违约也有责任或双方都是全无过错的（如因不可抗力），但仅是受益人违约（仅违反合同）是不足以构成不公正的。判断不公正的关键因素在于保函受益人和申请人之间的利益是否实现了平衡。而且，不公正的证明标准较高。

马来西亚明确采用不公正作为限制赔付理由的案例是 The Radio and General Trading Co. Sdn. Bhd. v. Wayss & Freytag 案。该案下原告与被告签订合同，在 KL Telecommunication Towers 上执行某些分包工程。根据合同条款，原告需要为被告提供分包合同金额 30% 的履约保函。随后，因为工程竣工，双方出现争议，导致被告索赔履约保函。原告申请禁令，禁止被告索兑履行保函。原告指称，该分包工程已基本完成，未完成部分是由于被告及其分包商未能按时完成工作以及被告要求的变更。因此，原告认为，被告无权索兑保函。法官采取了检验与索赔履约保函相关事实的方法。法官认为索兑的行为不公平，因为尽管被告声称存在工程尚未完成的事实，但原告却能够提交被告发送给其建筑师的一封信函，根据该信函工程已基本完工，被告要求建筑师签发实际竣工证书。法官指出不公平是止付的理由，他认为被告索兑保函是不合理的。

---

① 判决原文：“The present endeavor by GHL to enforce a bond which it did not even bother to take possession of, was unjustifiable as well as unconscionable.”

② 见附录 B 案例 15。

马来西亚现代的判例法立场是，如果申请人对独立保函的索赔要求不合理，这种要求将受到限制。这一主张在联邦法院 Sumatec Engineering & Construction Sdn. Bhd. v. Malaysian Refining Company Sdn. Bhd. [2012] 3 CLJ 401 案[①]（以下简称 Sumatec Engineering 案）的判决中有所体现：法院认为受益人兑付履约保函的行为缺乏诚信、显失公平，法院有理由通过强制令的方式进行干预，以避免不公正。在 Sumatec Engineering 案中，联邦法院承认显失公平是阻止受益人根据独立保函要求付款的另一个理由。这一额外理由是合理的，因为它不影响独立保函的完整性，因为不是银行被限制根据独立保函付款，而是受益人被限制根据基础合同收款。

三、风险提示和操作建议

中国承包商和银行可以考虑从以下几个方面对开往马来西亚和新加坡的保函进行风险防范：

第一，做好对合作伙伴的事前调查。全面了解合作伙伴的资信情况、劳务状况，确定合作条件及合作关系，避免在工程建设中与合作伙伴发生纠纷。

第二，争取合同和保函的有利条件。注意审查保函文本，设置合理、清晰的保函条款。在保函违约事项、担保金额、索赔单据、保函生效及失效条款等关键问题上，应将其与合同条款进行匹配，并做到清晰、明确、有独立性、单据化。

第三，重视保函开出后的管理工作。保函申请人应按合同要求履约；银行与企业之间要保持沟通，关注工程进展情况，依据保函条款及时办理保函展期、减额等。

第五节　巴基斯坦

一、保函的独立性

担保的概念体现在巴基斯坦《1872 年合同法案》（The Contract Act，1872）第

---

① 见附录 B 案例 23。

126 条中,具体规定为:"'担保合同'、'担保人'、'主债务人'及'债权人'。'担保合同'是在第三人违约的情况下履行其承诺或者解除其责任的合同。提供担保的人被称为'担保人':就其违约提供担保的人被称为'主债务人',获得担保的人被称为'债权人'。担保可以是口头的,也可以是书面的。"①

在 Atlas Cables(Pvt.)Limited Versus Islamabad Electric Supply Company Limited and another 案中,法官指出:保函性质上就是《1872 年合同法案》下的"担保合同"。在 Montage Design Build Versus The Republic of Tajikistan,Etc. 案中,法官则进一步明确:"根据各方意图,一个银行或保险保函可以分为有条件的和无条件的。有条件保函只能在满足其中约定的条件时被唤醒,例如受益人提供被担保人违约的证据。而在无条件保函中,担保人负有通过基于索赔要求向受益人付款来兑现其承诺的义务,而无须关心双方因基础交易关系发生或与基础交易关系相关的争议。"②

由此可见,在巴基斯坦法下,保函有独立保函和非独立保函两种。无论是独立保函还是非独立保函,都为法律所认可。

在 Pak Consulting & Engineering(Pvt)Ltd. v. Pakistan Steel Mills and another, 2002 SCMR 1781 案中法院也明确:"毫无疑问,关于《1872 年合同法案》第 126 条,目前关于兑现银行保函的普遍看法是,银行保函是银行与以其作为受益人的一方之间的独立合同,因此,银行不能以主合同的当事人正在相互诉讼为借口拒绝支付不可撤销的银行保函的兑付……"③

---

① 原文:"'Contract of guarantee', 'surety', 'principal debtor' and 'creditor'. A 'contract of guarantee' is a contract to perform the promise, or discharge the liability, of a third person in case of his default. The person who gives the guarantee is called the 'surety': the person in respect of whose default the guarantee is given is called the 'principal debtor', and the person to whom the guarantee is given is called the 'creditor'. A guarantee may be either oral or written."

② 判决原文:"Depending on the intention of the parties, a Bank or Insurance guarantee may be either 'conditional' or 'unconditional'. A conditional Guarantee can only be invoked on fulfillment of the condition (s) stipulated therein e. g. proof of a breach or default. On the other hand, in case of an 'unconditional' guarantee, the guarantor i. e. the Bank or an Insurance Company is under an obligation to honor its commitment by making the payment on demand, regardless of a dispute between the parties arising out of or connected with the underlying agreement/contract."

③ 判决原文:"Undoubtedly, at present prevailing view concerning encashment of the Bank – Guarantee in terms of section 126 of the Contract Act is that a Bank – Guarantee is an independent contract between the Bank and the party in whose favour guarantee has been furnished, therefore, encashment of irrevocable Bank Guarantee cannot be declined by the bank on the pretext that the original parties to the main contract are litigating with each other..."

至于怎么判断一个保函是否独立保函,可以参考 Miangul Hassan Aurangzeb 法官在 Atlas Cables(Pvt.)Limited Versus Islamabad Electric Supply Company Limited and another 案中的观点:“不可撤销和无条件的银行担保通常是以一种语言表述的,即银行承诺按要求向受益人付款,无异议或抗议。如果银行保函无条件地约定银行应按要求付款而无异议,并且受益人不仅在违约问题上而且在损失或损害的金额上是唯一的裁判者,则银行的义务就必须按照银行保函中约定的方式才得以解除。在提出这种索赔时,银行不得调查双方之间的争端。法院不会直接或间接干预以拒付,否则国内和国际商业中的基本信任,将被无法挽回地破坏。”①

二、关于保函止付

提起保函止付之诉是承包商应对雇主欺诈索赔,维护自身合法权益的重要手段之一。但是,从既往的判例来看,巴基斯坦法院对保函止付也持谨慎态度,除非是存在欺诈或者不止付保函将会有不可挽回的损失,不然法院不会同意止付。

在 Shipyard K. Damen International v. Karachi Shipyard and Engineering Works Ltd,PLD 2003 SC 191 案中,巴基斯坦的最高法院援引了 U. P. Cooperative Federation Ltd. v. Singh Consultants and Engineers(P)Ltd. [JT 1987(4)SC 406]案的判决内容如下:“以保兑银行保函或不可撤销信用证形式作出的不可撤销的承诺,不得受到干预,除非是存在欺诈或对无法挽回的不公正的担忧已体现出来时。”②

在 Montage Design Build Versus The Republic of Tajikistan, Etc. 案中,Athar Minallah 法官在解释保函止付的例外情况时,援引了多个印度法院在这方面所确立的类似的原则。比如,印度最高法院在 U. P. State Sugar Corporation v. Sumac

---

① 判决原文:“Irrevocable and unconditional bank guarantees are normally couched in a language whereby the bank undertakes to give money to the beneficiary on demand, without demur or protest. If a bank guarantee is unconditional stipulating that the bank should pay, on demand, without demur and that the beneficiary shall be the sole judge not only on the question of breach of contract but with respect to the amount of loss or damage, the obligation of the bank has to be discharged in the manner provided in the bank guarantee. When such a demand is made, the bank is not permitted to probe into the disputes between the parties. The courts will not interfere directly or indirectly to withhold payment, otherwise trust in commerce, internal and international, would be irreparably damaged.”

② 原文:“Held further that an irrevocable commitment either in the form of confirmed Bank – guarantee or irrevocable letter of credit cannot be interfered with except in case of fraud or in case of question of apprehension of irretrievable injustice has been made out.”

International Ltd. (1997) 1 SCC 568 案[①]中指出，法院不愿意发布止付令以限制独立保函的兑付，除非在非常特殊的情况下，比如与担保有关的欺诈，或如果允许赔付将导致“不可弥补的损害和不公正”（irretrievable harm and injustice）。该案中印度最高法院还进一步解释，这两个例外不一定必然联系，尽管两者可能共存。“不可弥补的不公正”的范畴被解释为“超越担保的条款和这种止付令对该国商业交易的不利影响”[②]。至于“不可弥补的损害”具体是怎样的，该案判决认为“不可弥补的损害”必须是美国的 Itek Corporation 案中的事实所体现的那种损害。[③]

关于欺诈，巴基斯坦《1872 年合同法案》第 17 条以列举形式进行了定义，具体的规定为：“欺诈系指合同一方当事人，或在其纵容下，或由其代理人，为欺骗合同另一方当事人或其代理人，或诱使其签约，而实施的下列任何行为：(1) 虚构事实，虚构者明知为虚构；(2) 隐瞒事实，隐瞒者知道或确信真实情况；(3) 作出没有任何兑现意图的承诺；(4) 任何有意识的误导；(5) 任何被法律特别地认定为欺诈的作为或不作为。”[④]

在案例方面，在 Bolivinter Oil SA v. Chase Manhattan Bank and another, (1984) 1 All ER 351 案中，法官指出：“可批准止付令的完全例外情况，是要证明银行知道任何已提出或其后将提出的付款要求显然是欺诈性的。但无论是欺诈的事实还是银行是否知道，证据都必须是明确的。通常情况下，仅凭客户的未经证实的声明是不够的，因为银行的信用可能会在短时间内遭受无法弥补的损害，而

① 见附录 B 案例 19。

② 原文为“override the terms of the guarantee and the adverse effect of such an injunction on commercial dealings in the country”。

③ 在 Itek Corporation 案中，美国马萨诸塞州地方法院以适当的损害赔偿补救办法对原告而言是不可能的为理由，批准了一项止付令。该案的事实比较特别，因为 1979 年伊朗革命、美国驻德黑兰大使馆和 54 名美国公民被劫持后，情况发生了变化，美国取消了出口许可证。通过一项行政命令，美国总统封锁了美国国内的所有伊朗资产。伊朗的进口商要求兑现银行保函。法院认为，在这种情况下，原告没有其他补救办法，因为即使美国法院判决了损害赔偿诉讼，该判决也不能在伊朗执行。因此，法院认为，原告在法律上没有充分的补救措施，有关无法弥补的损害的说法不是推测性的，而是真实和直接的。

④ 原文：“‘Fraud’ means and includes any of the following acts committed by a party to a contract, or with his connivance, or by his agent, with intent to deceive another party thereto or his agent, or to induce him to enter into the contract : (1) the suggestion, as a fact, of that which is not true, by one who does not believe it to be true; (2) the active concealment of a fact by one having knowledge or belief of the fact; (3) a promise made without any intention of performing it; (4) any other act fitted to deceive; (5) any such act or omission as the law specially declares to be fraudulent.”

这段时间将从发出此类止付令持续到银行申请解除禁令。”[①]

三、风险提示和操作建议

由此可见，巴基斯坦司法实践对保函止付持谨慎态度，这无疑大大增加了保函止付的难度。因此，仍然建议着眼于把控前期的基础合同条款、保函条款撰写以及之后的项目管理；在出现纠纷后，把希望一味寄托于止付并非明智之举。

第六节　土　耳　其

一、保函的独立性

虽然独立保函在土耳其被广泛应用，但并没有成文法对独立保函进行明确规定。实践中，关于独立保函的法律规则主要是由土耳其最高上诉法院（Turkish Court of Cassation）的判决确立的。

土耳其最高上诉法院在20世纪60年代裁定，银行担保是一种特殊类型的担保合同。[②] 自那以后，土耳其法院就接受并一直适用这一原则。[③] 除了土耳其最高上诉法院的裁决外，根据《土耳其债法典》（Turkish Code of Obligations）第128条“关于第三方履约的担保”[④]的规定和合同法的一般原则也适用于受土耳其法律管辖的独立保函。

根据土耳其最高上诉法院的解释和司法实践，独立保函的主要特征之一为见索即付，即受益人提出单证相符的书面索赔，担保人应立即无条件付款。

---

① 判决原文：“The wholly exceptional case where an injunction may be granted is where it is proved that the bank knows that any demand for payment already made or which may thereafter be made will clearly be fraudulent. But the evidence must be clear, both as to the fact of fraud and as to the bank's knowledge. It would certainly not normally be sufficient that this rests on the uncorroborated statement of the customer, for irreparable damage can be done to a bank's credit in the relatively brief time which must elapse between the granting of such an injunction and an application by the bank to have it discharged.”

② Court of Cassation Decision of Joint Circuits, E. 1966/16, K. 1967/7, dated 13. 12. 1967; Court of Cassation Decision of Joint Circuits E. 1969/4, K. 1969/6 dated 11.06.1969.

③ 吴志琛：《土耳其保函风险防控》，载《中国外汇》2018年第8期。

④ 原文为“guarantee of performance by third party”。

由于开证银行承诺见索即付,并且其审查单证相符的裁量权极为有限,开证银行可以拒绝受益人索赔的情形也非常有限。

不过,在土耳其法下,独立保函是银行与受益人之间的一种合同。因此,债法下关于合同无效的一般原则也适用于独立保函。如果独立保函因过失、欺诈、胁迫等原因而被认为是无效的,则受益人的索赔就不应被兑付。[①]

二、关于保函止付

根据最高上诉法院第 11 巡回法庭的说法,[②]有两种方法可以阻却独立保函赔付:一是银行自己提出抗辩;二是保函申请人取得了临时禁令。具体而言,银行作为担保协议的一方,可向被担保方提出抗辩,停止兑付。在 1981 年最高上诉法院的一项裁决中,法院指出,银行有义务在受益人第一次索赔时向受益人支付被索赔的金额。但是,银行可以通过提出诸如证明保函已经过期或存在单证伪造等抗辩来阻却赔付。

如果独立保函由土耳其银行出具,程序上保函申请人也可向土耳其法院申请临时禁令即止付令,阻止银行向受益人支付担保金额。根据土耳其《民事诉讼法》(The Code of Civil Procedure)第 103 条,"如果认为任何延期可能使之陷于危困之地或造成重大损失,法官可决定执行必要的临时禁令,以消除危险或损失"[③]。另外,根据土耳其《民事诉讼法》第 105 条第 2 款,"在紧急情况下,可批准即刻的临时禁令的决定"[④]。不过,为了获得这种救济,保函申请人必须向法院提出充分的论据和证据,证明强制执行独立保函将违反保函申请人和受益人之间的基础合同之条款和条件或构成权利滥用。

实践中,申请止付人很可能会被法院要求提交担保,以补偿受益人因止付令的出具可能遭受的任何损害。担保的金额和形式由法院决定。在实践中,法院通常要求申请人以现金或独立保函的形式提交相当于保函金额的 10% ~15% 的担保。但是,如果止付的申请基于某些官方文件或者其他确凿的证据,法院可能会

① Haluk Gurulkan & Ihsan Ibrahim Daldaban, *Bank guarantees in Turkish legal practice*, Practical Law UK Articles w-015-3217.

② Court of Cassation 11 Circuit, E. 2006/5589 K. 2006/8345, dated 13.07.2006.

③ 原文:"Where it is understood that any deferral may jeopardize the situation or cause significant loss, the judge may decide on enforcement of interim injunctions necessary to eliminate the jeopardy or the loss."

④ 原文:"In urgent cases, decision of immediate interim injunction may be granted."

在申请人没有提供担保的情况下就批准止付令。

如果在提起实体问题的诉讼之前获得止付令，申请人必须在止付令发出后两周内对受益人提起诉讼。否则，根据土耳其《民事诉讼法》第 397 条，该止付令将自动撤销。① 如果根据基础合同，土耳其法院不具有管辖权，申请人在外国法院起诉或向仲裁庭提起仲裁，也需要遵守两周的时限。

需要特别注意的是，止付令止付独立保函有一些例外情况。比如，第 4734 号《公共采购法》(Public Procurement Law)第 34 条规定："在任何情况下，政府机构收到的投标保函均不得被扣押或施以临时禁令。"②也就是说，参与政府公共采购的承包商不能针对向土耳其政府机构出具的投标保函申请止付令。

三、风险提示和操作建议

除了一般的保函常见风险外，开往土耳其的保函还有一些其特有的风险，提示如下：

(一)关于有效期

独立保函受《土耳其债法典》中关于时效的一般规则的调整，与保函直接相关的是《土耳其债法典》146 条。该条规定：所有到期债权有 10 年时效。也就是说，只要保函担保的违约发生在保函有效期内，受益人可以在该违约发生后 10 年之内提出索赔；如果无法确定违约发生的时间，则受益人可以在保函失效日后 10 年内索赔。这意味着银行可能需要等到保函失效日的 10 年之后，才能解除自己的担保责任。

这种做法与国际银行惯例背离，因此饱受争议。土耳其在 1981 年修改了相关规定。对于有明确有效期的保函，可以约定除非失效日前有索赔，失效日后保函即失效。

值得注意的是，如果保函仅约定了索赔应当在保函有效期内作出，或是仅约

---

① Deniz Çelikkaya, *Bank Guarantee Letters Liquidated Without a Just Cause as per Turkish Law*, https://herdem.av.tr/bank-guarantee-letters-liquidated-without-a-just-cause-as-per-turkish-law.

② 原文："Under no circumstances, the tender securities received by the contracting authority can be attached and held subject to precautionary measures."

定保函在失效日后无效，担保人也不一定能解除自己的责任。曾有土耳其法院的判例确认：银行必须要在保函中精准地约定“除非书面索赔在保函效期内做出，失效日后保函立即失效”，才可以在失效日后解除其责任，否则保函在失效日后10年内仍然有效。

对于根据第2886号《国家采购法》(State Procurement Law)组织的投标，政府机构不接受有固定期限的独立保函，承包商必须提供无限期的独立保函。对于无限期的独立保函，开证行的义务始终存在，直至根据债法一般原则可以合法终止的那一刻。具体而言，独立保函在义务履行完毕、时效期满、受益人解除独立保函责任或将独立保函退还银行等情况下终止。

（二）关于保函的语言

根据《土耳其义务法典》，合同可以用任何语言编写和订立。然而，第805号《经济企业强制使用土耳其语法》(Law on Mandatory Use of Turkish Language by Economic Enterprises)规定了必须使用土耳其语的一些情况。如果独立保函的当事人双方都是土耳其籍，独立保函虽然可以用外国语言出具，但条件是独立保函要约定土耳其语版本优先于外语版本。在实践中，银行一般在独立保函中约定：“如果土耳其语版本和其他语言版本之间存在任何差异，以土耳其语版本为准。”

外国银行及其在土耳其的分行在与土耳其政府的交易中或提交给土耳其政府当局的文件也必须使用土耳其语。此外，外国银行及其在土耳其的分行虽然可以在其交易中使用外国语言，但条件是必须签署一份土耳其语文本的独立保函。如果该外文所附带的土耳其文本没有被签署，该土耳其文本也是有效并具有约束力的。

如果违反这些要求，包括独立保函在内的交易是有效的，但如果发生争议，对出具独立保函的银行有利的保函约定将不被考虑和采纳。

第七节　卡　塔　尔[①]

一、保函的独立性

卡塔尔是大陆法系国家。尊重当事人的意思自治是卡塔尔法的基本原则之一。合同构成缔约方之间的法律，当事人应当遵循其达成的合同条款，除非该等合同条款违反卡塔尔的强制性规定。

因此，如果一份担保明确载明其是独立保函且要求银行在受益人提交符合约定的单证时即有义务付款，当事人需要受到该等条款的约束。所以，只要保函约定得足够明确，卡塔尔法则认可独立保函的独立性。

此外，卡塔尔法下针对独立保函还有单独且明确的法律规定。根据 2006 年第 27 号法律 Promulgating the Trading Regulation Law（以下简称《卡塔尔交易监管法》）第 406 条规定："保函是银行应客户（申请人）的要求出具的不可撤销的书面保证，如果受益人在保函规定的期限内提出要求，银行将向另一人（受益人）支付一定数额的款项，而不能予以拒绝。出具保函的目的应当在保函中说明。"[②]《卡塔尔交易监管法》第 409 条进一步规定："银行不得以其与申请人的关系或者申请人与受益人的关系为由拒绝向受益人付款。"[③]

二、关于保函止付

在卡塔尔法下，有两种中止保函赔付的方式：一是在受益人索赔前向法院申请

---

① 本节是根据卡塔尔的 Sharq Law Firm 针对一宗中国建筑承包商与卡塔尔雇主之间的建设工程项目纠纷而出具的若干法律意见书作出的。Sharq Law Firm 的法律意见书对卡塔尔与独立保函有关的法律做了介绍，也介绍了卡塔尔独立保函止付的法律实践。

② 法律意见书所援引的法条为英文书就，原文："A letter of guarantee is an irrevocable written pledge issued by the bank at the request of its client, known as the applicant, to pay a certain amount or amount to be specified to another person, known as the beneficiary if the beneficiary so requests within the period specified in the letter and without regard to any rejection. The purpose for which the letter of guarantee is issued shall be explained therein."

③ 法律意见书所援引的法条为英文书就，原文："The bank may not refuse to pay the beneficiary by reason of its relationship with the applicant or the applicant's relationship with the beneficiary."

止付令;二是在受益人向银行索赔后、银行赔付前以银行作为被申请人申请止付令。

应当指出的是,无论是禁令中的哪一种,都不太容易取得。因为独立保函是受益人和银行之间的合同,申请止付的往往是保函的申请人,并非保函真正的合同一方。更重要的是,卡塔尔法律有明确规定:银行应在不考虑任何反对意见的情况下进行赔付。

有一些罕见的止付成功的案例,法院在受益人索兑保函之前颁布了止付令。在这些案例中,申请人一般需要通过强有力的书面证据说服法官相信受益人正在滥用其索兑保函的权利。例如,有过这样的案例:止付申请人向法官出具了类似实际完工证书的证据,证明工程已基本完工,索兑保函的行为是专断和肆意的。

此外,提出申请的当事人需要认真考虑自己受到的损害是什么,有多严重,影响有多大,这种损害是否可以通过其他办法加以弥补,或者虽然还有其他补救办法,但如果不颁布止付令,损失将无法挽回。一般情况下,只有在损害无法挽回的情况下,法院才会考虑发布禁令。

三、仲裁庭颁布的止付令及其执行

实践中还有一种常见的情形是:基础合同(如保函的申请人作为承包商和其雇主之间的合同)约定的争议解决方式是仲裁,受益人向卡塔尔的银行索兑保函,保函的申请人向对基础合同有管辖的仲裁庭申请和保函止付有关的临时措施。

首先,卡塔尔法院认可仲裁庭发布的临时措施。卡塔尔 2017 年第 2 号法律 Promulgating the Civil and Commercial Arbitration Law(以下简称《卡塔尔仲裁法》)第 17(1)条认可仲裁庭有发布临时措施或临时裁决的权利,这些措施或裁决"由争议的性质决定,或是为了防止不可弥补的损害,包括以下任何一种措施:a)在争议解决之前维持或恢复现状;b)采取措施防止当前存在或即将发生的损害,或对仲裁程序本身的损害,或防止采取可能导致这种损害或损害的程序;c)提供保存资产的手段,以便日后执行裁决;以及 d)保留对争议裁决可能重要或重要的证据"[①]。第 17

---

① 法律意见书所援引的法条为英文书就,原文:"that are dictated by the nature of the dispute, or for the purpose of preventing irreparable harm, including any of the following measures: a) Maintaining or restoring the status quo pending determination of the dispute; b) Adopting a measure to prevent the occurrence of current or imminent damage, or that would prejudice the Arbitration process itself, or to prevent the adoption of procedures that may possibly result in such damage or prejudice; c) Providing a means of preserving the assets by means of which later awards may be executed; and d) Preserving evidence that could be important or material to the determination of the dispute."

(3)条进一步规定:"临时措施令或临时裁决对其有利的一方当事人,在获得仲裁庭的书面许可后,可以请求主管法官下令执行仲裁庭下达的命令或裁决或其任何部分。根据本条规定,任何许可或执行请求的副本应发送给其他缔约方。主管法官应下令执行上述命令或裁决,除非该命令或裁决与法律或公共政策相抵触。"①此外,如果临时命令以裁决的形式作出,《卡塔尔仲裁法》第34(1)条承认国际仲裁裁决具有既判力和可执行性。

但是,仲裁庭发布的临时命令,如果与银行和承包商之间的独立保函有关,很可能有管辖权方面的问题。因此,如果请求仲裁庭对银行和受益人之间的独立保函颁布止付令,仲裁庭很可能以其不具有管辖权为由拒绝,具体的理由是:银行不是本争议的一方;每个保函都是一个独立的协议,因此受其自身争议解决机制的约束。

另外,如果仲裁庭以临时命令或仲裁裁决的形式给予临时救济,禁令的申请人也可能会发现实践中禁令不一定能在卡塔尔法院得到执行。《卡塔尔仲裁法》第17(3)条规定,如果裁决或命令违反卡塔尔国的法律或公共政策,法官有权拒绝执行。

此外,一方当事人可以拒绝执行仲裁庭作出的裁决,理由是《卡塔尔仲裁法》第35(1)(c)条规定:"裁决裁定了不属于仲裁协议范围或者超出仲裁协议范围的事项。"②

四、卡塔尔金融中心法院

卡塔尔金融中心(Oatar Financial Center)成立于2005年,旨在吸引外国投资者。卡塔尔金融中心为外国投资者创立了一个独立的法律体系。

根据《卡塔尔金融中心法》(Qatar Financial Center Law)第8条规定,卡塔尔金

---

① 法律意见书所援引的法条为英文书就,原文:"The Party in whose favour the order for provisional measures or an interim award is issued may, after it obtains written permission from the Arbitral Tribunal, request the Competent Judge to order the enforcement of the order or award issued by the Arbitral Tribunal, or any part of it. Copies of any request for permission or enforcement shall be sent, pursuant to this Article, to the rest of the Parties. The Competent Judge shall order the enforcement of the mentioned order or award, unless such order or award contradicts the law or public policy."

② 法律意见书所援引的法条为英文书就,原文:"The award has decided matters which fall outside the scope of the Arbitration Agreement, or in excess of the Arbitration Agreement."

融中心法院对以下争议具有管辖:"c/1 - 交易、合同引起的民事和商业纠纷,在卡塔尔金融中心建立的实体之间发生的安排或事件。c/2 - 卡塔尔金融中心当局或机构与卡塔尔金融中心建立的实体之间发生的民事和商业纠纷。c/3 - 卡塔尔金融中心建立的实体及其承包商和员工之间发生的民事和商业纠纷,除非双方另有约定。c/4 - 因卡塔尔金融中心内设立的实体与该州居民之间的交易、合同或安排,或在卡塔尔金融中心外设立的实体之间发生的民事和商业纠纷,除非双方另有约定。"①

与卡塔尔其他法院不一样,卡塔尔金融中心法院遵循的是普通法。因此,与独立保函相关的法律以及与保函止付相关的法律,可以参考英国和其他普通法国家法院的在先判例。

五、风险提示和操作建议

虽然卡塔尔是大陆法系国家,但从其法律和审判实践来看,尊重当事人的意思自治是基本原则之一。因此,中国企业在独立保函风险防范方面,首先,应该把重点放在保函文本上,应设置合理、清晰的保函条款,最好采用国际通用的保函范本。其次,同样也要重视独立保函开出后的管理工作:按合同要求履约;银行与企业之间要保持沟通,关注合同履行进展情况,依据保函条款及时办理保函展期、减额等。

第八节 阿 联 酋

一、法律概览

阿联酋的法律属于大陆法系,但兼容了伊斯兰教法的元素。阿联酋的民法沿

---

① 原文:"c/1 - Civil and commercial disputes arising from transactions, contracts, arrangements or incidences taking place in or from the QFC between the entities established therein. c/2 - Civil and commercial disputes arising between The QFC authorities or institutions and the entities established therein. c/3 - Civil and commercial disputes arising between entities established in The QFC and contractors therewith and employees thereof, unless the parties agree otherwise. c/4 - Civil and commercial disputes arising from transactions, contracts or arrangements taking place between entities established within The QFC and residents of The State, or entities established in the State but outside The QFC, unless the parties agree otherwise."

袭埃及民法的体例,而埃及民法则可追溯到法国的民法典和罗马法。

阿联酋作为联邦制国家,包含迪拜和阿布扎比在内的7个酋长国,其联邦立法的效力优先于地方立法。在联邦层面,与保函的开立、兑付和纠纷处理的主要法律包括《阿联酋民法典》[①]《阿联酋商法典》[②]《阿联酋民事诉讼法》[③]《阿联酋仲裁法》[④]等。在民商事事务中,伊斯兰教法一般不作为法律渊源。阿联酋作为大陆法系国家,不承认既往法院判例的效力,但高级法院的判决,对下级法院具有参考价值和说服力。

在司法体系上,阿联酋实行三级庭审的法院体系,分别包括初审、上诉和最高法院。值得一提的是,阿联酋区别于世界上很多司法辖区的特点在于其设立了两个独立的司法特区,分别是迪拜国际金融中心(DIFC)和阿布扎比全球市场(ADGM)。两个区域内实施独立的民商事法律如公司法、合同法、仲裁法等,并排除适用联邦层级的民商事法律,立法体系基本援引和参考英国法律。另外,两个区域内实行独立于联邦司法体系的法院制度,各自拥有完整的二审终审的法院体系,尤其是阿布扎比全球市场的法院在裁判事项时,如其司法辖区内的立法不明确,可以直接援引英国判例。

二、保函的独立性

阿联酋法律明确支持当事人约定独立保函。《阿联酋商法典》第414条中对独立保函的定义是:"如果[银行]被要求在保函规定的期限内支付,除非保函约定其是有条件的,担保银行应按其客户要求向另一个人(受益人)无限制或无条件地履行支付一定数额(或可以确定的金额)的承诺。保函应说明其开具的原因。"[⑤]

这意味着保函可以是独立的,也可以是有条件的。阿联酋的国际工程市场的

---

① Federal Law No. 5/1985 On the Civil Transactions Law of the United Arab Emirates State, also known as "Civil Code".

② Federal Law No. 18/1993 Issuing the Commercial Transactions Law, also known as "Commercial Code".

③ Federal Law No. 11/1992 On the Civil Procedures Law.

④ Federal Law No. 6/2018 On Arbitration.

⑤ 原文:"an undertaking issued by the guaranteeing bank on the request of his client to pay a certain amount(or an amount that can be ascertained) to another person(the beneficiary) without restriction or condition, unless the letter of guarantee is conditional, if [the bank] is requested to do so within the period specified in the letter of guarantee. The letter of guarantee shall state the reason for which it is issued."

惯例是要求承包商提供独立保函。极少见到发包人接受承包商提供有条件的保函。对于独立保函,《阿联酋商法典》第417(1)条进一步明确了银行无条件兑付的要求,并规定:"银行无权以银行与客户关系或客户与受益人关系为理由拒绝向受益人付款。"①

在工程合同语境下,这也意味着银行不能将承包商与发包人之间的纠纷作为拒绝兑付的理由。承包商在工程合同项下有关工期索赔、欠款纠纷、工程已经移交等均属于主合同项下的实质纠纷,无法成为阻止银行兑付保函的抗辩。

三、关于保函止付

对于独立保函,根据阿联酋法律,银行有明确的无条件兑付的义务。承包商主要的救济是在保函被兑付后,通过在主合同项下主张该兑付是发包人的违约行为,从而获得相应的损害赔偿。

关于事先止付,在比较例外的情形下,也有成功的先例,以及明确的法律依据。

在司法实践中,独立保函被视为受益人的资产(类似于现金资产)。承包商申请对保函进行止付,与冻结雇主银行账户、固定资产等申请类似,都属于诉前保全措施的一种。

《阿联酋商法典》第417(2)条明确了保函止付的依据:"在特殊情况下,法院可在客户申请时冻结银行保函的金额,前提是客户的请求有严肃而确定的理由。"②

当地法律没有进一步明确何为严肃而确定的理由,实践中,法官会根据具体案件事实进行认定。通常承包商提及的理由包括发包人对承包商尚有大量欠款、项目已经完工移交以及其他重大的发包人违约的事实。

以履约保函为例,实践中止付成功的先例,大多数都证明了项目已经竣工或者移交的事实。法院在审核保函止付的请求时,并不会对主合同的条款(尤其是

---

① 原文:"The bank shall not be entitled to refuse payment to the beneficiary for reasons relating to the bank's relation with the client or the client's relation with the beneficiary."

② 原文:"In exceptional circumstances, the court may on application of the client place an attachment on the amount of the guarantee with the bank provided that the client has serious and certain reasons for its request."

关于保函)进行审查,大部分情况下,承包商提交的止付申请,只是将主合同的首页或前几页(包含项目信息、项目各方主体的信息等)作为附件。法院对于工程项目中的履约保函,基本理解为一种项目履约的担保,如果有证据表明该项目已经完成,则发包人的兑付存在较大违约的可能性,从而作出止付保函的判决。另外,在实践中,法院通常在24小时内就会发出是否止付保函的裁决。

保函止付是一种诉前保全措施,意味着申请人在成功获得保函止付后,应在主合同项下向雇主提起实体的诉讼或仲裁。法律规定的时间是在法院批准止付保函后的8天内。《阿联酋民事诉讼法实施细则》[①]第114(2)条规定:"如果扣押是由即决法官下令进行的,法院裁决的债权人应自签发扣押令之日起最多八天内,向有管辖权的法院主张其采取该行动的权利,否则,扣押应被视为无效。"[②]

对于主合同约定了仲裁条款的,根据当地司法实践,承包商有权提起仲裁,从而保全保函冻结的效力,而无须另行向法院提起实体诉讼。

在司法实践中,当地法院有批准止付保函的先例。如上文所述,对于申请人是否有"严肃而确定"的理由,通常取决于具体事实的认定。实践中成功的案例有个共同点,就是承包商有可信的证据证明项目已经完工,因为其属于"严肃而确定的理由",足以支撑保函止付的请求。例如,迪拜终审法院第315/2011/1号裁决[③]和第274/2007号判决[④]均支持了保函止付的请求。

迪拜终审法院第315/2011/1号裁决同意了止付保函的请求。在该案中,承包商根据其2009年7月7日签署的价值3.13亿阿联酋迪拉姆(AED)的施工合同,向发包人提交了合同额10%价值的履约保函。承包商完成了施工,但发包人因工期延误等理由,索赔了该保函。承包商向迪拜法院申请了保函止付,一审裁决同意止付。发包人在上诉法院提起上诉,声称其监理方所签署的认定工程竣工的文件有误,而发包人在后续给承包商的信函中进行了更正,并要求承包商继续

① Cabinet Decision No. 57 Issued on 09/12/2018 On The Implementing Regulation Of Federal Law No. (11) Of 1992 On The Civil Procedure Law.

② 判决原文:"The judgment creditor shall, within eight days at most from the date of issuance of the seizure order, file before the competent Court the action for the establishment of the right, in cases where the seizure is ordered by the magistrate of summary justice, otherwise, the seizure shall be deemed void ab initio."

③ 英文判决摘要可访问 https://www.lexismiddleeast.com/case/Dubai/DCC_2012_315_2011_1(判决原文为阿拉伯语)。

④ 英文判决摘要可访问 https://www.lexismiddleeast.com/case/Dubai/DCC_2008_274_2007(判决原文为阿拉伯语)。

履约未完工的部分；另外，该监理方已经离职（故其签发的文件不应当被采信）。二审和终审法院均支持了一审判决，终审法院认为除非该监理存在欺诈的情形（应由雇主举证），否则其签发的工程竣工的文件应当认定有效，此外，当地市政部门所签发的工程完工证书也确认了监理方的身份无误；因此，该监理所签发的文件足以认定项目已竣工，属于法律所要求的“严肃而确定”的理由，足以支撑有关保函止付的诉求。

迪拜终审法院第274/2007号判决也是类似的情形。其保函最终止付成功的核心理由，就是其在主合同项下的义务已经完成。

另外，如上文所述，迪拜国际金融贸易区和阿布扎比全球市场的法院，因为适用的是英国法或以英国法为蓝本制定的法律，其有关保函止付的规则、理由和流程，可参考英国法院的判例。阿联酋本地法院包括迪拜法院的判决，并不具有参考性。实践中，如果当事人希望绕过本地法院，希望就保函止付寻求迪拜国际金融贸易区和阿布扎比全球市场的法院的救济，必须满足以下3个条件的任意一条：(1)保函文本中明确约定了适用法律为迪拜国际金融贸易区和阿布扎比全球市场的法律；(2)保函文本约定争议管辖权法院为迪拜国际金融贸易区和阿布扎比全球市场的法院；(3)保函文本约定了仲裁，且仲裁地在迪拜国际金融贸易区和阿布扎比全球市场。

四、风险提示和操作建议

适用阿联酋法律的保函有一些其特有的值得关注的问题和止付操作建议，比如：

第一，根据既往的经验，对于主合同约定了仲裁条款的，合同任一方均有权提起仲裁，先仲裁后提起止付申请，在实践中会提高止付的成功概率。

第二，如约定仲裁，可将仲裁地约定为司法特区，如迪拜国际金融中心或阿布扎比全球市场，以便司法特区内的法院作为仲裁的司法监督法院，对于仲裁相关的保全措施（如保函止付）拥有管辖权。

第三，如果项目在中东区域其他国家，但保函（包括间接保函）由阿联酋境内的银行开出，实践中阿联酋法院也会受理保函止付的申请，即使合同主体纠纷约定仲裁管辖由阿联酋境外法院处理。

第九节 德 国

一、保函的独立性

德国法中没有关于独立保函的专门规定，保函纠纷一般适用德国民法典、商法典等规定以及法院判例中认为应当遵循的原则。有学者认为，独立保函被认为是《德国民法典》(Bürgerliches Gesetzbuch)第780条关于独立债务承担的特殊形式。《德国民法典》第780条规定："因契约以承诺即独立构成债务之方式而允为给付者(债务约束)，除另有规定其他方式者外，应以承诺之书面表示为之，始生契约之效力。该承诺之表示，不得以电子方式为之。"此外，由于独立保函受益人可以向担保人主张金钱债务，故而也适用《德国民法典》债编的其他一般性规定。

德国法认可保函的独立性原则。保函是否独立，主要看合同文本的约定。[①]

二、保函的止付

独立性原则使银行有义务即使在基础交易从未实现或此后被取消的情况下仍然必须履行其付款义务。该独立性原则的例外和英美法系的欺诈例外很相似，但具体表述为滥用权利原则或禁止滥用权利原则。[②]

上述原则的出处体现在《德国民法典》的多个地方，比如第138条、第158条、第162条、第226条、第826条以及最重要的第242条。[③] 其中，《德国民法典》第242条规定："依诚实信用原则履行给付：债务人有义务依诚实信用原则，并参照交易习惯，履行给付。"

---

① Karl Marxen, *Demand guarantees in the construction industry — A comparative legal study of their use and abuse from a South African*, English and German perspective, Nomos Verlagsgesellschaft, Baden – Baden, Germany 2018, Nomos Verlagsgesellschaft, Baden – Baden, Germany 2018, p. 71.

② Blesch, Meyer and Steinwachs (n. 42) 123 par 518; Hök (n. 12) 565 par 23; Blesch and Lange Bankgeschäfte mit Auslandsbezug(2007) 228 et seq; and Mülbert"Neueste Entwicklungen des materiellen Rechts der Garantie 'auf erstes Anfordern'"1985 Zeitschrift für Wirtschaftsrecht(ZIP) 1101, 1108 – 1111.

③ Karl Marxen, *Demand guarantees in the construction industry — A comparative legal study of their use and abuse from a South African*, English and German perspective, Nomos Verlagsgesellschaft, Baden – Baden, Germany 2018, Nomos Verlagsgesellschaft, Baden – Baden, Germany 2018, p. 150.

多数法院判例和学术文献认为，应只在受益人请求付款时明显存在主观武断、欺诈或恶意的情况下，承认滥用权利事实的存在。① 德国联邦最高法院在分析保函不当付款请求的异议时，也要求存在受益人可归责的主观心理。德国联邦最高法院一个关于信用证项下的付款请求的判决涉及的事实为：银行最初拒绝付款，理由是受益人交付的是对申请人毫无用处的假冒产品。② 而当对于假冒产品的来源不存在恶意的第二受益人要求银行信用证项下付款时，德国联邦最高法院认可了该请求。

此外，在德国法律中，申请人直接针对受益人申请止付令的情况相较于申请人针对保函开立人申请止付令的情况，前者被法院批准的可能性更高一些。而且，就受益人滥用权利的指控，申请人最好要提供明确和即时的证据，且最好采用书面证据形式。③

三、风险提示和操作建议

独立保函是普遍应用于商业交易（特别是建筑业）的一种流行的担保工具，但保函常常被恶意索兑也是客观存在的事实。因此，建筑业参与者应考虑采取措施，减少不公平兑付的风险。

避免滥用保函所造成的负面影响的最有效方法是事前预防。这需要在签订合同之前对合同相对方进行充分调查。此类调查应包括对合同相对方偿付能力和财务状况、公司结构以及过去开展业务的调查。不过，在签订合同之前进行这样彻底的调查有时候不一定可行，也不太可能非常充分。因此，还建议在预防性审查和事先风险评估之外，从下列不同方面应对保函索赔的问题，包括：

第一，注重合同管理。复杂的施工是一种持续的关系，可能会带来不可预见的发展，导致意外的中断、额外的工作、延误等，从而出现成本、相关方的流动性等问题。学者们认为，"处理索赔的最佳方式是预测索赔并尽可能避免索赔"。因此，合同管理对所有相关方都至关重要。

---

① BGH ZIP 2000, 2156, 2159.

② BGH WM 96, 995, 996.

③ Karl Marxen, *Demand guarantees in the construction industry — A comparative legal study of their use and abuse from a South African*, English and German perspective, Nomos Verlagsgesellschaft, Baden – Baden, Germany 2018, Nomos Verlagsgesellschaft, Baden – Baden, Germany 2018, p. 86.

第二,注重基础合同和保函文本的起草。在这方面,可以考虑采纳国际通用的建设工程合同和保函文本。

第三,遭遇保函索赔,应考虑尽快申请止付。保函申请人如果怀疑保函索赔不合理,希望阻碍付款过程,应迅速采取行动。临时法庭措施、禁令救济和临时禁令通常是申请人阻却滥用独立保函的有效补救措施。

第十节　伊　　朗

一、保函的独立性

伊朗法律制度中的担保和保证的概念起源于《伊朗民法典》(Lranian Civil Code),具体的条款为第402条至第411条。其中,第402条规定:当保证合同的相关方以特别协议或保证合同的一部分的方式达成协议,保证方有权要求受益人首先向主债务人提出偿付要求,在未得到偿付的情况下,受益人方能向保证方主张权利。由此可知,《伊朗民法典》只规定了从属于基础关系的保证。

不过,与绝大多数法律制度下的情况类似,法律允许当事人创立独立于基础合同的担保。比如,《伊朗民法典》第10条规定:"只要不违反法律的明文规定,私人合同应对合同签署方具有约束力。"保函具有独立性最典型的例子就是银行保函。①

伊朗法律中目前关于银行保函最重要的规定是2017年10月17日经伊朗的货币和信贷委员会批准通过的《银行保函条例(里亚尔)》,②该条例包含65个条款。虽然该条例针对的是以伊朗里亚尔货币开立的保函,但是可以参照适用于以外国货币开立的保函。

根据《银行保函条例(里亚尔)》第1条"定义和概论","银行保函"是"信贷机构根据本条例的规定,不可撤销地承诺在保函受益人对银行保函内的金额提出支

① [伊朗]法里德·塔兹比:《伊朗保函业务:与国际惯例接轨》,肖前译,载《中国外汇管理》2005年第8期。

② 该《银行保函条例(里亚尔)》以波斯语书就,波斯语版本可访问网址https://www.cbi.ir/simplelist/5254.aspx获得。

付申请时,向保函受益人支付款项的工具”。而伊朗的银行保函分为投标保函①、履约保函②、预付定金保函③、保留金保函(绩效保函)④、付款保函⑤和海关保函⑥几种。

《银行保函条例(里亚尔)》第12条规定:“信贷机构根据《伊郎民法典》第10条的规定签发银行保函。签发银行保函产生的权利义务关系,独立于各方之间的基本关系,不受各方合同关系等其他相对关系的影响。银行保函申请人和银行保函受益人的之间的异议和索赔权,不对向银行保函受益人支付银行保函金额产生影响。”其中,“基本关系”是指“银行保函申请人与银行保函受益人之间的合同关系、招标关系或任何其他法律关系”。从前述条款可知,伊朗法律认可银行保函的独立性。

二、伊朗保函的特殊性

伊朗受益人在商业银行中使用的标准格式大多是独立保函,但伊朗的银行保函在某些方面具有其特殊性和风险,保函有效期即是其中之一。

《银行保函条例(里亚尔)》第13条规定:“签发的银行保函的最长有效期限为一年。”该条例第25条规定:“信贷机构仅可在银行保函受益人单独提出申请的情况下延长银行保函期限,每次申请最长延长期限为一年。”该条例第14条规定:“如银行保函受益人未提出银行保函延期书面申请的,不得签发银行保函自动延期文件。”该条例第26条说明部分载明:“说明:无论通过何种方式办理银行保函延期业务,均需要获得信贷机构的同意。”可见,伊朗在对保函的有效期和有效期

---

① 《银行保函条例(里亚尔)》第2条规定:“投标保函:银行保函申请人提交标书时,保证申请人中标之后履约的银行保函。”

② 《银行保函条例(里亚尔)》第2条规定:“履约保函:保证银行保函申请人按照同银行保函受益人的基本关系相关权利和义务的规定,认真仔细按时履行相关义务,以实现基本关系目的的银行保函。”

③ 《银行保函条例(里亚尔)》第2条规定:“预付定金保函:在银行保函受益人向银行保函申请人支付预付定金之后,保证银行保函申请人不会将银行保函受益人支付的预付款项,用作双方基本关系相关权利义务规定明确的事项之外的其他用途的银行保函。”

④ 《银行保函条例(里亚尔)》第2条规定:“保留金保函(绩效保函):在双方基本关系权利义务履行结束之后,以银行保函申请人申请签发银行保函的形式,将银行保函受益人本应当按照基本关系支付给银行保函申请人的部分款项扣留,作为已经交付的产品或者服务的质量保证的银行保函。”

⑤ 《银行保函条例(里亚尔)》第2条规定:“付款保函:即双方基本关系当中的付款义务到期后,保证银行保函申请人根据双方基本关系的规定,向银行保函受益人支付相关款项的银行保函。”

⑥ 《银行保函条例(里亚尔)》第2条规定:“海关保函:为保证银行保函申请人支付延迟支付或分期支付的进口费用的银行保函。银行保函申请人提交标书时,保证申请人中标之后履约的银行保函。”

延长的要求上相对严格，有专门的条款限制银行出具自动延期的保函。

之所以有这样的情况，是因为在《银行保函条例（里亚尔）》出台前，针对银行保函延期申请和索赔申请时间的法律规定存在一些歧义，以至于有观点认为仅在受益人单方面申请（而不需要银行同意，也不需要相符交单）的情况下保函就自动延期。这种做法和国际保函"非延即付"一般操作原则相背离。URDG758 第 23 条规定："如果相符索赔包含作为替代选择的展期请求，担保人可以中止付款，但中止时间不得超过收到索赔翌日起 30 个日历日。"当收到"不延即付"索赔后，银行首先是审核索赔是否相符。如为相符索赔，应毫不延迟地通知申请人，并可在一定合理的时间内（最多 30 天）暂停赔付，以便基础关系当事方商讨保函的展期事宜。如果在所述的 30 天之内对保函进行了展期，则索赔视为被撤销；如果中止期结束时未能做出展期，则需对相符索赔付款，受益人也无须再次提交索赔。URDG758 第 23 条涉及的重点问题是，受益人提交相符索赔的同时提出了延展保函效期的要求，也就是"不延即付"。但前面提到伊朗法下的一些观点认为银行保函可以在受益人单方面申请的情况下自动延期，这与国际保函操作实务不符，因此伊朗《银行保函条例（里亚尔）》对上述申请事宜做了澄清。根据《银行保函条例（里亚尔）》，不允许通过保函受益人发出书面申请的方式对银行保函进行有效期自动延期处理。

我国最高人民法院在 2021 年曾作出过一份涉及伊朗银行开具的、适用伊朗法律的保函的判决。[①] 在该案下，某中国公司在伊朗承接 EPC 项目。应伊朗业主要求，中国公司需要开具独立保函，且保函应由伊朗当地银行出具。为此，中国公司与 K 银行签署了《开立担保协议》，约定由 K 银行向伊朗银行出具见索即付反担保保函。签订《开立担保协议》后，K 银行向伊朗银行出具了反担保函。反担保函约定有：（1）K 银行在收到伊朗银行的附有相符单据的书面索赔后，需立即偿付反担保函金额。（2）反担保函有效期至 2015 年 1 月 28 日，并将根据伊朗银行要求的期限进行延期。如果 K 银行不能或不同意为反担保函延期，或者中国公司未能提供延期的方法使 K 银行同意延期，则 K 银行承诺支付上述金额给伊朗银行，无须后者提出第二份书面索赔要求。（3）反担保函适用 URDG758 和伊朗法。2014 年 12 月，伊朗银行发送电文要求 K 银行延期反担保函，K 银行未予回复是否

① 最高人民法院民事判决书，（2020）最高法民终 73 号。

延期。2016 年 10 月 22 日,伊朗银行向 K 银行发送书面索赔电文且附相符单据,K 银行于 2016 年 10 月 29 日作出赔付。随后,K 银行强行扣划了中国公司在 K 银行的等额保证金。根据我国最高人民法院的判决,案件争议焦点集中为两点,分别是:(1)反担保函是否已经于 2015 年 1 月 29 日到期;(2)伊朗银行在 2015 年 1 月 28 日前提出延期申请而反担保函未延期,K 银行是否有义务赔付。就第一个争议焦点,我国最高人民法院认为,反担保函是否延期需要以 K 银行和伊朗银行之间的沟通为准,在该案的保函的法律关系项下,没有证据证明保函开立人 K 银行向受益人伊朗银行发送过同意保函延期的电文,因此,反担保函没有延期。此外,该法院还特别提到,案涉保函和反担保函适用伊朗法律,而根据《银行保函条例(里亚尔)》,不允许通过保函受益人发出书面申请的方式对银行保函进行有效期自动延期处理。第二个争议焦点涉及对“如果 K 银行不能或不同意为反担保函延期,或者中国公司未能提供延期的方法使 K 银行同意延期,则 K 银行承诺支付上述金额给伊朗银行,无须后者提出第二份书面索赔要求”这一条款的解读。该法院认为,伊朗银行必须要提交相符索赔并附带一个延期要求才可以获得赔付,因为反担保函的文本和 URDG758 第 23 条均是如此要求的,K 银行和伊朗银行需要遵守该等约定。在反担保函过期前,伊朗银行没有提交相符索赔,保函过期后,K 银行就没有赔付义务。

三、风险提示和操作建议

相较于其他法域,伊朗有相对周延的独立保函成文法规定,出现纠纷的话,有相应的法律条文可以参考和索引。但是,上文也提到,在特定时期开往伊朗的保函在有效期方面的规定在解读方面可能存在歧义,也有观点认为该等保函是不需要银行同意,也不需要相符交单,只需要受益人要求就自动延期的保函。为了避免这种歧义给各方造成不必要的损失,在保函的文本起草方面,建议采用标准的文本,尤其是考虑到《银行保函条例(里亚尔)》第 13 条规定“签发的银行保函的最长有效期限为一年”,各方需要特别注意及时按照法律要求的方式对保函进行延期。

四、后伊核时代的伊朗保函

2018 年 5 月 8 日美国宣布退出伊郎核问题全面协议后重启对伊朗的制裁。

2019 年 5 月，美国取消对部分国家和地区进口伊朗石油的制裁豁免。2020 年 10 月，美国对美国公民与伊朗 18 家银行的交易进行限制，事实上禁止了美国公民及公司对伊朗的大部分投资和贸易。欧盟在 2023 年年初也对伊朗多个银行启动了制裁措施。在对伊朗制裁持续加大后，伊朗目前承包工程市场的国外企业主要来自中国和俄罗斯。

由于国际制裁的影响，有些银行直接拒绝开具往伊朗的保函，有些要求 100% 保函押金。同时伊朗企业一般不接受中国银行直接开具的保函，而是要求转开给伊朗当地银行。

如无特殊约定，间接保函适用伊朗法律，而反担保函一般适用指示行当地法律。指示行必须在反担保函中清楚说明开证行所在国的法律[1]以及转开到当地银行收取的开具费、佣金、印花税等。因此，建议事先与当地银行商定佣金。[2]

对伊制裁曾多次在短时间内放松和收紧，因此，制裁政策变化是否可以认定为保函履行的不可抗力，也是赴伊投资企业在后伊核时代需要了解的。Shanning International v. Lloyds TSB Bank plc［1999］EWHC 280（Comm）［England］案很好地揭示了这一问题。[3]

一家伊朗银行（Rasheed Bank）根据劳埃德银行（Lloyds TSB Bank）签发的独立保函提出索赔要求。该要求是在伊朗受到制裁、被禁止向受益人付款时提出的。该案的争议焦点在于，在制裁解除后，银行是否应向受益人付款。法院裁定，在制裁期间，索赔本身是被禁止的，因此在制裁解除后不会产生付款义务。上诉法院对独立保函下义务的持续性质进行了评论。他们认为，如果付款义务持续，这将导致“巨大的商业不确定性”。法院的意图似乎是防止以实施制裁为理由不履行合同而要求索兑保函的情况大量出现。

---

① Ahvenainen, Laura, *On Demand Guarantees in Iran*, Laurea Leppävaara, 2009, p. 19.

② Ahvenainen, Laura, *On Demand Guarantees in Iran*, Laurea Leppävaara, 2009, p. 32.

③ Byrnes, Christopher S., *Demand Guarantees: let the Courts Decide*, Trade Finance Global, October 19, 2022.

第十一节 俄 罗 斯

一、保函的独立性

《俄联邦民法典》是俄罗斯调整保函业务的主要法律规范。该法典对于保函的规定与 URDG758 基本相同。

2022 年修订的《俄联邦民法典》第 368 条将独立保函定义为:“在独立担保项下,担保人应另一个人(委托人)的要求,按照担保人承担的义务条款,承担向委托人指定的第三方(受益人)支付一定金额的款项的义务,无论该担保书所担保的义务是否有效。”①

关于索赔,《俄联邦民法典》第 374 条规定:“受益人的索赔应当以书面形式提出,并附保函中载明的文件,在保函到期日前,受益人应当在索赔声明中或者附具的文件中指出导致保函项下付款的情形。”②

对于处理保函项下受益人提交的要求付款的单据,《俄联邦民法典》第 375 条第 2 款、第 3 款规定,担保人应在索赔提交之日起 5 天内审查受益人的索赔和随附文件并对相符索赔予以付款。保函中也可以载明其他的索赔审查期限,但是不得超过 30 天。担保人应根据独立保函的条款审核受益人的索赔是否相符,并根据随附文件的表面特征对文件进行审核。③

---

① 英文:“Under an independent guarantee the guarantor assumes at the request of another person(the principal) an obligation to pay a definite amount of money to a third party(the beneficiary) specified by the principle in compliance with the terms of the obligation assumed by the guarantor, irrespective of the validity of the obligation secured by such guarantee. ”参见 https: //www. wto. org/english/thewto_e/acc_e/rus_e/wtaccrus58_leg_360. pdf。

② 英文:“The beneficiary’s claim for the payment of the sum of money by the bank guarantee shall be presented to the guarantor in written form, with the documents, indicated in the guarantee, enclosed to it. The beneficiary shall point out, either in the claim itself or in the enclosed documents, in what consists the principal’s violation of the principal obligation, to secure which the guarantee was issued. ”参见 https: //www. wto. org/english/thewto_e/acc_e/rus_e/wtaccrus58_leg_360. pdf。

③ 英文:“The guarantor shall be obliged to examine the beneficiary’s claim and the enclosed documents within five days from the date following the date when the claim with all the enclosed documents are received and, if the claim is recognized as proper, to make payment. The terms of an independent guarantee may provide for a different term for the claim’s examination not exceeding 30 days… The guarantor shall verify the compliance of the beneficiary’s claim with the terms of an independent guarantee, and shall evaluate the documents attached thereto, by their external features. ”参见 https: //www. wto. org/english/thewto_e/acc_e/rus_e/wtaccrus58_leg_360. pdf。

另外，俄罗斯对于保函转让的规定较为严格。《俄联邦民法典》第372条第1款指出："除非保函另有规定，独立保函的受益人不得将对保证人的请求权转让给他人。只有将在主义务项下的权利同时转让给同一人的情况下，受益人才可以将独立担保项下的权利转让给另一人。"①

二、关于保函止付

如果担保人在付款日应支付的金额可以根据保函条款和条件确定，则一定金额的索赔被视为符合要求，即被认定为相符索赔。

《俄联邦民法典》第376条第1款规定："受益人的请求或者所附单证与独立保函的条款不相符的，或者在保函有效期满后向保证人提出的，保证人可以拒绝付款。"②

《俄联邦民法典》第376条第2款规定："担保人据以下理由，可以中止付款，但最长不得超过7天：(1)受益人所提交的部分单据不真实；(2)没有发生保函所担保的情形或者风险；(3)保函所担保的主债务无效；(4)被担保人在主债务项下已履行义务且已被受益人无异议地接受。"③

三、风险提示和操作建议④

开往俄罗斯的保函，需要注意以下几方面：

---

① 英文："The beneficiary under an independent guarantee is not entitled to transfer the rights of claim against the guarantor to another person, unless otherwise provided for by the guarantee. The transfer by the beneficiary of the rights under an independent guarantee to another person shall only be allowed on condition of the simultaneous assignment of rights under the principal obligation to the same person."参见 https://www.wto.org/english/thewto_e/acc_e/rus_e/wtaccrus58_leg_360.pdf。

② 英文："The guarantor shall refuse to satisfy the beneficiary's claim, if this claim or the documents enclosed with it do not correspond to the terms of the independent guarantee or if they are presented to the guarantor after the expiry of the guarantee's validity."参见 https://www.wto.org/english/thewto_e/acc_e/rus_e/wtaccrus58_leg_360.pdf。

③ 英文："The guarantor shall have the right to suspend payment for a term up to seven days if he has reasonable grounds to believe that: 1) any of the documents presented thereto is unreliable; 2) the circumstance in the event of whose occurrence the independent guarantee would secure the beneficiary's interests has not occurred; 3) the principal obligation of the principal secured by the independent guarantee is invalid; 4) execution under the principal obligation of the principal has been accepted by the beneficiary without any objections."参见 https://www.wto.org/english/thewto_e/acc_e/rus_e/wtaccrus58_leg_360.pdf。

④ 参见姚瑶、王桂杰：《俄罗斯保函风险防控》，载最高人民法院国际商事法庭网2020年11月2日，https://cicc.court.gov.cn/upload/1/editor/1604309440383.pdf。

第一，在谈判阶段应当尽量争取对担保人和申请人有利的合同及保函条款，特别是要明确约定赔付时间、罚息的计算等问题。

第二，为降低开立间接保函环节的操作风险，合同内容应当由法律人员和财务人员双重把关。

第三，开往俄罗斯的大部分主保函以俄语开出，需要高度重视文本翻译的准确性。在语言的选择上，建议同时使用中文和俄文，并且明确规定两种文本具有同等的法律效力。

第四，慎重选择争议解决方式和地点。根据双方事前约定，如果希望仲裁解决，应当明确列明仲裁机构的名称，条件允许的情况下，建议选择中国国内相对知名的仲裁机构，如中国国际经济贸易仲裁委员会，也可选择口碑较好的国际仲裁中心，如香港国际仲裁中心。

第五，涉及行业制裁的，需要尤其谨慎。目前美国对俄罗斯的制裁名单除能源、军工和金融外，还扩大到了铁路、金属和采矿业，办理涉俄保函业务的银行应对受益人和基础交易做好事前调查。

附　录

附录 A　保函索赔通知示例

特别提示:本保函索赔格式仅仅作为示例供参考,在使用时需根据保函条款、适用法律以及索赔时具体情况进行修改以适用于不同情景。

[担保人全称]
[担保人地址]

[索赔通知签发日期]

Re/关于:Demand under [保函全称及保函号码]

Bank Guarantee no./保函编号:[填写保函相关编号]
Issue date/保函开立日期:[填写保函开立日期]
Applicant/申请人:[填写保函申请人名称及地址]
Beneficiary/受益人:[填写保函受益人名称及地址]
Amendment(s)/保函修改:[填写受益人已接受的保函修改及日期]
Currency & Amount/保函的金额和币种:[填写保函金额和币种]

Dear Sirs or Madams,/敬启者,

We hereby request that you [extend the term of this Bank Guarantee for (the required extended period) or] pay the sum of [currency] [amount] to the following bank account within[x] days upon your receipt of this demand letter:

我方特此要求贵方在收到本索赔函之日起[天数]日内[将保函期限延长(请求延长期间)或]向如下银行账户支付总额为[币种][金额]的款项:

[银行账户信息]

[We hereby declare/state that (the Applicant has not fulfilled its contractual obligations under Contract xx).]

[我方特此声明,(申请人未能履行 xx 合同项下的合同义务)。]

[We attach the following documents in support of our demand:

(a document list)...]

[为支持上述索赔,我们特此附如下文件:

(文件清单)……]

Yours faithfully,

此致

____

Signed on behalf of/代表

[Beneficiary]/受益人

附录 B　精选保函案例摘要

目　录

保函的独立性

保函的索赔相符认定

[(2016)浙民终157号]
12. 安徽博微长安电子有限公司与中国工商银行股份有限公司南京军管支行合同纠纷案[(2018)苏民终497号]

保函的欺诈与止付

13. Shapoorji Pallonji & Company Private Ltd. v. Yumn Ltd. [2021] EWHC 862 (Comm), [2011] 2 All ER (Comm) 140
14. Doosan Babcock Ltd. v. Comercializadora de Equipos y Materiales Mabe Limitada [2013] EWHC 3010(TCC)
15. Ryobi – Kiso(S) Pte. Ltd. v. Lum Chang Building Contractors Pte. Ltd. and another [2013] SGHC 86
16. 煤科集团杭州环保研究院有限公司与安瑞科(蚌埠)压缩机有限公司及中国工商银行股份有限公司萧山分行之间的合同纠纷案[(2020)浙0109民初1170号]
17. 建设信贷银行股份公司埃森特佩企业银行业务中心分行、沈阳远大铝业工程有限公司之间的信用证欺诈纠纷案[(2020)最高法民再265号]
18. M/S Adani Agri Fresh. Ltd. v. Mahaboob Sharif & Amp Ors [2015] CIVIL APPEAL No. 14015 of 2015
19. U. P. State Sugar Corporation v. Sumac International Ltd. on [(1997)1 SCC 568]
20. 长江岩土工程总公司(武汉)与中国建设银行股份有限公司温岭支行之间的独立保函纠纷案[(2019)最高法民终302号]
21. 凯迈(洛阳)航空防护装备有限公司、洛阳航空工程建设有限公司与韩国现代工程建设株式会社、阿拉伯及法兰西联合银行(香港)有限公司之间的信用证欺诈纠纷案[(2018)最高法民终1216号]
22. Shanghai Electric Group Co., Ltd. v. PT Merak Energi Indonesia and another [2010] SGHC 2
23. Sumatec Engineering & Construction Sdn Bhd. v. Malaysian Refining Company Sdn Bhd. [2012] 3 CLJ 401
24. 盛世国际路桥建设有限公司与北京银行股份有限公司深圳分行之间的信用证欺诈纠纷案[(2019)鲁0785民初1511号]
25. A公司 v. B公司 C. M. Arb. No. 19/2009

保函的独立性

1. 衢州东港环保热电有限公司与上海浦东发展银行股份有限公司张家港支行之间的保证合同纠纷案[(2016)苏0582民初13596号]

法院所在地：中国江苏。

当事人：

- **原告/保函受益人：**衢州东港环保热电有限公司(以下简称东港公司)。
- **被告/保函开立人：**上海浦东发展银行股份有限公司张家港支行(以下简称浦发银行)。
- **保函申请人：**江苏新中环保股份有限公司(以下简称新中公司)。

基础交易：设备供货及安装承包项目。

保函金额：银行保函金额18万元。

裁判要旨：保函文本的支付义务，依赖于一方是否履行基础合同规定的义务的，保函的性质具有从属性，不应认定为独立保函。

一、事实摘要

2015年11月27日，东港公司与新中公司签订《布袋除尘器设备订货及安装承包合同》，按合同约定，新中公司支付东港公司28万元作为履约保证金，其中18万元以银行履约保函的形式提供。根据新中公司的申请，浦发银行遂向东港公司出具18万元履约保函。

该保函载明其为不可撤销的担保函；如果申请人未能在合同规定时间内按基础合同履约，浦发银行保证在收到书面兑付通知和所附的下述违约证明文件后，进行兑付：(1)表明受益人同申请人对赔偿金额达成一致意见的来往函件或其他文件；(2)合同规定的仲裁机构或司法机构出具的裁定或判决申请人承担赔偿金额的法律文件。

后新中公司未能按合同条款履行发货、安装，致使合同提前解除。东港公司遂试图承兑保函。法院审理过程中，被告浦发银行主张：第一，从本案履约保函的内容看，保函的性质为独立保函，并非保证担保。第二，东港公司未能提供符合要求的单据，即东港公司未能按照履约保函的要求提供双方就赔偿金额达成一致的文件，因此浦发银行无须承担付款责任。

二、焦点问题

本案的争议焦点在于该案所涉的履约保函是否为独立保函。

三、相关法律

1.《最高人民法院关于审理独立保函纠纷案件若干问题的规定》第7条。

2.《中华人民共和国担保法》(自1995年10月1日起施行,2021年1月1日废止)第6条(因该条现已废止,现可参考《民法典》第681条)。

四、法院观点/推理

法院认为,根据保函文本的约定,保函项下的18万元款项是否支付,取决于申请人新中公司是否完全履行基础合同规定的义务,故该保函的性质具有从属性,并非被告浦发银行所称的独立性保函。

五、裁判结论

综上所述,案涉履约保函并非独立保函,故被告浦发银行作为保函的保证人应当按约承担保证责任,即一般保证责任,因此判令被告按照履约保函的约定向原告东港公司支付担保金额的款项18万元。

本案无上诉。

2.秦某来与中国工商银行股份有限公司范县支行之间的保证合同纠纷案[(2018)苏09民终2794号]

法院所在地:中国江苏。

当事人:

- **原告/保函受益人:**秦某来。
- **被告/保函开立人:**中国工商银行股份有限公司范县支行(以下简称工商银行)。
- **第三人/保函申请人:**响水弘圣科技有限公司(以下简称弘圣公司)。

基础交易:建设工程承包项目。

保函金额:银行保函金额1000万元。

裁判要旨:保函没有约定“见索即付”等字样,而是明确表明了连带保证责任,应当认定其属于保证承诺,不属于独立保函。

一、事实摘要

本案原告秦某来承建第三人弘圣公司的建筑工程。2014 年 7 月 3 日，各方约定：弘圣公司以商业承兑汇票的方式结清其欠原告全部欠款（包括工程款和个人借款）1000 万元。2014 年 7 月 3 日，工商银行根据弘圣公司的申请向秦某来出具《商业承兑汇票保兑保函》一份，金额为 1000 万元。

该保兑保函载明："工行范县支行自愿为上述商业承兑汇票提供保证担保，保证该商业承兑汇票的开出真实、合法、有效，具有真实、合法的商品交易背景，并保证承兑人在商业承兑汇票到期日无条件支付足额票款，对此，工行范县支行承担连带保证责任，我行保证：在持票人持有的上述商业承兑汇票到期后，若承兑人不能足额兑付票款时，工行范县支行将无条件地代为支付上述商业承兑汇票记载的全部款项。保证期限：自 2014 年 7 月 3 日至持票人全部收回上述商业承兑汇票票款为止。兑付时间：自 2015 年 7 月 2 日起任何时间来我行兑付。保证范围：上述商业承兑汇票记载的承兑金额、因承兑人违约产生的利息、罚息、损害赔偿金及持票人为实现债权而支出的一切费用（包括但不限于诉讼费、律师费、保全费、执行费、差旅费等）。本保函不可撤销、不可转让，工行范县支行指定持票人为唯一受益人。"

原告向弘圣公司请求付款未果之后，转而向被告工商银行主张保函项下相应的权利。工商银行辩称：保兑保函的内容是连带责任保证，不是独立保函，应当适用《担保法》的规定。首先，本案保函承担付款责任存在前提条件，"若承兑人不能足额兑付票款时"才产生付款责任，本案保函显然未独立于银行承兑法律关系，不符合司法解释规定的独立保函应具备的法律情形；其次，原告在一审行权时要求工商银行承担民事保证责任，能够说明上诉人所持有的保兑保函并非独立保函。

二、焦点问题

本案的争议焦点在于该案所涉的保函是否为独立保函。

三、相关法律

《最高人民法院关于审理独立保函纠纷案件若干问题的规定》第 3 条。

四、法院观点/推理

案涉保函明确表明承担连带保证责任，故案涉保函应当属于保证承诺，并非独立保函。

案涉保兑保函载明："保证该商业承兑汇票的开出真实、合法、有效，具有真实、合法的商品交易背景,并保证承兑人在商业承兑汇票到期日无条件支付足额票款,对此,工行范县支行承担连带保证责任。”可见,该保函并未有《最高人民法院关于审理独立保函纠纷案件若干问题的规定》第3条规定的“见索即付”等字样,而是明确表明了连带保证责任,故案涉保函应当属于保证承诺,不属于独立保函。

五、裁判结论

综上所述,案涉履约保函并非独立保函,属于保证承诺。另外,因该保兑保函上加盖的是伪造的单位章印,不能代表工商银行的意思表示,因此保证合同未成立,驳回原告诉讼请求。

3. Shanghai Shipyard Co., Ltd. v. Reignwood International Investment(Group) Company Limited [2021] EWCA Civ 1147

法院所在地:英国。

当事人:

- **原告/保函受益人:**上海船厂船舶有限公司(以下简称上海船厂)。
- **被告/保函开立人:**Reignwood Reignwood 投资集团(以下简称 Reignwood)。

基础交易:钻井船造船合同。

保函金额:1.7 亿美元。

裁判要旨:认定保函性质,最重要的是依照所确定的合同解释规则,来解释保函文字的措辞;即使出具保函的主体并非银行或者类似银行的金融机构,也可能被认定为独立保函。

一、事实摘要

2011年9月21日,Reignwood 作为买方,与上海船厂签署了《造船合同》,约定每艘钻井船的造船款均分三期支付,其中最后一笔尾款1.7亿美元将在交船时支付。合同约定由英国法管辖,争议依照 LMAA 规则在伦敦仲裁。

2011年11月17日,鉴于各方同意将买方的权利义务转让给第三方 Opus(时为 Reignwood 控股股东),Reignwood(此时身份既是买方,也是担保人)向上海船厂出具了一份以上海船厂为受益人的不可撤销付款保函，用以担保最后一期尾款的付款义务。

该保函第3条约定，担保人不可撤销地、绝对地、无条件地担保，其作为首要义务人而不仅仅是担保人，保证买方将按时支付合同尾款1.7亿美元。第4条第1款约定，如果买方不付款持续超过15日，当上海船厂书面提出请求时，担保人则应立即付款1.7亿美元及约定利息予上海船厂，且不要求上海船厂对买方采取任何其他措施或者程序。第4条第2款约定，如果买方和上海船厂就支付尾款事宜发生争议且进入仲裁程序，则担保人在仲裁裁决之前无须付款，且除非仲裁裁定买方须支付尾款，担保人无须支付。第7条又约定，担保人的义务不应被买方和上海船厂之间的任何纠纷所影响。

2011年11月30日，Reignwood将《造船合同》项下买方的权利义务转让给案外人Opus，由Opus作为新买方。上海船厂在完成钻井船建造并向Opus交付时，Opus拒绝接收，理由是该船舶不符合交付条件。因此，上海船厂于2017年向担保人（Reignwood）提出，要求其按付款保函的约定支付1.7亿美元尾款。Reignwood对此拒绝兑付，主要理由是：(1)该保函是对买方主债务的一般性保证；(2)保函约定付款的义务取决于主合同项下的仲裁结果。

2017年5月23日，上海船厂根据保函条款在英国高等法院向Reignwood提起诉讼。随后，因船舶交付质量的争议，Reignwood代表买方（因买方此时已注销）向上海船厂提起仲裁。

二、焦点问题

1. 案涉付款保函是一般担保还是独立保函？

2. 基于保函第4款的约定，担保人是否以主合同项下的仲裁结果尚未明朗为由，拒绝承兑保函？

三、相关判例

Wuhan Guoyu Logistics Group Co Ltd. v. Emporiki Bank of Greece SA [2013] 1 All ER(Comm)1191.（以下简称Wuhan案）

Spliethoff's BV v. Bank of China Ltd. [2016] 1 All ER(Comm)1034.

Marubeni Hong Kong and South China Ltd. v. Mongolian Government [2005] 1 WLR 2497.

四、法院观点/推理

一审法院(英国高等法院)认为,Reignwood 向上海船厂提供的付款保函,不是见索即付保函,而是一般保函,即仅在被保证人有义务支付最后一笔款项时,才触发担保人责任。鉴于买方在基础合同项下的责任须待仲裁庭的裁决结果作出才能确定,英国高等法院进而作出判决,认定 Reignwood 有权在仲裁庭作出有效裁决前拒绝支付上海船厂关于 1.7 亿美元造船尾款的担保索赔。原告对此上诉至英国上诉法院。上诉法院对两个焦点问题进行了如下阐述。

1. 案涉付款保函是一般担保还是见索即付保函

(1)担保人的主体身份性质(金融机构或非金融机构)对保函性质并不起决定作用

虽然《佩吉特银行法》(paget's Law of Banking)对认定独立保函的要件之一是该保函由银行开具,但上诉法院认为担保人的身份(无论是银行、金融机构还是一般的商业主体),对保函性质为独立的见索既付函或是一般保函并不起决定作用。《造船合同》中造船厂承担的风险是有别于其他商业合同的,买方一般无其他业务及资产,系基于避税及保密目的而被设立于特定地区的单船公司。因此,《造船合同》项下的付款保函需要满足降低或减少造船厂风险的需求,保函"见索即付"的目的即在于为造船厂提供该种保护。因此,重要的并非商业业务的类型或担保人是否为银行机构,而是担保人是否为具有经济实力且有良好信誉的主体。认定保函性质,最重要的是依照所确定的合同解释规则,来解释保函文字的措辞。

(2)保函的性质主要取决于其措辞

关于合同解释规则,上诉法院反对将保函的文字拆解,进而引用判例对相应的字句做出不同解读。相反,上诉法院要求将保函文字置于行业背景下进行整体性解读。本案中,付款保函的以下措辞整体表明了其独立保函的性质:①第 1 条及第 3 条均采用"绝对""无条件"的表述;②采用"作为首要义务人,不仅是担保人"的表述;③第 4 条"在我们收到您首次书面要求后,我们应立刻支付您……"的表述;④第 7 条"担保人的义务不被造船合同的任何争议所影响的表述。

有意思的是,上诉法院在援引 Wuhan 案的判决时,虽然表明对其判决结果的认可,但是他认为完全可以通过对保函文字的解释达到同样的结论,而非依赖于《佩吉特银行法》。因为如果援引《佩吉特银行法》,则 4 个要件应当全部满足。如果要件不完全满足,却认定为满足了独立保函的条件,则缺少说服力。总体来说,本案法官推崇对保函文本的整体性解释，而弱化对《佩吉特银行法》的依赖。

2. 基于保函第 4 条第 2 款的约定，担保人是否以主合同项下的仲裁结果尚未明朗为由，拒绝承兑保函

上诉法院认为，保函文本第 4 条第 2 款的正确解释是只有在主合同项下的仲裁已经开始的情况下（而非主合同项下发生有争议），担保人才有权利主张延迟兑付。当本案原告要求承兑保函时，主合同仲裁尚未发生。因此，担保人见索给付的义务没有改变。换句话说，主合同项下发生仲裁并非受益人兑付保函的前置条件。

五、裁判结论

上诉法院的三位法官一致认定该保函是见索即付的独立保函，不受被保证人（上海船厂）是否在基础合同项下违约的影响。这意味着，上海船厂无须等待其与 Reignwood 之间仲裁的裁决结果，即可依据与 Reignwood 签署的付款保函，要求其立即支付最后一笔 1.7 亿美元的造船尾款。

4. Wuhan Guoyu Logistics Group Co., Ltd., Yangzhou Guoyu Shipbuilding Co., Ltd. v. Emporiki Bank of Greece SA [2012] EWCA Civ 1629, 2012 WL 6044014

法院所在地：英国。

当事人：

- **原告/保函受益人：**武汉国裕物流产业集团及扬州国裕船舶制造有限公司（以下简称国裕公司）。
- **被告/保函开立人：**希腊艾波奇银行（以下简称艾波奇银行）。

基础交易：造船合同。

保函金额：10,312,500.00 美元。

裁判要旨：当保函的文字并非当事人的母语，对于保函文字释义的解读，不可完全拘泥于文字，在类似纠纷已有判例的情况下，应更注重对既往判例的遵循，以保证裁决的一致性。

一、事实摘要

2006 年 11 月 29 日，国裕公司与 Swissmarine Inc.（买方）签订《造船合同》。该合同约定，合同价款采取分期付款；第二期付款 10,312,500 美元，买方在收到卖方银行出具的退款保函以及切割船只第一块钢板的证书后 5 个银行工作日内支付；且买方就第二期付款安排银行保函作为担保。被告艾波奇银行于 2007 年 11 月 14 日为该第二期付款义务向国裕公司提供银行保函。

该银行保函主要内容如下："我方，EMPORIKI BANK OF GREECE SA，特此不可撤销地、绝对地、无条件地保证，作为第一义务付款人而不仅仅是作为担保人，买方将按照下文第(2)款的规定，按时支付第二期合同价格，总额为 10,312,500.00 美元(壹仟叁佰壹拾壹万贰仟伍佰元整)。根据造船合同条款，本合同项下担保的分期付款，即第二期付款，金额为 10,312,500.00 美元(壹仟叁佰壹拾壹万贰仟伍佰元整)，由买方在贵方车间完成首 300 公吨钢板切割后五(5)个纽约银行工作日内支付，并附上书面通知以及经买方会签批准的钢板切割证书……一旦收到受益人因买方违反付款义务已达二十(20)天而首次提出的书面请求后，我们将立即支付给受益人相应款项……"

国裕公司在第一块钢板切割完成后，要求买方付款。买方对此提出异议，辩称付款尚未到期，因为未满足买方批准切割此类钢板的条件，同时卖方也未提供任何符合要求的退款保函。国裕公司转而要求被告承兑银行保函。被告拒绝承兑，主要理由包括：没有证据表明第一块钢板已经切割完成；买方尚未对第一块钢板的切割给予批准；国裕公司尚未按照《造船合同》的约定提供退款保函。

二、焦点问题

被告所提供的履约保函是一般担保(guarantee)还是见索即付的保函(on - demand bond)？

三、相关法律及判例

《佩吉特银行法》(Paget's Law of Banking)。

Caja de Ahorros del Mediterraneo v. Gold Coast Ltd. [2001] EWCA Civ 1806, [2002] 1 All E. R. (Comm) 142, [2001] 12 WLUK 114.

四、法院观点

一审法院根据对保函条款的文义解释，包括保函名为"付款保函"(payment guarantee)且约定银行在"买方未及时结清第二笔货款时"履行付款义务等表述，认定该保函为一般担保。对此原告上诉。

二审法院承认保函文本的语义模糊对保函性质认定所造成的困难。虽然一审法院主要通过对文义解释进行推定无可厚非，但是鉴于该案的保函由非英文母语国家的当事人所起草（且疑似基于其他保函文件所改写），判决完全拘泥于文字失之偏颇，而且对于此类纠纷已有清楚的判例，故应当在认定保函性质时更注重对既往判例的遵循，以保证裁决的一致性。

关于保函性质的认定，二审法院援引英国银行法领域权威著作《佩吉特银行法》关于认定独立保函标准的论述，即如果一份保函满足以下要件，则一般推定认为该类保函为见索即付保函。(1)涉及所在地位于两个不同司法区域的当事人之间的交易；(2)由银行开具；(3)承诺其在受益人索赔时即付款，无论是否表明第一次索赔或书面索赔；(4)不包括排除或限制担保行抗辩权的条款。该标准也被称为佩吉特推定，已被英国相关判例①所确认；在相关案件中，案涉保函则被视为见索即付保函。

该案中保函文本完全满足前三个要件，但没有第四个要件所要求的条款。即便如此，前三个要件已经足以支持案涉保函被认定为见索即付保函；且前述判例对于类似情况（缺少第四个要件）也认定了保函见索即付的性质，在此种情形下，最好是遵循历任杰出法官阐明的先例要旨以及前述佩吉特推定，认定案涉文件为见索即付保函。

五、裁判结论

艾波奇银行就造船合同项下的价款分期付款出具的保函，其性质是见索即付保函，而不是一般担保。

5. Vossloh Aktiengesellschaft v. Alpha Trains(UK) Ltd. [2010] EWHC 2443[Ch, [2011] 2 All ER (Comm) 307]

法院所在地：英国。

当事人：

- **原告/保函开立人：**Vossloh Aktiengesellschaft(以下简称 Vossloh 公司)。

---

① Caja de Ahorros del Mediterraneo v. Gold Coast Ltd. [2001] EWCA Civ 1806, [2002] 1 All E. R. (Comm)142, [2001] 12 WLUK 114.

• **被告/保函受益人**：Alpha Trains(UK)Ltd.(以下简称 Alpha 公司)。

基础交易：机车买卖合同。

保函金额：17,267,354 欧元。

裁判要旨：确定保函文件的性质除了需要不带事前偏见地对描述担保人责任的实际条款措辞进行其整体解释,在解释时还需考虑保函的事实背景和商业目的。

一、事实摘要

2001 年 4 月 23 日,Vossloh 集团和 Alpha 公司签订了一份主采购协议(Master Purchasing Agreement,MPA),根据该协议,Vossloh 集团向 Alpha 集团出售机车。2009 年 9 月 15 日,Vossloh 公司(其为 Vossloh 集团的母公司)向 Alpha 公司及其子公司等(以下简称 Alpha 集团)提供了担保 Vossloh 集团在 MPA 项下义务的履约保函。

该保函的主要内容如下:

第 1 条约定,担保债务是指担保人集团的任何成员根据任何相关文件而欠受益人的任何及所有当前和未来的款项及担保人集团的任何成员的负债和义务(无论是支付货币还是其他义务,无论是实际的还是将来的,无论是共同还是单独负有的)。其中第 1.2(j)条约定,提及本保函项下被担保的义务时,应包括提及赔偿义务。

第 2.1 条约定,担保人特此无条件且不可撤销地持续地作为主要债务人,而不仅仅是作为担保人,作为一项独立的、持续的和主要的义务,承担:(a)向各受益人保证,各被担保方按时遵守并履行该被担保方作为一方的相关文件中规定的该被担保方对该受益人承担的各项到期义务;(b)向各受益人担保各被担保方按时支付其所有到期担保债务;(c)向每位受益人承诺,当被担保方未支付担保债务时,担保人应在被要求时立即支付该等尚未支付的担保债务;(d)作为一项单独且独立的规定,同意如果被担保方拟承担的义务或责任(属于本保函项下被担保义务)因任何原因针对被担保方无效或停止有效或不可执行,无论受益人是否知道该情况,担保人仍应就这些义务或责任向相关受益人承担责任,如同该义务或责任完全有效且可强制执行,且担保人是该等义务或责任的主要债务人,并应在受益人根据本保函项下要求其支付时支付。

第 3.1 条约定,本协议项下的所有应付款项应在受益人要求时立即支付至受益人银行账户之中，不受任何限制，没有任何条件，不存在任何扣除或预扣（无论是出于税收、抵销还是其他原因，除非法律要求）。

第 6.3 条约定，担保人特此表明：放弃在受益人根据本保函向担保人索赔之前要求受益人首先对其他任何人（包括各被担保方）主张履行的权利。

第 6.4 条约定，根据本保函的条款，尤其是第 6 条，担保人有权提出被担保方在相关文件项下可获得的抗辩，但前提是担保人已遵守第 2.1 条的规定。但是，担保人无权基于此权利拒绝付款或履约。

第 11.2 条约定，受益人出具的证明，列明被担保方当时未支付的任何担保债务的金额，在没有任何明显错误的情况下，应作为确定对担保人该索赔金额的决定性证据。

第 12.1 条约定，本保函受英国法律管辖，并应根据英国法律进行解释。

后来 Alpha 公司认为 Vossloh 集团在 MPA 项下提供的 63 辆 G1206 机车在发动机和齿轮箱等方面存在不同缺陷，因此向 Vossloh 集团提起诉讼。同时于 2010 年 1 月 29 日，Alpha 公司代表所有保函受益人向 Vossloh 公司发函要求其向 Alpha 公司就该 63 辆缺陷机车赔付 1700 万欧元。

Alpha 公司称，保函第 2.1 条"主要债务人，而不仅仅是担保人，作为一项独立的、持续的和主要的义务"的措辞意味着 Vossloh 公司的付款义务是主要的，而不是次要的。Alpha 公司还称保函中的一项"放弃抗辩权条款"（waiver of defences' clause）要求 Vossloh 公司按要求支付所欠债务；以及一项"结论性证据条款"（conclusive evidence clause）表明受益人对所欠债务的陈述是决定债务的标准；该些条款都支持和表明 Vossloh 公司对 Alpha 公司的付款义务是见索即付的。Vossloh 公司辩称：案涉保函项下，Vossloh 公司不承担或者仅承担小部分金额的付款责任。

二、焦点问题

案涉保函是一般担保还是见索即付履约保函（on demand performance guarantee）？

三、相关法律及判例

Chitty on Contracts, 30th edition, Chapter 44.

Andrews and Millett on the Law of Guarantees, 5th Edition, Chapter 1.

Gold Coast Ltd. v. Caja de Ahorros Del Mediterraneo [2002] EWCA Civ 1806.

Moschi v. Lep Air Services Ltd. [1973] AC 331 at 344 to 345(Lord Reid).

IIG Capital LLC v. Van Der Merwe & Anor [2008] EWCA Civ 542.(以下简称IIG案件)

Marubeni Hong Kong v. Government of Mongolia [2005] EWCA Civ 395.(以下简称Marubeni案件)

The Modern Contract of Guarantee, English Edition(2003).

四、法院观点/推理

1.担保合同分为保证合同和赔偿合同。

担保合同(contract of suretyship)分为两类:保证合同(contract of guarantee)和赔偿合同(contract of indemnity)。二者的主要区别是:(1)保证合同项下担保人承担的是补充性的(ancillary)或者说是次要性的义务(secondary liability);主债务人在主合同项下不存在责任或者主债务人的义务不可强制执行时,保证人也无须承担任何义务。(2)赔偿合同项下担保人承担独立于基础主合同独立的主要的付款义务。

2.存在首要赔偿义务人条款本身不足以确定保函是否为独立保函。

在很多情况下,首要赔偿责任和次要赔偿责任的表述条款通常出现在同一合同中,因此其本身并不是赔偿责任性质的指标。因此,仅仅是依据存在首要赔偿义务人条款(principal debtor)本身通常不足以确定保函的性质。另外,也不能通过其命名而可以自动对此类保函性质进行分类。确定所涉保函文件的性质,需要不带事前偏见地对描述担保人责任的实际条款措辞进行整体解释,在解释时候还需考虑该保函的事实背景和商业目的。

3.在银行业背景之外的交易中,保函中缺乏明确描述为见索即付保函的语言,会使其被推定为一般保证。

法院认为,履约保函是银行提供的特定银行工具;在Marubeni案件中,当时的法官就指出了不能用银行背景下的保函判例来指导或将其适用于非银行背景下的保函案件裁判。由于Vossloh公司的担保不是由银行提供的,因此有一个强有力的推定,即该义务不属于独立保函,不是见索即付的;除非保函有明确的措辞来推翻该推定。截至本案审判之时,目前推翻上述推定的唯一案件是IIG案件。那案涉保函的文本表述能不能推翻上述推定呢?

从保函整体文本上看,法院认为:

第1.2(j)条中写明:提及保函项下"担保义务"是包括提及"赔偿义务"(indemnified obligations)的;保函措辞中"担保"(guaranteed)的义务和"赔偿"(indemnified)的义务的对比表明,保函措辞中使用的"担保义务"是包括次要责任(secondary lability)的,因此将保函中被担保义务仅限于主要责任的赔偿义务(indemnified lability)是错误的。

第2.1条的(a)款和(b)款只是保证合同的经典表述;(d)款和(e)款的措辞则是对首要付款义务的表达;然而(c)款要求被担保方违反基础合同项下义务在先,目的是弥补由此遭受的损失,其前提是受益人确定该损失,这意味着提供担保的一方Vossloh公司负有次要付款义务。第2条的开头引言部分并不足以改变案涉保函的性质,因为其上述子条款已经展现了案涉保函的次要付款义务特征。

第6条约定的担保人可以援用被担保人的抗辩更是表明了Vossloh公司承担的是次要付款责任。

保函第11.2条中约定的结论性证据条款(conclusive evidence provision)的存在也不足以将保函性质由一般保证转化为独立保函;因为法院认为上述条款适用的前提是遵守保函第2.1条。

另外,案涉保函并未规定担保人在赔付保函之后对主债务人的追偿权利,而如果案涉保函是独立保函则一般应该包含类似条款。

五、裁判结论

考虑到该保函第2条中担保人的付款义务,基于被担保人存在基础合同项下的实际性违约在先,保函文本整体或者单独每一条都支持推定该保函为担保而非履约保函(见索即付)。因此,Alpha公司必须代表所有受益人证明Vossloh集团在主合同项下违约且存在赔偿义务(这由基础合同各方提起的其他诉讼等争议程序中的判决等来决定),然后才能提出保证责任项下的索赔。

6. Carey Value Added, S. L. (Formerly Losan Hotels World Value Added I, S. L.) v. Grupo Urvasco, S. A. [2010] EWHC 1905(Comm), [2011] 2 All ER (Comm) 140

法院所在地:英国。

当事人:

- **原告/保函受益人:**Carey Value Added, S. L.(以下简称 C 公司)。
- **被告/保函开立人:**Grupo Urvasco, S. A.(以下简称 GU 公司)。

基础交易:工程建设项目。

保函金额:55,435,526.07 欧元。

裁判要旨:存在首要赔偿义务人的条款本身不足以确定保函是否为独立保函;在银行业背景之外的交易中,保函中缺乏明确描述为见索即付保函的语言,会使其被推定为一般保证。

一、事实摘要

2007 年 12 月 21 日,C 公司与 GHU 公司(全称 Grupo Hotelero Urvasco)签订《贷款协议》等基础协议,约定:由 C 公司(出借人)向 GHU 公司(借款人)贷款以支持 GHU 公司开发建设酒店和豪华公寓项目。同日,GHU 公司的母公司即 GU 公司向 C 公司提供保函担保(the deed of guarantee and indemnity)。该保函主要内容如下:

第 1.1 条约定被担保义务的定义是,GHU 公司在基础交易文件项下与之相关的所有义务。

第 2 条约定,GU 公司不可撤销且无条件地:

(a)向 C 公司保证债务人 GHU 公司按时地、完整地履行被担保的义务。

(b)向 C 公司承诺,其将作为主要义务人,对 GHU 公司因任何原因未能履行或解除的任何到期的(due)被担保义务负责,并在 C 公司要求时及时承担相关义务:(i)全面、及时、明确地履行或促使履行相关担保义务,就此类担保义务而言,相当于 GU 公司其本身就是 C 公司的直接和主要义务人并承担责任,相当于交易文件是在担保人 GU 公司与 C 公司之间直接签订的;(ii)支付相关债务人尚未支付的任何担保债务的金额,且无任何扣减。

(c)所赔偿的花费、损失或承担责任的金额应等于 C 公司根据基础交易文件本来有权收取的金额。

第3.2条约定:GU公司的担保义务在相关契约或交易文件有效期间持续有效,独立于GU公司的其他义务。

第20.6条约定:C公司对保函项下利率或金额的任何证明或决定,在没有明显错误的情况下,视为相关金额数额的决定性证明。

2008年5月之后,C公司以GHU公司财务状况存在重大不利变化且构成违约为由停止了对GHU公司的贷款;2008年9月8日,GHU公司的工程建设也陷入停顿,双方遂进入诉讼程序。2009年11月20日,C公司依据保函约定,向GU公司索赔55,108,702.58欧元。GU公司拒绝兑付,并援用了其子公司在基础贷款合同项下的抗辩,主要包括:

第一,案涉保函为一般保证,因为案涉保函名称不叫见索即付保函(on demand bond)。

第二,GU公司付款的前提是GHU公司未履行基础合同项下义务,而非C公司的索赔请求。案涉保函第2.1(d)条表明被保证的义务实质为GHU公司在基础合同项下应该实际承担的义务,而在基础合同项下GHU公司有权根据基础协议第16.7条撤销基础合同并且之后无须对C公司承担任何返还借款义务。

第三,GHU公司已经就C公司违反相关贷款合同义务而对C公司提出大额索赔,因此GU公司有权就C公司应付GHU公司的款项与GU公司应付C公司款项相互抵销。

C公司主张案涉保函属于独立保函,GU公司无权援引GHU公司在基础合同项下的抗辩,GU公司有义务以见索即付保函的方式独立地支付已经到期金额。

二、焦点问题

案涉保函是一般担保(guarantee)还是见索即付履约保函(on demand guarantee)?

三、相关法律及判例

BOC Group plc v. Centeon LLC [1999] 1 All ER(Comm)53, Rix J, affmd 63 ConLR 104.

IIG Capital LLC v. Van Der Merwe & Anor [2008] EWCA Civ 542, 2008 WL. 2033579(Comm)1173.(以下简称IIG案)

Andrews and Millett, The Law of Guarantees, 5th edn(2008), 1 - 014.

Gold Coast Ltd. v. Caja de Ahorros del Mediterraneo [2002] 1 All ER(Comm).

Edward Owen Engineering Ltd. v. Barclays Bank International Ltd. [1978] QB 159 at 171, Lord Denning MR.

Hyundai Shipbuilding & Heavy Industries Co Ltd. v. Pournaras [1978] 2 Lloyd's Rep 502 at 508.

Bache & Co(London) Ltd. v. Banque Vernes et Commerciale de Paris S. A. [1973] 2 Lloyds Rep 437.

The Modern Contract of Guarantee, English edition, 2003.

Marubeni Hong Kong and South China Ltd. v. The Mongolian Government Acting through the Ministry of Finance of Mongolia [2005] EWCA Civ 395.(以下简称Marubeni 案)

四、法院观点/推理

1. 存在首要赔偿义务人条款本身不足以确定保函是否为独立保函。

法院认为,在很多情况下,首要赔偿责任和次要赔偿责任的表述条款通常出现在同一合同中,因此其本身并不是赔偿责任性质的指标。因此,在法院看来,仅仅是依据存在首要赔偿义务人条款(principal debtor/primary liability)本身通常不足以确定保函的性质,首要赔偿义务人的表述不会自动将一个保证保函转换为见索即付保函。

另外,不能通过其文件命名而自动对此类文件性质进行分类。判定所涉保函的性质主要考虑在没有任何先入之见的情况下对其进行整体解释。

2. 在银行业背景之外的交易中,保函中缺乏明确描述为见索即付保函的语言,会使其被推定为一般保证。

见索即付保函(无论如何描述)是银行界为其商业客户开发的一种特殊形式的不可撤销金融工具。交易各方出具保函的目的以及整个交易背景对于厘清保函性质也具有重大意义。

在银行业背景之外的交易中,保函中缺乏明确描述其为见索即付保函的语言,会产生一种强烈的推定,即推定该保函不被解释为见索即付保函;Marubeni 案中法官就遵循了该推定。案涉保函第2.1(c)条的条款语言更倾向于体现GU公司的责任与GHU公司责任相同。虽然案涉保函规定GU公司有义务赔偿C公司,然而,相关付款条款却受到但书的限制,即所赔偿金额等于C公司根据基础贷款合同有权收回的金额,也就是说,案涉保函第2.1(d)条的条款语言体现的是共同责任，而不是见索即付保函下产生的无条件付款责任。

3. 确定金额条款（conclusive evidence clauses）应该根据其用词进行严格解释，在解释有歧义的情况下应该做有利于担保人的解释。

案涉保函第 20.6 条约定："C 公司对保函项下利率或金额的任何证明或决定，在没有明显错误的情况下，是与相关金额数额的决定性证明。"因为此处仅仅约定"amount"而不是 IIG 案中的"amount at any particular time due and payable"，所以此处的金额不应该扩大解释为 GHU 公司在基础合同项下的所有到期应付金额，且在"*The Modern Contract of Guarantee*"一书中，在对确定金额条款（conclusive evidence clauses）解释有歧义的情况下应该做有利于担保人的解释；因此在本案中确定金额证书并不是 GU 公司责任范围的最终证明。

五、裁判结论

综上，法院支持被告 GU 公司的抗辩，即案涉保函为一般保证，非独立保函。在一般保证中，除非明确排除担保人的该权利，否则担保人可以援引主债务人对债权人拥有的任何抵销权。

7. 中铁十五局集团有限公司与中国建设银行股份有限公司深圳市分行之间的合同纠纷案［（2016）粤 03 民初 2515 号］

法院所在地：中国广东。

当事人：

- **原告/保函受益人：**中铁十五局集团有限公司（以下简称中铁十五局）。
- **被告/保函开立人：**中国建设银行股份有限公司深圳市分行（以下简称建行深圳分行）。
- **第三人/保函申请人：**四川乾亨建设工程有限公司（以下简称乾亨公司）。

基础交易：建设工程承包项目。

保函金额：银行保函金额 5000 万元。

裁判要旨：案涉保函将赔付前提限定为违约行为造成经济损失/要求收回预付款时，并不符合独立保函的独立性。

一、事实摘要

2010 年 6 月 8 日，乾亨公司作为分包商，与中铁十五局签订合同承建某经济房项目，并承诺对项目的预付款和履约进行担保。经乾亨公司申请，建行深圳分行向中铁十五局开具了 1500 万元《履约担保》和 3500 万元《预付款担保》。

《履约担保》载明："我行愿意无条件地、不可撤销地就承包人履行与你方订立的合同，向你方提供担保。1. 担保金额人民币（大写）壹仟伍佰万元整(15,000,000)。2. 担保有效期自发包人与承包人签订的合同生效之日起至发包人签发工程接收证书之日止，但最迟不超过 2013 年 6 月 7 日。3. 在本保函有效期内，因承包人违反合同约定的义务给你方造成经济损失时，我方在收到你方以书面形式提出的在担保金额内的赔偿要求后，在 7 天内无条件支付。"

《预付款担保》载明："我行愿意就你方提供给承包人的预付款提供担保。1. 担保金额人民币（大写）叁仟伍佰万元整(35,000,000)。2. 担保有效期自预付款支付给承包人起生效，至发包人签发的进度付款证书说明已完全扣清止，但最迟不超过 2012 年 6 月 7 日。3. 在本保函有效期内，因承包人违反合同约定的义务而要求收回预付款时，我方在收到你方的书面通知后，在 7 个工作日内无条件支付。4. 发包人和承包人按《通用合同条款》第 15 条变更合同时，我方承担本保函规定的义务不变。"

其后，乾亨公司丧失履约能力，导致工程进展严重滞后，最终被清退出场。2012 年 5 月 16 日，原告中铁十五局依约向建行深圳分行送达了履约保函和预付款保函的索赔通知。但对于该索赔要求，建行深圳分行一开始以中铁十五局与乾亨公司之间的仲裁尚未结束为由暂停支付。然而在仲裁委员会作出裁决书后，建行深圳分行仍一直不予办理索赔事项，且建行深圳分行辩称：案涉《履约担保》及《预付款担保》均非独立保函，两个文件中明确约定：履行付款义务的前提分别是在本保函有效期内，因承包人违反合同的约定和义务，给中铁十五局造成经济损失时以及在本保函有效期内因承包人违反合同约定的义务而要求收回预付款时，由此可见，该两个保函均非见索即付的保函。

二、焦点问题

本案的争议焦点在于案涉《履约担保》和《预付款担保》是否为独立保函。

三、相关法律

《最高人民法院关于审理独立保函纠纷案件若干问题的规定》第 3 条。

四、法院观点/推理

虽然在案涉《履约担保》和《预付款担保》中建行深圳分行承诺在收到书面形式提出的在担保金额内的赔偿要求后，在7天内无条件支付，但是同时案涉保函亦载明上述付款附有的前提条件，即“因承包人违反合同约定的义务给你方造成经济损失时”与“因承包人违反合同约定的义务而要求收回预付款时”，保函没有完全独立于基础法律关系，即并非仅仅是简单记载了对应的基础交易，而是将赔付前提限定为违约行为造成经济损失时，并不符合独立保函的独立性。因此，法院认为，案涉《履约担保》《预付款担保》并非独立保函司法解释所称的“见索即付”的独立保函，仍属于传统担保中的保证。

五、裁判结论

综上所述，案涉履约保函并非独立保函；就第三人乾亨公司应向原告中铁十五局返还的超付工程款21,032,860.91沙特阿拉伯里亚尔及其利息，被告建行深圳分行应承担连带保证责任，本金与利息的总额以保证责任人民币3500万元为限。

8. 上海北海船务股份有限公司与中国光大银行股份有限公司南京分行、江苏熔盛重工有限公司之间的海事担保合同纠纷案[(2014)武海法商字第00823号]

法院所在地：中国武汉。

当事人：

- **原告/保函受益人：**上海北海船务股份有限公司(以下简称北海公司)。
- **被告一/保函开立人：**中国光大银行股份有限公司南京分行(以下简称光大银行)。
- **被告二/保函申请人：**江苏熔盛重工有限公司(以下简称熔盛公司)。

基础交易：船舶建造合同。

保函金额：51,766,922元。

裁判要旨：在银行开具的保函中同时存在见索即付独立责任表述与连带责任表述时，由于银行作为专业金融机构理应清晰表达保函性质，因此此时作有利于受益人的解释。

一、事实摘要

2011年9月29日,北海公司与熔盛公司签订《造船合同》,委托熔盛公司建造油轮;该合同约定:合同价款采取分期支付方式;如果延期交船,则北海公司有权拒绝接受船舶,且熔盛公司此时应将北海公司支付的全部款项及利息一次性退还,终止合同。2012年10月31日,双方又签订《造船补充协议》,约定:熔盛公司应提供以北海公司为受益人的不可撤销的银行还款保函,以担保解除造船合同时熔盛公司的退款义务。2012年11月1日,光大银行向北海公司开立了《预付款保函》。

该《预付款保函》的约定如下:

"1. 鉴于贵公司已与熔盛公司于2011年9月29日签订造船合同,并同意根据造船合同在交船前向熔盛公司分期付款,以建造船体工程号为H1257的船舶,我行现应熔盛公司要求,在此不可撤销的承诺:对于贵公司在船舶交付前根据造船合同向熔盛公司支付的造船合同价款,即第一期进度款23,556,050元、第二期进度款28,192,668元、第三期进度款32,891,446元、第四期进度款56,385,336元,合计141,025,500元,如果其中全部或部分进度款根据造船合同规定应由熔盛公司归还贵公司时,我行承担连带保证责任,将向贵公司支付上述规定的进度款。

2. 我行在此保证,如果贵公司要求解除或终止造船合同并赔偿船舶的所有损失,而熔盛公司未能在合同规定的期限内全部或部分退还上述造船合同价款及合同规定的相应利息,我行将于收到贵公司要求退款的书面请求后10个工作日内向贵公司支付原本应由熔盛公司归还的贵公司已支付的款项及其按年利率6%计自熔盛公司实际收到贵公司的各期进度款之日起至贵公司实际收到熔盛公司全部退款之日止的利息。贵公司要求退款的书面请求必须附加贵公司要求返还的款项及其利息的计算、关于熔盛公司根据造船合同条款应当退还如上计算的款项且退款期的说明、收款银行账户、账号等以及关于已要求熔盛公司退款但未收到退款的说明。

3. 在贵公司请求前或我行收到贵公司请求后10个工作日内,如果我行收到熔盛公司发出的关于造船合同争议已提交至中国国际经济贸易仲裁委员会的通知,我行有权在收到仲裁通知后的15个工作日内中止和推迟付款……

5. 本保函的担保总额随着熔盛公司或我行支付给贵方的退款金额而自动递减。

6. 本保函于熔盛公司在我行开立的账户实际收到贵公司支付的造船合同项下预付款时生效,本保函金额应与贵公司根据造船合同实际支付给熔盛公司的上述进度款累计金额相等,且无论如何不超过贵公司实际支付给熔盛公司的进度款及其按年利率6%计自熔盛公司实际收到贵公司的各期进度款之日起至贵公司实际收到熔盛公司全部退款之日止的利息。

7. 本保函将一直有效直至船舶交付给贵公司并被接受,或者直至熔盛公司或我行已向贵公司全额退款,或者直至2014年5月28日(造船合同规定的弃船期加30天)止,上述情形中取其发生在前者作为终止日期……

9. 贵司及熔盛公司就本保函所担保的造船合同的任何条款或合同文件的任何修改、增补均不能免除我行在本保函项下的任何责任。我行在此确认,上述修改和增补均无须通知我行……"

北海公司分别于2011年10月10日、2012年12月13日向熔盛公司支付两期预付款23,556,050元、28,210,872元。后因熔盛公司合同履行迟延且船舶的设计施工存在问题,北海公司认为不满足《造船合同》中关于支付第三期船款的条件,并因此拒绝支付第三期船款。

2014年4月15日,北海公司向熔盛公司发函表示拒绝接受船舶,并要求退回已支付的款项51,766,922元及相关利息。2014年4月17日,熔盛公司回函不接受北海公司的退款请求。

2014年5月15日,北海公司向光大银行发出《索款函》,要求支付51,766,922元及其利息;并提交了作为附件的《关于熔盛重工应当退款及退款期的说明》《关于我司未收到熔盛重工退款的说明》《我司要求退款款项及利息计算表》《上海北海船务股份有限公司银行账户信息》。但光大银行拒绝支付本金及利息,因此北海公司向法院提起诉讼。

案件审理过程中,被告光大银行辩称:《预付款保函》不具有独立性。第一,《预付款保函》第1条明确表述了光大银行承担的是连带保证责任,而不是独立保函责任;且北海公司在诉状中明确认为光大银行在保函项下应承担的责任性质为连带保证责任,而不是独立保函责任。第二,《预付款保函》没有确定保函金额。根据《预付款保函》第2条的约定,光大银行承担的付款金额取决于熔盛公司实际应退还的金额,而不是保函载明的赔付金额和保函条款。

二、焦点问题

问题一：光大银行在《预付款保函》项下承担的是独立保函责任还是连带保证责任？

问题二：若光大银行在《预付款保函》项下承担的是独立保函责任，与北海公司提出的熔盛公司返还预付款及利息的主张是否冲突？

三、相关法律

《最高人民法院关于审理独立保函纠纷案件若干问题的规定》第1条、第3条、第6条、第11条。

四、法院观点/推理

1.《预付款保函》载明相符交单情形下的独立付款义务符合保函司法解释对于独立保函的定义。

法院认为，《预付款保函》符合保函司法解释对于独立保函的定义，理由如下：第一，独立保函的核心，在于保函开立人设立了相符交单情形下的独立付款义务。案涉保函第2条中明确了光大银行将在北海公司提交书面的付款请求及相关文件后的付款义务，在第6条中也明确了该保函的有效金额。综合该保函中对于北海公司申请退款和光大银行付款审查的表述，北海公司在要求光大银行付款时，仅需提交该保函要求的书面申请以及北海公司单方制作的相关书面文件，光大银行也仅对北海公司提交的相应书面文件进行审查。由此可见，光大银行在《预付款保函》中设立的是在北海公司相符交单情形下的付款义务。在《预付款保函》已设立相符交单情形下的独立付款义务的情况下，是否载明见索即付或适用国际商会《见索即付保函统一规则》等独立保函交易示范规则，并不影响《预付款保函》作为独立保函的性质。

第二，《预付款保函》第2条所作关于北海公司要求熔盛公司退还进度款而熔盛公司未依约退还时，光大银行在北海公司要求退款的书面请求后的10个工作日内退还应由熔盛公司退还的款项的表述，其目的显然是审查在北海公司要求光大银行履行付款义务时，熔盛公司是否已向北海公司付款及其金额，而非表明将审查北海公司与熔盛公司之间的船舶建造合同履行情况。据此，光大银行在《预付款保函》项下的付款义务不受北海公司与熔盛公司之间的基础合同关系的影响，是独立的。

第三,《预付款保函》金额可以确定。根据《独立保函司法解释》第 1 条第 1 款的规定,独立保函的担保金额,可以是约定的特定金额或最高金额。《预付款保函》第 1 条、第 6 条载明了北海公司应向熔盛公司支付的各期进度款的金额、保函的生效金额及利息的计算方式和起止日期,即《预付款保函》是设定最高金额的保函。

2. 在银行开具的保函中同时存在见索即付独立责任表述与连带责任表述时,由于银行作为专业金融机构理应清晰表达保函性质,因此此时作有利于受益人的解释。

《预付款保函》第 1 条所称光大银行在熔盛公司应当退还北海公司支付的进度款时,光大银行将承担"连带保证责任"这一措辞,与该保函第 2 条所设立的北海公司交单、光大银行审单后付款义务相矛盾,但该保函系光大银行所开立,其作为专业金融机构,理应清晰地表明保函的性质,否则因该保函条款理解而产生争议时,应作有利于受益人即北海公司的解释。

3. 北海公司要求光大银行在《预付款保函》项下承担的独立保函责任,与同时要求熔盛公司根据《造船合同》返还预付款及利息的主张并不冲突。

独立保函的基本运作原理,是受益人凭形式化的单据从开立人处获得付款,其后由受益人和债务人另行就基础债权债务关系再作清结的先付款、后争议的债权保障机制。但此种机制并非表明基础债权债务关系和独立保函关系争议解决存在明确的先后顺序,并不排斥在同一案件中解决基础法律关系和独立保函法律关系的方式。在北海公司就其与熔盛公司之间的船舶建造合同关系和与光大银行之间的独立保函关系同时提起诉讼的情况下,法院在本案中对两个法律关系分别审理并作出判决,不违反法律规定。

五、裁判结论

被告一光大银行向原告退还造船预付款 51,766,922 元及利息;被告二熔盛公司向原告退还造船预付款 51,766,922 元及利息。

9. IIG Capital L. L. C. v. Van Der Merwe & Anor [2008] EWCA Civ 542, 2008 2 All ER (Comm) 1173

法院所在地:英国。

当事人:

- **一审原告/保函受益人/被上诉人:**IIG Capital LLC(以下简称 IIG 公司)。
- **一审被告/保函开立人/上诉人:**Van Der Merwes(以下简称 VDMs)。

基础交易:贷款合同。

保函金额:31,882,541.96 美元。

裁判要旨:关于保函独立性的认定,对保函须不加偏见的整体解读;交易发生环境对于解释保函性质也至关重要。银行业背景之外的交易中开立的保函会强烈推定其不是见索即付保函;如果相关保函存在将其明确描述为见索即付保函的言辞,则可以推翻该推定。

一、事实摘要

IIG 公司经贷款协议,向 Hurst Parnell Imports and Exports Ltd.(以下简称 HPIE 公司)提供借款。VDMs 作为 HPIE 公司的董事,以 IIG 公司为受益人签署了保函(deeds of guarantee)。该保函主要条款内容如下:

案涉保函序言部分写明其为全额保函(all monies guarantee)。

第 1.2 条定义被担保款项:借款人现在或将来到期应付给贷款人的所有款项和负债(无论是实际还是或有负债);贷款人可向借款人收取的所有利息、成本、佣金、费用等;贷款人在强制执行或获得此类款项、或试图强制执行或获得任何此类款项时可能产生的所有法律费用和其他成本、收费和开支。

第 2 条约定付款义务:担保人无条件且不可撤销地作为主要债务人,而不仅仅作为担保人。

第 2.1 条约定:向贷款人保证担保款项的到期准时支付,并同意,如果在任何时候任何担保款项未在到期日全额支付,其将在被要求时(upon demand)立即无条件(unconditionally)向贷款人支付尚未支付的担保款项。

第 2.2 条约定:作为该保函下的自发的独立的义务,担保人应赔偿贷款人,并使贷款人免受因借款人未能按时支付任何被担保款项而导致的任何损失。

第 4.2 条约定:由具有授权的高管签署的书面证书表明担保人在该特定时间在该保函项下的到期应付金额,除明显错误外,就该保函相关目的而言,该证书应是决定性的且对担保人具有约束力。

第 5 条约定:该担保是“持续性担保”,在“借款人付清全部贷款协议项下应付款项”之前,该担保将继续有效。

第 7.3 条约定:禁止担保人对借款人主张任何抵销。

第 14 条约定:该担保受英国法律管辖。

2007 年 1 月 12 日,IIG 公司要求 HPIE 公司偿付基础贷款协议项下的到期金额 30,303,576 美元,然而 HPIE 公司未能支付该金额。2007 年 1 月 16 日,IIG 公司依据保函向 VDMs 通知:因 HPIE 公司未能偿付到期贷款 30,303,576 美元,要求 VDMs 于 2 日内赔付该款项。VDMs 拒绝赔付,IIG 公司遂提起诉讼。

在一审法院审理中,VDMs 试图援用 HPIE 公司可用的抗辩理由。但一审法官认为案涉保函为独立保函,于是阻止了担保人可援用主债务人抗辩的权利,认为 VDMs 有义务作为主要债务人支付经 IIG 公司正式授权的高管证明到期的款项。2007 年 9 月 19 日法院判决被告 VDMs 应支付原告 IIG 公司 31,882,541.96 美元。

被告提起上诉。上诉法院 2007 年 11 月 13 日判决维持原判。被告再次上诉。

二、焦点问题

案涉保函是一般担保(guarantee)还是见索即付保函(on demand guarantee)?

三、相关法律及判例

Gold Coast Limited v. Caja de Ahorros del Mediterraneo [2002] 1 All ER (Comm) 142.

Bache & Co(London) Ltd. v. Banque Vernes et Commerciale de Paris SA(1973) 2 Lloyd’s Rep 437 CA(Civ Div).

Trafalgar House Construction(Regions) Ltd. v. General Surety & Guarantee Co Ltd(1996) AC 199 HL.

Marubeni Hong Kong and South China Ltd. v. The Mongolian Government Acting through the Ministry of Finance of Mongolia [2005] EWCA Civ 395.(以下简称 Marubeni 案)

The Modern Contract of Guarantee English Edition(2003)(¶ 5 - 107).

四、法院观点/推理

1. 对保函应当进行不加偏见的整体解读;交易发生的环境对于解释保函性质也至关重要。在确定一个保函性质为独立保函或是一般保证时,需要将保函作为一个整体进行解读。本案中交易背景是:两名股东为其由该两名股东完全控制的企业借款提供担保;两名股东在赔付保函项下款项之后可以向其控制的公司索赔。

2. 在银行业背景之外的交易中开立的保函会强烈推定其不是见索即付保函;如果相关保函存在将其明确描述为见索即付保函的言辞,则可以推翻该推定。

在银行背景之下出具的保函一般都会被推定为独立保函,附加银行独立付款义务,其类似于信用证。因此,不能将银行背景保函案例适用于非银行出具保函案件之中。

在银行业背景之外的交易中开立的保函会产生一种强烈的推定,即推定该保函不被解释为见索即付保函;如果相关保函存在将其明确描述为见索即付保函的言辞,则可以推翻该推定。那么案涉保函是否存在相关明确措辞足以推翻该推定?

法院认为:保函中写明担保人 VDMs 付款义务为在被要求时(on demand)无条件地(unconditionally)作为第一义务人而不是担保人(as principal obligator not merely as surety)支付声称已经到期的(expressed to be due)款项。且案涉保函第4.2条毫无异议地已经推翻了该推定,除明显错误外,VDMs 已同意以主要债务人的身份按要求支付根据第4.2条出具的证书中规定的金额。

3. "决定性金额证明"条款中是否存在明显错误,仅需表面审查而无须进行深入调查。"明显错误"是指在没有广泛调查的情况下明显或容易证明的错误。仅仅在案涉保函规定专家在出具金额证明证书时应给出理由时,才可以检查专家的相关理由以确定他是否犯了明显的错误。在本案中出具"决定性金额证明"无须提供理由,所以无须调查确定其是否存在明显错误。

五、裁判结论

综上,案涉保函的措辞中有充分的证据表明不适宜将案涉保函推定为非独立保函;因此法院判决驳回上诉,维持原判。

10. 三峡新能源通城风电有限公司与北京欧地安科技有限公司申请撤销仲裁裁决纠纷案[(2018)鄂01民特441号]

法院所在国:中国。

当事人:

• **仲裁被申请人/申请人/保函受益人:**三峡新能源通城风电有限公司(以下简称三峡新能源公司)。

• **仲裁申请人/被申请人/保函申请人:**北京欧地安科技有限公司(以下简称北京欧地安公司)。

基础交易:建设项目承包合同。

保函金额:人民币194,293元。

裁判要旨:独立保函的担保人不是基础交易合同的当事人,基础交易仲裁裁决中有关解除担保人责任的裁决项超出仲裁协议范围,应当予以撤销。

一、事实摘要

三峡新能源公司与北京欧地安公司签订的《三峡新能源湖北省通城黄龙山风电场(74MW)风机基础接地设计及施工合同》(以下简称《设计及施工合同》),招商银行股份有限公司北京北三环支行(以下简称招商银行北京分行)向三峡新能源公司开具的履约保函,作为北京欧地安公司履行合同责任的保证。

北京欧地安公司在《设计及施工合同》项下向武汉仲裁委员会提起仲裁,要求仲裁庭确认合同已经解除、解除招商银行北京分行担保责任等。

武汉仲裁委员会作出的(2017)武仲裁字第000002023号裁决书认为,《设计及施工合同》自三峡新能源公司发出的合同解除通知函到达北京欧地安公司时解除,且由于本案《设计及施工合同》已经解除,北京欧地安公司无须担保合同的继续履行。仲裁庭裁决如下:(1)确认《设计及施工合同》解除;(2)三峡新能源公司返还独立性履约保函(编号:2017年北保字第010号),解除招商银行北京分行的担保责任。

三峡新能源公司向武汉市中级人民法院提起诉讼,要求撤销案涉仲裁裁决。

二、焦点问题

招商银行北京分行在保函项下的担保责任是否属于仲裁协议的范围。

三、相关法律

《最高人民法院关于审理独立保函纠纷案件若干问题的规定》第4条。

四、法院观点/推理

招商银行北京分行并非案涉仲裁协议裁决所依据的仲裁协议当事人,故案涉仲裁协议对招商银行北京分行无约束力。

五、裁判结论

案涉仲裁裁决第2项"三峡新能源公司于本裁决书送达次日起15日内返还北京欧地安公司独立性履约保函原件(编号:2017年北保字第010号),解除招商银行北京分行的担保责任"部分不属于仲裁协议范围。三峡新能源公司撤销武汉仲裁委员会(2017)武仲裁字第000002023号裁决第2项中关于解除招商银行北京分行的担保责任的请求理由成立。

保函的索赔相符认定

11.现代重工有限公司与中国工商银行股份有限公司浙江省分行保证合同纠纷案[(2016)浙民终157号]

法院所在国:中国。

当事人:

- **一审原告/上诉人/保函受益人:**现代重工有限公司(韩国,以下简称现代公司)。
- **一审被告/被上诉人/保函开立人:**中国工商银行股份有限公司浙江省分行(以下简称工行浙江分行)。

基础交易:买卖合同。

保函金额:约660万美元。

裁判要旨:中国法院在审理适用《见索即付保函统一规则》(以下简称URDG758)的保函不符点案中,认为保函开立人在独立保函单据审查过程中应当适用表面相符、严格相符的原则,而不采用镜像相符或实质相符原则;以单据条件有无实际意义为依据判断不符点是否成立,违背了独立保函的单据交易原则和表面相符原则。

一、事实摘要

2013 年 11 月 22 日，工行浙江分行依据浙江中高动力科技股份有限公司(案外人，以下简称中高公司)的申请，以现代公司为受益人开立一份保函，金额为 6,648,010美元。保函适用 URDG758，承诺一旦收到现代公司提出的首次书面索偿要求，将在 7 个营业日内付款。所要求随附的单据中包括“凭指示的标注运费到付通知人为申请人的清洁海运提单副本”，并要求：“该书面索偿要求必须通过贵方银行采用快递或经验证的 SWIFT 信息形式发给我行。不接受其他提交方式。”

保函到期前，现代公司通过其通知行韩国外换银行向工行浙江分行以 SWIFT 信息形式发出索偿电文，并将相关付款文件寄送至工行浙江分行，其中包括一份记名提单副本，显示收货人为中高公司、通知人为中高公司。工行浙江分行随后发出拒付电文，称索赔不符合保函要求，其中一个不符点是：未签发凭指示提单。

随后现代公司向工行浙江分行寄送一份为保函索赔要求的信函，称其获悉工行浙江分行以保函条款与提单副本存在某一非实质性不符点这一技术性问题为由拒绝其请求，提交副本单据是为了证明受益人的索赔请求所依据的银行保函具有真实交易背景，正本提单在交易中业已实际使用。现代公司再次要求工行浙江分行立即偿付前述保函所担保的尚未偿付的款项。如果继续拒付，现代公司只能采取法律措施。韩国外换银行随后也向工行浙江分行发电文要求立即汇付保函项下款项。工行浙江分行仍然拒付。

二、焦点问题

工行浙江分行据以拒付的不符点是否成立？

三、相关法律

1.《最高人民法院关于审理独立保函纠纷案件若干问题的规定》第 5 条、第 6 条。

2. URDG758 第 2 条“相符索赔”的定义，第 19 条 a 款、b 款。

四、法院观点/推理

本案中，工行浙江分行开立的保函明确列明了 5 个单据条件，受益人现代公司接受保函时并未提出异议，其在索赔时即应提供与该保函条款和条件相符的全部单据，不能再以部分单据不符合银行业国际惯例或该单据无实际意义为由而拒绝提交。

根据独立保函载明的审单标准即USDG758第19条，开立人在独立保函单据审查过程中应当适用表面相符、严格相符的原则，而不采用镜像相符或实质相符原则。因此，工行浙江分行应审查现代公司提交的单据与保函条款和条件是否表面上相符。而现代公司提交的记名提单副本与保函所要求的指示提单副本在提单类型上已显著不同，两者在国际贸易和海上运输中的差异显而易见，工行浙江分行据此认为现代公司提交的单据存在不符点并无不当。现代公司关于其提交的记名提单副本与保函要求并无区别或并不矛盾的理由缺乏相应的法律依据和事实依据；其提出该单据条件无实际意义及工行浙江分行对此已明知的理由系基于基础合同的履行出发，违背了独立保函的单据交易原则和表面相符原则。

五、裁判结论

一、二审法院均认为现代公司的交单不符合保函条件和条款的要求，判决驳回现代公司的诉讼请求。本案经再审，法院维持了一、二审的结论。

12. 安徽博微长安电子有限公司与中国工商银行股份有限公司南京军管支行合同纠纷案[(2018)苏民终497号]

法院所在地：中国江苏。

当事人：

• **原告/保函受益人：**安徽博微长安电子有限公司(以下简称博微公司)。

• **被告/保函开立人：**中国工商银行股份有限公司南京军管支行(以下简称工商银行)。

• **第三人/保函申请人：**张家港保税区国信通信有限公司(以下简称国信公司)。

基础交易：销售合同。

保函金额：人民币4000万元。

裁判要旨：保函受益人承担在保函有效期内进行了索赔的举证责任；保函被担保人提前注销，但提前注销不影响保函受益人权利的，担保人不承担赔偿责任。

一、事实摘要

2013年10月15日，博微公司（卖方）与国信公司（买方）签订《销售合同》，约定博微公司向国信公司提供设计生产美化天线及室内分布系统。2013年12月30日，工商银行应国信公司申请开立以博微公司为受益人的履约保函，其中载明："2.我行承诺，如果交易对方未按照主合同的约定履行义务，我行将在收到博微公司提交的书面索赔通知和国信公司具有违约事实的下述证明材料（由博微公司出具的"国信公司无法履行合同的证明"）后，以保函金额为限向博微公司提供担保责任。……6.本保函自开立之日起生效，至2014年3月28日止。7.书面索赔通知和有关证明材料必须在保函有效期内送达我行，否则我行在本保函项下的责任自动解除。8.主合同按期履行完毕、保函超过有效期或我行的担保义务履行完毕，本保函即行失效，无论本保函是否退回我行注销。"

博微公司主张，2014年3月26日，因国信公司未支付货款，博微公司工作人员前往工商银行营业场所出具《关于向工行军管支行书面索赔通知的函》，但工商银行拒绝签收。该通知函的主要内容如下：博微公司（受益人）与国信公司（申请人）于2013年10月15日签订销售合同，合同金额为56,426,830元。按照销售合同约定，博微公司（受益人）将产品一次性交付国信公司（申请人），完成销售合同条款的约定，但国信公司未能按照销售合同约定支付产品款56,426,830元。因此，博微公司（受益人）根据履约保函约定，向工商银行书面索赔履约保函的保函金额。但工商银行的工作人员仅认可博微公司在2014年3月26日到工商银行商谈过履约保函的责任承担事宜，并没有承认接收了博微公司的书面索赔单据。

2014年3月28日下午，博微公司派工作人员将履约保函原件交给国信公司工作人员，国信公司工作人员又将保函原件交至工商银行，工商银行于2014年3月28日16时27分办理了保函注销手续。2017年，博微公司起诉工商银行要求其支付履约保函担保款人民币4000万元。

二、焦点问题

1.博微公司是否在案涉保函到期日前向工商银行提交了索赔交单。

2.工商银行在保函有效期内未经博微公司同意注销案涉保函是否合法有据，是否构成对博微公司案涉保函项下权利的损害。

三、相关法律

《最高人民法院关于审理独立保函纠纷案件若干问题的规定》第1条第1款、第2款,第11条第1款。

四、法院观点/推理

1. 博微公司未能达到证明其在案涉保函有效期送达书面索赔函的目的,未相符交单。

根据履约保函要求,博微公司索赔需满足两个条件:一是提交书面索赔通知和国信公司无法履行合同的证明;二是书面索赔通知和有关证明材料必须在保函有效期内送达工商银行。博微公司主张其于2014年3月26日向工商银行提交了书面索赔函但被拒绝签收,并且起诉前试图通过录音取证但均未能达到证明其在保函有效期送达书面索赔函的目的。博微公司主张其被工商银行拒赔后,将履约保函原件交给国信公司为其与工商银行协调索赔事宜,也不能证明其进行过有效索赔,因此博微公司提交的证据尚不足以证明其在案涉保函到期日前向工商银行进行了索赔。

2. 工商银行注销履约保函时有所不当,但不影响博微公司的权利行使。

履约保函约定到期日为2014年3月28日,应理解为截止时间为2014年3月28日工商银行营业结束时,但工商银行于2014年3月28日16时27分注销履约保函尚在保函有效期内,且该行未与博微公司核实相关情况,存在不当。但是博微公司在本案主张工商银行履行见索即付的义务,前提是博微公司在保函有效期内提交了履约保函要求的书面文件,在博微公司对此举证不能的情况下,即使工商银行注销履约保函时存在瑕疵,也不影响博微公司的诉讼请求无法得到支持的法律后果。

五、裁判结论

博微公司提交的证据尚不足以证明其在案涉保函到期日前向工商银行进行了索赔。工商银行在保函有效期内注销履约保函有所不当,但不影响博微公司行使权利。因此,博微公司诉讼请求缺乏事实和法律依据,判决不予支持。

保函的欺诈与止付

13. Shapoorji Pallonji & Company Private Ltd. v. Yumn Ltd. [2021] EWHC 862(Comm), [2011] 2 All ER (Comm) 140

法院所在国：英国。

当事人：

- **原告/保函申请人：**Shapoorji Pallonji and Company Private Ltd.（印度，以下简称SPC）。
- **被告/保函受益人：**Yumn Ltd.（卢旺达，以下简称 YL）。
- **第三人/保函开立人：**渣打银行（英国，以下简称渣打）。

基础交易：电站建设项目。

保函金额：3220 万美元。

裁判要旨：保函约定的适用法律和管辖法院与基础合同不一致的，有关保函止付的争议解决应以保函格式的约定为准。在均适用英国法的前提下，仲裁或和法院判决不应发生不一样的处理方式或结果。无论是阻止受益人行使权利，还是阻止银行履行义务，英国法已形成了确定的判例。

一、事实摘要

YL 委托承包商 SPC 在卢旺达建造一座发电厂。承包合同基于 FIDIC 格式，约定适用英国法，且争议由国际商会（International Chamber of Commerce，ICC）仲裁解决，仲裁地为新加坡。

经 SPC 申请，渣打向 YL 提供了一份 3220 万美元的履约保函。保函文本约定适用英国法，相关争议由英国法院管辖。该保函属于见索即付保函。

工程交付日期最初是 2020 年 2 月 23 日。但项目发生重大延误，SPC 多次请求项目延期，但遭到 YL 拒绝，理由是 SPC 未在合同规定的期限内提出索赔。

2021 年 2 月 24 日，YL 根据项目合同认定 SPC 触发工期延误罚款的上限，因此决定兑付保函。YL 于 2021 年 3 月 23 日发函要求渣打支付履约保函的全部金额，理由之一是 SPC 对滞纳金的责任。渣打于 3 月 26 日通知 SPC，SPC 立即要求 YL 撤回兑付，并发出律师称其兑付理由是捏造的。

SPC 后向英国商事法院申请,要求 YL 撤回其兑付请求,并在 ICC 紧急仲裁员作出裁决之前不再提出任何兑付。

二、焦点问题

英国法院是否有权在 ICC 紧急仲裁庭成立或作出裁决之前,先行下令对保函维持现状,即阻止其被兑付。

三、相关判例

Edward Owen Engineering Ltd. v. Barclays Bank International Ltd. [1978] 1 QB 159.

United City Merchants(Investments) Ltd. v. Royal Bank of Canada & Ors [1982] 2 Lloyd's Rep. 1.

Alternative Power Solution Ltd. v. Central Electricity Board & Anr [2014] UKPC 31; [2015] 1 WLR 697.

Sirius International Insurance Company v. FAI General Insurance Limited & Ors [2003] EWCA Civ 470; [2003] 1 WLR 2214.

MW High Tech Projects UK Ltd. v. Biffa Waste Services Ltd. [2015] EWHC 949(TCC).

四、法院观点/推理

1. 关于阻止保函兑付的方式。法院认为,英国法关于阻止保函兑付的可能方式无非四种:在受益人的兑付权利发生之前或其实际兑付发生之前,阻止受益人行使权利;在受益人的兑付权利发生之后或其实际兑付发生之后,阻止受益人行使权利;强制受益人撤销其根据保函约定权利所采取的行为;阻止担保人(如本案中的银行)根据保函约定履行其义务。

关于前两种方式,英国法的判例已确定,只有在基础合同项下确信受益人没有权利兑付,比如是在合同明确规定的允许兑付的情形以外进行兑付的,法院才有权下令阻止或者采纳有关欺诈例外的原则。关于第四种方式,法院的既有判例主要认定两个理由可阻止银行兑付,一是受益人可能明知其无权要求支付,二是银行明知该兑付是欺诈性的。关于第三种方式,英国法的判例较少,但是可以基于其他方式的推理,协助对此类问题的判断。

2. 关于对保函保全现状的可行性。本案 SPC 的主要申请理由是,ICC 仲裁庭有专属管辖权,故仅申请法院对保函维持现状,以确保 ICC 仲裁庭或紧急仲裁员有机会对此进行审理。"维持现状"的意思是要求受益人撤回对保函的兑付申请,并禁止其短期内继续尝试兑付。SPC 因此主张,英国法院关于审理有关保函止付的实体理由或判例,与其请求并不相关。相反,SPC 的主要理由是 ICC 仲裁庭对于保函止付处理的方式或依赖的法理(如新加坡法律)并不相同,且比法院更有可能批准止付。

法院认为该 SPC 的请求涉及 3 个细分问题:

(1)YL 对保函的兑付,是否属于适用于仲裁的争议?对此,法院认为,本案所涉保函的适用法律和管辖法院已约定清楚,可确定双方的意图是将关于 YL 兑付保函的有关争议,从主合同的仲裁机制中剥离出来,由英国法院进行管辖。但是 YL 在此点上让步,认可该问题可由仲裁管辖的论点。

(2)假设第一个问题的答案是"是",ICC 紧急仲裁员是否会采取与英国法院不同的禁令救济的方式?法院认为,基础合同与保函均约定了英国法为适用法律,故无论是仲裁还是法院判决,在适用英国法的前提下,不应该存在差异。SPC 关于新加坡法律处理可能不同的论断,无法成立,因为新加坡只是仲裁地,其法律仅能适用于有关仲裁的程序事项,而非实体问题。

(3)如果第二个问题的答案可能为"是",那么这是否会导致不同于没有仲裁协议的结果?对此法院认为,这个问题回到了英国法中关于保函止付理由的实质性判断,关于此案应当查明,SPC 是否能够举证证明 YL 在基础合同项下没有兑付保函的权利,或者 YL 的兑付申请是否为欺诈行为。对此,SPC 没有充分举证。

五、裁判结论

综上,法院裁定驳回 SPC 关于对保函维持现状的申请。

14. Doosan Babcock Ltd. v. Comercializadora de Equipos y Materiales Mabe Limitada [2013] EWHC 3010(TCC)

法院所在国:英国。

当事人:

- **原告/保函申请人:**Doosan Babcock Ltd.(以下简称 D 公司)。
- **被告/保函收益人:**Comercializadora de Equipos y Materiales Mabe Limitada(previously known as Mabe Chile Limitada)(以下简称 M 公司)。

基础交易:工程承包合同。

保函金额:独立保函。

裁判要旨:在发生欺诈(有实体案件的裁决认定欺诈或在止付阶段原告有证据证明欺诈存在)时,法院有权阻止银行兑付。此外,如果主合同明确限制受益人兑付保函,法院亦有权对受益人的兑付行为予以禁止。

一、事实摘要

D公司向M公司就巴西某电厂项目供应两台锅炉,相关合同基于FIDIC条款,约定争议最终由国际商会(International Chamber of Commerce,ICC)仲裁解决,仲裁地为伦敦。

根据主合同要求,D公司提供了见索即付的履约保函,受益人是M公司。保函的有效截止日期约定为项目接收证书(take over certificate,TOC)颁发之日或2013年12月31日,以更早发生者为准。两台锅炉在2012年5月和10月分别被投入使用;D公司因此申请TOC,但M公司拒绝颁发,理由是对锅炉的使用实为合同所允许的一种临时措施。后M公司以履约延误为由,向D公司发函索赔。D公司担心履约保函被兑付,遂向英国高等法院申请紧急临时止付。

二、焦点问题

保函申请人是否有权以受益人在主合同项下违约为由,要求法院发出临时禁制令以阻止受益人对独立保函的兑付。

三、相关法律及判例

Arbitration Act 1996.

Cetelem SA v. Roust Holdings [2005] EWCA Civ 618.

Simon Carves v. Ensus UK [2011] BLR 340.

Alghussein Establishment v. Eton College [1988] 1 WLR 587.

四、法院观点

1. 关于法院的管辖权。《英国仲裁法》(Arbitration Act 1996)第44.3条规定,仲裁的一方当事人在紧急情况下向法院申请临时禁制令,法院为保护证据或财产的目的可视其必要性予以批准。法院认为,此处"财产"不应作狭义解释,根据相关判例[1]应认为包括合同权利,具体在本案中,也包括D公司获得TOC的合同权利。故法院对D公司的申请有管辖权。

2. 关于申请的紧迫性和必要性,法院初步审查认为M公司对锅炉的使用并非临时措施,而是合同约定的商业投用,且该投用也获得了当地政府机关的许可。M公司没有合理理由拒发TOC。M公司是否已经实际要求兑付保函不重要,重要的是在当前情况下,M公司非常有可能兑付,因此原告的申请有其紧迫性和必要性。

3. 关于是否达到了止付的标准/门槛,法院援引判例[2],表明仅在发生欺诈(有实体案件最终裁决认定欺诈或在止付阶段有证据证明欺诈)时,法院才有权阻止银行兑付。此外,判例也表明如果主合同中明确限制受益人兑付保函的,法院亦有权对受益人的兑付行为予以禁止。对此,主要裁定的门槛是申请人的理由是否足够充分(strong case),[3]即受益人在主合同项下到底有没有权利兑付保函。本案已经达到此门槛,因为锅炉已经事实上被接收,而M公司故意拒发TOC是自身违约,保函本应到期,只是因M的违约被迫延长导致M公司拥有兑付的时机。此类靠自身违约从对方获利的行为,是法律不允许的。[4]

4. 最后通过便利性考量(balance of convenience),法院认为如果不发止付令,原告的损失无法估量,也难以完全以金钱补偿(如其在银行系统内的信誉损失等);相反,如果同意止付令而事后发现该决定是错误的,只要保函尚未到期或者D公司同意延期保函,则M公司的权利几乎不会受损,其可能遭受的损失也能够以金钱形式得到全部赔偿,只是付款时间延后而已。因此,应当给予止付令。

五、裁判结论

法院同意D公司的临时止付申请,同时要求D公司尽快就主合同项下纠纷向M公司提起仲裁。

---

① Cetelem SA v. Roust Holdings [2005] EWCA Civ 618.

② Simon Carves v. Ensus UK [2011] BLR 340.

③ American Cyanamid Co v. Ethicon Ltd [1975] AC 396.

④ Alghussein Establishment v. Eton College [1988] 1 WLR 587.

15. Ryobi – Kiso(S) Pte. Ltd. v. Lum Chang Building Contractors Pte. Ltd. and another [2013] SGHC 86

法院所在地:新加坡。

当事人:

- **原告/保函申请人:**Ryobi – Kiso(S)Pte Ltd.(以下简称 Ryobi – Kiso 公司)。
- **被告一/保函受益人:** Lum Chang Building Contractors Pte Ltd.(以下简称 Lum Chang 公司)。
- **被告二/保函开立人:**某保险公司(以下简称保险公司)。

基础交易:建筑工程。

保函金额:1,880,000 美元。

裁判要旨:不合情理是除欺诈以外另一个独立的保函止付理由;不合情理的情形包括保函受益人对保函申请人的违约也有责任或双方都是全无过错的(如因不可抗力)。但是,对于不合情理的证明要求较高,须达到明显的不合情理的程度。仅受益人在基础合同项下违约的,不足以构成不合情理。

一、事实摘要

2010 年 2 月 11 日,Lum Chang 公司作为总承包商与 Ryobi – Kiso 公司签订《分包合同》,约定由 Ryobi – Kiso 公司作为分包商,承建某隧道车站工程项目,包括某区车站以及连接到市中心地铁 2 号线的某轻轨高架桥下的地基、支柱以及钻孔桩的施工和竣工。

依照合同,Ryobi – Kiso 公司应该向 Lum Chang 公司安排出具一份金额为《分包合同》合同总额 10% 即 188 万美元的见索即付履约保函。2010 年 6 月 1 日,保险公司向 Ryobi – Kiso 公司出具了上述履约保函。

2012 年 5 月,Lum Chang 公司要求 Ryobi – Kiso 公司提交第四阶段工程的施工计划。Ryobi – Kiso 公司拒绝执行,回复称:根据 Lum Chang 公司 2011 年 7 月 12 日的信函(以下简称 712 信函),该部分工作已经从分包合同工作范围中删除,并被授予了另一家分包商 Zap Piling Pte Ltd(ZPPL 公司)。如要求 Ryobi – Kiso 公司继续履行,须 Lum Chang 公司对此额外付款。

2012年6月4日,Ryobi－Kiso公司向Lum Chang公司提交了第四阶段工程的报价和施工计划。随后,Lum Chang公司单方面解除了分包合同,并向保险公司发函要求兑付保函。

Ryobi－Kiso公司遂向法院申请临时止付,主要理由是该保函兑付不合情理(unconscionability),因为Lum Chang公司聘用ZPPL公司属于对分包合同的违约。此外,Lum Chang公司兑付保函的行为是压迫和欺凌,并具有报复性。

Lum Chang公司辩称保函兑付合乎合理。首先,原告关于恶意、压迫、欺凌等指控是臆测的,并无证据支持;相反,Lum Chang公司可以举证Ryobi－Kiso公司延误及其他违约。其次,Lum Chang公司聘用ZPPL公司或终止分包合同并没有违反分包合同的约定;712信函中说的是ZPPL公司将代表Ryobi－Kiso公司进行工作;关于终止合同,Lum Chang公司是被迫为之。最后,Lum Chang公司已提出分包合同项下的索赔,包括延期罚金和因聘用ZPPL公司完工而产生的额外费用等。因此,在这种情况下,Lum Chang公司仅通过保函兑付来保护自己的利益,并无恶意。

二、焦点问题

以不合情理为由申请保函止付的,法院如何认定相应的标准?

三、相关判例

Dauphin Offshore Engineering & Trading Pte Ltd. v. The Private Office of HRH Sheikh Sultan bin Khalifa bin Zayed Al Nahyan [2000] 1 SLR(R) 117.(以下简称Dauphin Offshore案)

GHL Pte Ltd. v. Unitrack Building Construction Pte Ltd. and another [1999] 3 SLR(R) 44, the Court of Appeal said(at [24]).

Pte Ltd. v. Gammon Pte Ltd. [2011] 2SLR 47 at [13].

Raymond Construction Pte Ltd. v. Low Yang Tong [1996] SGHC 136 at [5].

BS Mount Sophia Pte Ltd. v. Join－Aim Pte Ltd. [2012] 3SLR 352 at [37].(以下简称BS Mount Sophia案)

四、法院观点/推理

1. 不合情理是除欺诈以外另一个独立的保函止付理由;不合情理的情形包括保函受益人对保函申请人的违约也有责任或双方都是全无过错的(如因不可抗

力)。法院引用新加坡上诉法院在 Dauphin Offshore 案中对“不合情理”的定义:“……不公平,但有别于不诚实或欺诈(fraud),或一种应受谴责或缺乏善意(lacking in good faith)的行为,以至于有良心法院会约束当事人或拒绝协助当事人的请求。当事人仅仅违反合同……本身并不构成不合情理。”同时上诉法院还将不合情理的保函索付情形归纳如下:“在 Kvaerner Singapore Pte Ltd. v. UDL Shipbuilding(Singapore)Pte Ltd. 案中,受益人根据其自身违约所导致的保函申请人违约而发出保函索付,但这是不被允许的;在 Royal Design Studio Pte Ltd. v. Chang Development Pte Ltd. 案中,受益人因其自身未能在建筑师签发临时证书之后及时支付款项而导致保函申请人施工延误,此时法院对其保函索赔下发止付令;在 Min Thai Holdings Pte Ltd. v. Sunlabel Pte Ltd. 案中,当大米因台风造成的洪水而无法交付,且基础合同中有‘不可抗力’条款时,被告即买方则被限制进行履约保函索付,因为法院认为在这种情况下,被告即买方收到履约保函项下的付款是不合理的。”在上述基于不合情理而进行保函止付的案件中,要么保函受益人对保函申请人的违约也有责任,要么就是双方都是无过错的。如仅受益人违约,则不足以构成不合情理。

2. 仅受益人违约是不足以构成不合情理的。法院不认为 Lum Chang 公司聘用 ZPPL 公司或随后终止分包合同的行为是不合情理的。首先,Lum Chang 公司作为有理性商业头脑的一方,在商业上有理由在原告多次拖延完成 Donuts & Peanuts 和 Zone 2 Station Box 区域的工程情况下聘请 ZPPL 公司执行部分分包工程,尤其是交通改道建设本就受到严格的改道期限制。其次,面对原告最初坚持不执行第四阶段工程,随后仅在这些工程将构成工作范围变更且获得额外付款的情况下执行工程,Lum Chang 公司可以合理地认为其有权终止分包合同。即使 Lum Chang 公司错误地终止了分包合同,法律也明确规定,一般而言,仅仅履约保函受益人违反基础合同本身并不构成不合情理。

3. 判断不合情理的关键考量因素在于保函受益人和申请人的利益之间是否实现了平衡。最终,以不合情理为由限制履约保函索付的司法基础在于公平;在确定是否应限制对履约保函的索付时,关键的考虑因素是在受益人和申请人的利益之间是否实现了平衡。

在本案中,考虑到受益人 Lum Chang 公司和债务人/原告的利益之间的平衡,法官认为,Lum Chang 公司的保函索付行为没有不合情理。Lum Chang 公司提供证据支持其案情:原告严重延误工程,使用不适当的设备指示工程施工速度延误,迟交了施工方案和图纸,远远超出了分包工程允许的合同完工期限。虽然法官无权就这些指控做出任何决定,但在其看来,双方之间的基础合同中确实存在此类真正的施工争议。Lum Chang 公司已编制了一份损失清单,表明其因原告延迟履行分包工程和拒绝履行第四阶段工程而遭受的损失。这些损失的总价值为 859 万美元,远远超过履约保函 188 万美元。

4. 不合情理的证明程度较高,申请人必须初步证明(保函索付)明显地不合情理(establish a strong prima facie case of unconscionability)。

在证据证明程度上,上诉法院一贯要求申请人提供高标准和严格的证据即申请人必须初步证明(保函索付)明显地不合情理(establish a strong prima facie case of unconscionability)。

本案中,原告的证明程度显然不符合基于不合情理保函止付所要求的高而严格的证据标准。原告最强烈的指控即该索付是 Lum Chang 公司在裁决向原告判给总计 186 万美元之后做出的报复性行动,但这一指控没有得到更多证据证实。虽然需要审查保函索付的发动时机,但光是这一点并不能支持关于索赔不合情理的说法,需要更多的证据。

法院还引用了 BS Mount Sophia 案中的判决:“如果受益人对保函的索付是出于不正当目的,或者这种索付没有明确证据来支持;或者受益人自己都不确定其是否有权进行保函索付以及索付金额时,受益人应当在索付前重新审查其权利和行为。不公平也是不合情理的一个因素,在受益人进行保函索付之前,是否向债务人发出了其所称的违约的通知,这也是一个相关的考虑因素。”在本案中,法院认为 Lum Chang 公司的行为显然不属于上述任何一类潜在不合情理行为。

五、裁判结论

法院认为,由于原告没有举出表面证据确凿地说明 Lum Chang 公司的索付不合情理,考虑到双方整个行为的总体基调和背景,无法断定 Lum Chang 公司的保函索付行为“缺乏诚信”。因此,驳回原告的保函止付申请。

16. 煤科集团杭州环保研究院有限公司与安瑞科(蚌埠)压缩机有限公司及中国工商银行股份有限公司萧山分行之间的合同纠纷案[(2020)浙0109民初1170号]

法院所在地:中国浙江。

当事人:

• **原告/保函申请人:**煤科集团杭州环保研究院有限公司(中国,以下简称煤科集团公司)。

• **被告/保函受益人:**安瑞科(蚌埠)压缩机有限公司(中国,以下简称安瑞科公司)。

• **第三人/保函开立人:**中国工商银行股份有限公司萧山分行(中国,以下简称工商银行)。

基础交易:设备供应合同。

保函金额:591,000元。

裁判要旨:法院就独立保函欺诈案件对基础交易进行审查的,应坚持有限及必要原则。独立保函欺诈的证明标准必须满足能够排除合理怀疑的程度。受益人在基础合同履行中存在不当或者违反诚实信用的行为,并不必然构成独立保函项下的欺诈。

一、事实摘要

2019年4月12日,原告煤科集团公司(卖方)与被告安瑞科公司(买方)签订《设备供货合同》,约定煤科集团公司向安瑞科公司提供一体式ABFT和MBR成套设备,在进水水质符合约定的情况下,经原告提供的设备处理后出水水质达标;合同总价:一体式ABFT和MBR成套设备两套供货和工艺调试指导服务总费用为197万元;同时原告煤科集团公司安排工商银行开立以被告安瑞科公司为受益人的《履约保函》,保函金额591,000元,保函有效期至2019年12月30日止。

2019年12月24日,安瑞科公司向工商银行递交《兑付履约保函通知书》一份,载明安瑞科公司已支付合同全部设备款,煤科集团公司供货设备质量未达到合同约定的要求,设备无法使用,造成安瑞科公司经济损失和不良影响;依据合同约定,煤科集团公司应返还设备价款197万元,赔付设备质量问题造成的损失114万元;为此,依据履约保函相关条款的约定,要求兑付人民币591,000元。

后原告诉至法院并称：被告提供给原告的进水水质情况仍不达标，被告明知责任不在原告，但仍向第三人提出兑付履约保函的通知，属于《履约保函》载明的付款到期事件并未发生以及被告明知没有付款请求权仍滥用该权利的行为，构成保函欺诈。

被告辩称：首先，原告没有生产制造案涉成套设备的资质，生产案涉设备违法，即该设备系违法生产；其次，原告未全面履行合同义务已构成违约，合同约定两套成套设备，原告仅提供一套，原告亦未履行交付设备操作维护及培训手册及相应的技术指导等义务；最后，被告不存在欺诈行为，原告向被告出具履约保函就是为了双方买卖合同的履约，客观情况是业主单位鸿喜公司基于涉案产品不合格将被告强制清场，基于该事由，被告有权主张履约保函，履约保函没有对原告的违约事由进行限制性的约定，被告因原告设备问题造成损失，当然可以行使保函权利。银行作为保证人，并无实质审查义务，仅应进行单据相符的审查从而向被告履行保函义务。

二、焦点问题

安瑞科公司向工商银行申请兑付保函是否构成保函欺诈？

三、相关法律

《最高人民法院关于审理独立保函纠纷案件若干问题的规定》第14条、第20条。

四、法院观点/推理

1. 法院就独立保函欺诈案件对基础交易进行审查的，应坚持有限及必要原则。法院认为，在独立保函法律机理中，独立抽象性原则是基本的法律属性，目的在于保护受益人及时获得付款并避免开立人卷入基础交易纠纷。所谓独立性原则，是指独立保函虽然为保障基础交易的履行而开立，但一经开立，即与基础交易关系相分离，成为完全独立的交易，独立保函的效力和履行依照文本内容自主确定。认定构成独立保函欺诈，要求对基础交易进行审查时坚持有限及必要原则，审查范围应限于受益人是否明知基础合同的相对人并不存在基础合同项下的违约事实，以及是否存在受益人明知自己没有付款请求权的事实。

2. 独立保函欺诈的证明标准：能够排除合理怀疑；受益人其自身在基础合同履行中存在不当或者违反诚实信用的行为，并不必然构成独立保函项下的欺诈。法院认为，煤科集团公司主张安瑞科公司保函欺诈，应对其主张的事实承担举证责任；关于证明标准，根据《最高人民法院关于审理独立保函纠纷案件若干问题的规定》第20条，对独立保函构成欺诈的证明标准高于一般民事案件的证明标准，煤科集团公司对欺诈的举证需要达到排除合理怀疑的高度。综合法庭调查情况，煤科集团公司主张安瑞科公司欺诈的主要依据有以下两点：(1)明知出水水质达不到合同约定系进水水质不符合合同约定所致；(2)安瑞科公司向银行申请兑付的材料存在伪造。在双方买卖合同项下所购设备未调试成功时，安瑞科公司认为煤科集团公司存在违约，并据此要求实现保函权利，不属于明知没有付款权而滥用权利的情形。

法院认为，独立保函独立于委托人和受益人之间的基础交易，担保银行的付款义务不受委托人与受益人之间基础交易项下抗辩权的影响，安瑞科公司作为受益人，其自身在基础合同履行中即便存在不当或者违反诚实信用的行为，也并不必然构成独立保函项下的欺诈，对基础合同项下履约情况的认定也不影响保函权利的实现。

五、裁判结论

法院认为，煤科集团公司以现有证据主张安瑞科公司构成保函欺诈，依据不足，应予以驳回。

17. 建设信贷银行股份公司埃森特佩企业银行业务中心分行、沈阳远大铝业工程有限公司之间的信用证欺诈纠纷案[(2020)最高法民再265号]

法院所在国：中国。

当事人：

- **一审原告、二审被上诉人、再审被申请人/保函申请人：**沈阳远大铝业工程有限公司(中国，以下简称沈阳远大)。
- **一审被告、二审上诉人、再审申请人/反担保保函受益人：**建设信贷银行股份公司埃森特佩企业银行业务中心分行(土耳其，以下简称建埃分行)。
- **第三人/反担保保函开立人：**中国建设银行股份有限公司辽宁省分行(中国，以下简称建行辽宁省分行)。

基础交易：建设工程施工。

保函金额：7,636,169.86美元。

裁判要旨：独立保函与基础交易、保函与反担保保函各自独立，法院在审理独立保函欺诈之诉时，应对基础交易及基础交易项下的诉讼仅作有限的审查。保函受益人在基础合同诉讼在审判未决的情况下兑付保函的行为，不一定构成欺诈。

一、事实摘要

2008年1月30日,沈阳远大的子公司俄罗斯远大(分包商)与拉森公司(总承包商)签订了《设计和施工合同》。根据该合同约定,俄罗斯远大向拉森公司提供由建埃分行开具的受益人为拉森公司,金额为6,636,169.86美元的《履约保函》以及金额为100万美元的《预付款保函》;建行辽宁省分行就上述保函为建埃分行出具了等额的反担保保函。

2016年4月15日,拉森公司向建埃分行书面请求支付《履约保函》及《预付款保函》项下款项。2016年4月20日,建行辽宁省分行收到建埃分行的索赔通知,要求支付相应的反担保保函项下的款项。2016年4月22日,沈阳远大以独立保函欺诈为由,向一审法院提起诉讼并申请中止支付案涉保函及反担保保函项下款项。

2016年4月25日,一审法院依法裁定中止支付《履约保函》及《预付款保函》项下款项及相应的反担保保函项下款项,并向建埃分行和建行辽宁省分行送达。

建行辽宁省分行在收到一审法院止付令后以电文的方式通知建埃分行在法定期限内不付款。2016年5月9日,针对《履约保函》及《预付款保函》项下的索赔,建埃分行向拉森公司通知如下内容:"建行辽宁省分行已经告知我行,沈阳远大将你方作为被告及我行作为第三人已经提起保函纠纷诉讼,为此,中国辽宁省沈阳市中级人民法院已经签发止付令,禁止我行支付《履约保函》《预付款保函》项下款项。"后建埃分行迫于压力,依然向拉森公司支付了《履约保函》及《预付款保函》项下的款项。

鉴于一、二审法院均支持了沈阳远大的保函止付请求,建埃分行申请再审。

二、焦点问题

问题一:拉森公司在两份保函项下的索赔是否构成欺诈?

问题二:建行辽宁省分行是否应中止向建埃分行支付《反担保预付款保函》《反担保履约保函》项下被请求的款项?

三、相关法律

《最高人民法院关于审理独立保函纠纷案件若干问题的规定》第12条、第14条。

四、法院观点/推理

1. 拉森公司的交单符合《预付款保函》《履约保函》约定,是相符交单,索赔是相符索赔；独立保函与基础交易各自独立，保函开立人只需根据保函合同条款的约定，在受益人提交相符交单时，履行付款义务，无须考虑基础交易的履行情况。

法院认为，建埃分行在两份保函中向拉森公司承诺“我行……在此不可撤销地承诺，在收到贵司的见索即付请求，表明分包商未能履行合同义务的书面要求之日起5个银行工作日之内毫不迟延地向贵司支付最高金额为USD6,636,169.86元的款项”。拉森公司于2016年4月15日就《预付款保函》及《履约保函》向建埃分行交单。《预付款保函》项下的交单称：“根据编号为60630000087的《预付款保函》，我司，拉森公司，在此声明俄罗斯远大未能履行2008年1月30日签署的编号为300108的合同项下的约定义务，因此，我司，拉森公司，要求根据保函的约定索赔USD1,000,000元的款项。”《履约保函》项下的交单称：“根据编号为60610002287的《履约保函》，我司，拉森公司，在此声明俄罗斯远大未能履行2008年1月30日签署的编号为300108的合同项下的约定义务，因此，我司，拉森公司，要求根据保函的约定索赔USD6,636,169.86元的款项。”拉森公司的交单符合《预付款保函》《履约保函》约定，是相符交单，索赔是相符索赔。

沈阳远大主张，因案涉工程已完工，《预付款保函》的功能已丧失，拉森公司无权依《预付款保函》提出索赔，拉森公司的索赔是欺诈性索赔。法院认为，独立保函与基础交易各自独立，保函开立人只需根据保函合同条款的约定，在受益人提交相符交单时，履行付款义务，无须考虑基础交易的履行情况。由于沈阳远大并未提供证据证明拉森公司在保函项下的索赔构成《独立保函司法解释》第12条规定的欺诈情形，因此，不能认定拉森公司在保函项下的索赔构成欺诈。

2. 独立保函与基础交易、保函与反担保保函各自独立，对基础交易及基础交易项下的诉讼应仅作有限审查。沈阳远大并未提供证据证明建埃分行在反担保保函项下的索赔构成欺诈。

法院认为，根据案涉反担保保函的约定，建埃分行的索赔请求应“援引反担保保函的函号、日期并应声明其已经收到保函项下的相符索赔”。建埃分行于2016年4月19日就《反担保履约保函》《反担保预付款保函》向建行辽宁省分行交单，其中交单援引了相关函号、日期并称在2016年4月18日收到了受益人提出的6,636,169.86美元的付款请求，该索赔是相符索赔；建埃分行的交单符合《反担保预付款保函》《反担保履约保函》约定，是相符交单，索赔是相符索赔。再审庭审中，建行辽宁省分行亦认为该交单是相符交单，不存在不符点；此外，案涉保函和反担保保函经数次展期，反担保保函的有效期延至2016年5月15日，建埃分行的索赔在反担保保函有效期内提出，没有滥用付款请求权。

沈阳远大称，基础交易诉讼项下，虽然莫斯科仲裁法院一审判决沈阳远大违约，但建埃分行和拉森公司都明知该案正处于二审阶段，违约方尚未最终认定，此时拉森公司仍在保函项下提出索赔，构成欺诈，建埃分行继而向建行辽宁省分行提出的索赔也构成欺诈。法院认为，独立保函与基础交易，保函与反担保保函各自独立，对基础交易及基础交易项下的诉讼应仅作有限审查。沈阳远大并未提供证据证明建埃分行在反担保保函项下的索赔构成《独立保函司法解释》第12条规定的情形，因此，不能认定建埃分行在反担保保函项下的索赔构成欺诈。

建埃分行从建行辽宁省分行处获知一审法院作出的止付令的相关信息后，并未完全置该信息于不顾，而是与拉森公司进行了交涉，告知拉森公司因中国法院止付令的存在，且俄罗斯远大还将在俄罗斯法院提起诉讼，认为其向拉森公司付款虽然不存在任何困难，但审慎的做法是等待在中国法院已经提起的诉讼及可能在俄罗斯法院提起的诉讼的确定结果，所以推迟了付款。而且，在拉森公司就基础合同项下的争议起诉俄罗斯远大的案件中，俄罗斯远大被认定构成违约的一审裁决已经作出；拉森公司已在土耳其法院对建埃分行发起支付令执行程序。综合考虑建埃分行付款前的上述情形，建埃分行于2016年10月17日向拉森公司付款，尽到了审慎合理的注意义务，构成善意付款。

五、裁判结论

法院撤销一审、二审民事判决。驳回沈阳远大关于保函止付的诉讼请求。

18. M/S Adani Agri Fresh. Ltd. v. Mahaboob Sharif & Amp Ors [2015] CIVIL APPEAL No. 14015 of 2015

法院所在国：印度。

当事人：

• **原告/上诉被申请人/保函申请人：**Mahaboob Sharif &Amp Ors（印度，以下简称Mahaboob）。

• **被告一/上诉被申请人/保函受益人**:M/S Adani Agri Fresh Ltd.(印度,以下简称 AASF)。

• **被告二/保函开立人**:STATE BANK OF MYSORE SHIVRAMPET BRANCH(印度,以下简称 S 银行)。

• **被告三/保函开立人**:STATE BANK OF MYSORE RASMECCC(LOAN SECTION)(印度,以下简称 S 银行贷款部)。

基础交易:水果交易。

保函金额:450 万印度卢比。

裁判要旨:根据印度法律,不公正(injustice)是独立于欺诈的另一保函止付理由。不公正是指允许保函受益人兑付保函将导致另一方遭受不可弥补的损害和不公正。

一、事实摘要

原告 Mahaboob 与被告一 AASF 之间签订《水果供应协议》,约定被告一 AASF 向原告 Mahaboob 供应 8 车苹果;为确保 Mahaboob 支付 AASF 合同价款,Mahaboob 需向 AASF 提供履约保函。S 银行分别于 2010 年 12 月 24 日、2011 年 2 月 9 日和 2011 年 2 月 10 日向 AASF 出具了 3 份《履约保函》,金额共计 450 万卢比,到期日分别为 2011 年 12 月 8 日、2011 年 12 月 23 日、2011 年 12 月 24 日。

在 AASF 向 Mahaboob 发货之后,Mahaboob 并未按约支付。2011 年 5 月 31 日,AASF 遂向 S 银行发函索兑基础合同项下 3 份保函。Mahaboob 随后向一审法院申请保函止付,请求法院在实体争议解决之前先禁止 S 银行支付保函款项。其申请理由包括:首先,在印度保函的独立性原则有两个例外,一个是欺诈,另一个是不公正(injustice);其次,本案构成了不公正,因为被告 AASF 供应的苹果大部分已经腐烂和毁坏,剩余价值不足原来的 25%,如果允许银行保函被兑付将致使原告遭受不公正(injustice);最后,原告 Mahaboob 在收到货物后立即提出了针对苹果质量的异议,且 AASF 也立即核实并承认了质量问题。

一审法院基于上述情况,认为确实存在不公正,于是裁决如下:鉴于原告 Mahaboob 答应将保函延期 6 个月直至本案实体争议得以解决,以及如果原告在实体争议案件中败诉原告承诺将支付被告 AASF 相关款项 18% 的利息的情况,裁定保函止付。AASF 对此裁定不服,接连上诉至上诉法院以及高级法院。

上诉法院以及高级法院都考虑到 Mahaboob 的苹果中有近 75% 无法出售且一审法院在裁决保函止付的同时还要求保函延期以及额外利率,足以使双方均得到公平,都维持了原裁决。随后 AASF 将本案上诉至最高法院。

二、焦点问题

问题一:印度法下,不公正(injustice)是否为独立于欺诈的另一保函止付理由?

问题二:AASF 的保函索付是否构成不公正?

三、相关判例

Vinitec Electronics Private Ltd. vs. HCL Infosystems Ltd. ,(2008)1SCC 544.(以下简称 Vinitec 案)

BSES Limited vs. Fenner India Ltd.(以下简称 BSES 案)

U. P. State Sugar Corpn. v. Sumac International Ltd.(1997)1SCC 568.(以下简称 U. P. State Sugar Corpn 案)

In Mahatama Gandhi Sahakra Sakkare Karkhane vs. National Heavy Engg. Co-op. Ltd.

U. P. Cooperative Federation Ltd. vs. Singh Consultants and Engineers(P)Ltd.

Vinitec Electronics Private Ltd. vs. HCL Infosystems Ltd.

四、法院观点/推理

1. 印度法下,不公正(injustice)是独立于欺诈的另一保函止付理由。

针对问题一,一审法院、上诉法院、高级法院以及最高法院都根据先例承认印度法下存在两个保函止付理由即欺诈和不公正。在 Vinitec 案中,法院就列明了这两个例外。

2. 不公正是指允许保函受益人兑付保函将导致另一方遭受不可弥补的损害和不公正;本案中保函兑付并不会给 Mahaboob 造成不可弥补的损害和不公正,因此 Mahaboob 不能依据不公正申请保函止付。

针对问题二,首先,在 Vinitec 案、BSES 案以及 U. P. State Sugar Corpn 案中,法院都已明确,鉴于银行见索即付保函的独立性,不公正的定义仅限于若允许保函被兑付将导致另一方遭受不可弥补的损害或不可弥补的不公正(irretrievable harm /irretrievable injury or irretrievable injustice)。其次,本案的关键证据之一,即

AASF 所发送的自认货物存在质量问题的函件，然而在发案时 AASF 声称该函件为所 Mahaboob 伪造；本案法院将不对该函件的真实性进行判断，应该交由处理基础交易纠纷的法院去判断。最后，Mahaboob 未能证明保函被兑付将会对其造成不可弥补的损害或不可弥补的不公正，实际上 Mahaboob 的损害仍然可以从解决实体争议中得到弥补。

五、裁判结论

综上，印度最高法院认为，AASF 的保函兑付行为并不构成不公正，因此撤销高级法院早期发布的保函止付令。

19. U. P. State Sugar Corporation v. Sumac International Ltd. on[(1997)1 SCC 568]

法院所在国：印度。

当事人：

- **一审被告/上诉申请人/保函受益人：**U. P. State Sugar Corporation（印度，以下简称 Sugar Corporation）。
- **一审原告/上诉被申请人/保函申请人：**Sumac International Ltd.（印度，以下简称 SI）。

基础交易：糖厂扩建项目。

保函金额：40,300,000 印度卢比。

裁判要旨：印度法下，保函止付的理由包括欺诈以及造成不可弥补的损害或不公正（irretrievable injury/injustice）。当事人之间就基础合同终止的争议不能使保函索付具有欺诈性。

一、事实摘要

1989 年 8 月 2 日，Sugar Corporation（业主）与 SI（承包商）之间签订《糖厂建设工程承包合同》，约定由 SI 负责糖厂建设，工厂竣工并运营日期应在 1990 年 11 月 30 日之前，SI 在 1990 年 11 月 15 日前应该完成所有供货安装。合同签订后，SI 提供了 4 份银行保函，其中一份是担保按期交货的《履约保函》；其他 3 份是担保

Sugar Corporation 向 SI 支付的 3560 万卢比预付款的《预付款保函》。

后 SI 并未按期完成工程项目，于是双方于 1991 年 1 月 10 日召开会议将工程竣工日延长至 1992 年 5 月，但是届时 SI 仍未完成工程项目。1995 年 9 月 7 日，Sugar Corporation 发函终止合同；1995 年 10 月 28 日，Sugar Corporation 发函 4 封进行《预付款保函》《履约保函》的索赔，金额共计 40,300,000 卢比。

1995 年 10 月 5 日，SI 将关于基础合同项下的争议提交仲裁，随后也向当地法院申请保函止付。一审法院裁定拒绝颁发临时止付令；但 SI 上诉至高级法院，高级法院颁发了保函止付令。Sugar Corporation 不服该裁定，上诉至最高法院。

二、焦点问题

印度法下，保函止付的依据是什么？

三、相关法律

U. P. Cooperative Federation Ltd. v. Singh Consultants and Engineers (P) Ltd. (988 [1] SCC 174)

Svenska Handelsbanken v. M/s Indian Charge Chrome & Ors. (1994 [1] SCC 502)

四、法院观点/推理

1. 在印度法下，就独立银行保函，受益人有权索付保函而不会受基础交易双方之间的任何未决争议影响；否则将有损于各方开立银行保函的最初根本目的。

最高法院认为，案涉保函从其性质上来说是独立保函，且保函进一步约定规定 Sugar Corporation 在保函项下索赔的权利不因被申请人 SI 就其责任确认提出的任何争议或因任何法庭、仲裁员或法院就此类争议正在进行的诉讼而受到影响或暂停；故银行应立即向 Sugar Corporation 支付保函索赔金额。

最高法院进一步认为，该国的有关独立银行保函的法律已经比较成熟，当在商业交易过程中提供或接受独立银行保函时，受益人有权索付保函而不会受基础交易双方之间的任何未决争议的影响；否则，各方开立银行保函的最初根本目的将会受损。法院在发布银行保函止付令时应该非常谨慎。银行保函兑付与银行、买方、卖方之间的关系毫不相关，既不涉及卖方是否履行了其合同义务的问题，也不涉及买方是否违约的问题；银行在收到符合保函要求的索兑后应按照其保函期限付款，受益人无须证明违约。

2. 在印度法下，保函止付只有两个理由：一是欺诈；二是造成不可弥补的损害或不公正(irretrievable injury/injustice);双方之间有关合同终止的争议不能使得保函索付具有欺诈性。

最高法院认为,根据先例,在印度法下,保函止付只有理由,即欺诈以及造成不可弥补的损害(irretrievable injury);因此,显然,基础合同各方之间存在任何争议都不能成为颁布保函止付令的理由。

首先,本案中并不存在欺诈行为。高级法院根据 Sugar Corporation 并不基于合同条款终止合同从而认定其保函索付存在欺诈的观点是错误的;双方之间有关合同终止的争议不代表保函索付具有欺诈性。高级法院根据 Sugar Corporation 于1992年4月12日提出保函索赔之后又撤回的行为推测出 Sugar Corporation 现在的保函索赔行为具有欺诈性,最高法院并不认同二者之间的关联。

其次,SI 的律师辩称如果允许 Sugar Corporation 实现银行担保,将对 SI 造成无法弥补的不公正。因为根据《印度公司破产法案》,Sugar Corporation 是一家濒临倒闭的公司,所以之后即使 SI 在有关基础合同争议的仲裁中胜诉也无法实现弥补其权利。针对上述观点,法院认为,被申请人并没有任何材料表明 Sugar Corporation 资产为负值,且该法案也未禁止对目标公司追讨欠款的任何诉讼。

五、裁判结论

综上,印度最高法院同意 Sugar Corporation 的上诉请求,撤销高级法院颁布的保函止付禁令。

20. 长江岩土工程总公司(武汉)与中国建设银行股份有限公司温岭支行之间的独立保函纠纷案[(2019)最高法民终302号]

法院所在地:中国北京。

当事人:

- **一审原告/上诉人/保函受益人:**长江岩土工程总公司(武汉)(以下简称长江岩土公司)。
- **一审被告/被上诉人/保函开立人:**中国建设银行股份有限公司温岭支行(以下简称建行温岭支行)。

• **一审第三人/保函申请人**：中博建设工程集团有限公司(以下简称中博公司)。

基础交易：建设项目承包。

保函金额：7 亿元。

裁判要旨：战争动乱应当属于不可抗力范畴，其导致一方无法履约，另一方在明知此事实的情况下，仍以基础合同违约为由兑付保函的，属于明知没有付款请求权仍滥用该权利的其他情形，应当认定构成独立保函欺诈。

一、事实摘要

2009 年 7 月 29 日，原告长江岩土公司与第三人中博公司签订的《项目承包合同书》约定，中博公司向被告建行温岭支行申请开立以长江岩土公司为受益人的 7 份保函。2009 年 12 月 3 日至 2010 年 7 月 29 日，建行温岭支行向长江岩土公司共开立了 7 份《预付款保函》及《履约保函》，金额共计 7 亿元。

针对上述 7 份保函，长江岩土公司在 2011 年 11 月 10 日至 2015 年 8 月 24 日，以中博公司违约为由，多次向建行温岭支行发出索赔通知。2011 年 3 月 25 日，中博公司向建行温岭支行发送了《关于暂停支付预付款保函、履约保函保证金额的通知》，称合同履行过程中，项目所在国利比亚发生骚乱及战争，我国政府已动用国力将我国公民全部撤出利比亚，构成"不可抗力"。鉴于现中博公司并无违反合同约定的行为，希望建行温岭支行对保函暂停支付。2015 年 12 月 7 日，建行温岭支行向长江岩土公司发送《要求退回保函正本的通知》，称涉案保函有效期届满，要求长江岩土公司退还保函原件。后长江岩土公司就保函纠纷起诉建行温岭支行。

2016 年 3 月 7 日，中博公司进行破产重整。2016 年 11 月 22 日，长江岩土公司向温岭法院起诉被告中博公司、第三人建行温岭支行并进行普通破产债权确认，浙江省台州市中级人民法院作出终审判决：解除长江岩土公司与中博公司于 2009 年 7 月 29 日签订的《项目承包合同书》，驳回长江岩土公司的债权确认请求。

被告建行温岭支行辩称：长江岩土公司的索赔已经构成保函欺诈，建行温岭支行有权拒付。在法院判决已经确认中博公司对长江岩土公司没有付款或赔偿责任的情况下，长江岩土公司明知利比亚国战争这一不可抗力因素属于免责事由且中博公司没有违反合同义务，仍然提出保函项下的索赔，依据《最高人民法院关于审理独立保函纠纷案件若干问题的规定》(以下简称《独立保函司法解释》)第12条第3项、第5项的规定,构成独立保函欺诈。建行温岭支行有权以欺诈例外的原则请求终止支付涉案保函项下的款项。

二、焦点问题

长江岩土公司的索赔是否已经构成保函欺诈?

三、相关法律

《独立保函司法解释》第12条、第18条。

四、法院观点/推理

1. 就《预付款保函》,法院判决或仲裁裁决认定基础交易债务人没有付款或赔偿责任的,人民法院应当认定构成独立保函欺诈。一审法院认为:对于《预付款保函》,生效判决认定中博公司已经完成的工程量远高于长江岩土公司给付的工程预付款金额,中博公司对长江岩土公司没有付款义务或赔偿责任。因此,就预付款保函项下的款项,中博公司已经将该工程预付款用于工程建设,完成的工程量数额已经远远超过预付款金额。根据《独立保函司法解释》第12条第3项的规定,法院判决或仲裁裁决认定基础交易债务人没有付款或赔偿责任的,人民法院应当认定构成独立保函欺诈。

2. 就《履约保函》,战争动乱应当属于不可抗力范畴,中博公司并未违约,长江岩土公司对此事实应属明知;受益人明知其没有付款请求权仍滥用该权利的,人民法院应当认定构成独立保函欺诈。一审法院认为:对于《履约保函》,生效判决已经查明因利比亚国内发生战争,中博公司和长江岩土公司撤离涉案工程项目。战争、动乱等社会现象具有不可预见的偶然性和不可控制的客观性,应当属于不可抗力范畴。且《项目承包合同书》第34条明确约定,如果是不可抗力或发包人原因造成了工程延期或其他责任,总包人和承包人双方免责,并共同采取措施减少损失。故本案承包合同无法履行是不可抗力所造成,中博公司并未违约;长江岩土公司对此事实应属明知。长江岩土公司在明知案涉工程因不可抗力无法继续的情况下,仍然坚持以中博公司违约为由,要求建行温岭支行支付《履约保函》项下款项,缺乏诚实信用,属于滥用索赔权。根据《独立保函司法解释》第12条第5项的规定,受益人明知其没有付款请求权仍滥用该权利的,人民法院应当认定构成独立保函欺诈。

五、裁判结论

一审法院认为，本案系独立保函纠纷，生效判决书已经认定中博公司实际完成的工程量远高于长江岩土公司支付的预付款，且涉案工程无法履行的原因在于工程所在国利比亚国发生骚乱和战争，长江岩土公司对此应属明知，故其向建行温岭支行要求支付保函项下的款项的请求构成保函欺诈；判决驳回长江岩土公司的诉讼请求。二审法院认为，一审判决未支持长江岩土公司的支付请求并无不当；判决驳回上诉，维持原判。

21. 凯迈（洛阳）航空防护装备有限公司、洛阳航空工程建设有限公司与韩国现代工程建设株式会社、阿拉伯及法兰西联合银行（香港）有限公司之间的信用证欺诈纠纷案［（2018）最高法民终1216号］

法院所在地：中国北京。

当事人：

• **一审原告/上诉人/保函申请人：**凯迈（洛阳）航空防护装备有限公司（以下简称凯迈公司）、洛阳航空工程建设有限公司（以下简称洛阳航建）。

• **一审被告/被上诉人：**韩国现代工程建设株式会社（保函受益人，以下简称韩国现代）、阿拉伯及法兰西联合银行（香港）有限公司（保函开立人及反担保保函受益人，以下简称UBAF）、Hyojong Industrial Co. ，Ltd.（以下简称HJ公司）、Luoyang Aviation Construction Co. ，Ltd.（以下简称卡塔尔航建）。

• **一审第三人：**中国银行股份有限公司河南省分行（反担保保函开立人，以下简称中行河南省分行）。

基础交易：钢管桩供货合同。

保函金额：11,533,621.2美元。

裁判要旨：在反担保保函的案件中，当担保人明知其未收到有效的单据相符的保函索赔，却向反担保人主张兑付反担保保函时，属于受益人明知其没有付款请求权仍滥用该权利的情形，应当认定构成独立保函欺诈。

一、事实摘要

2010年11月2日，韩国现代与HJ公司签订《钢管桩供货合同》，约定HJ公司向韩国现代供应钢管桩及提供装配服务，合同总价款为59,808,334美元，合同价款的10%为预付款；HJ公司应当提供金额为合同价款10%的履约银行保函。2010年11月24日，HJ公司与卡塔尔航建签订了《分包协议》。2010年12月8日，卡塔尔航建与洛阳航建签订上述《分包协议》的《转让协议》，约定由洛阳航建受让《分包协议》项下权利义务。

2010年12月31日，经洛阳航建申请，UBAF以韩国现代为受益人出具了《履约保函》和《预付款保函》；同日，中行河南省分行以UBAF为受益人开具了《反担保履约保函》《反担保预付款保函》。

2011年12月19日，韩国现代声称HJ公司及卡塔尔航建均违反合同义务，故向UBAF发出书面索赔《预付款保函》的请求。同日，UBAF向中行河南省分行发出书面反索赔请求。

2011年12月15日，中行河南省分行向UBAF发出电文，称"关于我行反担保预付款保函，我行遗憾地通知贵行，贵行的索赔请求因存在以下不符点而被我行拒绝：贵行的索赔陈述为'我行收到了预付款保函项下的第一索赔请求，符合保函的条款'。我行亦通知贵行，洛阳市中级人民法院根据侵权纠纷发出了法庭止付令"。

2011年12月29日，韩国现代再次向UBAF发出索赔依据《履约保函》，共计5,980,833.4美元。其后，UBAF支付《预付款保函》及《履约保函》项下的款项。

后原告凯迈公司、洛阳航建向一审法院申请就被告韩国现代针对《预付款反担保保函》《履约反担保保函》项下的索付进行止付；其称：韩国现代在凯迈公司、洛阳航建已经履行基础合同项下义务的情况下，仍提出联合体违反基础合同义务而要求索赔，构成欺诈；UBAF在保函项下未穷尽诉讼救济途径便对外付款构成恶意付款。

二、焦点问题

UBAF在《预付款保函》及《履约保函》项下的付款是否属于善意付款？《反担保预付款保函》《反担保履约保函》项下UBAF是否存在欺诈行为？

三、相关法律

《最高人民法院关于审理独立保函纠纷案件若干问题的规定》（以下简称《独

立保函司法解释》)第12条、第14条、第22条。

四、法院观点/推理

受益人明知其没有付款请求权仍滥用该权利的,人民法院应当认定构成独立保函欺诈。

一审法院认为,案涉《反担保预付款保函》《反担保履约保函》系为保障UBAF追偿权而开立,而UBAF根据中行河南省分行的指示所开立的相应两份《预付款保函》《履约保函》项下的款项已经支付,根据《独立保函司法解释》第14条第3款"开立人在依指示开立的独立保函项下已经善意付款的,对保障该开立人追偿权的独立保函,人民法院不得裁定止付"的规定,本案应审查UBAF在《预付款保函》及《履约保函》项下的付款是否属于善意付款。对于《预付款保函》,香港高等法院判令UBAF向韩国现代支付保函项下款项,就该份判决,UBAF先是提起上诉后又撤回,并随后向韩国现代支付了《预付款保函》以及《履约保函》项下款项,即UBAF在支付两份保函项下款项时存在未用尽诉讼救济途径情形,但UBAF选择接受法院判决结果并依据判决对外付款,行为本身并不构成恶意,与国际商会确立的独立保函"先赔付、后争议"的索赔处理规则也不矛盾。

二审法院认为,就《反担保预付款保函》,UBAF于2011年12月6日收到韩国现代《预付款保函》项下第一次交单后,即于2011年12月9日向中行河南省分行提出了《反担保预付款保函》项下的第一次索赔。而其后UBAF于2011年12月14日以韩国现代"未附违约声明支持文件"为由向韩国现代指出了不符点。UBAF于2011年12月15日向中行河南省分行的交单,符合《反担保预付款保函》的约定,是表面相符交单,该次索赔是表面相符索赔。本案中,UBAF于2011年12月15日向中行河南省分行声称"我行收到了《预付款保函》项下见索即付请求,符合保函的条款"。实际上,UBAF此时并没有收到《预付款保函》项下的相符索赔,UBAF收到韩国现代相符索赔的时间在2011年12月19日。因此,UBAF在2011年12月15日向中行河南省分行索赔时提交的单据与真实情况不符,且UBAF对此知情。根据《独立保函司法解释》第12条第5项,受益人明知其没有付款请求权仍滥用该权利的,人民法院应当认定构成独立保函欺诈。

就《反担保履约保函》,基于韩国现代2011年12月29日的相符索赔,UBAF在2011年12月30日向中行河南省分行交单,请求中行河南省分行履行《反担保履约保函》付款义务或者延长有效期至2012年4月30日。二审法院认为,UBAF

于2011年12月30日向中行河南省分行的交单是相符交单，索赔是相符索赔。

五、裁判结论

二审法院裁定，中国银行河南省分行终止向UBAF支付《反担保预付款保函》项下款项及5,552,787.75美元；驳回原告的其他诉讼请求。

22. Shanghai Electric Group Co., Ltd. v. PT Merak Energi Indonesia and another [2010] SGHC 2

法院所在国：新加坡。

当事人：

- **原告/保函申请人：**Shanghai Electric Group Co., Ltd.（中国，以下简称上海电气）。
- **被告一/保函受益人：**PT Merak Energi Indonesia（印度尼西亚，以下简称PT Merak）。
- **被告二/保函开立人：**新加坡某银行。

基础交易：电站建设项目。

保函金额：1080万美元。

裁判要旨：对保函的止付申请会影响保函所旨在保障的受益人在索付后立即获得付款的权利，因此其为实质性事项，不受管辖法院地法律管辖，而受双方保函中所选择的适用法律管辖。在英国法项下，因此“不合情理”不是颁布保函止付令的一个理由。

一、事实摘要

2007年8月10日，上海电气（承包商）与PT Merak（业主）签订《电站建设施工合同》，拟在印度尼西亚建设发电站，合同价款为108,000,000美元；2008年1月22日双方签订了《补充协议》。根据上述《电站建设施工合同》约定，PT Merak应向上海电气付合同价款10%即1080万美元的预付款，同时上海电气安排了出具以PT Merak为受益人的1080万美元银行保函。

该保函约定：银行承诺，当其收到业主的一份书面文件写明：(1)根据基础合同应支付给业主的到期金额；(2)业主已经向承包商发送违约通知时，其将向PT

Merak 支付最高限额为 1080 万美元的款项。该保函约定适用英国法,且新加坡法院具有非排他的管辖权。

后双方履约中发生纠纷,PT Merak 声称上海电气进度迟缓,属于严重违约,进而终止了合同。随后,PT Merak 向银行发函要求兑付保函。上海电气遂向新加坡法院申请临时止付。

二、焦点问题

问题一:当案涉保函约定适用法律为英国法律时,新加坡法律是否适用于申请保函止付令案件?

问题二:PT Merak 的保函索付是否构成欺诈或不合情理?

三、相关法律及判例

GHL Pte Ltd. v. Unitrack Building Construction Pte Ltd. [1999] 4 SLR 604.(以下简称 GHL 案)

Dicey, Morris and Collins on the Conflict of Laws, 14th Ed(Sweet & Maxwell, London, 2006).(以下简称 Dicey 案)

Star City Pty Ltd. v. Tan Hong Woon [2002] 2 SLR 22.(以下简称 Star City 案)

Halsbury's Laws of England Vol. 8(3).(LexisNexis, 4th Ed Reissue, 2003)

GKN Contractors Ltd. v. Lloyds Bank plc(1985) 30 BLR 53 at 63.(以下简称 GKN Contractors 案)

United Trading Corporation SA v. Allied Arab Bank Ltd. [1985] 2 Lloyd's Rep 554 at 561.(以下简称 United Trading 案)

四、法院观点/推理

1. 对保函的止付申请会影响保函所旨在保障的受益人在索付后立即获得付款的权利,因此其为实质性事项,不受管辖法院地法律管辖,而受双方保函中所选择的法律管辖。

针对问题一,PT Merak 认为既然保函选择英国法作为管辖法律,那么对于是否颁发保函止付令也应该适用英国法而不是新加坡法律;而上海电气认为即使保函选定英国法,而对于保函止付令的申请应该适用新加坡的程序法。

法院认为:首先,根据 GHL 案,很显然对于申请保函止付令的基础,新加坡法律是异于英国法的,新加坡法律除了欺诈以外还包括另一理由"不合情理"。其次,根据 Dicey 案,程序性事项受法院地法管辖,而实质性事项受各方协议里所选择的法律管辖。问题在于申请保函止付令是属于程序性事项还是实质性事项。在 Star City 案中法院认为根据行为的目的和影响效果确定,如果其仅影响程序性事项而不影响实质权利,则其为程序性事项。

考虑到本保函的目的是保障受益人索兑后立即获得付款的权利,对保函受益人在进行索付后立即获得付款的权利的任何限制,都将实际上剥夺其立即获得付款的权利。因此,上海电气的保函止付申请属于实质性权利事项,受英国法管辖。

2. 无论是主张保函兑付构成欺诈还是不合情理从而申请保函止付,申请人均需承担高度的证明责任。

针对问题二,法院认为,由于英国法是本案的管辖法律,因此"不合情理"不再是颁布保函止付令的一个理由;但是为了说理的完整性,法院依然对 PT Merak 的保函索兑是否构成不合情理进行了分析。首先,针对是否构成欺诈,在 GKN Contractors 案中法院认为欺诈是指在保函索兑之时受益人明知其无权兑付保函,而且本案中上海电气未能对此进行举证。其次,保函索兑是否构成不合情理。在本案中根据基础合同第 19.2.1 条,承包商未充分地履行其在合同下的主要义务构成违约,此时业主可以通过发送违约通知的形式终止合同;PT Merak 已经充分证明上海电气存在基础合同项下的履行迟延违约,此时 PT Merak 进行保函索兑并不构成不合情理,反而阻止其保函索兑才会存在不合情理。

五、裁判结论

综上,原告的保函兑付行为并不构成不合情理或者欺诈,不予止付。早期发布的保函止付令相应予以撤销。

23. Sumatec Engineering & Construction Sdn Bhd. v. Malaysian Refining Company Sdn Bhd. [2012] 3 CLJ 401

法院所在国:马来西亚。

当事人:

- **一审原告/上诉被申请人/保函申请人:**Sumatec Engineering & Construction Sdn Bhd(马来西亚,以下简称 Sumatec)。

• **一审被告/上诉申请人/保函受益人**:Malaysian Refining Company Sdn Bhd(马来西亚,以下简称 MR 公司)。

基础交易:炼油厂建设项目。

保函金额:4,784,688.80 令吉。

裁判要旨:不合情理(unconscionable conduct)是马来西亚法下独立于欺诈的另一保函止付理由。与欺诈一样,为了确定存在"不合情理",原告必须提供强有力的表面确凿证据。对于不合情理的构成并不存在通用的判定公式,需要根据个别案情判定。

一、事实摘要

2008 年 5 月 9 日,MR 公司(业主)委托 Sumatec(承包商)进行炼油厂钢架结构的设计、供应、制造和安装,合同价款为 47,846,688 令吉。根据合同约定,原告 Sumatec 安排 Bank Islam Malaysia Berhad(以下简称 BIMB 银行)向被告 MR 公司提供了合同额 10% 即 4,784,688.80 令吉的银行履约保函。

在合同履行过程中双方出现争议。Sumatec 声称,在合同履行过程中 MR 公司单方面删减工作范围,导致合同实际价款额仅为 13,000,000 令吉,然而履约保函金额却未变。Sumatec 还称,截至 2009 年 5 月 31 日,Sumatec 已履行完毕缩减后的合同范围内的所有工程;且 MR 公司签发了临时验收证书,证明 Sumatec 的合同工程已完成。MR 公司的主要诉求在于工程的缺陷,坚持向 Sumatec 公司索赔有关损失。后来双方经多次谈判未能达成一致。

随后,MR 公司向 BIMB 银行请求兑付履约保函。Sumatec 从高级法院成功获得保函止付令;然而上诉法院推翻了该裁决。之后各方又将争议诉至联邦法院。

二、焦点问题

问题一:不合情理(unconscionable conduct)是否为马来西亚法下独立于欺诈的另一保函止付理由?

问题二:Sumatec 的保函索付是否构成不合情理?

三、相关法律及判例

Esso Petroleum Malaysia Inc v. Kago Petroleum Sdn Bhd [1995] 1 CLJ 283.

Halsbury's Law of England, 3rd ed. Vol. 17 [1956] at pg. 682.

Min Thai Holdings Pte. Ltd. v. Sunlabel Pte Ltd. & Anor [1999] 2SLR 368.

四、法院观点/推理

1. 不合情理是马来西亚法下独立于欺诈的另一保函止付理由。

MR 公司认为:银行保函的性质在于其见索即付,且目前在马来西亚法之下保函止付的唯一例外依据是欺诈,而原告所声称的不合情理并不是保函止付的依据。

联邦法院认为:“不合情理”的案子是指强势一方对弱势一方滥用权力而获得不公平优势。在作出这一裁决时,联邦法院承认银行保函独立原则的重要性,它是一项既独立于争议方之间的基本合同,也独立于保函申请人与银行之间的合同关系的文件;同时承认该原则的僵化有时可能导致实质不公正。因此鉴于 Esso Petroleum Malaysia Inc. v. Kago Petroleum Sdn. Bhd. [1995] 1 CLJ 283, LEC Contractors(M) Sdn. Bhd. v. Castle Inn Sdn. Bhd. & Anor [2000] 3 CLJ 473, Kejuruteraan Bintai Kindenko Sdn. Bhd. v. Nam Fatt Construction Sdn. Bhd. & Anor [2011] 7 CLJ 442 等案件,以及新加坡法院采取的法律立场,联邦法院认为,承认不合情理是一个单独和独特的理由以限制受益人要求履约保函的需要,符合良好的商业理性。

2. 与欺诈一样,为了确定存在不合情理,原告必须提供强有力的表面确凿证据。

针对问题二,法院认为,与欺诈一样,为了确定存在不合情理,原告必须向法院提交与所指控不合情理行为有关的有力证据,而不仅是简单的指控;因此这基本上意味着原告必须提供强有力的表面确凿证据证明本案中存在不合情理。只有当事件或行为的严重程度足以刺痛一个通情达理的人的良心时,才应谨慎地允许这种额外的不合情理理由作为保函止付理由。

对于不合情理的构成并不存在通用的判定公式,需要根据个别案情判定。MR 公司将基础合同项下的工作范围部分删减并不影响 Sumatec 在合同下应该承担的义务;MR 公司出具的临时验收证书正如其名称所表明的那样,其仅是对 Sumatec 已经完成的部分工作的确认;MR 公司提出的“缺陷费用”索赔是本行业运营中通常会发生的索赔,并无不合理性;Sumatec 宣称在双方谈判过程中 MR 公司进行保函索兑不合理,尤其是在保函即将到期的情况下是站不住脚的,MR 公司作出索赔是合理的。综上,本案中原告/被申请人 Sumatec 的陈述显然不能说明 MR 公司构成不合情理。

五、裁判结论

综上,被告MR公司的保函兑付行为并不构成不合情理。如果Sumatec在基础合同纠纷中胜诉,则其仍然可以就相关损害(包括银行保函被兑付的损失)获得赔付。

24. 盛世国际路桥建设有限公司与北京银行股份有限公司深圳分行之间的信用证欺诈纠纷案[(2019)鲁0785民初1511号]

法院所在地:中国山东。

当事人:

- **申请人/保函申请人:**盛世国际路桥建设有限公司(以下简称盛世国际公司)。
- **被申请人/保函开立人:**北京银行股份有限公司深圳分行(以下简称北京银行深圳分行)。

基础交易:工程承包建设。

保函金额:35,880,758.4元。

裁判要旨:当保函及保函的基础合同皆由伪造的印章作出,且相关当事人已被认定诈骗罪等刑事罪名时可以认定符合《最高人民法院关于审理独立保函纠纷案件若干问题的规定》(以下简称《独立保函司法解释》)对独立保函欺诈的认定。

一、事实摘要

盛世国际公司与安徽开源路桥有限责任公司(本案案外人,以下简称开源公司)签订工程分包合同,约定盛世国际公司作为分包商进行施工。其后,盛世国际公司向北京银行深圳分行申请分别开立了以开源公司为受益人的《履约保函》和《预付款保函》,保函金额均为17,940,379.20元。

后经另案查实,上述两份保函及保函的基础合同由刑事责任人樊某亮以伪造的印章作出,樊某亮已被判决犯诈骗罪和骗取金融票证罪。

2017年7月17日,盛世国际公司向法院提起保函中止支付申请,要求被申请人停止支付该《履约保函》和《预付款保函》。

二、焦点问题

审理独立保函止付申请时如何判断保函欺诈的标准。

三、相关法律

《独立保函司法解释》第 12 条。

四、法院观点/推理

法院认为：根据《独立保函司法解释》第 12 条第 2 项，当受益人提交的第三方单据系伪造或内容虚假时，人民法院应当认定其构成独立保函欺诈。本案中，刑事判决中已查明上述两份保函及保函的基础合同皆是由刑事责任人樊某亮以伪造的印章作出，且樊某亮已被判决犯诈骗罪和骗取金融票证罪，因此保函受益人的行为已经构成保函欺诈。

五、裁判结论

北京银行深圳分行中止支付向开源公司南平联络线高速公路工程总承包部所开立的两份保函项下的款项。

25. A 公司 v. B 公司 C. M. Arb. No. 19/2009

法院所在地：巴基斯坦。

当事人：

- **原告/保函申请人：**A 公司。
- **被告/保函受益人：** B 公司。
- **被告/保函开立人：**C 银行。

基础交易：建设项目承包合同。

保函金额：450 万美元。

裁判要旨：在保函申请人能够证明在基础交易合同争议中其表面具有胜算以及符合便利平衡原则的情况下，则可以临时禁止保函受益人索兑保函，直至基础交易仲裁裁决作出。

一、事实摘要

2007 年某月某日，A 公司与 B 公司签订《××项目工程施工合同》，工程造价

3000 万美元。A 公司根据施工合同向 B 公司提供了 300 万美元的履约银行保函和 150 万美元的预付款银行保函。

两份保函中都有此规定:“The Bank irrevocably and unconditionally guarantees and covenants to pay to the employer on demand without reference to the contractor and notwithstanding any dispute or notice given by the contractor to bank not to pay the same, any sum or sums which may from time to time be demanded by the employer up to a maximum aggregate sum of USD 3,000,000.00/1,500,000.00.”(中文参考译文:本银行无条件且不可撤销地保证及承诺,在业主提出索赔时不考虑承包商,并且不考虑任何承包商要求本银行不支付保函金额的通知和异议,一次或多次支付不超过业主索赔的最高保函总金额 300/150 万美元的金额。)

2009 年某月某日,B 公司向 C 银行发出索赔通知,要求 C 银行支付两份银行保函项下全部金额。两天后,A 公司向伊斯兰堡高等法院申请临时禁令,要求 B 公司禁止索兑保函,该院随即作出临时止付令。随后举行的双方听证程序中,伊斯兰堡高等法院听取了双方对于保函是否应当止付的意见,并作出相应决定。

二、焦点问题

B 公司索兑保函的行为是否应当被暂时禁止?

三、相关法律

Section 20 of the Arbitration Act, 1940.

Section 28 of the Contract Act, 1872.

Section 127 of the Contract Act, 1872.

四、法院观点

本案所涉预付款保函和履约保函,从文本看完全符合独立保函的特征。伊斯兰堡高等法院基于对基础合同的履行情况进行分析判断,从而对 B 公司的索赔行为进行评价。

第一,在另一起 B 公司起诉民用航空局 CAA(Civil Aviation Authority)和首都发展局 CDA(Capital Development Authority)案件中,根据 B 公司提交的证据,认定基础合同工期延误是 B 公司未能及时获得 CAA 和 CDA 航空限高许可证,从而无法确定高层建筑的基础结构所致。

第二,根据 B 公司已颁发第 3 ~ 7 期中期付款证书及相关资料,B 公司拖欠 A 公司 398 万美元工程款,并一直未审核 A 公司已报送第 8 ~ 9 期两期 700 万美元中期付款申请书。A公司根据合同规定降低施工速度,并进一步停止施工不构成违约。如B公司一方面拖欠A公司大量工程款,另一方面兑现两份保函,这将会给A公司带来双重损害。

因此,伊斯兰堡高等法院认为A公司成功地证明了其初步具有良好胜算(prima facie arguable case),禁止索兑保函对B公司也没有什么损害,即便利平衡(balance of convenience)也对A公司有利,保函的争议应当根据双方在基础合同下仲裁裁决的结果来决定。因此在仲裁结果作出或双方友好解决基础交易争议前,B公司不得索兑保函,A公司也有义务保持保函一直有效。

五、裁判结论

在基础交易仲裁结果作出或双方友好解决基础交易争议前,B公司不得索兑保函,A公司也有义务保持保函一直有效。